金杯银杯不如用户的口碑，

金奖银奖不如用户的嘉奖。

中国计算机用户协会

理事长 陈正清

2006年9月28日

中国计算机用户协会理事长 陈正清 题

佛山凯德利办公用品有限公司

佛山凯德利办公用品有限公司是一家集研发.制造于一体的专门致力于打印机耗材生产及经营的具有自理报关进出口权的中外合资企业.主要生产销售兼容于EPSON.CANONHP.LEXMARK等知名品牌打印机的墨盒.硒鼓.色带.碳粉.填充墨水等系列产品.年产量达1000万个.并顺利通过了ISO9001:2000.同时为节约和保护环境.我们公司还加工生产兼容HP.CANON.LEXMARK等系列的环保再生墨盒.硒鼓.打印效果可以和原装耗材相媲美.我们的产品产销国内外.同时为国内外知名品牌的厂家提供OEM加工服务.

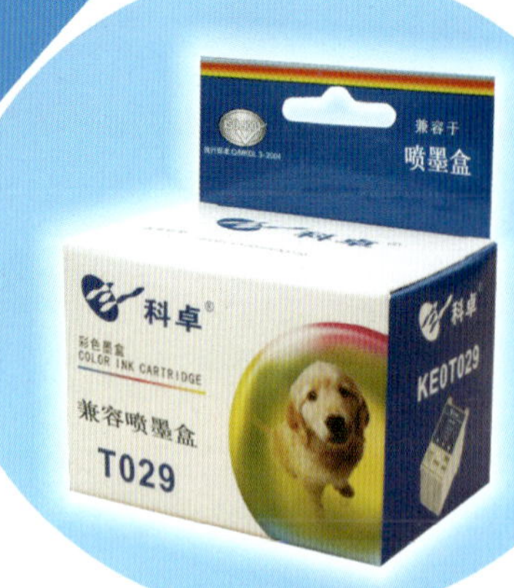

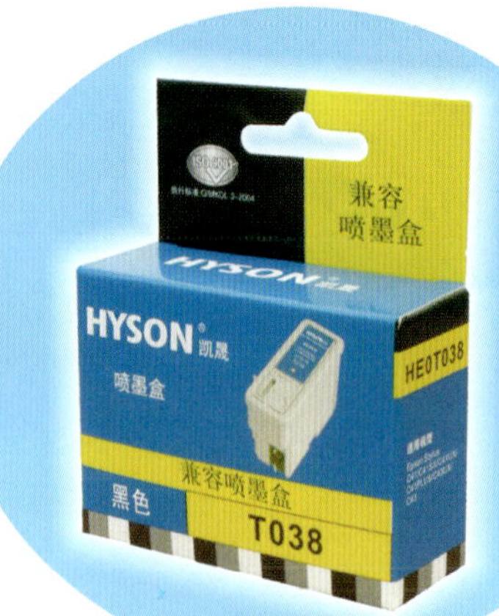

公司名称:佛山凯德利办公用品有限公司

地址:广东省佛山市高明区河江开发区

邮编:528500

电话:0757-88238660 88238661

传真:0757-88238669

网址:www.hyson.com.cn

邮箱:inkjet@hyson.com.cn

Company Name:Foshan HYSON Office Equipment Co,Ltd.

ADD: North to yuehua road,Hejiang development zone,

Gaoming district, Foshan city,
Guangdong province, China

Post Code:528500

Tel: 0757- 88238660 88238661

Fax: 0757-88238669

Web: www.hyson.com.cn

E-mai: linkjet@hyson.com.cn

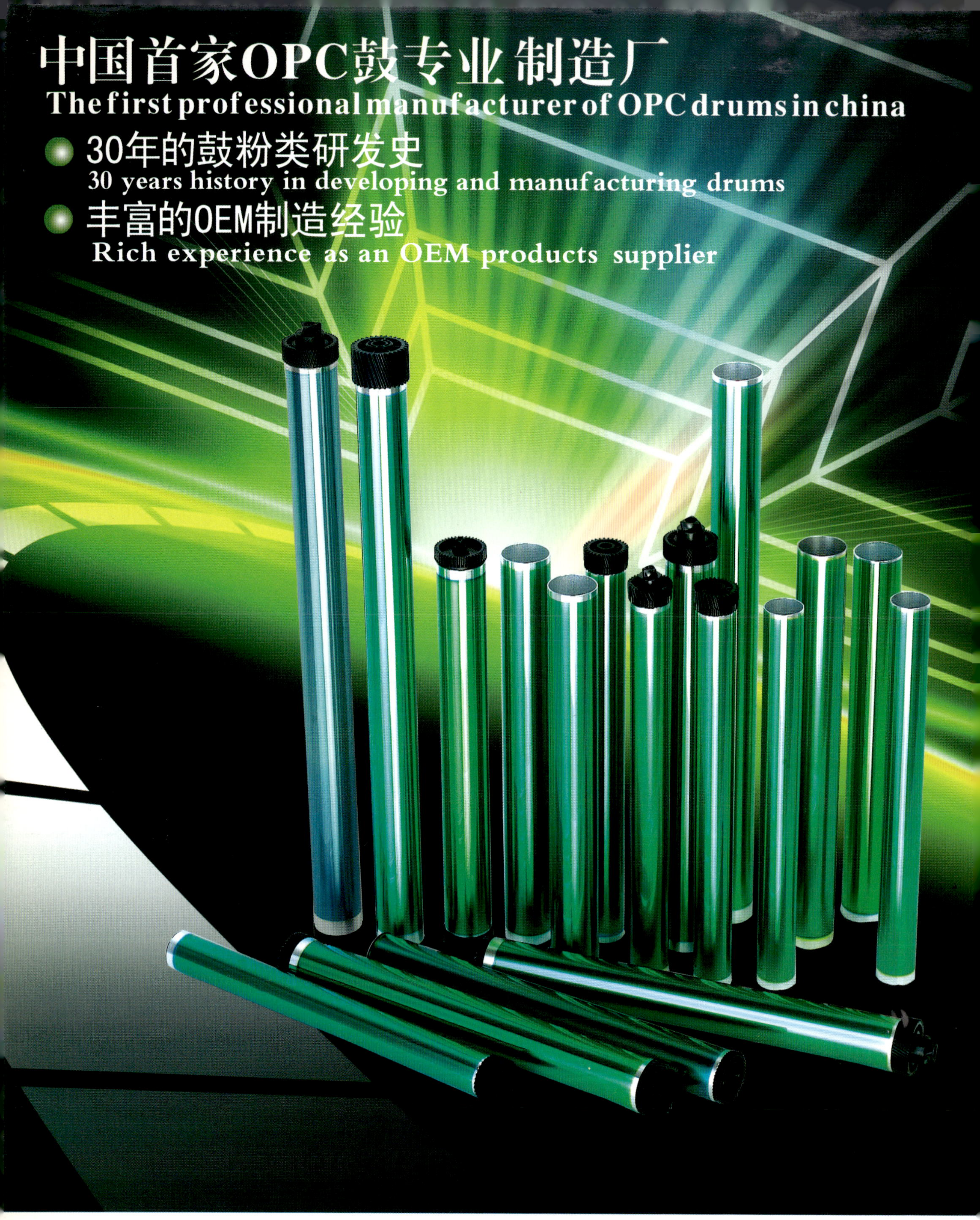

中国首家OPC鼓专业制造厂
The first professional manufacturer of OPC drums in china
30年的鼓粉类研发史
30 years history in developing and manufacturing drums
丰富的OEM制造经验
Rich experience as an OEM products supplier

中国打印机与耗材用户年鉴

THE USER ALMANAC OF CHINESE PRINTER AND CONSUMABLES

（产　品　版）

中国计算机用户协会
打印显象应用分会　编撰

主编　郭淳学

原子能出版社

图书在版编目（CIP）数据

中国打印机与耗材用户年鉴 / 郭淳学主编—北京

ISBN-7-5022-3628-7

Ⅰ.中… Ⅱ.郭… Ⅲ.打印机－简介 Ⅳ.TP334.8

中国打印机与耗材用户年鉴(产品版)

出版发行	原子能出版社
印　　刷	北京画中画印刷有限公司
开　　本	889mm × 1194mm 1/16
印　　张	24
字　　数	310 千字
版　　次	2007 年 9 月第 1 版　2007 年 9 月第 1 次印刷
书　　号	ISBN-7-5022-3628-7
经　　销	全国新华书店
定　　价	120.00 元

前　言

2006年我协会组织编撰的《中国打印机与耗材用户年鉴》公开出版发行后，得到了广大读者的好评，也得到有关专家及业内人士的认可。在对我们工作给予充分肯定的同时，对该书也提出了一些宝贵的意见和建议。这对为我们编撰新的年鉴打下了良好的基础。

一年来，伴随我国国民经济的迅速发展，中国的打印机与耗材产业也得到不断进步，产品更新换代加快，市场销量扩大，竞争更加激烈。为满足企业发展的需要，今年的年鉴邀请有关专家、学者就打印机与耗材的市场状况，通过调查分析写出了具有前瞻性的文章。另外，还应广大用户的要求，在加大产品介绍的同时，特增加“用户篇”、尽可能具体的介绍有关打印机使用、保养、维护以及对一些常见故障的解决办法。同时，还整理了一些打印过程中如何节省耗材、加快打印速度、提高打印质量、延长使用寿命及识别真假耗材的方法和巧门。总之，希望本年鉴对企业和广大用户能有所帮助。

本书在编撰过程中得到了有关专家、学者、业内人士，特别是一些企业和用户的支持的帮助，在此一并表示感谢。对于年鉴存在不足之处，望读者给予批评指正。

中国计算机用户协会打印显象应用分会

二〇〇七年九月一日

目 录
contents

CUA
Print

contents

第一篇 市场篇

目录

contents

第二篇 论文集锦

目录

contents

第三篇 环保篇

第四篇 专利篇

contents

第五篇 用户篇

contents

第六篇 产品版

contents

contents

第六篇 产品版

目录
contents

第七篇 企业信息

目录
contents

第八篇 综合篇

企业广告信息名录索引

目录前彩插

中心彩插

第三序列彩插

企业名录

第一篇　市场篇
Part 1　Market

原装耗材降价冲击波对我国市场的影响

刘菁菁

与其他IT产品市场相比，打印机市场却与众不同。尽管真正掌握打印机核心技术的厂家不多，但打印机产品价格却不断下跌，厂家在打印机上的利润并不高，一些低端产品甚至出现了配机的墨盒与打印机的价格相差不多，打印机近似于白送的现象，但原装耗材的价格却高高在上，长期以来一直以这种格局维持着打印机市场的利益均衡。问题是，当原装耗材降价开始萌芽的时候，这一格局会发生怎样的变化？

2006年耗材降价之声不断，爱普生继ME1系列发布45元的低价墨盒之后，又发布了ME2和ME200的39元黑墨和仅55元的彩墨，而ME photo 20作为照片打印机，仅49元的墨盒价格，也是市场上同类产品中最低的。在耗材界内，原装耗材价格一直是耗材界的头等焦点，稍有变动，必在业界引起轩然大波。曾经高居不下的原装耗材价格为何一降再降？原装耗材的低价政策，又将对现有的耗材市场造成怎样的影响？

在打印厂商的不断促销和用户追求打印品质的共同作用下，2006年可以说仍然是原装耗材的一年。惠普、爱普生、戴尔、佳能、利盟、联想等厂商在耗材与打印机市场的角逐从来都没有停止过。以打印机为平台销售自有品牌耗材是最合理、最有效的盈利手段，因此参战各方大打价格战，竭尽全力争夺打印机平台。

而2007年，耗材市场的纷争则愈演愈烈。价格战导致的直接后果，是消费者花300元钱就可以买下一台相当不错的打印机。这种“割地而治”、“低价卖马，高价卖鞍”的营销方式，不仅仅造成了耗材规格五花八门，也为兼容耗材和水货市场提供了丰厚的沃土。

无论商家如何动作，都离不开利润的驱策。随着打印机价格的不断下降，打印机已经越来越像一件日用品。而耗材也无疑成为最大的消耗品之一。目前国内的耗材市场总体上由三个部分组成：原装、通用、假冒。根据市场调查的结果，目前国内耗材市场原装、通用、假冒耗材的市场份额比例是4∶2∶4。

三足鼎立格局的形成，离不开利益的驱使。相比于利润越来越薄的PC业务和打印机产品，耗材的高额利润无疑是更大的一块蛋糕，因此也就不难解释买墨盒送打印机这类看似亏本的生意。利润是驱使商家不断从价格、技术甚至销售模式上进行调整的策动力。

目前国内的原装耗材基本上由日本的爱普生、佳能，美国的惠普、利盟以及国内的联想等几个大厂家直接生产的耗材组成。由于打印机的核心技术掌握在这少数几个厂家中，因此其生产的耗材与打印机的兼容比起其他耗材产品在兼容性上明显高出许多，原装耗材也正是凭借这一技术上的优势长期把持着耗材市场的格局变化。不过，对于一般消费者来说，原装耗材的昂贵价格一直是一道门槛。

通用耗材的尴尬

用户选择耗材的依据，一是耗材本身的价格；二就是耗材的打印效果。出于价格上的考虑，许多消费者转向通用耗材，而一部分希望购买低价原装耗材的用户则被假冒产品蒙蔽。为此，原装耗材厂家也纷纷展开维权之战。显然，不断击败其他对手的做法并不能使原装耗材最大幅度的挽回市场，而降价则另当别论。

对于消费者来说，耗材是不分国界的，只有价格和性能才是大家最关心的问题。当原装耗材价格杀到和通用耗材相当时，原装耗材的销售会有很大程度的提升。

原装耗材的降价针对的是所有非正版产品，因此通用耗材也不得不和假冒耗材一同卷入价格之争。原装凭借技术、渠道等手段维护自身在耗材市场中的地位；假冒耗材则以暴利维持自己的地位，掠食通用耗材部分市场份额。而原本应该与原装耗材站在同一条战线，共同打击假冒耗材的通用耗材却也无辜地成为了被原装耗材打击的对象。

同时面对原装耗材的技术优势以及假冒耗材的猖獗，通用耗材可谓腹背受敌。从通用耗材开始进入市场起，就受到原装耗材和假冒耗材的挤压。如今原装耗材的降价更是让通用耗材的地位显得有些尴尬。

目前国内较大的通用耗材厂商主要有珠海天威、格之格、广州幻彩、耐力以及深圳天野。和原装耗材相比，通用耗材基本上都是由中国本土品牌组成。低廉的价格是通用耗材制胜的法宝。以天威为例，其适用于爱普生810系列打印机的彩色喷墨打印机的墨盒T026（黑）和T027（彩），市场售价分别只有50元、60元左右。在价格方面，天威所有的耗材产品都要比打印机同品牌耗材便宜30%～70%。不过由于技术上的不足，通用耗材在打印质量上还不能够和原装耗材媲美。通用耗材的特点是价格比较低廉，能够满足对打印质量要求不是特别高的普通用户的日常需求，但是针对于专业用户或者对打印质量要求高的用户，通用耗材往往心有余而力不足。

对于通用耗材而言，进一步占领市场必须通过技术上的改进来提高性价比，但是，耗材标准掌握在原装耗材几个大厂家的手中，短期内要获得授权并不现实。一些著名的打印机厂商，例如惠普就在售后服务中明文规定，对于用户使用其他耗材而致使打印机出现故障的情况，全都不予以保修。

为了加强自身的核心竞争力，通用耗材厂商也纷纷推出应对措施，例如天威的专利申请、门店规范战略，原色耗材的贴身战略。格力、格之格也纷纷加入促销行列，从服务及品牌战略等方面，加强自身的竞争力。

而单纯的促销与治理并不能从根本上解决问题，知识产权则是重中之重。2007年3月31日，美国国际贸易委员会（ITC）做出初审裁决，中国24家公司所出售的墨盒产品中有超过1000种型号的墨盒侵犯了相关厂商的发明专利。ITC建议发布一个普遍排除令和停止令，要求所有中国耗材企业停止向美国出口和在美国销售侵权墨盒，并禁止所有侵权墨盒进入美国市场。

业内人士指出：是否拥有专利相当程度上决定企业在市场竞争中是受制于人还是制于人。申请自己的专利，保护产品在市场中的地位，是中国通用耗材厂商打破国内市场上原装耗材垄断必然要走的一条路。而面对着原装耗材厂商的技术壁垒，国内通用耗材厂商的前路无疑是坎坷的。对于兼容耗材厂商而言，要么付费获得打印巨头的专利授权，要么自己加大研发投入，除此之外，别无选择。中国计算机行业协会耗材分会秘书长指出，耗材看似小巧但却有着极高的技术含量，在知识产权日益受到重视的今天，中国兼容耗材厂商必须加大研发投入，因为在市场竞争中，谁的专利多，谁就能够掌握市场的主动权。

价格牵动利益链条

目前国外市场上原装产品和通用产品的份额比例达到了6∶4甚至是5∶5。围绕着通用耗材是否合法的问题，各打印机厂家和通用耗材生产商之间几年来一直争论不休。通用耗材厂家认为，把拥有自主知识产权，并且拥有高性价比的产品带给消费者没有触犯任何法律条文。而原装耗材厂家一致认为，通用耗材没有得到它们的授权就属于非法。

爱普生面向国内推出的ME系列打印机和超低价格的耗材，无疑让通用耗材厂家捏了一把汗，同时也在耗材行业掀起了巨大的波澜。业界传闻，包括佳能、惠普在内的众多大耗材厂家对原装耗材低价冲击市场都表示出了一定的（关注）。

业内人士称，这次爱普生 ME系列打印机和低价墨盒的推出，体现这些厂家在产品策略上的变化。爱普生 ME1 打印机在大幅调低了耗材价格的同时，打印机价格比同档次打印机上涨了近百元，达到了 498 元。

为什么原装耗材要降价？消费者购买时考虑最重要的因素，第一个是价格，其次是品牌和功能。有迹象表明，在欧美的耗材市场出现了原装耗材与通用耗材互相融合的趋势，通用耗材的市场占有率已经达到45%。美国企业仅选用通用耗材一项，每年就可以节约打印成本20%~40%。国产通用耗材的发展十分迅速，质量上也有所突破，对许多用户来说，在保证产品质量的前提下，通用耗材在价格方面更有优势。

而原装耗材降价则抹杀了通用耗材的优势所在，不少用户表示，当原装耗材和通用耗材的价格差距比较小时，无疑会选择更有保障的原装耗材。

爱普生工作人员告诉记者，低价耗材是为了延续爱普生“买得起，用得起”的理念，一切以节约用户成本为目标，例如爱普生 ME 2黑色墨盒T0761可打印约170 页A4纸张，彩色墨盒T0762/T0763/T0764 分别可打印大约 350 页或 210 页或 250 页 A4 纸张，同时还有双支装价格 76 元的黑色墨盒可供选择，可大幅度节约用户成本。而如此低价是否会使利润摊薄，并不在考虑之内。

有数据显示，近年，打印机的需求水涨船高，这意味着打印耗材的需求量也将有显著的增长。在市场争夺中，原装耗材厂商盈利增长的幅度远远超过价格下调的幅度。为了吸引消费者，争取更大的市场份额，降价似乎是大势所趋。

在过去，原装耗材厂商保护自己利益的手段通常都是利用专利来限制通用耗材生产和模仿自己的墨盒，从而在销量上和生产上来达到自己的销售目的，但是这一点很可能会伴随着墨盒新法案的出台而发生彻底改变。新耗材的标准就是让目前所使用的耗材成为可通过灌墨、灌粉持续使用的耗材。

而从世界各地区的法律法规看，越来越严格的法规对各大打印机厂商颇为不利。欧洲议会于2002年制定法规，要求从2006年夏季起所有在欧洲销售的打印机皆不得安装墨盒识别芯片，以允许旧墨盒能得到多次使用。

据了解，由于宣传到位，目前美国原装耗材市场份额为55%，再生耗材占45%。“再生耗材是世界的潮流，而且可能避免专利问题，应该成为中国耗材厂家的重要出路。”中国计算机行业协会耗材专业委员会秘书长龚滨良曾经表示，由于硒鼓和墨盒的再生是属于高精尖技术，对填充过程和填充用的墨水都有很高的要求，因此，建立硒鼓和墨盒再生的市场准入标准很重要，否则只能导致市场混乱。

近期，国内第一个通用耗材标准——广东省地方标准《喷墨打印机墨盒通用技术规范》正式出台。该标准旨在改善和规范目前的墨盒市场环境，虽然仅是一个地方标准，却让国内耗材企业看到了希望。据悉，该标准从保护环境、保护消费者合法权益和符合中国现有消费水平的国情出发，创新性地提出了墨盒生产应遵循“头盒分离”、“色体分离”、“不使用芯片”、“可填充再利用”的原则，同时规定了墨水的残留量、墨水的安全数据等指标。对兼容耗材国家标准的出台将起到一定的推动作用。

该标准要求，墨盒不应使用对打印效果没有明显作用、不能表示墨盒中墨水实际用量、不利于循环再利用的接触式或非接触式芯片。参与制订该标准的中国计算机行业协会打印耗材委员会会长、贺良梅称，跨国巨头利用这些芯片对我国耗材企业进行专利封锁，该标准的制订就是要打破这种封锁，使国内耗材企业有更大的生存空间。

而一直以来，原装墨盒厂商为了保护自己的利益在墨盒中加入了“墨盒芯片”、“一次性墨盒”等设计，对可再生方面并没有过多关注。而在墨盒的可再生方面通用墨盒厂商则是早有准备，不仅生产出连续灌墨系统以通过灌装墨水使墨盒重复使用的节能产品，而且还在不断推广关于灌装墨盒的概念。因此在墨盒再生方面，原装墨盒厂商与通用墨盒厂商孰强孰弱还很难说。

耗材之争到了今天，再生耗材的概念已让原装墨盒地位岌岌可危，要继续在耗材市场占有大量份额，放弃部分利润无疑是最佳选择。

降低价格的同时，原装耗材厂商对权益维护也从未放松。近两年来，爱普生正逐步加大在国内市场的知识产权的维护力度，将海外维权的目光逐步转向国内。截止目前，在国内市场，爱普生已先后向14家国产耗材企业提起行政干预或上诉。对于这一现象，部分业内人士认为，是原装耗材厂商收复国内市场的手段之一“美国337调查对国内耗材企业只是一个灾难的开端。”

之前国家知识产权局宣布此前授权的爱普生ZL95117800.8中62项专利全部无效事件引起业内厂商的纷纷关注。工作人员表示，这并没有对Epson造成太大影响，只是在专利申请中的一些小问题被某些厂家无限放大了。爱普生的17800专利由于自身描述出错已经由新申请的专利替代，而这项旧专利被判无效，其实并不影响爱普生在中国继续行使专利权。据了解，爱普生已经于2006年4月28日获得了国家知识产权局的专利授权通知书（专利号为02147345.5），爱普生正在根据“授权通知书”办理专利登记手续。据爱普生相关人士表示，之所以在中国又重新做了“分案申请”，是因为2002年10月16日，爱普生发现，由于中文翻译不当，文件中出现“打字错误”使得相关表述不够确切。随即，爱普生立即针对相关专利提出“分案申请”，申请编号为“02147345.5”。“分案申请”只是对整个专利进行了重新描述，用更准确词句、详细内容重新申请了一遍，但基本指向还是原来的62项，和原来的申请并无不同。

“62项专利被取消、中国和全球其他企业均可无偿使用是不可能的。”业内人士表示。

存在洗牌可能

虽然原装耗材降价主要针对非原装耗材产品，但从某种程度上说，也在原装耗材市场内部引起新的波动。有消息称，惠普、佳能等品牌打印机厂家也正在考虑推出低价耗材，准备围剿通用耗材。对是否跟随降价风潮，惠普工作人员表示，在近期内惠普暂时没有推出降价产品的意向。但随着爱普生低价耗材的推出，惠普也推出了一系列针对会员的活动，例如购买原装耗材获赠超值家居用品，及注册会员赢墨盒等促销活动。

业内人士指出，由于惠普等欧美系打印及耗材厂商拥有更多独特专利，因此通用耗材及日系耗材的降价短期内并不会对其造成太大影响。但爱普生低价耗材的推出，也必然会影响到原装耗材的市场分成情况。爱普生工作人员表示，低价耗材是为了顺应用户的需求，不会对耗材市场产生太大影响，但也不排除会对第三方产品的市场份额产生一定影响。

在同价同质的情况下，谁能首先抢占市场必然是厂家争夺的关键。打价格战虽然看似无奈选择，但当降价所争夺来的份额增长足以抵偿利润损失时，相信谁也不会放弃降价策略。业内人士指出，虽然降低耗材价格并不是一个最好的办法，但不排除整个耗材市场在降价风潮中卷入新一轮价格战，以抢占市场的可能。

业内人士表示，降价满足了消费者对低价格的需求，也促使原装厂商加强企业管理、降低生产成本、提高营销效率，对产生的影响是积极的。但降价作为市场价格体系、竞争格局动态调整的过程，也绝不是哪个企业能完全控制的，一旦控制不好，很有可能两败俱伤。

毕竟，用降价来拼比耗材市场只是耗材业竞争的初级手段，而成熟的市场必须是物美价廉、标准规范的。原装耗材与通用耗材之间最终的竞争手段应该是靠质量、款式、口碑和售后服务等手段来争取顾客。耗材产品的孰好孰劣，其间的争论和竞争，最终只会有助于消费者更清楚地认识到耗材产品的实际价格以及自己的需求，最终受益的是消费者。

对于消费者来说，耗材的产地并不重要，能够适合消费者的打印需求、质量过硬、价格合理的耗材就是好耗材。目前，原装耗材降价潮可以说是耗材价格趋于正常的表现。之前通用耗材与原装耗材之间的价格战，以及原装耗材之间通过各种促销手段争夺市场的做法都只是前奏。一旦原装耗材价格真正趋于平稳真实，各方之间的竞争才会真正开始。

链接一：美国337调查

美国337调查，因源于美国《1930年关税法》的第337条款而得名，其立法初衷是为了限制对美进行产品倾销和垄断贸易等“不公平贸易竞争行为”。此后经过三次重大修订，演化为1994年的《综合贸易与竞争法》第1337节，明确授权ITC在美国公司提起请求的前提下，可以对进口中的不公平贸易做法进行调查和裁处；一旦判定违反了337条款，ITC有权下达排除令或禁止令，指示海关禁止该类产品的进口和销售。

于理论上讲，337调查针对的不公平贸易行为，可分为一般性不公平贸易行为和与知识产权有关的不公平贸易行为。而在实践中，几乎所有337调查案件都涉及知识产权问题，包括进口到美国的货物侵犯了美国有效的专利权、商标权、版权、商业秘密等。

近年来，美国对华337调查呈逐年上升态势。1996～2004年，美国在全球发起的157起调查中，涉及中国的案件占到23%，共有36起；而2005年中国已经遭遇了七起337调查——网络控制器案、橡胶防老化剂案、彩色电视机接收器案、撞球杆案、声音处理芯片案、强化木地板案和激光条码扫描器案，占到同期美国在全球337调查总量的38%。继日本和中国台湾之后，中国已然成为美337调查的最大目标国。

截至目前，除了电池案等个别案件中国企业取得337调查的胜诉，更多的案例是以国内企业或付出巨额调解费用、或彻底败诉，其产品被永远拦在美国大门之外而告终。

本文作者系《计算机世界报》专栏记者，该文是专为本年鉴作。——编者

喷墨多功能一体机，中国打印市场的明星

陈　颖

作为办公外设市场的后起之秀，多功能一体机以其高度的“复合性”和使用的“方便性”逐渐吸引了众多商家以及家庭用户的眼球。特别是喷墨多功能一体机，不但集合了打印、复印、传真、扫描等多种功能于一身，而且具备体积小，价格低，彩色化输出，办公娱乐兼备等众多优势。从近年的数据看来，喷墨一体机的增长带动了整个市场的发展，并且将支持整个办公设备市场未来持续增长的趋势成为中国打印市场的明星。

市场概况

根据技术的不同，打印外设产品主要可分为喷墨，激光和针式打印等几种产品，其中喷墨类产品市场份额最大，占据了整个市场的半壁江山。其中喷墨一体机在过去的4年中以75%的年复合增长率高速成长，远高于单功能产品以及激光一体机的发展速度。根据IDC最新发布的报告，2006年喷墨一体机的新机出货量已经超过100万台，比2005年增长约35%，是2002年出货总量的9倍多。

图1 中国喷墨一体机市场出货量变化，2002 — 2006

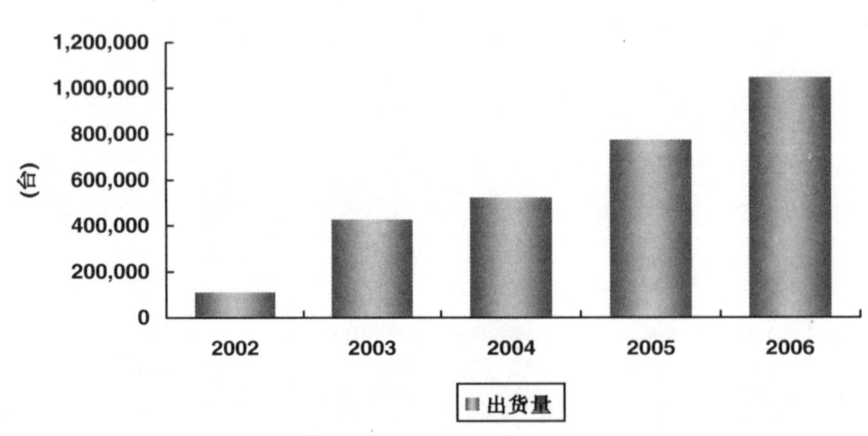

数据来源：IDC中国喷墨一体机季度市场跟踪报告（2007年第一季度）

在整体喷墨打印市场，即包含单功能喷墨打印机和喷墨一体机，喷墨一体机在2006年已占整体喷墨市场的26%，比2005年的18%有了显著的提高。然而相比多数亚太国家，这一比例明显滞后。在亚太地区，多数发展中国家基本上是在35%的水平，而对于发达国家，例如在澳大利亚、韩国和新西兰等，这一比例目前已经超过了60%。因此，无论是相对于发达国家抑或是发展中国

家的平均水平，中国的喷墨一体机市场仍然有着巨大的市场潜力。IDC预测，中国的喷墨一体机在喷墨打印产品市场中的份额将在2010年达到并超过50%。

图2 中国喷墨一体机和喷墨打印机发展趋势对比，2006－2011

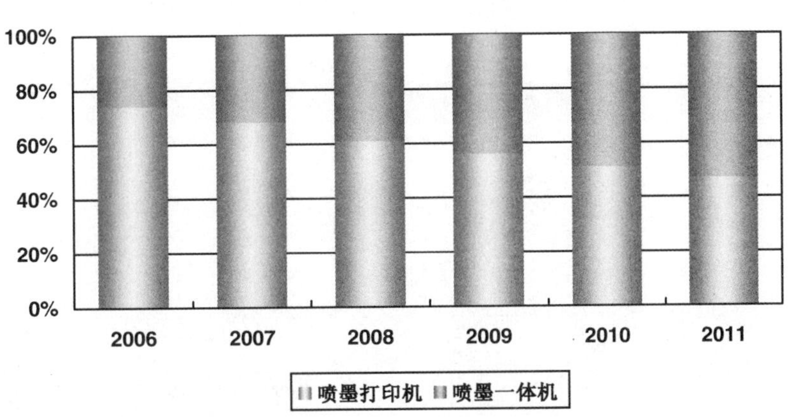

数据来源：IDC中国喷墨一体机季度市场跟踪报告（2007年第一季度）

市场驱动因素

IDC认为，喷墨一体机的蓬勃发展是市场需求、产品特点、价格优势和厂商推动等多方面共同作用的结果。在宏观经济前景看好的大环境下，中小型企业快速发展，家庭收入水平也稳步提高，这两大用户群组成了庞大的市场消费主体。

由于喷墨一体机集成了多种实用功能，兼具办公和娱乐功能，不但可以满足基本的办公需求，而且可以为家庭用户提供更方便的应用。随着产品价格日渐走低，喷墨一体机逐渐吸引了众多的小型办公的商用用户和家用用户。喷墨一体机以其产品优势为两大用户群提供了满意的产品，同时实现自身的市场扩张。

面向商用用户

对于商用用户，普通文档打印、文档扫描、文档复印和传真都已成为日常工作中所熟悉的甚至是不可或缺的部分。面对这样的需求，传统以来的方式是采用多台单一功能产品，包括打印机、传真机、扫描仪和复印机等。从使用性来讲，这种组合可以各自独立的完成工作，并且相互之间没有影响，但是购置和使用成本都很大，并且占据了大量的办公空间。喷墨一体机的使用，为中小企业提供了同时具备更多功能，使用效率更高，购置成本更低，占有空间更小的桌面办公解决方案。

输出速度通常是商用用户最为关注的性能之一，在这一点上，喷墨产品往往给人速度较慢的感觉。其实不然，随着喷墨一体机技术的进步，其打印速度有了显著的提高。根据IDC中国喷墨一体机季度市场跟踪报告，输出速度在每分钟15页以内的喷墨一体机，2004年占据市场份额的68%，而这一比例在2006年已经降低至11%。而输出速度在每分钟16－20页的速度段，其比例由

2005年的25%猛增至2006年的77%。由此可见，喷墨一体机市场的主体正在迅速由低速度段向高速度段发展。不论是喷墨产品，还是激光产品，每分钟16—20页的输出速度已经成为了市场的主流。

图3 中国喷墨一体机打印速度变化对比，2004—2006

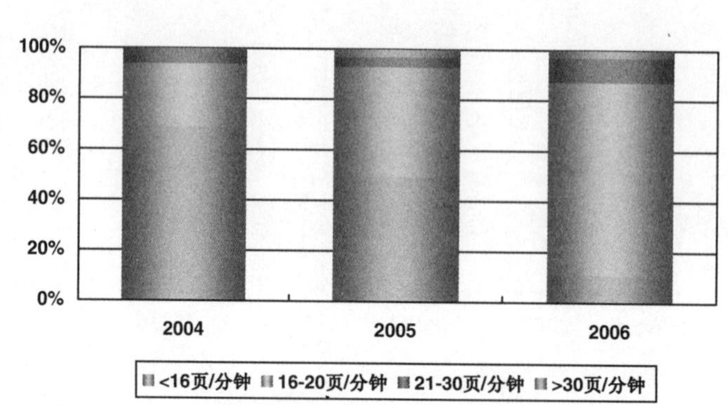

数据来源：IDC中国喷墨一体机季度市场跟踪报告（2007年第一季度）

在一些小型商务的市场，如装修装饰企业、广告设计室、图文冲印社等，喷墨一体机提供的高质量彩色输出更是成为购置产品的决定因素。从技术角度来看，彩色文本用激光输出可能速度更快，但是如果想打印有层次感的高质量彩色图片或照片，喷墨打印技术才能有良好的表现。此外，激光彩色输出产品的整机成本及后期使用成本，都是小型商用用户难于负担的。因此，喷墨一体机将成为同时满足办公要求和实现彩色输出主要的选择。

面向家庭用户

对于家庭用户，打印机的性能和工作量通常要求不高，但是对于功能有着特殊的要求。根据IDC 2006年中国消费者调查结果，用户在购买一体机时，对功能的需求将是第一位的。除了普通文档打印，照片扫描、彩色照片打印已经逐渐成为新的趋势，包括数码相机在内的各种数码产品的热销开启了新的家庭娱乐消费理念。调查同时表明，有超过一半的被访者至少拥有一部数码相机，而且在目前尚未拥有数码相机的被访者中，有51.3%有1年内购买的计划。数码相机市场的发展为照片输出市场提供了契机。

目前市场上几乎所有喷墨一体机产品都已经具备彩色输出功能，并且很多产品已经开始从照片打印入手，增加各种增值功能，例如大液晶屏、支持读卡器、直接连接数码相机、以及红外、蓝牙无线传输等方式实现数码打印。不断改进的使用方便性、打印成本的合理化、打印者对照片隐私和个性化的关注程度，将对家庭照片打印的普及起到积极的促进作用。

除最主要的打印和复印功能以外，基本上大部分喷墨一体机都可进行扫描，扫描分辨率通常为600dpi，而600dpi对普通文件及相片的扫描已足够清晰。从近几年的市场发展可以看到，具有扫描功能的喷墨一体机已经对扫描仪市场，尤其是低端的、非专业用扫描仪市场造成了很大的冲击。

市场价格趋势

不论是小型商用用户，还是家庭用户，对成本都非常敏感，在预算有限的前提下，同时希望提升效率和品质。喷墨一体机的技术进步和产品的丰富，正好满足了两大用户群的需求。在分辨率不变，速度提升，更多人性化设计的同时，喷墨一体机的产品价格却不断降低，成为一体机发展的驱动力之一。

彩色喷墨一体机最初进入中国市场是在1999年，当时的价格超过万元。随着市场的成熟、生产技术的提高、成本控制的加强，喷墨一体机的价格也在发生着明显的变化。2002年底的平均价格在2500元人民币左右，至2006年，平均价格已经降到了906元人民币，销售的新机中56%的产品售价不到800元人民币。从图4的趋势看来，喷墨一体机整体尤其中高端产品今后还有比单功能设备更大的降价空间。这对于成本敏感的消费者来说有着很强的吸引力。

图4 中国喷墨一体机市场平均价格变化，2002 — 2006

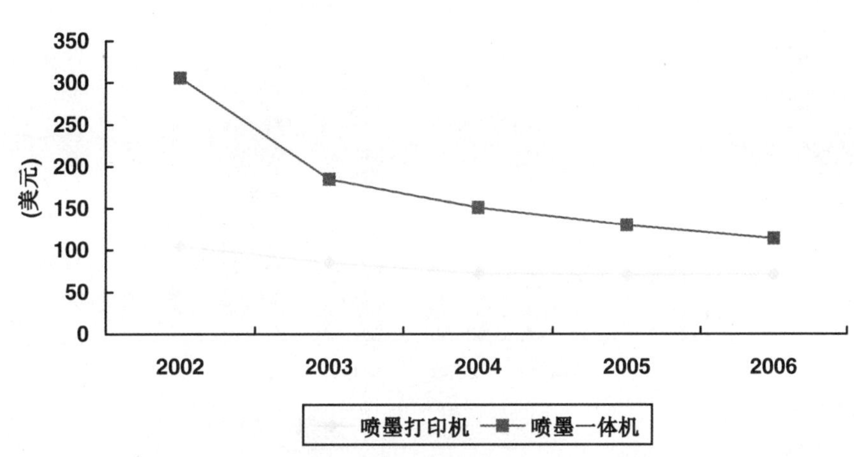

数据来源：IDC中国喷墨一体机季度市场跟踪报告（2007年第一季度），
IDC中国打印机季度市场跟踪报告（2007年第一季度）

厂商推动促进

喷墨一体机从概念的推广，产品认知度的提高，到用户接受度的普及，都与厂商的不懈努力有着密不可分的联系。根据IDC数据显示，在主流厂商推动下，全球经济发达的欧洲、北美等地区，多功能喷墨一体机的出货量已远远超过单功能打印机，喷墨一体机已经得到了普遍应用。

中国市场的喷墨一体机厂商数量从2003年的6家增至2006年的10家，越来越多厂商认识到喷墨一体机在喷墨市场中的重要地位，将更多精力和资源积极投入这个市场。虽然喷墨技术日渐成熟，但是各个厂商仍投入大量精力进行新技术的研发和产品的改进，让喷墨打印速度更快，墨水颜色更持久，打印成本更低，功能更加丰富。这些都有效的促进了市场的多样化，为用户提供了更多选择，让每个消费者买到适合自己的产品。

为了更加贴近用户，让一体机更能满足用户的需求，厂商采取了多种措施，积极变革销售渠道和销售方式。从2005年开始，国内主流厂商都进行了渠道扁平化策略调整，将更多精力投入在终端零售市场的开拓与支持，加大了终端广告的推广力度，提高产品的曝光率。此外，除传统的办公设备代理商、电脑城等销售渠道外，与新型的电子产品连锁零售商的合作，也成为了扩大喷墨一体机销售的重要渠道。这些措施对引导和鼓励用户主动购买喷墨一体机起到了积极的促进作用。

未来市场预测

从供求关系的两个方面，市场需求和厂商推动来讲，喷墨一体机市场都面临着良好的发展机遇。根据IDC的预测，中国喷墨一体机市场2007年出货量将达到135万台。在未来5年内，实现年复合增长率21%的持续高速增长，并与2011年达到约268万台出货量的市场规模。

图5 中国喷墨一体机市场出货量预测，2006－2011

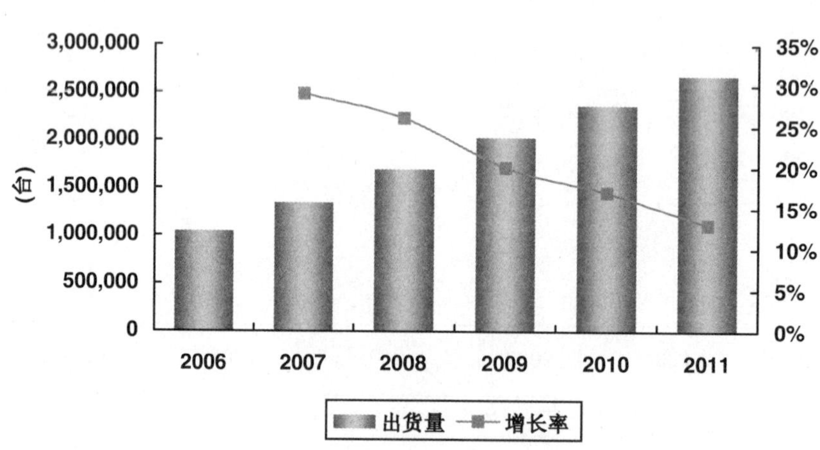

数据来源：IDC中国喷墨一体机季度市场跟踪报告（2007年第一季度）

作为全球著名的“IT”业咨询及数据分析中心，“IDC”凭借其全球化区域性和本地区的专业视角，始终关注业界的技术发展趋势及产品的市场走向，并进行深入的具有针对性的分析，本文作者系“IDC”专业分析师，此文特为本年鉴所作。——编者

从铁路管理现代化纵览打印机市场

铁道部电子中心　石炳坤

铁路是我国社会和经济发展的先行企业，是社会的基础设施，国民经济的大动脉。目前，全国铁路营业里程已达67395公里（其中：国家铁路57923公里，合资铁路4696公里，地方铁路4776公里），拥有50多万辆货车、60多万个集装箱、2万台机车，每天开行2万多个列车，承担全国客运量的60%，货运周转量的70%。

铁路是组织机构众多的联动机

我国的铁路组织机构是以运输为中心，由运输、工业、工程三大部门和科技、教育及后勤保障等系统构成的综合体系。在铁道部下设有14个铁路局、铁路局下设49个铁路分局，铁路分局直接管理着近7000个站段，每个站段内还分若干个车间。同时，铁道部还设有中国铁路机车车辆工业总公司、中国铁路通信信号总公司及中国铁路工程总公司，管辖着19个工程局、35个机车车辆工厂、10个通信信号工厂、8个桥梁厂、2个轨枕厂、2个工程机械厂、7个木材防腐厂、3个专业器材厂、9个物资办事处、5个勘测设计院。铁路部门大专院校10个、成人高校14个，中专186个，中小学1392个，各级卫生机构4620个……。不难看出，铁路系统所属门类及单位，是一个名符其实的、庞大的联动机构。

加快铁路管理现代化势在必行

铁路这个门类众多，而“牵一发动全身”的联动机构，各部门必须密切配合，才能质量良好地完成客货运输任务。在众多的环节中，不论任何一个环节薄弱或出问题，都会直接影响全局。而且，旧的铁路传统管理模式，已远远满足不了国民经济发展对铁路的要求。铁道部各级领导十分重视应用先进科学技术促进铁路系统的技术进步，特别是采用计算机技术改造传统的铁路企业管理模式，以提高铁路的运输能力，提高管理水平，提高经济效益。所以，在我国铁路的《先行计划》中明确指出，要把机车车辆和信息技术作为重点发展领域，这是九十年代振兴铁路的发展战略。同时，还把应用电子计算机技术加速铁路传统产业的技术改造，并逐步实现铁路管理现代化，列入了铁道部《“八五”铁路技术进步规划》。

“九五”期间，铁道部继续把“铁路运输管理信息系统”建设做为“九五”期间铁路科技发展六个重大突破之一。

各种打印机在铁路计算机应用中有广阔市场

铁道部加快实现铁路管理现代化的步伐之后，铁路无疑是计算机及外部设备应用的大户。从铁路部门应用计算机的情况来看，各种打印机在铁路应用计算机的外部设备中占绝大比重的份额，除了用于辅助教学的微机之外，可以说，只要有用计算机的地方，几乎都需要用打印机。这句话并不过分。

从铁路管理现代化的需求上来看，用彩打的地方不多，更多的是单色的针打、喷墨、激光等类型的普通打印机和特种打印机；从打印要求来分，大致可分为打印卡片、打印单页、打印复写及连续打印等几种，有的打印机还应具备切割功能，如打印客票、货物及行包的标签、到货通知卡片等。现将各种打印机未来的需求和展望作以下预测。

一、普通打印机的需求预测

1．铁路运输系统

铁路运输系统是整个铁路运输企业的三大部门之一，也是重中之重的部门，铁路计算机的拥有量有70%左右集中在这个部门。

① 铁路运输管理信息系统

该系统中的核心系统是货车实时追踪管理系统，这不仅是铁道部的主要建设项目，也是“九五”期间铁路科技发展重大突破之一。

货车实时追踪管理，就是昼夜24小时不间断地对列车、机车、货车以及所运货物的位置和状态进行追踪。这个系统点多、面广，铁道部从全国铁路上近7000年站段中，选择出2200个站段，作为原始信息报告点，通过这些报告点，确切地掌握和网上传递货车的位置和状态。

这2200个联网报告点中有编组站、区段站、其它站、车务段、机务段、车辆段等。根据有关部门计划，仅车辆追踪这一方面，就需要打印机14000多台。此外，各铁路局运输业务部门，按每个铁路局需要100台打印机计算，14个铁路局（铁路集团公司）共需打印机1400台；全国铁路49个铁路分局，如按每个铁路分局需要60台打印机计算，共需打印机2940台。当然，这里均未计算备用打印机数量在内，如果按10%的备用系数计算，全国仅运输系统就需要打印机2万多台。

② 工务管理信息系统

铁路工务管理信息系统是铁道部正在启动的全路性的信息系统。铁路工务部门是四级体制机构，铁道部设工务局、铁路局设工务处、铁路分局设工务分处、基层设工务段。工务段属站段一级的机构，是工务部门的基本生产单位，负责领导线路维修工作。每一工务段管辖线路长度一般单线为150～250公里，复线为100～150公里。工务段下设若干领工区（养路、桥梁）和4～5个工区，对铁路线路进行养护维修工作。

铁路运输中旅客和货物的位移是通过机车牵引的客货车在数万公里铁路线路上的运行来实现的。车无路不行，因此，铁路线路设备是铁路的行车基础，而负责管理、养护维修线路设备的是铁路工务部门。铁路线路设备约占中国铁路运输固定资产总值的55%。如何使这些线路设备经常处于质量良好状态，保证客货列车昼夜不间断地按规定速度安全运行，是铁路工务部门的主要职责和任务。在铁路工务工作管理上，多年来都是以工务段为单元，进行人工管理，这种传统的管理模式，已满足不了铁路线路长度日益增长的要求。当计算机进入铁路领域以后，铁路工务部门也陆续采用计算机，仅仅是局部的使用，尚不能形成大的系统工程，为适应形势的发展需要，铁道部开始启动全路性的“工务管理信息系统”。全国铁路工务部门有工务处14个、工务分处49个、工务段270多个、工务领工区近600个、工务工区超过1000个。这些单位无疑都需要计算机及外设，如果按一个工务处需要5台打印机、一个工务分处需要3台打印机、一个工务段需要3台打印机，一个工务领工区和工务工区各需要1台打印机来计算，共需打印机1800多台。

2. 铁路财务系统

铁路财务管理是铁路运营活动成果的货币反映，是运输生产经济效益的集中体现。为推动全路财务体制改革，在建立大规模财务信息库的基础上，做好经济活动分析和决策支持工作的同时，逐步实现资金流、物流与信息流同步化，达到对资金的最有效控制，加快铁路成本计算系统建设。目前，全国铁路财务系统有近1万个独立核算单位，如果按每个单位需要2台打印机计算，就需要2万多台。

3. 工程、建筑系统

人们常说，要想富、修铁路。铁路的修建涉及到方方面面，而最主要、最直接涉及到的是铁路工程、建筑部门。从组织机构上来看，涉及到中国铁路工程总公司和中国铁道建筑总公司及其管辖的19个工程局、5个勘测设计院及1个研究设计总院。局、院内分设许多处、室；工程局下面又有无数个工程处、工程段、工程队，其分布遍及全国各地。工程、建筑系统在计算机应用上主要用于施工概预算、施工企业管理、工程管理、各种计算机辅助设计以及办公自动化等方面。如果各个工程、建筑单位都能够广泛地把计算机应用工作开展起来，那么需要打印机的数量估计会在7000台以上。

4. 铁路机车车辆工业系统及其它工业系统

在我国铁路的《先行计划》中，早已明确指出，要把机车车辆和信息技术作为重点发展领域，这是九十年代振兴铁路的发展战略。

工业系统在计算机应用上，主要用于辅助企业管理和采用CAD技术上，由于采用和推广CAD技术，提高了产品开发效率，如，株洲车辆厂开发的“冲载模CAD系统”，提高设计效率4倍；“敞车CAD系统”，提高工效5～8倍；“冲压模CAPP系统”，提高工效6倍。铁道部宝鸡桥梁厂在3com以太网上建立的“微机局部网工业企业经营管理信息系统”，实现了产、供、销、人、财、物的动态管理，形成了企业对生产经营活动的闭环控制，全年经济效益超过300万元，效益又促进了领导决策者采用计算机技术的积极性。

中国铁路机车车辆工业总公司提出“九五”期间推动CAD工作的规划设想：总公司要完成内燃、电力机车、客车、货车、冷、热工艺等八大CAD/CAM系统的建立，使之能满足机车车辆开发新产品的需要。“九五”期间，主型产品和批量生产的产品CAD绘图应达到100%。到“九五”末期，各厂、所的科研、设计、工艺部门要普及CAD技术，实现产品设计现代化，在齐齐哈尔等八个重点工厂建立和完善CAD/CAM/MIS系统。从这幅工业发展蓝图上来看，仅仅机车车辆工业系统就需要大量的绘图设备和大量的打印机。现在，全国铁路部属大型工厂就有64个，如果每个工厂按需50台打印机计算，共需3200台。

5. 其它系统

其它系统包括科技、教育、卫生及后勤保障系统等。全国铁路有大专院校、成人高校24个，中专及中小学1578个，各级各种卫生机构4620个，它们也广泛使用了计算机，其需要打印机的数量也是相当可观的。

二、专用打印机的需求与预测

1. 客票打印机

铁路客运部门是铁路对外的窗口，火车票的售票工作，直接涉及到广大旅客和售票人员的切身利益及售票结帐和交接班效率。客票打印机是铁路计算机售票中一个十分重要的组成部分。铁道部在全国铁路范围内，建立起“铁路客票发售和预订系统”，全部实行计算机售票，用客票打印机，实时打印带有条码的软纸火车票。目前，全国铁路有5000多个车站承办客运业务，需要客票打印机数万台。

另外，一些大的火车站还在市区内繁华地区设置自动售票机，如深圳地区和广深铁路沿线就设置200台自动售票机，上海地区也开始设置自动售票机，这些自动售票机上都需要客票打印机，在激烈的旅客运输市场的竞争中，为旅客购火车票方便起见，增设一些自动售票机，无疑是一个发展方向，这对客票打印机的需求来说，又是一个很大的潜在市场。

由于采用客票打印机打印客票，每年全国铁路打印的客票将近10亿张，如果把退票、废票或错票的数量计算在内，将会超过10亿张。

2. 铁路货票打印机

全国铁路5700多个车站中，除少数车站不办理货运业务外，绝大部分车站都办理零担、整车和集装箱等货物运输业务，他们都需要铁路货票打印机，要打印一式四联的“货票”。使用货票打印机，不仅可以提高印制货票的速度，提高铁路货运工作人员的劳动效率，还可大大减轻货运工作人员的劳动强度，同时，货票票面清晰，更重要的是在网络上，可共享货票信息。以5000个车站计算，如果每个车站需要2～3台打印机，就需要10000～15000台货票打印机，再加上一定数量的备用，需求将会远远超过这个数字。

据有关部门统计，现在全国铁路已有97%的货票是由货票打印机打印出来的，每天约产生货票10～12万张，如按平均每天产生货票11万张计算，那么全年就产生4000多万张货票，每张货票一式四张，共需1.6亿万张货票用纸。

3. 铁路行包票据打印机

铁路行包运输是铁路对社会服务的另一个窗口，它包括行李和包裹两部分，涉及到千家万户，目前，全国铁路有5000多个车站承办客运业务和行包运输业务，如按每个车站需要2台“铁路行包票据打印机”计算，加上一定数量的备份，那么就需要1万多台。

4. 铁路旅客列车补票打印机

这种打印机要求体积小、重量轻，与笔记本电脑配套使用的便携式微型打印机。它的应用，既可提高为旅客服务的质量和工作效率又可减轻列车长补票工作的劳动强度。目前，全国铁路每天开行的各种旅客列车1000多对，计2000多列，这还不包括节假日、旅游旺季临时加开的旅客列车在内。如果每趟旅客列车按1台补票打印机计算，再加上临时增开的旅客列车的需要和正常的备份，就需要铁路旅客列车补票打印机2400多台。

5. 铁路行包及货物到达通知卡打印机

在铁路行包及货物运输中，安全、迅速运达目的地，是铁路运输部门对广大旅客及货主的服务宗旨。只要行包和货物到达车站并卸入仓库后，行包和货运部门立刻以“卡片”（大小与明信片相仿）形式，通过“铁路行包及货物到达通知卡打印机”打印出来，直接邮寄给收件的旅客及货主，让其来站提取行包及货物，这样，不仅方便了旅客及货主，同时还提高了铁路行包及货物仓库货位的利用率，加速货位周转。全国铁路有5000多个车站办理客、货运输业务，如果按每一个车站需要3台“铁路行包及货物到达通知卡打印机”计算，再加上10%的备用数，就需要“卡片打印机”16500多台。

6. 行包及货物标签打印机

这种打印机要求与计算机相联，只要给出标签的需要数，“行包及货物标签打印机”就可根据行包票据和货票上的内容，直接如数打印在行包和货物标签上，其标签费用由旅客或货主支付，这样打印出的“标签”，既整齐、清晰，又可减轻旅客或货主抄写多个“标签”之苦，同时，还不会出差错，这是块未开垦的处女地，很有发展前途。如果全国铁路5000多个输客、货运的车站，都采用“行包及货物标签打印机”，其需要量也会在五位数以上。

另外，林立在全国各大中城市市区的行包、货物代办处，更是“行包及货物标签打印机”的潜在市场。

7. 铁路客票检票打印机

铁路客票检票打印机是附属在客票检票机内的微型打印机。铁路客票检票机都设置在车站的旅客进站口，旨在检查旅客是否上错车、是否是假票或防止旅客无票上车，对送旅客用的站台票来说，通过检票机的剪口，不能再次使用等。过去都是人工检票，用专用的检票剪子剪口，效率低、旅客放行速度慢，背上大包小包的旅客拥挤不堪，旅客怨声载道。随着旅客运输量的增长，和旅客运输市场的激烈竞争，这种落后的检票工具和方法，更难满足形势发展的需要，同时，也难于在旅客运输市场的激烈竞争中取胜。因此，采用专用的铁路客票检票机，也迫在眉睫，无疑对铁路客运检票人员也是个福音，不仅可以减轻检票人员的劳动强度，而且还可以加快旅客进站速度（检一张客票只需1秒多钟）。其附属的微型打印机，还可打印出每趟列车的上车人数、重座车票、重条码车票统计表。

全国铁路有5000多个车站办理旅客运输业务，其中，大车站有10多个进站口，最小的车站至少也得有1个进站口。如果按每个车站按平均2个进站口计算，那么全国铁路就需要10000多台检票打印机，再加上一定数量的备份，就会远远超过这个数量。

8. 交通问讯打印机

交通问讯设施是为旅客服务的一种先进设备，旅客可以自动查询各种交通的有关信息，一般安置在火车站站前广场上，当旅客查询乘座火车的信息时，打印机可打印出始发站的开车时间、车次、票价等信息，如果中途需要换车时，打印机还可同时打印出换乘站站名、中转车次及开车时间等信息。当旅客下火车以后，需要查询市内公共交通信息时，只要提出到什么地方去，打印机就可按最佳路线打印出由车站乘多少路公共电汽车到什么站下车，起到很好的向导作用。

全国铁路有5000多个车站都办理旅客运输，但不一定每个车站都需要设置交通问讯设施，若按60%的车站需要，每个车站平均2台，则需要6000多台交通问讯打印机。

9. 检测打印机

安全生产是铁路运输部门的生命线和永恒的主题。原铁道部长韩杼滨同志在题为“实施科教兴路战略，把我国铁路现代化建设推向新阶段”一文中指出：在整个铁路现代化建设中，要优先实现运输安全技术装备现代化。

人们常说：列车跑得快，全凭机车带。机车能否安全运行，直接关系到旅客和货物的安全运输问题，事关重大。安装在电力机车上的“弓网动态超限自动检测装置”，就是保障电力机车安全运行的一种检测装置。它具有弓网图像监视功能，可实时监视弓网状态。当导线拉出值或受电弓受到冲击加速度超过极限时，可自动报警、记录、打印超限信息，通知司机进行处理，以防止事故的发生，确保机车安全运行。修建电气化铁路和采用电力机车，有利于环境保护，可以提高铁路运输能力，是今后发展的方向。到目前为止，全国铁路共有电力机车3344台，如果每台电力机车上都安装上“弓网动态超限自动检测装置”，那么就需要检测打印机3344台。每年电力机车的数量均以250多台的幅度在增长着，所以，这方面需要的专用打印机只会有增无减。

10. 特殊专用打印机的需求

如：“机车制动机试验台微机监测系统”、“车轴超声波探伤机检测装置”、“货车超偏载安全监测装置”、“机车电气、热工参数微机检测系统”、“货车滚动轴承压装压力自动监测仪”、“内燃机车水阻试验微机测控系统”、“电话集中机检修、测试、数据微机处理系统”、“铁路信号微机在线检测系统”、“铁路信号器材微机综合测试系统”、“信号设备微机监测系统”、“轴温联合监测报警仪”、“超声波探伤数据处理微机装置”等等一类监测、测试、检测以及监控设施都需要实时打印记录在案，这些设施仍属初始开发、试验阶段，在局部地区试用而已，有不少设施是直接或间接为保障铁路安全运输生产服务的，因而，不论从长远观点，或者是从战略角度来看，确有广泛推广的必要，这是由于“安全运输”是铁路运输部门永恒的主题所决定的。

由于铁路部门具有点多、线长的特点，上述这些设施如果在全国铁路上广泛使用的话，那么在这些设施上所需要的各式各样的特种打印机数量，注定是相当可观的。

三、未来的展望

铁路上应用计算机及外设的数量，基本上都是以组织机构的数量以及他们所开发的软、硬件项目的多少为基础的。自1998年起，五年内国家将向铁路投资2450亿元，建成新线5340公里、既有线复线2580公里、既有线电气化4400公里，地方铁路1000公里。对铁路来说，它迎来了百年难得的历史机遇，而对计算机及外设市场来说，何尝不是一次机遇。

这里更值一提的是铁路运输部门是一年到头、昼夜24小时不间断运行的企业，从而决定了其所使用的各种设备也相应地需要不间断地运行，这就必然会加大设备的损耗，打印机的磨耗将更大，不难看出，在这方面打印机的潜在市场也是前途无量的。

经过“八五”、“九五”的建设，铁路系统所建设的许多大型计算机应用系统已基本建成，并投入使用，从而使已有的计算机及外设市场更加稳定和逐步扩大。

关于2006中国耗材市场的调查报告

协会提供

目前中国市场的打印机耗材产品类型可归纳为三种：原装、通用和假冒。据调查表明：在2003年原装、通用、假冒三部分耗材所占市场份额比例还是5：1：4，但截止到2005年通用耗材的市场份额已攀升至20%，占市场的1/5。

原装耗材主要指的是由所属打印机厂商自己直接生产或者授权给其他耗材厂商OEM的耗材（目前中国国内的原装耗材厂商主要是惠普、爱普生、佳能和利盟）；通用耗材指的是由专业打印机耗材生产厂家根据所掌握的技术，生产出来适用于对应打印机型号的耗材，这些耗材厂家不具备打印机的生产能力。由于打印机生产的核心技术仅掌握在少数几个打印机厂商手中，其生产的耗材比其他类型的耗材产品在兼容性上明显高出许多，而且使用原装耗材打印出来的效果也明显更好，原装耗材也正是凭借这一技术上的优势长期把持着耗材市场的格局变化，使得原装耗材的价格普遍偏高，继而造成了打印机后期使用成本偏高，从而使一部分消费者选择了通用耗材甚至是假冒耗材的产品。

国内耗材市场整体情况概述

目前，全球90%以上的色带、20%的喷墨盒和11%的激光鼓粉盒组件在中国制造。在珠江三角洲地区形成了以珠海为中心的耗材制造基地，产品走向世界各地，并与国内外打印机厂商展开积极的合作，为之度身定做OEM产品，全世界打印机耗材的生产基地也逐渐向中国转移，中国正成为世界生产制造打印机的主要国家，同时也正成为打印机耗材市场利润最大的潜在市场。

据调查表明：截至2005年，国内各类办公用品的保有量为：针式通用打印机293万台，喷墨打印机1723万台，激光打印机510万台，多功能一体机207万台。事实证明最近两年上升的幅度更大。

如此巨大的打印机保有量，催生了一个巨大的耗材市场，同时近些年国家又把激光打印机、喷墨打印机、喷墨打印机墨水的生产及耗材列为国家电子信息产品鼓励发展的重点项目。国内打印机耗材（硒鼓和墨盒）总体市场容量已经突破300亿元，年增长率超过30%，耗材市场驶入高速发展轨道。高市场容量与高利润率活跃了整个耗材市场。

通用耗材：面临技术和价格双重夹击

通用耗材厂商未来将有较大的发展空间，通用耗材业正从培育期走向成长期。据调查发现：有49%的用户对兼容性耗材缺乏了解，用户意识匮乏，并未进入理性消费状态，兼容市场亟待加大培育的力度，这与原装耗材厂商的市场策略、用户对兼容产品的认知、环保意识等因素有密切关系。但近些年随着通用耗材厂商的不懈努力，使得消费者对通用耗材的认知度有所提高。首先，技术上的创新。如格之格813系列“无海绵墨盒”是中国耗材厂商首次发布自主专利无海绵技术产品技术；其次市场推广的加强。如买格之格硒鼓，送罗西尼名表以及电视、报纸、路牌上的通用耗材广告等宣传活动；再加上通用耗材本身的价格优势，以格之格为例，同样都是4色墨盒，格之格比惠普的原装墨盒便宜1/2，而至于一些并不是很出名的通用耗材，其价格更是只有原装耗材的1/4甚至1/5。

虽然通用耗材业规模急剧扩大，但通用耗材强力品牌寥寥可数。据调查表明：目前国内通用耗材品牌总数超过了300家，另外从去年开始国内有更多的大公司看准了耗材市场的巨大潜力纷纷加入进来，如TCL、LG、神州数码等，此外还出现了很多生产通用耗材良莠不齐的小厂家、小作坊。与通用市场规模呈现急剧扩大的态势相比，目前国内通用耗材市场强有力的品牌却是屈指可数，知名品牌只有原色、天威、格之格、耐力等几个，并且即便是这几个品牌，其品牌实力也远远没有达到可以直接挑战原装耗材的水平。通用耗材目前仅能够满足对打印质量要求不是特别高的普通用户的日常需求，但是针对于专业用户或者对打印质量要求高的用户，通用耗材往往心有余而力不足。对于通用耗材而言，进一步占领市场必须通过技术上的改进来更多的提高性价比，但是，耗材标准掌握在原装耗材几个大厂家的手中，短期内想挑战原装耗材并不现实。面对原装耗材的技术优势以及假冒耗材的猖獗，通用耗材真是发展艰难、境地尴尬。

通用耗材的发展分析：

外在方面：耗材市场消费群体的增加以及一部分消费群体认知的改变对通用耗材业来说是个契机。目前，照片打印机市场急剧升温，家庭照片打印量特别是一、二级城市这方面的需求呈爆炸式增长，必然导致耗材产品需求的提升，另外，近年国内各企事业单位开始压缩运营成本，以前不计成本单一购买原装耗材的做法正在转变，通用耗材被列入考虑之中。

内在方面：通用耗材必须市场、技术、服务三手齐抓。目前消费者本身对通用耗材产品质量有所怀疑，如果原装耗材再进一步压低价格，这对通用耗材来说是致命的打击，所以通用耗材必须跟渠道紧密合作，建立一套有特色的销售、服务体系，吸引、留住消费者。天威国内总代珠海泛凌贸易有限公司最近就在筹划建立一个专注于耗材产品的客户服务平台，与旗下的经销商和二级代理整合在一起，并包含一个Callcentre，使得产品与服务信息能够一步一步地传达到重点客户那里，并及时收集客户意见。还有原色耗材公司2005年上半年在广州建立了国内第一家承诺为用户使用通用耗材提供打印机保修服务的“保外维修站”，解决了原装耗材“保修条款”中对使用通用耗材引起的保修问题。原装耗材所拥有的核心专利技术对于通用耗材来说是最大的技术壁垒，通用耗材要想达到与原装耗材对峙的局势，就必须有自己的专利技术。在此方面，格之格和天威等通用耗材厂商都投入巨资建立了自己的技术研发中心，并且天威还打出了“绿色耗材”的口号。紫光耗材也利用自己教育上的优势，与国家合作建立了“博士后工作站”，参与制定国产耗材的标准。原色耗材在2004年年底就推出了独有的采用“碳零技术”的第二代国产墨盒。价格、技术、政策都有了，通用耗材就需要加大市场推广力度了，要利用自身渠道的优势，扩大品牌的认知度，让更多的潜在客户了解、使用通用耗材。

假冒耗材 ：火爆的市场难掩黯淡前景

因为假冒耗材有着超高的利润，以假冒喷墨打印耗材为例，利润率超过500%，所以目前耗材市场假冒耗材非常猖獗，其市场份额竟然能占到30%，这说明耗材市场处于极不规范的状态。据调查分析目前的假冒耗材市场认为购买假冒耗材的消费者主要分为三种：一种消费者属于追求原装耗材的打印质量但又追求性价比；另外一种消费者就属于受骗，不识真货的情况；还有一种就是很多公司的采购，知假买假。实际上使用假冒耗材不仅仅是打印质量没有保证这么简单，当长期及短期停用后，残留的墨水将侵蚀打印机的其它相关联的系统部件，如与服务器的盖笔橡胶发生化学反应、腐蚀盖笔胶、氧化组成打印头的导电片等，严重损害打印机的打印性能，让用户不得不为打印机的维修付出更高的成本。据调查发现：67%使用过灌装墨盒的用户都有过不愉快的经历，比如低打印页数、漏墨、堵头，从而增加了打印成本和打印机的维护费用。

更为严重的是，使用假冒耗材还会直接影响到使用者的身体健康。由于假冒耗材一般采用的是廉价工业化学原料制造，使用时散发出呛人的有毒气体和粉粒对人的身体健康有着极大危害。有数据表明：在一定的时间段内，非正规渠道廉价耗材用户比正品原装耗材用户患皮肤、呼吸道等疾病的几率高达300%以上。

市面上的假冒耗材一般为以下几种：国产货；假外包装、假耗材；真外包装、假耗材；假外包装、真耗材；无外包装的真耗材；无外包装的假耗材。针对上面的情况，消费者可以通过下面五种方法辨别耗材真伪：通过查看整体包装质量、材质以及外包装拆开处的撕毁标贴、查看包装上的防伪标志、拨打800防伪查询电话；观察真空包装袋；通过促销标贴。

除了消费者自己善于辨别假冒耗材，做到尽量不买假货外，更主要的是从根本上杜绝假耗材，首先要消除假冒耗材生长的环境，各大原装耗材厂商联手、联合相关部门打假，电脑市场加强市场管理；另外原装耗材厂商和通用耗材厂商也不能一味的相互打压对方，而让假冒耗材市场从中受益。

对于消费者来说选择耗材一定要坚决抵制假冒耗材，至于选择原装耗材还是通用耗材一定要理性消费，最好“分级打印”。所谓“分级打印”就是消费者根据自己的实际需求购买不同“级别”的打印机耗材产品。比如，某些专业图形设计工作室、摄影爱好者，对输出色彩效果要求严格，就可选购原装耗材；而对于打印要求不高的用户来说只需选购一款性价比相对较高的通用耗材即可

耗材市场发展的建议 ：

打印耗材的市场潜力是巨大的，也正因为这样国内耗材业环境一些突出的问题值得我们重视，针对上述问题作出如下建议。

一、随着越来越多的国内、国外厂家开始在国内生产耗材，耗材的国产化也就任重道远，特别是通用耗材。很多耗材甚至出口到了西方发达国家，但这其中国产通用耗材在国内市场的占有率并不大，中国通用耗材使用率仅仅为20%，比西方发达国家要小得多，而在西方销售的通用耗材很多却是中国生产的，这是一个值得思考的地方。要改变这种现状，这就需要原装耗材改变对通用耗材的态度、通用耗材检视自身发展问题、国家相关部门给予共同的支持；

二、国产耗材的发展创新及其专利问题。一方面国产耗材受到原装耗材专利的打压；另一方面企业欲开发自主知识产权的产品并成功申请注册，所需费用十分庞大，这就需要有合理的资金

支持；

三、原装耗材和通用耗材的之间的利益问题。这需要制定一套完整的、全面的政策法规和标准来规范市场，但如何平衡两者之间的利益，也是这套标准难以制定的根本性原因。在标准未出台以前，不但耗材供应端不稳定，整个渠道也很混乱。这个标准将促使通用耗材行业向规模化发展，淘汰大批广东沿海一带小作坊式的工厂，进一步规范化渠道、对渠道进行洗牌。

四、随着耗材生产、使用量的增大，耗材对环境的污染问题就越发凸现出来。据调查发现：仅2002年，我国废弃的墨盒就达3570万个，硒鼓300万个，总体积达30万立方米，重量为16.4万吨，可装满5000个火车皮。随着我国循环经济政策的推进、全社会环保意识的日渐增强，环保、绿色无疑是各行各业必然的发展方向，打印耗材也不例外，这也亟需有关部门制定相应的法规、规定，强制耗材生产者推行“绿色打印”（所谓“绿色打印”就是耗材要遵守“3R”原则，即Recycle--可回收循环、Refill--可重填墨水、墨粉和Reuse--可重复使用原则）。

第二篇　论文集锦
Part 2 Paper artistic collection

墨粉制造技术与发展趋势

全国复印机械标准化技术委员会　　主任委员 郑西振

一、概述

墨粉是静电复印机（包括数字复印机、多功能复合机、彩色复印机等）、静电激光打印机（包括多功能一体机、彩色激光打印机）、大型工程图纸复印机、普通纸传真机显影用的带电着色的微细粒子，它已成为静电成像不可缺少的重要材料之一。

墨粉技术的研发进程自1938年卡尔逊发明电摄影技术以来，已过去近七十年。在这七十年中，墨粉的材料设计与制造技术等伴随着整个电摄影技术的发展及时代的要求，墨粉技术的发展也相当迅速。为适应静电（复印、打印、传真）技术的发展，科研及制造企业先后开发出应用于单组份显影，双组份显影和液体显影三种显影系统的墨粉，墨粉的制造方法已经由传统的粉碎法（物理法）发展到目前大有发展前途的聚合法（化学法），达到了粉碎法和聚合法墨粉共存的时代。时到今日，为适应印品图像高质化（高分辨力、高层次、高清晰等），页面彩色化的迫切要求，墨粉技术已向着小粒径化、粒度分布高均匀性、低定影温度、彩色化等多样化、高层次方向发展。

二、墨粉技术发展简史

1938年美国物理学学士查斯特?卡尔逊发明了静电复印技术的时候,是用带有静电的粉体树脂对静电潜像进行显影。在1944年取得了第一台自动复印机的专利。其显影系统采用毛毡转动，并使粉体树脂粒子漂浮起来，使静电潜像电荷极性相反的粒子被吸附到光导体上，通过转印而得到复印品。与此同时，美国巴特尔研究所韦尔卡波和威兹发明了瀑布显影方法，并成为1959年哈罗伊德公司（现施乐公司）推出的世界上第一台自动复印机914型的核心技术。另外，IBM公司，RCA公司也相继研究成功了典型的单组份显影系统，并研究出单组份墨粉。SCM公司生产出了液体显影的复印机。20世纪50年代后期，RCA公司发明了磁刷显影系统，它完全取代了瀑布显影系统。磁刷显影系统是一种使用双组份墨粉的显影系统。其墨粉（显影剂）是由色调剂和载体混合而组成的。

在1970年到1980年期间，日本在静电复印技术上取得了重要进展。在此期间最成功的是理光公司，她生产了液体显影系统的复印机。1970年佳能公司向市场推出了采用液体显影技术的NP型复印机。1980年又公布了第一台采用绝缘型磁性单组份显影系统的NP—200型台式复印机。单组份显影系统省去了在瀑布显影和磁刷显影系统中所采用的载体。这种墨粉显影特性非常出色，其印品黑度高，底灰少，分辨力也高。这种显影系统采用绝缘型色调剂（墨粉）、磁性传输，非接触显影。在1985年多伦多召开的IEEE—IAS年会上，日本理光公司和东芝公司公布了非磁性单组份显影系统。理光公司的显影系统采用了接触式显影方法，东芝公司的显影系统采用了非接触式跳跃显影方法。这几种显影方法所采用的墨粉基本上都是绝缘型的双组份，单组份显影用磁性、非磁性的，一直到现今仍然采用这几种类型的墨粉。

20 世纪 60 年代初期到中期，美国施乐公司开始研究用化学方法制造墨粉，起初采用“in — situ”聚合方法研制墨粉，但没有成功。随后，Reprographic Materials Inc 等公司也进行聚合法制备墨粉的研发工作。自 1990 年以来，美国施乐、日本富士施乐、佳能、美能达、柯尼卡、理光、大日本油墨 、东芝、巴川、三田、爱普生、Nippon Zeonkao 等公司也投入于此技术研究中，并取得了可喜的成果，有不少公司都实现了批量生产。1993 年 zeon 公司的世界上第一条生产聚合法墨粉的生产线投入运行，到 1999 年设备产能达到 1500 吨，2001 年又投了新的生产线，使总产能达到了 35000 吨。Zeon 公司专门为 OKI 和 brother 生产球形非磁性单组份墨粉。佳能公司的聚合墨粉主要用于彩色复印 / 打印机。日本的 Torice 工厂的产能为 650 吨，2000 年在大汾工厂安装了第二条生产线，使产能增加到 4000 吨。柯尼卡美 能达经营的聚合墨粉生产线产能达到 4500 吨。富士施乐（Nippon Carbide）公司采用乳液凝集技术生产“土豆”形聚合墨粉，产能达 2000 吨。另外理光公司也已批量生产聚合墨粉，她采用聚酯（延伸）聚合法生产。2005 年，全球聚合墨粉市场销售量已达 15000 吨，占全球墨粉总销售量的 8%，预测 2010 年全球聚合墨粉市场销售量将达到 40000 吨，约占全球墨粉总销量的 16%。从发展趋势看，聚合法制备墨粉将成为未来的发展方向，2020 年前，聚合墨粉将会成为墨粉市场的主流。

三、墨粉与静电摄影过程的关系

墨粉是一种与电摄影（静电复印）显影过程密不可分的功能性复合材料。静电复印过程要经历六个步骤如图 1 所示。

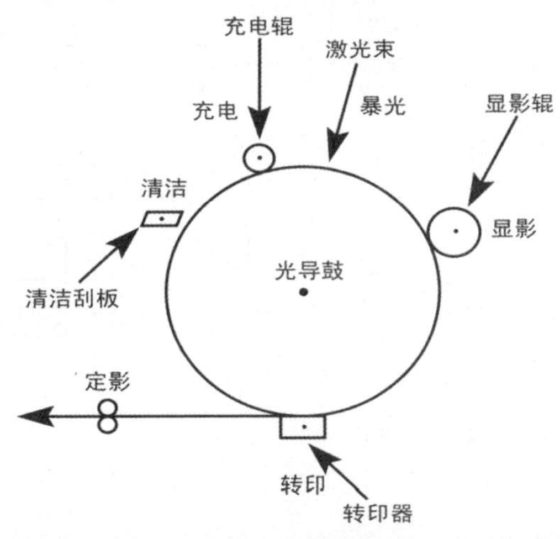

图 1 静电复印过程简图

其中显影、转印、定影、清洁四过程同墨粉性能有关。每个过程均要求墨粉具备相应的特性，同时还要依据静电复印过程中某些基本因素的变化，墨粉的性能也要作相当大的变化。如光导体(opc/a-se/a-si)、黑色墨粉/彩色墨粉，显影系统、定影系统及清洁系统的变化，引起墨粉性能的改变。例如，双组份显影剂的带电量为10~25 μ c/g，磁性单组份墨粉的带电量为2~6 μ c/g。非磁性单组份墨粉的带电量为2~8 μ c/g；热性能因定影方式不同其软化点也不同。各过程对墨粉的性能要求简要说明如下：

显影过程：色调剂/载体的带电性、带电量分布、流动性、绝缘性、磁性、颗粒表面特性、力学性能、热性能等。

转印过程：墨粉（色调剂）的带电性，绝缘性，流动性，粒度分布等 。

定影过程：墨粉（色调剂）的热性能，流变特性，颗粒表面化学特性等。

清洁过程：墨粉（色调剂）的带电性，粒度分布，颗粒形状，流动性，绝缘性，颗粒表面性能等。

各过程对墨粉性能的要求，在墨粉配方及材料设计时必须作为依据认真考虑，才能制备出性能优异的墨粉产品。

四、墨粉分类

墨粉的分类方式，可以按显影方式分类，也可按显影剂（墨粉）的极性分类、按定影方式的不同等分类。由于墨粉（色调剂）的开发与显影过程的开发密切相关，即不同的显影系统 需采用的墨粉的极性、磁性、绝缘性、带电量等就有所不同。因此按显影方式分类比较适宜。

1．按显影方式分类如图2所示。

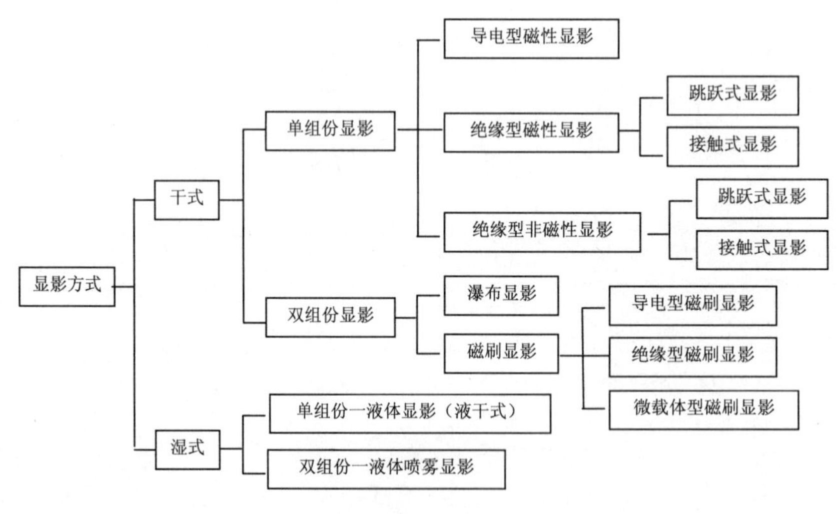

图2 按显影方式分类图

2．按制造方法分类如图 3 所示。粉碎法墨粉与聚合法墨粉制备工艺流程简图见图 4 所示。

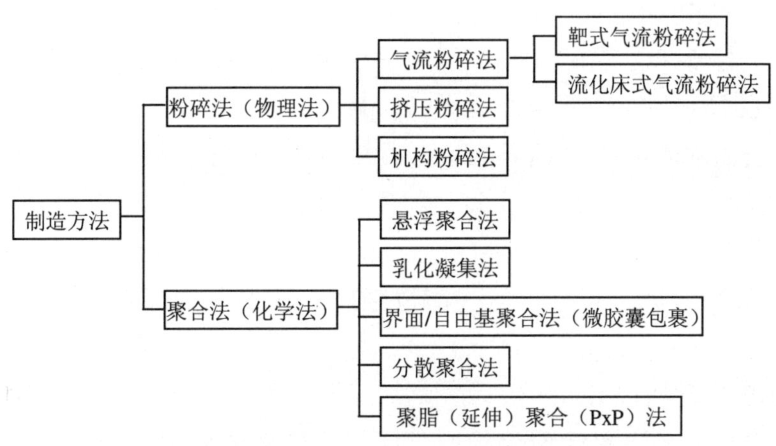

图 3 按制造方法分类图

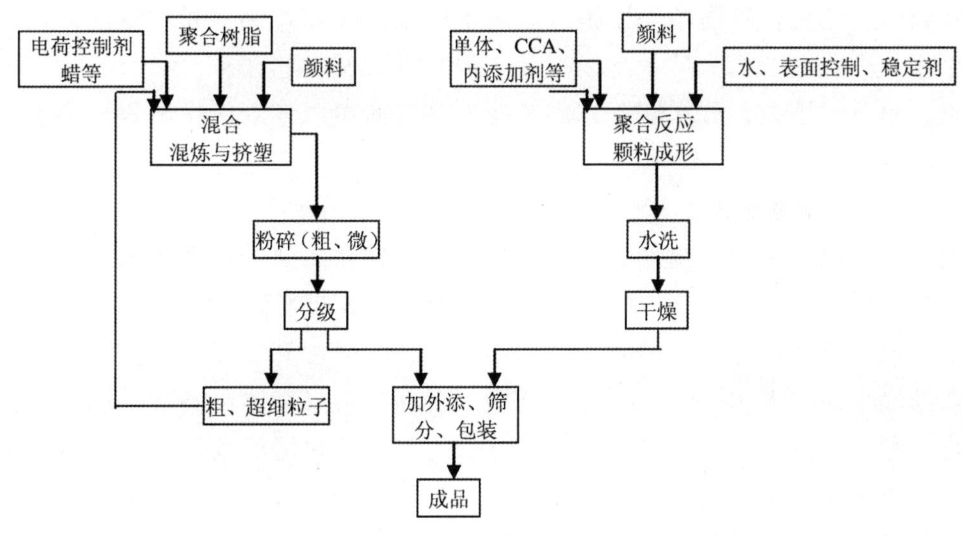

图 4 粉碎法墨粉与聚合法墨粉一制造工艺流程简图

五、粉碎法墨粉与聚合法墨粉特性。

目前市场上复印机、激光打印机及多功能复合机使用的墨粉 90% 以上是用粉碎法（物理法）制备的。这种方法具有工艺技术成熟、生产设备精良、制造成本较低的优势，因此，粉碎法制备墨粉得到了广泛的应用。但粉碎法制备的墨粉，其物性指标及印品图像质量都存在着不足。如其墨粉粒径较大，一般都在 8 μ m~9 μ m；颗粒均匀性较差；粒度分布范围较宽；流动性欠佳；带电量不够均匀；定影温度较高等等，这些都直接影响印品图像质量，环保和节能降耗。因为这种制造方法是通过随机粉碎法生产的，墨粉粒子形状很不规则，粒度分布和带电量分布均较分散，流动性较差，其表面性质也难于控制。

为了满足广大用户的要求，使印品具有更高的分辨、更高的图像质量、图像更加清晰、较低的定影温度和更适宜的图像密度（黑度）。这就要求墨粉具有更好的粒形，更小的粒径，更均匀的粒度分布，较窄的粒度分布范围，更适宜的荷电性和均匀的电荷分布。采用传统的粉碎法要达到上述要求是较困难的。因此采用聚合方法制备墨粉的研究开发得到快速发展，聚合法墨粉已经在激光打印机，彩色复印打印机上得到了应用，效果极佳。

聚合墨粉比粉碎法墨粉具有褚多优异的特性，即墨粉粒子的形状趋于“土豆”形；荷电分布均匀；平均粒径小，一般在5~6 μ m；粒度分布范围较窄；保持高流动性；高转印效率，其转印效率几乎能达到100% 的理想状态；微胶囊墨粉的定影温度大大降低。因此，这种墨粉可以实现高图像质量、高分辨力、高清晰度、环保节能降耗的目标。

六、墨粉配方技术及材料设计

目前占据市场的墨粉主要是单组份绝缘型磁性、非磁性墨粉和双组份磁刷显影剂。由色调剂和载体组成的双组份磁刷显影剂的显影，易于高速化、彩色化，同时显影剂耐侯性强，但是为了控制色调剂浓度和对显影剂搅拌，造成显影机构大型化，复杂化，还有就是要定期更换载体。单组份磁性墨粉显影机构简单小型，无需控制墨粉的浓度，但是显影系统要求精度高，墨粉耐湿性，定影性较差，彩色化困难（因为它含有30~50% 的Fe3O4 等）。因此从高速、彩色、小型、可靠性等方面考虑，高寿命微载体双组份磁刷显影剂、单组份非磁性墨粉将有进一步的发展前景。

墨粉制备工艺影响墨粉的性能参数。墨粉是以由若干子系统组成的打印引擎为基础的。这些子系统包括充电、曝光、显影、转印、定影 / 固化和清洁。每个子系统对墨粉都有严格的要求。某些严格的参数与其它的子系统的这个要求相抵触，例如，为了在定影时易分离，高密度的内添加剂蜡是所希望的，然而为了极佳的显影和转印所需要的高流动性和蜡的含量应减到最小的要求相抵触。同样，球面的墨粉颗粒形状对高转印效率是最好的，但是为了用清洁刮板最有效地清洁需要不规则形状的墨粉和在清洁刮板与光导体之间具有高摩擦系数，这也是完全相反的。在墨粉设计中，在不同的要求和墨粉性能参数之间是采用不可避免地完全折衷的方案。

在墨粉的配方和制造时有许多参数是能够巧妙地处理的，对于处理这些参数的能力取决于材料、制造设备和制备墨粉所采用的墨粉工艺。

任何一种墨粉或显影剂，它的基本参数都包括：

★墨粉粒子形状

★墨粉带电性

★墨粉电荷分布

★墨粉粒度分布

★墨粉表面添加剂

★蜡含量和蜡类型

★聚合物设计

★表面形态

· 电荷控制剂

尽管墨粉的类型有磁性单组份墨粉，非磁性单组份墨粉和双组份磁刷显影剂之分，它们都取决于引擎所采用的显影系统。但是，所有的墨粉的成份都有通用的元素。实际的墨粉成份不仅随着墨粉的类型而变化，而且也按照不同的引擎每种墨粉也要跟着变化。

（一）墨粉的组成材料及其功能

墨粉的配方分双组份和单组份两种，其双组份墨粉材料配比及功能示于表 1；单组份墨粉材料配比及功能示于表 2；彩色双组份或非磁性单组份墨粉材料配比及功能示于表 3。墨粉主要构成材料及功能见图 5 所示。

表 1 双组份墨粉的材料配比及功能

	材料配比	功 能
色调剂	树脂 90–95%	粘结性、热定影性、带电性、贮存性、加工性能等
	颜料 / 染料 3–10%	色的再现性、带电性、对树脂的分散性、流动性等
	蜡 0–2%	防粘辊性
	电荷控制剂 1–5%	带电极性、带电量
	流动剂 0.5–3%	流动性、清洁性
载体	磁性材料（芯）99% 左右	磁性力，把色调剂送向潜像等
	包膜树脂 0.5~1%	带电性，耐环境性

表 2 单组份墨粉的材料配比及功能

墨粉类型	磁性单组份	非磁性单组份功能	
粘结树脂	40~65%	70–90%	粘结性能、热定影性、带电性、贮存性、加工性能等
磁性材料	30~50%	0%	染色性、带电性等
染料 / 颜料	0~5%	0~6%	染色性、带电性等
蜡	0~6%	0~4%	防粘辊性等
电荷控制剂	0~4%	0~4%	带电性、带电量等
流动剂	0.1~3.0%	0.1~3.0%	流动性、清洁性等

表 3 彩色双组份或非磁性单组份墨粉材料配比及功能

材料成份	配比	功　能
粘结树脂	85~95%	粘结性，热定影性，带电性等
染料 / 颜料	1~8%	染色性、带电性等
蜡	0~2%	防粘辊性等
电荷控制剂	0~2%	带电性、带电量等
流动剂	0.1~4%	流动性、清洁性等

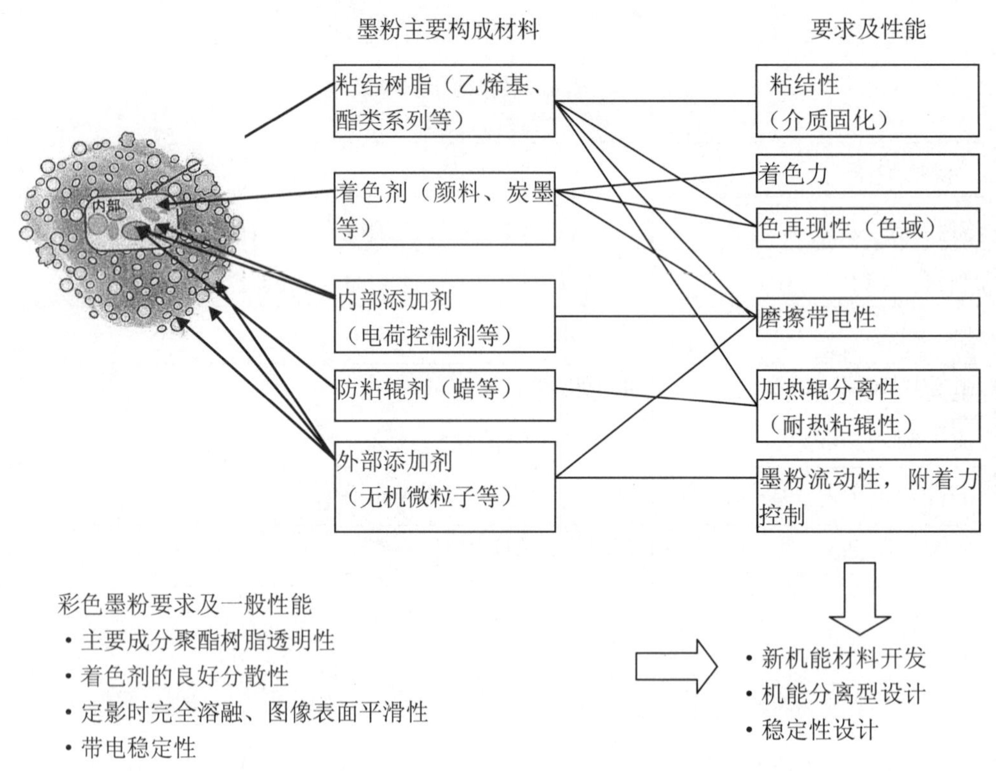

图五 墨粉主要构成材料与功能

市场上的墨粉或色调剂也大都类似于这种组成，但它们并不一定具有互换性，墨粉的这种微妙特性也可作为主机特性之一，把不同厂家，不同种类的复印机、打印机区别开来，墨粉或色调剂没有通用之说。

（二）墨粉或色调剂的材料设计

干式墨粉或色调剂的基本组成材料如表 1，2，3 所示。材料如何选择与组合要根据显影方式例如双组份 / 单组份、磁性 / 非磁性、正电性 / 负电性、定影方法（热辊、热板、冷压、闪光）的不同来决定。下面对基本材料作一介绍：

1．粘结树脂

粘结树脂是任一墨粉或色调剂的主要成分。根据墨粉的类型，粘结树脂占墨粉总成份的40~95%，粘结树脂对墨粉的热定影性，带电性、贮存性及加工性能等起着决定性的作用，其中最重要的是对定影性能的影响极大。它起着“粘结剂”或“载色剂”的作用，去携带着色剂和固定着色剂，防止在印品上移动。热定影性涉及到两个方面，即一是定影强度，要求在定影温度范围内，墨粉熔融适当，其熔融性能与定影器相匹配，印品定影牢固；其二是耐粘辊性，当出现高温粘辊时，是因为树脂软化点过低，定影过度、墨粉融化而污染了定影辊；当出现低温粘辊时，是因为树脂软化点过低，未融化的墨粉污染定影辊，同时造成定影不牢。因此粘结树脂的熔融特性是非常重要的。所以，在选择墨粉树脂时，选择的树脂必须具备有化学本性和分子量。一般而言，树脂分子量低，可提高定影强度，改善低温粘辊性，但容易出现高温粘辊现象。反之树脂分子量高，可克服高温粘辊现象，但又容易出现定影不牢及低温粘辊现象，同时粉碎加工困难。为此要在分子量分布上下功夫，采用具有多个分子量分布峰值的树脂。低分子量峰值部分确保定影强度，高分子量峰值部分则确保耐高温粘辊性能，中分子量峰值部分可以兼顾。

目前墨粉常用的粘结树脂有苯乙烯一丙烯酸共聚物，即苯乙烯聚甲基丙烯酸酯丁二烯苯乙烯共聚物聚酯。当然也可同其它橡胶状物质、结晶性物质等进行复合以改善定影性。

典型的树脂聚合物是非晶体共聚物，且具有50~70℃的玻璃化温度（Tg）。Tg通常取决于化学成分，树脂（聚合物）的结构和树脂（聚合物）的分子量分布。这些参数直接影响墨粉的加工性，墨粉在贮存和使用中的稳定性，在复印（打印）过程中的印品鬼影程度和定影/固化阶段的质量。

高子分量树脂造成高融熔粘滞性，且在使用这种墨粉树脂时，使墨粉具有高定影温度，使混合的墨粉原材料加工困难，且生产效率低；另一方面，低分子量树脂在恶劣的环境条件下，易于变脆，且在定影辊上产生鬼影。甚至在一般的环境条件下，由于墨粉“结块”，使墨粉贮存稳定性变差。

在定影/固化的熔融过程中的墨粉成分的流变性或粘滞性，主要取决于树脂的各种特性。例如某些聚酯是具有非常明显的融（软）化粘滞特性，提供了达到很高光泽的可能性。另一方面，带有大部分交链度的某些聚酯实现了改变树脂融（软）化塑变，它给予了良好的定影器的定影范围，但是它降低了印品光泽。分子量分布控制了最小的定影温度和墨粉防止了被称谓的冷鬼影和热鬼影的缺陷。

为了弄清定影时图像的光泽性同树脂的关系，千叶从树脂流变学特性方面做了介绍，指出树脂的损失正切（tan δ）和光泽性密切相关，例如，通过对环氧树脂部分酯化可以改变损失正切tan δ，酯化率高，tan δ就大，光泽度就高。其原因是，tan δ =G″/G′，G′代表树脂的弹性部分，G″代表粘性部分，tan δ大，则意味着树脂的粘性大，弹性回复小，定影时，色调剂融化均一，使定影后的图像表面平滑，回弹性小，有光泽。

树脂当然必须具有与墨粉的其它混合物成分的化学相容性。

对应用最多的热辊定影方法来说，从高速、节能的观点出发，则要求墨粉或色调剂能短时低能条件下定影。为此可以通过上述分子量及聚合单体的调整，降低树脂的软化点及融熔粘滞度，进而降低定影温度。但是色调剂（墨粉）融熔粘滞度过低，定影时图像荫散，线条变粗，影响图像的层次及分辩力。因此适应低能耗定影器的树脂设计愈来愈显得有必要。

混合的高和低分子量或交链部分树脂能够实现低融熔温度和宽的定影范围。它能够做成的树脂具有明显的双峰或者两个峰值的分子量分布。图 6 示出了单峰和双峰分子量分布。

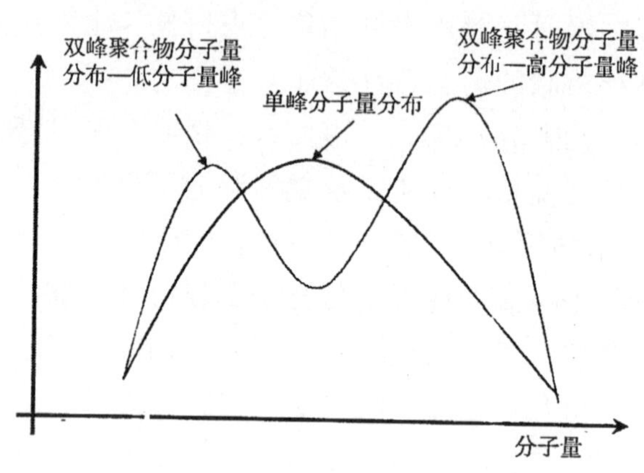

图6 单峰和双峰分子量分布图

当考虑使用不同类型的树脂时，通常聚酯使墨粉具有较低的定影温度，而且维持一个较高的 Tg。但是聚酯树脂价格较贵。苯乙烯 / 丙烯酸共聚物树脂不仅具有较低的材料成本，而且也具有较高的墨粉产品收得率。但是这种共聚物也造成较低的湿度敏感性，在各种各样的环境条件下，都呈现出较强的性能。

对树脂性能要求的另一项重要指标是树脂的带电性。它不仅能改善墨粉带电的均一性，而且可使墨粉具有必要的电绝缘性。树指的极性及其强弱是由树脂聚合时产生的自身固有极性基团或通过树脂改性引入的某些极性基团决定的。例如下列极性基团：

引入量愈多带电量愈大；引入位置不同，使性能有差别，端部比中部带电能力强，但耐环境性能变差。

随着墨粉或色调剂小粒径化的发展，墨粉的表面积增大，进而使墨粉带电量增加。尤其是彩色墨粉，因不含炭黑那样的导电性材料，带电量易于增加。

其三是为了实现显影剂的高寿命，树脂的机械强度也是一个重要特性。因为显影器内色调剂的搅拌引起色调剂容易被破碎，会增加超微粒子的数量，这不仅使色调剂自身失去作用，而且还易污染载体。因此应该提高树脂自身的硬度，韧性显得特别重要。

另外，随着墨粉粒径小型化，色调剂粘滞性增加，流动性及贮存性能变差，色调剂对载体的污染程度也将明显增加。该污染是因为色调剂在显影器内受到局部热能、机械能，自身软化变形而半永久性粘附在载体表面造成的。因此提高树脂的热稳定性十分必要。改进的办法可以通过提高玻璃化温度 Tg 加以弥补，但又会引起定影方面的问题。为此研究发现，在树脂中引入离子架桥结构，该结构在低温区保持使 Tg 移位到高温一侧，提高热稳定性；而在高温区（定影时）离子架桥结构解开，其粘滞性状态完全回到同非架桥树脂一样的状态，从而保持了原有的定影性。

彩色墨粉（色调剂）的树脂设计要求

对彩色墨粉来说，除要求它具备黑色色调剂（墨粉）的基本性能外，还要求以下几点：

①印品从定影辊排出时，色调剂与辊界面一定要脱离顺畅，图像表面不要向X方向变位；

② 定影辊压力释放后，色调剂的弹性回复尽可能小；

③ 图像表面光滑，有光泽。

如果色调剂图像表面平滑性不够，因入射光的反射、折射的影响，就将损伤图像的光泽与彩度。因此彩色墨粉中的树脂选择同以前色调剂的树脂选择有根本的不同。首先应是高玻璃化温度、低软化点及粘弹性回复小的树脂，以确保更加良好的耐粘辊性及快速融化性能。这直接关系到色调剂的混色性、图像的透明性、光泽性等。其次是树脂本身的透明性，它涉及到叠色后的色彩度和纯度（逼真度）。另外为了同着色剂，CCA 分散良好，必须考虑树脂同着色剂，CCA 的亲和性，由此看来，彩色墨粉的树脂自身更应具备一定的带电性。

目前彩色墨粉用的是聚酯树脂。因为它的低温定影性、表面平滑性及同着色剂的亲和性都十分优异。一般融熔粘度低的树脂，图像表面平滑，易于出现光泽，但易于粘辊。反之融熔粘度高的树脂虽不会粘辊，但图像表面无光泽，荒芜一片。

2．颜料

墨粉配方中的着色剂有两种是适用的。即颜料和染料。在墨粉成分中使用颜料俱多，这是因为颜料具有较好的稳定性和阻抗性能。着色的颜料有黑色的，白色的，或有荧光性的，而且是有机和无机的固体粒子，通常它们是难以溶解的，同时当它们与墨粉树脂混合在一起时，实质上它们处于物理和化学状态，不受墨粉树脂或介质的影响。

用于墨粉的颜料的关键特性是：

★充分地分散性；

★高色彩强度和纯度；

★优良的耐光性（不褪色性）；

★优良的着色颜料透明度；

★高颜料含量的化学适配性；

★正确的摩擦带电性能；

★在制造和使用中无毒且安全。

2.1 黑色墨粉颜料

在黑色墨粉中使用最普遍的颜料是炭黑。炭黑是数十个苯环的缩合型物质，并带有种种官能团。目前常用的是炉法炭黑，部分也使用导电性的乙块黑。在双 组份和非磁性单组份墨粉中普遍使用炭黑，而且，在特别小的范围内，磁性单组份墨粉也使用炭黑材料。可以根据墨粉树脂的种类及分散方法的不同选择不同粒径、pH 值及表面官能团的炭黑。也可和多种炭黑搭配使用。在双组份色调剂和非磁性单组份墨粉中炭黑的含量为4%~8%，但是有些墨粉中的含量高达15%。在磁性单组份墨粉中炭黑的含量要低的多，一般少于3%。在这种墨粉中所合并的着色剂是高百分数的氧化铁或四氧化三铁，它起到了极大的作用。至所以使用炭黑，是因为炭黑与其它黑色着色剂相比较，它呈现出极好的耐热性和耐光性，并有优良的性价比。磁性单组份墨粉选用磁性材料（例如Fe3O4）不仅起到染色的作用，而且磁性材料具有调节墨粉电阻的功能。尤其是对小粒径墨粉的电荷控制来说，电阻的控制是个重要因素。因此目前也出现了双组份显影剂的色调剂并用炭黑和磁性材料一起染色的情况。另外，磁性单组份墨粉也可加入少量的炭黑染色，同时还可用炭黑调整其绝缘性。

用于墨粉配方的炭黑的重要性能是：

★容易分散；

★粒度；

★酸性值（带电性决定因素）；

★黑色度；

★加工性；

★适度的负电性。

炭黑的粒度影响它的分散性。较小的炭黑粒度会使分散困难或更慢些。良好的控制分散要求炭黑的分散速率是不太快的，但这种速率又影响了分散度的控制。炭黑的不同粒度是可以得到——松散或粒状的。松散的炭黑可能在它们分散时比粒状的要慢些，而且在生产时，其均匀性和分散性是不可能预见的。颜料的粒度可以从0.01到0.5mm。

另外，在墨粒中使用专用的炭黑是普通的。因为炭本性是电子施主，炭黑粒子表面的氧化物增加了其表面上的羧基和羧酸基群层，这就改变了材料表面从电子施主变成电子受主，从而就改善了炭黑保持负带电性的能力。

2.2 氧化铁颜料/四氧化三铁

很多种墨粉配方中都使用氧化铁颜料或四氧化三铁，在粒度上属亚微细粒。在磁性单组份墨粉中含有较大比例的氧化铁，大约为30~40%。四氧化三铁也使用在某些双组份显影剂中，然而与磁性单组份墨粉比较来看，具有不同的原因。其磁性单组份墨粉在显影系统中，四氧化三铁如同单个元素独立使用的。

该显影单元在它的中心处有一个磁性显影套筒和把墨粉分给固有铁磁性特性的氧化铁，当墨粉需要把它输送到显影区域时，就使用这个套筒。在双组份显影系统中，色调剂是和铁磁性载体混合在一起，经由一个磁性显影套筒把墨粉输送到显影区域。在墨粉中的氧化铁是防止污染和清洁的辅助手段。

2.3 彩色墨粉颜料

有两种基色颜料来合成彩色墨粉——即偶氮类和多环类颜料。这两种颜料覆盖了生产彩色墨粉所要求的色谱。彩色墨粉所选用适当的各种颜料去制造品红色、青色和黄色墨粉，再加上黑色。用适当的配方制造四色墨粉，并通过特别地交迭度化合来复印（打印）一个宽范围的彩色印品。图7由Drs Macholdt与Bauer of Clariant提出的数据参数显示了可以得到彩色墨粉配方的颜料范围：

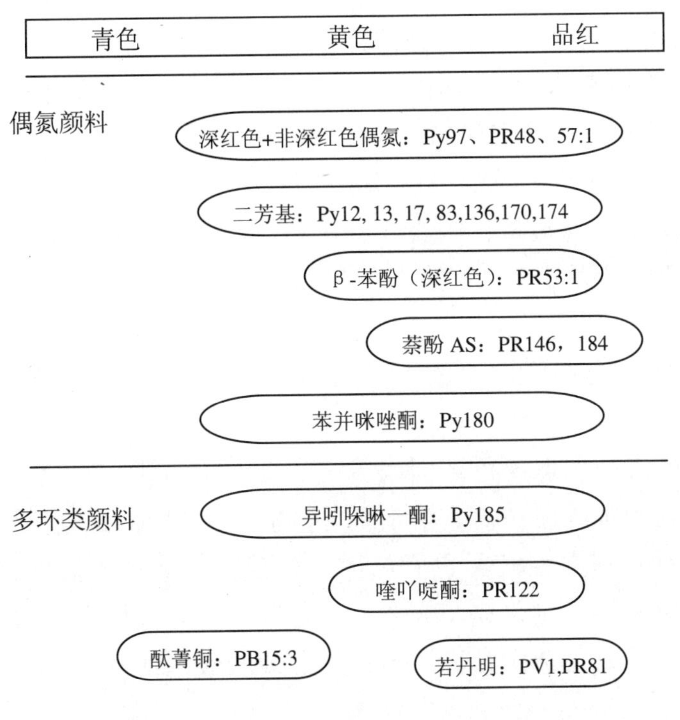

图 7 彩色墨粉颜料范围

颜料的含量取决于墨粉的颜色和所选择的颜料组分。颜料的含量一般为 4%~20%。对于青色墨粉，其颜料的代表选择物为酞菁酮（颜料蓝 15：3）。15：3 是作为颜料的指数等级；作为品红墨粉的典型选择物是一种喹吖啶酮颜料（颜料红 122）；对于黄色墨粉，各种颜料都是可以用的。该颜料是偶氮颜料，且是一种普通的选择物，即苯并咪唑酮（颜料黄 180）。

对墨粉配方影响最 重要的一个因素是颜料化学性对墨粉摩擦带电的影响。从化学角度讲，不同颜料做成不同颜色的墨粉可能造成不同的带电。合成彩色墨粉组的目的是制造的墨粉具有相似的带电。

彩色复印（打印）中影响印品图像综合性能的着色剂的选择，其色的再观性、色的纯度、彩度及耐热耐光，耐候性是十分重要的。另外，这种着色剂自身必须有适度的带电性，因这同显影特性关系极大，非常利于色的重叠。再者它对树脂的分散性的要求更加严格。总之，着色剂不仅决定墨粉的光学密度，同时对墨粉的电性能和流变性能也有影响。

3．电荷控制剂（CCA）

电荷控制剂在墨粉或色调剂中执行了大量的功能。墨粉的电荷控制是通过表面存在的具有 CCA 功能的物质完成的。这们控制显影电荷的极性（正性或负性）、控制电荷的饱和数值，起电速率和墨粉带电的稳定性。它们可以用来对不同的颜料制造出不同颜色的墨粉电荷量进行控制。电荷控制剂的关键性能是与树脂的合成能力和创造均匀分散的能力。CCA 的重要性能是它表面极性、净电荷强度以及施主 / 受主性质。电子受主 CCA 是负性的，电子施主 CCA 是正性的。CCA 的受主，施主性取决于结构元素和分子中的官能团的种类。

因此用于调整带电性的元素选择和分子设计也是可行的。在结晶性及电介质性能方面，CCA 的松装密度性能对墨粉带电性能也是很重要的。

正性 CCA 的代表物质有苯胺黑系列碱性染料、季胺盐及具有氨基的聚合物等。目前黑色墨粉中用的最多的是苯胺黑系列染料。

负性 CCA 的代表物质是偶氮系列染料及水杨酸类铬的络合物。它们同样存在在树脂中的分散问题。另外添加量不易过多，因为在一定条件下同树脂起交键反应，使墨粉的熔融指数变低而影响到加工性能及定影性。彩色墨粉用的 CCA 是四氟硼酸吡啶鎓，四苯基硼酸四烷基铵（正），对二氮已环衍生物（正）及水杨酸类铬的络合物（负）。为了避免 CCA 自身的颜色对色彩的影响，它们都是无色或淡色的。

4. 表面添加剂

为了提高显影剂的寿命，保证色调剂或墨粉自身的流动性，避免色调性对载体及光导体的污染，通常在墨粉中加入流动剂、清洁剂等。有许多材料用于墨粉的表面添加剂。它们被用来给与墨粉各种色料的性能。它们包括：烟雾硅、金属硬脂酸盐，如锌硬脂酸盐、氟聚合物粉末、四氧化三铁、氧化锌、炭黑等。这些材料中，用烟雾硅来控制墨粉流动性及控制墨粉的带电量；用氧化铈作为清洁剂；用锌硬脂酸盐使清洁刮板起润滑作用，用炭黑来控制传导性等等。

具体来说，常用的清洁剂有油脂酸盐等脂肪族金属盐、SiO2 微粒子，氟树脂微粒子类的坚硬聚合物及 CeO2（二氧化铈）等金属粉末。流动剂有胶态硅石、疏水性 SiO2、氧化钛及碳 13-39 的饱和脂肪酸或碳 11-22 的乙炔类不饱和脂肪酸处理的 TiO2（二氧化钛）、矾土等等。清洁剂混在色调剂中，流动剂附在色调剂表面。为了提高显影剂的显影性也常在色调剂中混入导电性（<100 Ω.cm）的金属微粉末。另外，增强流动性的同时，在一定温度上也防止色调剂颗粒凝结，通过降低在色调剂与光导体之间附着力的量，硅改善了色调剂在复印（打印）时的转印性能，而且，它们也用来帮助控制色调剂的带电性和带电稳定性。

硅（烟雾或热解二氧化硅）使用于双组份显影剂和磁性及非磁性单组份墨粉中。流动性是墨粉的关键性能，它影响着在复印（打印）过程（包括墨粉从粉仓和卡盒组件中以及混合过程）中的墨粉传送的各种功能。硅也具有帮助墨粉在贮存和使用中防止凝结和保护的作用。

混合的硅的总量一般按照用途及根据粉碎和分级后墨粉的重量在 0.1~2.5% 范围内变化。

负电性电荷控制剂大部分都使用这些硅。硅自身的负电性造成某些正电型墨粉合成困难。在负电性和正电性墨粉使用时，施加适量的硅来改善流动性是需要的。特殊的正电型墨粉，加入处理的胺基硅烷和六甲基硅烷材料后，则赋于了一定的疏水性。对正电型墨粉是有利的。对疏水性来说，负电性硅是普通型处理。不同粒度的硅象多种添加剂一样具有不同的性能和用途。小于 20 μ m 的小粒径硅对墨粉的流动性具有明显的影响。所使用的小粒径硅导致墨粉颗粒之间的内聚力降低，其结果是在同一部分区域内象大粒径硅一样其流动性更好。然而小粒径硅在流动性能上比大粒径硅更快些。从而降低了它们的影响。大于 20 μ m 和小于 100 μ m 的中粒径硅在墨粉与光导体表面之间的附着力减到最小，从而提高了转印效率。大于 100 μ m 的大粒径硅通过阻止夹在层间墨粉和减少墨粉表面上的小粒径硅而改善了耐久性。硅的关键性能是摩擦带电性、疏水性和易分散性。在墨粉中使用了最大粒径硅要进行疏水处理，它影响带电性和流动性。这些处理有：二甲基二氯甲硅烷（DMDC）、六甲基乙硅烷（HMDS）、聚合二甲基硅氧烷（PDMS）、烷基硅烷都属于负电性。经过处理的正电性型有氨丙基硅烷。

烟雾氧化铝用作墨粉的表面添加剂一般比硅少。它对墨粉的流动性的影响是不够明显的。氧化铝的性能说明，它在一些系统中有明显的正电性趋向。烟雾或热解的二氧化钛跟氧化铝一样，用作外添加剂一般比硅更少。可以二者择一用来作流动助剂和电荷控制助剂。烟雾或 热解的二氧化钛有一点正电性且象疏水性处理一样，通常采用烷基硅烷处理。

目前常用的烃烷基化硅烷处理的12~16 μ m的SiO2粉末不仅流动性好，而且带负电性能力也很强。同样为满足正电性墨粉的需要，可用含氮元素的表面处理剂处理SiO2，使其具备正电性带电能力。处理时可用喷射气流分散SiO2粉末，与此同时SiO2粉末和处理剂接触获得表面处理的SiO2粒子。

对于小粒径墨粉来说，作用于墨粉粒子的库仑力和范德华力比重力和惯性力强，造成墨粉间附着力增强，墨粉凝结成块，为此应加入较大剂量的外添加剂。

5．防粘辊剂

加入防粘辊剂是控制墨粉或色调剂粘弹性的一种方法，一般是内添加一些低表面能、与辊亲和力很小的添加剂，借此调节墨粉的凝聚力，改善表面化学特性，增加脱膜能力，克服粘辊现象。这也是完善粘结树脂定影性能的一种补救措施。

同常在墨粉配方中加入蜡，就是来改善被熔融的墨粉从定影辊中的分离性能。为了此目的，一般在黑色墨粉中加入了低分子聚丙烯蜡，低分子聚乙烯蜡、油脂酸石蜡、褐煤酸（廿八碳酸）石蜡等。加入防粘辊剂蜡存在着利和弊：

（1）改善了定影性能：由于使树脂的软化点下降，故定影牢固度增强；而它与定影辊的亲和力小、表面能小，增强了防粘辊性能。、

（2）墨粉或色调剂的流动性、耐热性：一般它使墨粉的流动性下降，耐热性降低，从而带来墨粉的补充性及贮存性变坏。

（3）底灰及污染：如同树脂的相溶性恶化，会出现底灰及对光导体和载体的污染。

由于蜡的分散性不好，粉碎加工时会脱落下数微米的防粘辊剂粒子并混在墨粉中。随着墨粉小粒径化这种现象将更加严重。因为这种微粒子不可能由分级机完全消除，它将对墨粉带由稳定性、流动性、清洁性产生不利影响。为了使防粘辊剂与树脂彻底地分散均匀，目前有采取对防粘辊剂自身改性，增加它同树指混溶性（例如改性聚丙烯等）及在树脂制造过程中把防粘辊剂分散进去等方法。

最近以来，为了适应更好的性能，墨粉配方中已经开始使用酯蜡，特别是彩色墨粉来说是非常重要的，因为彩色墨粉要求蜡具有高透明度。且比普通蜡的浓度更高一些。

七 墨粉或色调剂的制造技术

干式墨粉或色调剂的制造方法有粉碎法（物理法）和聚合法（化学法）。目前墨粉市场上90%以上的墨粉都是由粉碎法制备的，聚合法的墨粉的销售量只占到6%左右。然而

随着小粒径化的发展，人们对印品的高质化、高分辨力、高层次的要求愈来愈迫切的，聚合法的优势也愈来愈受到人们的关注。

（一）干式墨粉的制造方法及其优缺点

1．粉碎法墨粉制造技术优缺点

1．1 优点

（1）粉碎法生产工艺成熟，易操作且安全；

（2）全自动化墨粉生产线程序设定后，生产质量稳定，生产成本较低；

（3）全自动封闭的生产线易实现环保；

（4）树脂及其它材料的选择范围广。

1．2 缺点

（1）因树脂的粉碎性，生产效率受影响；

（2）不易制造小粒径色调剂或墨粉；且粒度分布宽；

（3）颗粒形状和荷质比方面存在明显的不均匀性；

（4）分级所占成本高。

2．聚合法墨粉制造技术优缺点

2．1 优点

（1）制造过程简单，大幅度简化了工艺，降低了成本；

（2）容易制造小粒径色调剂，粒度分布宽，一般不用分级；

（3）可得到适度的球形，形状容易控制；

（4）墨粉颗粒可做成机能分离（核 / 壳结构）型，实现高性能化，使定影低温化。

2．2 缺点

（1）生产设备及环保设施（水处理及水净化）投资巨大，悬浮聚合法洗涤用水量大，造成生产成本高；

（2）内添加剂向聚合物的分散性较困难；

（3）能用的树脂单体不多；

（4）必须处理溶剂，需要烘干干燥时间长；

（5）核 / 壳结构聚合法粒径控制困难些。

（二）粉碎法墨粉生产工艺过程见图 8 、图 9 所示。**（图转下页）**

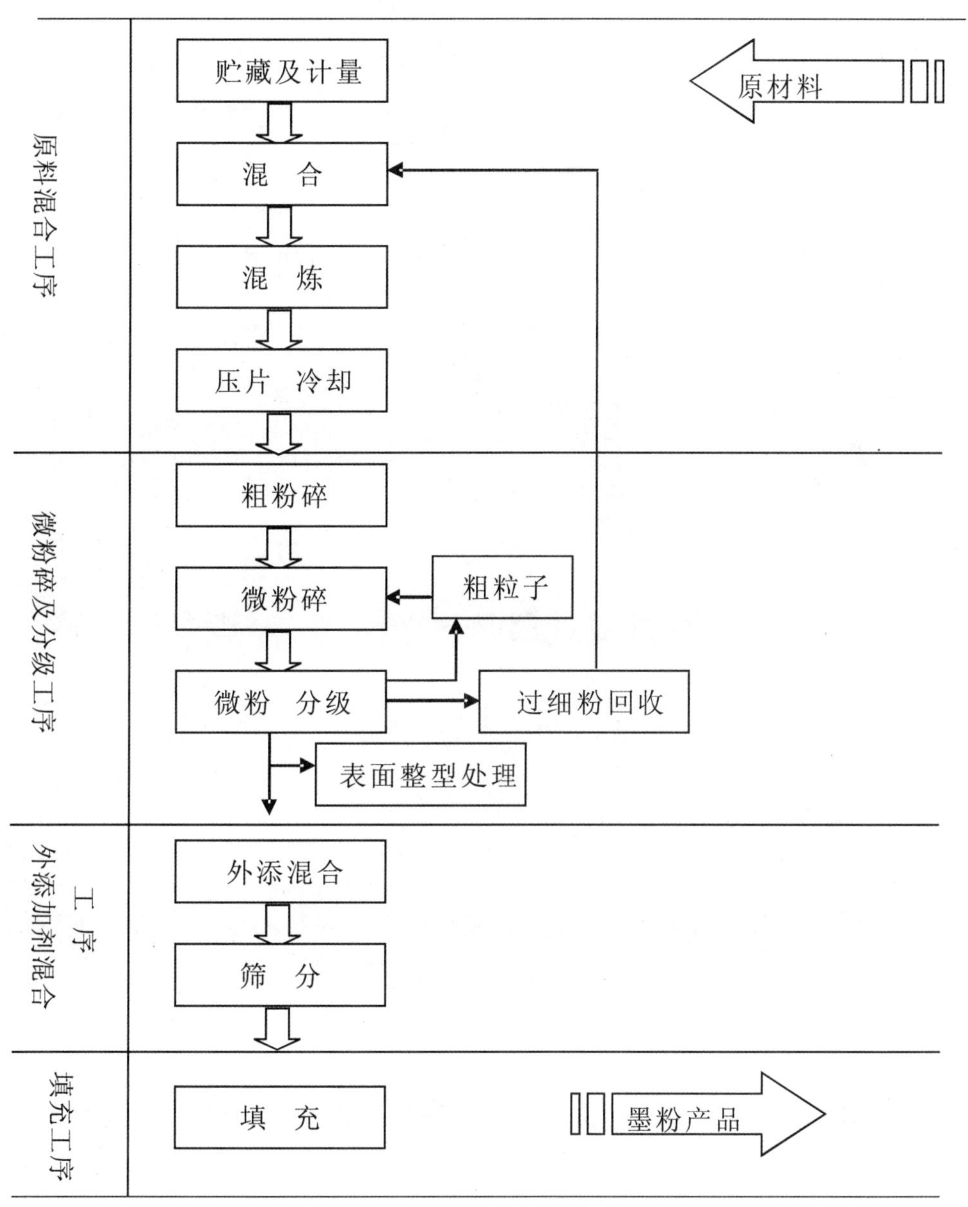

图 8 粉碎法墨粉生产工艺过程

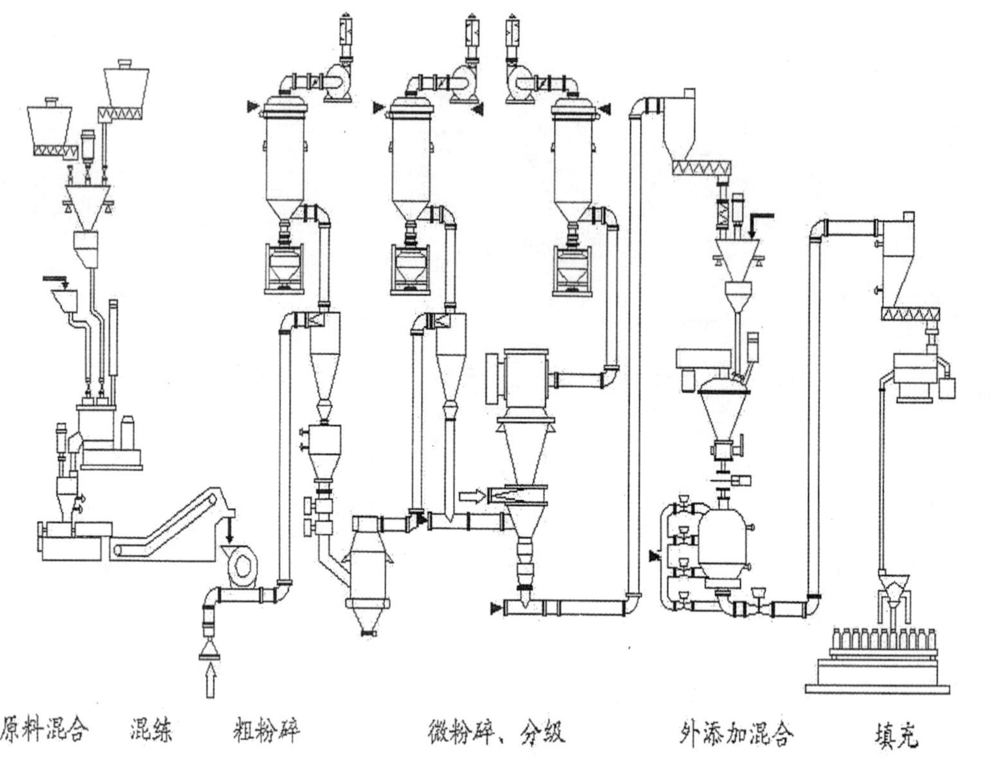

图 9 墨粉生产线工艺流程图

（三） 粉碎法墨粉主要生产流程说明

1.原料混合

墨粉构成的材料除了外添加剂外，其它的原材料如：粒径小于 1 ~ 2mm 的树脂，颜料 / 染料、CCA、防粘辊剂等在粉体状态下，送入冷却式高速混合机里，进行均一混合，以便进入混炼工序。

2.混炼

混炼是墨粉原材料分散均一的关键工序，而挤塑设备（加热辊、加热捏和机、挤出机等）是混炼的关键设备。目前一般都采用双螺杆式挤塑机，首先要选择好螺杆长度与直径的最佳比例，控制好温度、时间及溶剂量，就能顺利实现分散均一的要求。均一分散是该工序的核心。高质量的墨粉首先应使带电量分布均一，只有各成份分散均一才能做到这一点。尤其是小粒径墨粉，彩色色调剂，对分散程度的要求更加严格。在混炼时，一边给熔融或软化状态下的树脂剪切应力，一边使颜料 / 染料、CCA 等各种内添成份均一分散到树脂中。

3.压片冷却

为了使混炼好的墨粉材料容易粉碎，必须进行快速冷却。先把混炼好的墨粉材料压成一定厚度的薄片，放在冷却的传送带上流动快速冷却。

4．粗粉碎

在微粉碎前，先用剪断式破碎机破碎凉透的墨粉物料薄片，然后再用锤式粉碎机等把墨粉物料粉碎成1~3mm的微粒子。这不仅利于气流粉碎效率的提高，而且对成品墨粉的形状控制也有利。

5.微粉碎

最早使用的微粉碎机是锤式（球形）研磨机，它粉碎效率低、效果也差，作为实验室粉碎设备是可行的。后来为满足大生产的需要，采用了挡板式或圆盘靶式等各种气流粉碎机，把粗粉碎后的粒子粉碎成了3~25μm的微粒子。粉碎压力、加料速度及挡板位置的调整，对产量及收率均有不同影响。这种设备粉碎出的颗粒粒径大得多，粒度分布范围宽，中径D50达到9μm以上。为了提高粒子的物理性能，目前都使用新型的流化床式气流粉碎机，使墨粉颗粒粒径减小，粒度分布变窄。中径D50也减小到8μm左右，大大提高了微粉碎效果和收率，降低了成本。

6.分级

从上一工序得到的微粉碎粒子群，粒度分布较宽，不全适合于显影过程，因此必须分级去掉较大粒子和过细粒子。目前多数采用各种负压旋风式气流分级机。分出的粗粒子群返回微粉碎工序再粉碎，粗粒子群内不应夹带成品粒子，否则容易造成过度粉碎，影响产率。然后再分出过细粒子群，这部分回收可返回到混合工序或混炼工序，以不大于新料30%的比例混入。剩下的即为合格的墨粉粒子进入下一工序。

墨粉的平均粒径愈小、分布愈窄，其生产效率就愈低，成本就越高。这对生产小粒径墨粉来说将更为突出。为此有的生产厂家就采用了两级或多级分级办法同时去除粗粒子群和微粒子群，从而来提高效率。

另外，为了弥补混炼等因素造成墨粉电性不均的问题，出现了一种电场分级方法，用来分出反极性、电中级或弱电性的墨粉。这种分级与上述粒径分级不同。

7.表面处理

表面处理包括表面球形化处理技术和表面复合其它功能性材料的机能分离技术。

7.1 粒子表面球形化处理

粉碎分级法墨粉形状不规则，流动性不好，同时带电速率慢，也容易造成反极性，弱极性墨粉的比例加大，使印品图像质量产生底灰及拖尾现象。表面球形化处理可不同程度地弥补上述不足。

表面球形化处理应用技术有以下几种：

（1）用喷雾干燥器对墨粉表面吸热风使其表面熔融而球化；

（2）使墨粉在热气流中分散，表面熔融球化；

（3）控制微粉碎进料入口空气的温度，在微粉碎的同时球形化；

（4）在气相中，反复给予撞击力，靠由此引起的机械能而球形化。

目前，使表面球形化的专用设备市场上已有出售，其装置的基本原理见图10所示。日本气动工业株式会社的MR-3、MR-30、MR-50型表面处理机就是按此原理制成的表面球形化装置。

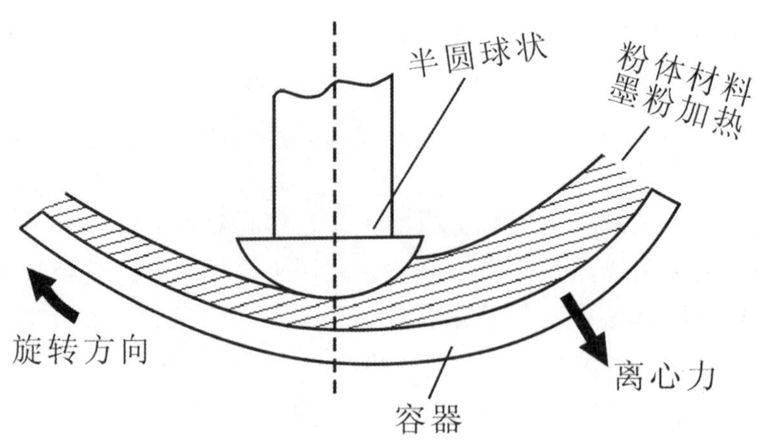

图 10 表面处理装置基本原理图

另外，把微粉碎机做成蜗轮机械粉碎机，通过微粉碎即可把粒子表面球形化。

7.2 表面复合其它材料

表面复合其它材料的目的是附加墨粉某些功能。例如，在混炼时不加入 CCA，颜料/染料等，而在此时进行表面复合。这样可由一种母粒子通过表面复合改性得到多种电性能，多种颜色的墨粉。这对工艺的简化，成本的降低也是一个突破。同时也避开了混炼中分散不易均一的难题。

8.外添混合

外添混合是为了改良墨粉的性能，使外添加剂均一混合到墨粉中的过程。常用 V 型高速混合机和高速旋转搅拌式混合机混合。

因某些外添加剂往往还附带有带电功能，因此更要求它在墨粉表面附着的均一性。另外所有外添加剂一般为超微粒子，自身凝集力很强，要使其以单个粒子状态附在墨粉表面较困难。外添加剂的破碎处理，外添加剂自身的前处理成为有效手段。

9.筛分

用 80~90 目的悬振筛对墨粉过筛，以防较大杂质颗粒混入墨粉中。筛过的墨粉即为成品。

10.填充

把墨粉成品通过分装设备分装到墨粉瓶（盒、袋）中，再大包装后即可入库。

在墨粉制作过程中，可以设置线上检测，成品检测，确保产品质量。

另外关于彩色墨粉的粉碎工艺过程，其生产工艺同黑色墨粉的生产工艺相比，无本质上的区别。但应特别细心。除了前边讲过的，彩色墨粉原材料都要选择透明等要求外，必须注意同其它墨粉的相互污染；再者，再加工过程中的均一分散要求更加严格。

（四）聚合法墨粉制备技术

随着图像高质化的发展，对小粒径墨粉，全彩色用透明墨粉、低温定影、低能耗及低价格化的要求日益增强。聚合法同粉碎法相比更容易实现上述要求。制造小粒径墨粉，粉碎法的制造成本会成倍增加，况且粉碎也存在一个理论极限，而聚合法是聚合中直接得到墨粉粒子，制造成本会不随粒径减小而成倍增加，而且粒形可控制到球形化，同时制造工艺也可简化，利于降低成本。

目前聚合法制备墨粉的方法主要有悬浮聚合法，乳化/乳液凝集法，化学碾磨聚合法，自扩张聚合法（聚酯延伸聚合法）等。下边对聚合法制备墨粉技术作一简单介绍。

1.悬浮聚合技术

1.1 悬浮聚合工艺流程

悬浮聚合法是一个自由基聚合过程。如图 11 所示。

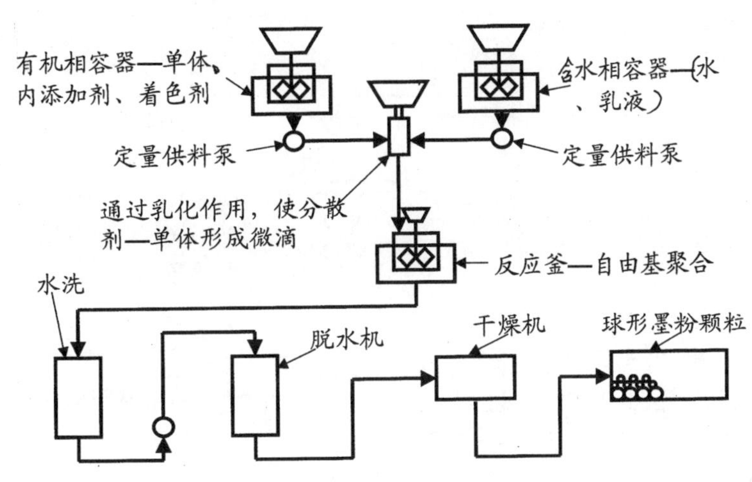

图 11 悬浮聚合过程框图

在聚合时，要选择染料专用的分散剂和适宜的表面活性剂，实现对反应物料的分散均一。聚合是在高温下进行的，并在特定的速率和特定的时间下进行搅拌。其工艺条件要根据墨粉类型的不同而变化。聚合时，搅拌器对分散剂的剪切力的大小，对墨粉粒径及粒度分布影响很大。还要通过改变悬浮稳定剂及表面活性剂的比例，实现对墨粉粒子的控制，完成聚合后，经过清洗、过滤，脱水除去墨粉表面的残留单体，然后低温干燥，除去稳定剂和水，再加入必要的外添加剂并高速混合即可得到成品。

1.2 悬浮聚合墨粉技术优缺点

1.2.1 优点

（1）制造工艺简单；

（2）化学制造工艺非常成熟（黑色墨粉）；

（3）容易制备正性和负性墨粉。

1.2.2 缺点

（1）粒度分布较宽，需要进行分级；

（2）只限于选择笨乙烯/丙烯酸脂树脂；

（3）难以控制聚合物性能；

（4）对所使用的着色剂化学是高敏感性的；

（5）有限定的球形化；

（6）高的残余单体。

2．乳化/乳液凝集技术

乳化乳液凝集是一种在乳剂中单体分散成一种胶态离子的自由基工艺聚合过程，见图12所示。通过这一过程，形成一个聚合体微粒的排列组合。

2.1 工艺流程

★乳化聚合，制备乳液墨粉树脂——亚微粒级；

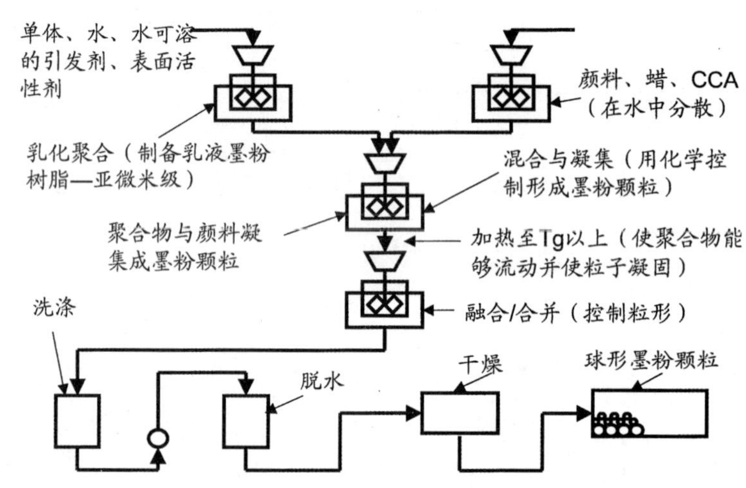

图12乳化/乳液凝集过程框图

★混合且凝集，用化学控制凝集成聚合物和颜料粒子，形成墨粉大小粒子；

★加热至Tg以上，使聚合物流动并使粒子凝集（固）；

★融合或合并成墨粉粒子（控制颗粒形状）；

★洗涤/干燥，除去表面活性剂和水；

★成品。

2.2　乳化/乳液凝集聚合法优缺点

2.2.1 优点

★容易小粒径化（3~10 μm），粒度分布非常窄，不要分级；

★粒径和粒形更易按制；

★颜料色散性好，适宜彩色墨粉，色彩区域较宽；

★对颜料化学不敏感——使内部组合具有宽的范围；

★能制备较宽的聚合物范围及较宽的性能范围，有色泽性；

★颗粒结构更易控制；

★完全聚合（无残余单体）；

★可消除聚合与着色之间的相互作用。

2.2.2 缺点

★凝集的材料需水基分散；

★需要合并聚酯树脂；

★工艺较复杂；

★主要制备负性墨粉。

3.采用乳化/乳液凝集法的封装（微胶囊）技术

3.1 采用乳化/乳液凝集法微胶囊包裹技术是界面/自由基聚合工艺过程，见图13所示。这种墨粉的核—壳机能分离，其墨粉粒子是核芯/外壳双层结构。

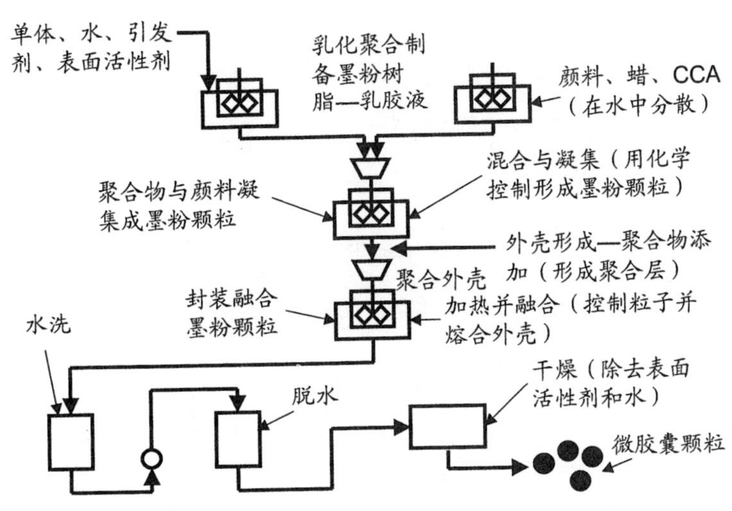

图13 微胶囊包裹过程框图

其核芯材料分担定影、染色及磁性功能；壳具有机械强度（耐磨）和耐热性，分担带电性、贮存性等。

其凝集过程：未聚合的核芯混合材料性被非聚合的外壳混合材料涂覆，可溶性外壳共聚单体在核芯单体上。首先在内外两层的界面聚合，然后内部核芯靠剧烈热能完成聚合。并形成封装融合墨粉颗粒。再经水洗、脱水干燥后除去表面活性剂和水，形成成品。

2.2 微胶囊包裹墨粉一核/壳结构法优缺点

3.2 优点

★核与壳机能分离；

★壳具有机械强度（耐磨）；

★抗粘结性能（热稳定性好）；

★不同的颜色可均匀摩擦带电（从墨粉表面消除掉颜料、蜡等 ）；

★具有良好的流动性；

★核芯具有较低的定影温度、易从定影器中剥离（核芯是蜡）、染色性能好，适用作彩色墨粉。

★易得到球形。与悬浮聚合法控制相同。

3.2.2 缺点

★核与壳不相容性；

★壳的覆盖层不均匀。

4.聚酯（延伸）聚合（P × P）技术

4.1 聚酯（延伸）聚合墨粉制备工艺过程，见图 14 所示。

★将聚酯树脂、颜料、蜡进行分散后，放入含有油层的溶剂中，再与含有分散剂、粘滞剂、稳定剂的水混合在一个反应釜的酸基相互作用的水中进行延伸悬浮聚合，并对粒子进行粒径、粒形。粒度分布范围进行化学控制；对悬浮聚合后的墨粉颗粒进行酸洗除去分散剂，过滤、干燥，即可能得墨粉成品。

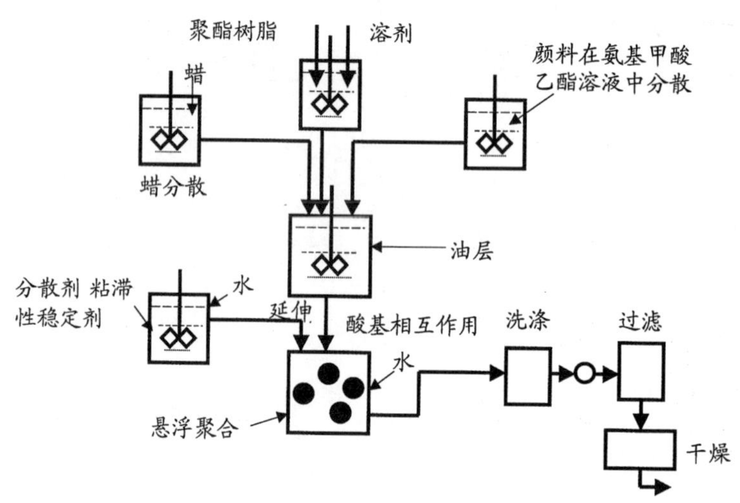

图 14 聚酯（延伸）聚合过程框图

4.2 聚酯（延伸）聚合（P × P）法优缺点

4.2.1 优点

★墨粉颗粒形状呈“土豆”形，小粒径化，粒度分布窄；

★有极好的流动性、显影性及高转印效率；

★优异的 Tg 和极强的抗粘辊性能；

★墨粉粒形呈非球形（纺锤形），可防止通过清洁刮板；

★减少环境污染，低温且无硅油定影，生产中减少了 CO_2 释放，低耗粉量；

★使用聚酯树脂，与悬浮聚合法制造与控制基本相同。

4.2.2 缺点

★墨粉粒径、粒度分布依赖于工艺条件和设备，粒度分布是物理控制的；

★ P × P 过程是低剪切力的混合，原材料必须易分散到有机介质中；

★ P × P 过程要使用溶剂，可能会增加成本。

5.化学碾磨制备技术

化学碾磨法制备墨粉工艺过程见图 15 所示。

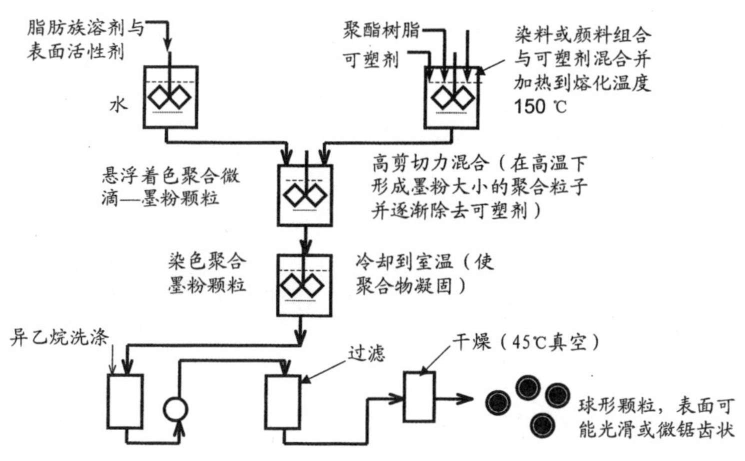

图 15 化学碾磨制备墨粉过程框图

5.1 化学碾磨法制备墨粉工艺过程

★墨粉原材料与可塑剂混合，在 150 ℃下混合成连续相，一直持续到形成均质物，同时把熔剂与表面活性剂混合物一起进行高剪切力混合，形成墨粉颗粒并除去可塑剂；

★将其墨粉颗粒冷却到室温；

★经过洗涤、过滤、干燥，即可得到化学墨粉成品。

5.2 化学碾磨法优缺点

5.2.1 优点

★可使用全部的通用树脂（包括聚酯）

★良好的着色性能和宽的色域，颜色耐久性好；

★小粒径化（3~10 μ m），粒度分布窄；

★表面形态可控制（粗糙度 / 微锯齿状）进而控制带电性和流动性；

★生产工艺较简单，设备投入较低；

★不含有单体，生产较安全；

★该技术能耗较低，可有效实现低成本。

5.2.2 缺点

★溶剂基工艺，如有残留溶剂，将影响带电性，易产生结块；

★在定影时，可能出现溶剂残余雾；

★图像耐久性——染料色素会产生渗色或褪色；

★合并颜料着色要比染料着色困难；

★制备双层结构 / 核壳墨粉不成熟。

八、墨粉技术要求及评价

（一）墨粉技术要求

1．基本要求

1.1 外观

色泽均匀，无结块，无异物。　目视检查。

1.2 生产企业应承诺或提供经过验证的物料安全数为据表，声明其产品不含有危害人身健康的有毒有害物质，并符合中国的 ROHS 指令要求。

1.3 模拟带电量（荷质比）标称值与允许偏差由企业自定。按 JB/T8262，规定的方法测量。

1.4 凝集度　标称值分允许偏差由企业自定。按 JB/T8615 中的 5. 3 规定的方法测量。

1.5 熔融指数　标称值与允许偏差由企业自定。也可规定相应的软化点温度范围。按 JB/T8392 规定的方法测量。

1.6 玻璃化温度（Tg），标称值由企业自定。

1.7 结块性　按 JB/T8262.1 规定的方法测量。墨粉在 45℃条件下，放置 24h 后，无结块现象。

1.8 清耗量　≤ 0.04 克 / 张 采用在 5% 覆盖率消耗量测试版作测量。

1.9 流动性　标称值由企业自定。其极限偏差≤ ± 20%，按 JB/T5532 规定的方法测量。

1.10 物理性能要求

1.10.1 粗粒　每 100g 墨粉中粒径大于 150 μ m 的粒子数不大于 10 个，且不得有大于 200 μ m 的粒子。按 JB/T8615 中的 5.1 规定的方法测量。

1.10.2 粒度分布 按 JB/T8262 规定的方法测量。

a，体积中径 D_{50}（单位 μ m ？）；允许偏差 ± 1 μ m

b，大粒径上限（dv）体积百分比：dv ＞ 16 μ m 的体积百分比≤ 7.5%；

c，小粒径下限（dn）个数百分比：dn ＜ 5 μ m 的个数百分比≤ 5.0%。

2.印品图像质量

2.1 即品的图像密度、底灰、层次、定影牢固度，密度不均匀性和图像异常应符合表 4 要求，按 JB/T10334《激光打印机测试版（A4）》进行测试。

表4 印品图像质量要求

检验项目	环境条件		
	T：15℃~25℃ RH：45~65%	T：10℃ ± 2℃ RH：30% ± 5%	T：33℃ ± 2℃ RH：80% ± 5%
图像密度	≥ 1.40	≥ 1.4	≥ 1.30
底灰	0.01	0.01	≤ 0.01
层次（级）	≥ 10	≥ 10	≥ 10
定影牢固度	≥ 90%	≥ 85%	≥ 90%
密度不均匀性	≤ 10%	≤ 10%	≤ 10%
图像异常	无	无	无

2.2 印品分辨力

在表 4 中三组试验环境条件下，复印（打印）机分辨率设置不同时，分辨力应满足表 5 要求：

用 10 倍放大镜测量线组，评价方法按 GB/T10073 的 6.7 执行。

表 5 印品分辨力要求

打印复印机分辨率设置	分辨力（线对 /mm）
2400dpi	≥ 12
1200dpi	≥ 6
600dpi	≥ 4
300dpi	≥ 3

（二）术语和定义

1.墨粉 又称色调剂

显影用的带电着色的微细粒子。

2.显影

把潜像变成可见像的过程。

3.定影

使转印后的复印纸上的墨粉图像固定的过程。

4.转印

通过静电力或粘附力把显影图像或其一部分从一个表面转移到另一个表面上的过程。

5.物料安全数据表

关于某种产品安全及环境信息的手写或打印的材料。安全数据表应包括有关产品的标识，物理和化学特性、健康危害、通用安全操作和使用规范，及通用的急救程序。

6.粒度体积分布

墨粉各级粒度范围的体积百分数分布。

7.粒度颗粒数分布

墨粉各级粒度范围的颗粒数百分数分布。

8.体积中径（D_{50}）

墨粉粒度体积百分数累积分布中其累积值一半所对应的粒径。单位为 μm 。

9.结块温度

墨粉在规定条件下加热发生结块的最低温度。单位为℃。

10.软化点

在规定条件下，等速升温加热定量的墨粉，使之熔融从喷嘴流出，当墨粉流出量为二分之一时的温度为软化点，单位为℃。

11.消耗量

每复印（打印）一页消耗量版所耗用的墨粉的量，单位为mg/张。

12.图像密度　又称黑度

材料阻止光或其它辐射能透过的程度。

注：印品上实心黑块的密度值。

13.底灰　又称灰雾度

印品中无图文区域的密度值。

注：局部沾污除外。

14.分辨力

整个复印或打印系统传递和复印或打印图像细部的能力。

注：分辨力通常以每毫米内可分辨的线对数的最大值来表示。

15.层次　又称灰度等级

复印或打印图像的色调浓淡等级或反差范围。

16.带电量

墨粉或色调剂饱和磨擦所带的电量。以色调剂的荷质比表示。单位为c/g。

17.鬼影

复印（打印）品上重复出现的文字或图像。

18.定影牢固度

复印或打印品上图像固定的程度。

（三）墨粉评价

一般来说，对墨粉评价就是判定墨粉好坏的基本内容。根据业内专家和实践，墨粉评价项目为：流动性及安息角测量、带电量及带电量分布、粒度及粒度分布、上机记录图像质量、耐久性、贮存性、安全性。

1.流动性；

2.安息角测定；

3.带电量及分布；

4.粒度及分布；

5.打印（复印）品图像质量；

6.耐久性；

7.贮存性；

8.安全性。

九、墨粉技术发展趋势

从上世纪90年代以来，复印机、激光打印机以及多功能复合机用墨粉的材料设计与制造技术伴随着信息时代的互联网快速发展，办公彩色化、节能降耗环保化要求和整个静电摄影技术的进步，墨粉技术发展也十分迅速。当今为适应图像高质化（高分辨力，高清晰度，高层次）、彩色化的高要求，墨粉制造技术，墨粉材料设计，墨粉要求正向着粒形球形化、小粒径化、彩色化、定影低温化、转印高效化、环境安全化等高档次方向发展。

（一）墨粉制造技术发展趋势

1．粉碎法墨粉制造方法虽然工艺复杂，生产链长，但是目前它的加工设备可全自动化，设备性能优良。加工工艺成熟，采用计算机进行控制，产品质量也很稳定。因此未来五年，粉碎法制造墨粉仍将占据主导地位，它所生产的墨粉市场占有率可能还在80%以上。如果把粉碎法制造墨粉的生产工序中增加一道表面处理装置或在微粉碎机中控制微粉碎进料入口空气温度，在微粉碎的同时使墨粉粒子球形化，使它的物性接近于聚合法墨粉的话，这种墨粉成本肯定会比聚合墨粉低，那么粉碎法制造墨粉不仅占主导地位，而且还会进一步发展。

2．聚合法墨粉制造技术

聚合法墨粉比粉碎法墨粉具有诸多优势，其性能非常符合当今时代要求。然而聚合法制造墨粉的投资较大、生产中耗电耗水量很大，而且对墨粉的粒度及粒度分布的控制还比较困难，收率还比较低，成本还较高，所以造成墨粉市场占有率上升幅度缓慢。据了解，聚合墨粉全世界2005年的生产量为15000吨，占墨粉总生产量的8%。专家预测到2010年墨粉生产量可达40000吨。这也只能占到16%左右。然而，聚合墨粉伴随着制造技术的进一步成熟，连续化生产，成本进一步降低，复印机/打印机显影系统的改良，特别是彩色复印（打印）机的彩色墨粉的高要求，市场需求量的上升，聚合法制造墨粉将会得到快速发展，预计会在2015年左右，聚合墨粉在市场上将占到40%以上的份额。

从几种聚合法比较来看，乳化/乳液凝集聚合法优势比较大，未来会得到广泛的应用，将占主导地位。聚酯（延伸）聚合（P × P）法也会得到快速发展。总之，聚合法制造墨粉会得到快速发展，将与粉碎法进行激烈地竞争，一定会占到墨粉市场的半壁江山。不会存在哪一种方法代替哪一种方法。总之，不管是粉碎法还是聚合法，未来各种技术高度化。

（二）墨粉技术的发展趋势

墨粉技术的发展与科学技术的发展，市场的需求，环境的要求等紧密相关。

1.聚合墨粉将引导彩色化，高速化打印（复印）市场；

2.高图像质量要求墨粉小粒径化，粒形“土豆”形化（非球形）、带电性能快且稳定，分布均一， 图像密度更高，网点再观性更好；

3.高可靠性要求墨粉性能均一性，粒度分布窄，使显影、转印、清洁和定影等过程中稳定可靠；

4.双层结构——核/壳（微胶囊）墨粉使机能分离是未来发展方向；

5.降低成本上，应降低制造成本，聚合法需连续化生产；降低单页耗粉量，无油定影；高转印效率（无废粉）达到100%转印率；

6.节省能源要求墨粉低温定影、低能耗；

7.环保要求聚合法生产过程中降低CO2释放量。

8.聚合法墨粉将广泛使用苯/丙树脂。

彩色陶瓷花纸激光打印技术

北京彩映通数码科技有限公司

摘要：使用彩色激光打印机，高温彩色激光陶瓷碳粉，制作陶瓷花样，这是一项全新的工艺技术。无须制版，不用分色，现场制作，即刻打印出图案。适合个性化、多品种、小批量创新应用需求，是陶瓷企业，花纸行业，丝网印刷花纸的革命性技术。

概述：我国是陶瓷花纸生产大国，花纸生产量每年都有100亿张，品种花样趋向多样化，特别是对陶瓷工艺品应用图案追求回归自然，返朴归真的格调。用专业高温彩色激光陶瓷碳粉，通过彩色激光打印，结合传统工艺制作，大大提高了陶瓷花纸制作速度与质量，降低了成本。国内花纸生产企业是采用丝网技术，丝网花纸必须分色、制版，套色网印、花纸单件小批量制作成本很高。现代化的花纸设计技术，需要做到设计好的图案，屏幕上看到的效果，马上就可以输出花纸，即刻烤花做出实际颜色样品。输出花纸的效果与经800℃烧出来的色彩一样，这就是本文介绍的国际最新近的激光打印花纸技术。

第一篇　激光打印机的基本工作原理

激光头以激光束方式将应该成像的照射在OPC上（OPC本身绝缘，表面已经充上负电，打印机给其内部一个正电背压），使OPC该上粉的位置电阻降低，表面负电荷消失，形成所谓的静电潜像。这样，墨粉本身带负电，与OPC内部正电异性相吸，转移到OPC上，当然，这里不仅仅是这一个力，还有磁力、偏压力、分子力等等。而不该有粉的地方，因为OPC表面仍然是带有负电荷，同性相斥。打印机内部有一个转印辊，带有更强大的正电荷，把OPC上的墨粉抢（转移）到纸上，纸在经过打印机的定影系统时，通过上面加热，下面加压的方式热融在纸的纤维上，形成最终的打印稿。

激光打印图案的工作过程：

1．充电

通常情况下在感光鼓的外表面上所涂的感光层是良好的绝缘体，而内站铝筒接地，如果在鼓的外表面上带上负电荷，这些电荷会停留在上面不动。然而一旦鼓上某一部分受到光照射，这一部分就变成导体，它表面上分布的电荷就会通过导体排泄入地，而未受光照部分的电荷却依然存在。

打印开始时，感光鼓首先进行初始化，即在鼓的外表面上均匀地充上负电荷。

2．曝光

当打印机开始打印时，激光发生器产生激光束，通过扫描反射镜反射到感光鼓上，使受光照射（即曝光）部分的感光层变为导体，将其表面所带的负电荷向地泄放（泄放程度由曝光强度所决定）。这时就在感光鼓面形成电位不一的静电潜像。

3. 显影（显像）

显影又称显像，其过程是让感光鼓上已感光部分沾上墨粉，得到可见像点。被磁辊吸附的墨粉经过刮粉刀被刮匀，并夺取电子。使得显影轧辊附着上一层均匀带负电的墨粉。在显影轧辊上还带有一个交流偏压，用以帮助墨粉摆脱磁铁吸引。感光鼓和显影轧辊间距甚小，当感光鼓上某一点感光后，这一点的电位降低，感光鼓转动过程中，该点与显影轧辊相遇后，墨粉就被带有正电背压的感光鼓所吸引而跳过它们的间隙，附着到感光鼓上。这时鼓上的潜像点就变成了可视的像点，从而完成了显影过程。

4. 转印

被显像的感光鼓继续转动，当鼓面通过转印辊时，显像点即可转印到打印纸上。因为转印辊带有强大的正电荷，附在打印纸的背面。这些正电荷将鼓上所带负电荷的墨粉紧紧吸引住，从而将像点转印到打印纸上。在静电消除器上产生有负电荷，用以减少感光鼓与打印纸之间的吸引力，使打印纸易于脱离感光鼓而不被吸住。

5. 定影（固定）

图像从感光鼓转印到打印纸上之后，要进一步通过定影器进行定影。定影器由定影上轧辊和定影下轧辊组成，上轧辊装有一个定影灯，当打印纸通过这里时，定影灯发出的热量将墨粉熔融，两个轧辊之间的压力又迫使熔融后的墨粉进入纸的纤维中，使图像固定，形成可永久保存的记录结果。

6. 清除残像

在转印过程中，鼓表面上多少总会残留一些墨粉，为清除这些残留的墨粉，用一个橡胶制的刮刀来刮去残余墨粉。刮下的墨粉落入废粉仓。

7. 消电

消除OPC上残余电荷，并进入下一轮打印。

充电 ⟶ 曝光 ⟶ 显影 ⟶ 转印
消 电 ⟵ 清 洁 ⟵ 定 影

彩色激光打印机与黑白打印机的电子成像原理是一样的。所不同的是，黑白激光打印机只需要打印黑色，而彩色激光打印机需要将青（Cyan）、品红（Magenta）、黑（Black）和黄（Yellow）四色打印在纸上形成各种不同的颜色。目前大多数的彩色激光打印机使用单束激光，由于只有一束激光，并且显影鼓本身不能区分颜色，所以每次只能为一种颜色曝光。为了打印一幅彩色图片，彩色激光打印机就必须将上述七个步骤重复四次每重复一次，完成一种颜色的打印。如果只是打印黑白文件，显影鼓只需要吸附黑色的碳粉，那么一次就足够了。这就是为什么彩色激光打印机所宣称的彩色打印速度一般只有黑白打印速度的四分之一了。

最新的彩色激光打印机技术是“一次成像”技术，在这些机器中，四个碳粉盒不再共有一束激光和一个显影鼓，四束激光（或者是LED）和四个显影鼓分别对应四个碳粉盒，碳粉盒的排列形状也从以往的圆周形改为直线形。四束激光（或者是LED）可以对四个显影鼓同时进行日曝光，显影鼓也可以同时从碳粉盒中吸附碳粉，纸张会一次性经过C、M、Y、K四色碳粉盒完成彩色打印。这种改进不仅极大地提高了打印速度，而且由于纸张是水平经过的，不再需要弯曲，因此这种一次成像的机器也可以打印厚度和硬度更大一些的介质。目前这一工艺的代价很高，使用这种技术的厂商也不多，但是毫无疑问，它是未来的发展方向。

第二篇　高温陶瓷彩色激光碳粉

高温陶瓷激光碳粉是专门针对陶瓷业研发而成的高科技技术产品，适用于各种陶瓷业应用。它的生产过程是先把固体的树脂、磁性材料、颜料等等一些化学成份混合，经过高温加热，从融化到冷却凝固后进行粗粉碎、分级等制作出精细的粉状产品——高温陶瓷彩色激光碳粉，耐高温，支持800° C（釉上彩）与1200° C（釉中彩）高温烧制，当高温达到800° C左右时彩色激光陶瓷碳粉发色渗透到陶瓷釉上，专门用于高温瓷像烧制。碳粉盒如图1所示，适用机型理光CL7100。也可登陆我公司的网站http：//www.caiyt.com。

兼容机型：

Ricoh®Aficio CL7100/AP3800C/3850CMF/CL7000

Lanier®2138/2138CMF/2138E

Savin®SLP38c/SLP38cS/SLP38cDE

Gestetner®DSc38/DSc38S/DSc38FD

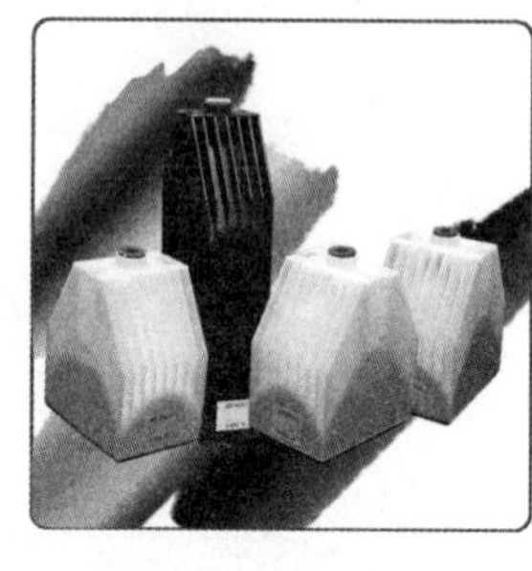

图1

第三篇　陶瓷花纸的介绍及贴花方法

陶瓷花纸是科学和艺术的结合，其中的陶瓷装饰更离不开科学和艺术，在现代的装饰艺术中，最大规模的形式是用花纸来装饰陶瓷。中国是世界最大的陶瓷生产国，每年出口陶瓷约为140亿件，还有内销市场的陶瓷，这个庞大数字给从事陶瓷花纸的企业和行家带来了极大的竞争空间。陶瓷花纸在中国有着健康发展的历史，种类比国外还多，本文将着重介绍最受市场欢迎的陶瓷贴花纸。

我国的近代陶瓷历史上，关于陶瓷的装饰有过四个阶段。第一阶段：手绘，因为它代表了人类真实的艺术性，烧成成本低，重金寓释出又少，目前仍有生命力。第二阶段是石版印刷（铅版印刷），由于工艺粗糙，表现力差，早于上个世纪60年代已被淘汰。第三阶段是平版印刷，流行于上个世纪60年代到80年代，目前尚有部分工厂沿用。此种印刷的花纸，国内耶良印于缩丁醛薄膜花纸（俗称大膜花纸），由于平版印刷时，版面所附着的色层极薄，印制出来花纸达不到目前执行的国际卫生标准，只能逐步淘汰。取代它的工艺是第四阶段的印刷--网版印刷，用彩色激光打印机技术是彩色陶瓷激光碳粉一次打印完成彩色陶瓷花纸，这是当今世界的最新工艺。

★陶瓷花纸的种类

按纸张（底纸）性质分为三类：一是缩丁醛薄膜纸，二是质量比较粗糙的釉下花纸，三是目前通用的水移贴花纸。

缩丁醛薄膜花纸也叫“酒精花纸”，它是用缩丁醛和酒精作原料，制成薄膜作底纸，在底纸表面印刷图案，现在此工艺仍有很大市场，因成本低，只有水移贴花纸的 1 / 3 价钱，工艺和效果又基本能满足装饰要求。它的缺点在三方面：一是缩丁醛薄膜的衬纸厚，且使用后边口不整齐，印刷时很难套准图案；另一方面，由于薄膜的性质造成它不能印刷贵金属制剂；再一方面它的延展性有限，不能移贴于不规则平面上。但是由于大膜花纸具备价格低廉这一最有竞争力的优势，所以还将继续作为中国陶瓷的装饰材料。

釉下花纸是由最原始的石印（铅印）花纸延伸发展出来的。它是用简陋的容易吸水、质地柔软的纸张作底纸，在表面网印水剂带釉的反印图案，然后反贴于陶瓷的胚胎釉面。此工艺特点是便于烧成（一次烧成），节省成本，且光亮，耐磨性好，符合国际卫生标准，它在餐具瓷上装饰也占着一定的席位。不过它的缺点在于图案粗，贴花难，包装困难。

水移贴花纸（俗称小膜花纸）是目前国内陶瓷装饰中较流行的。水移贴花纸最基本的材料是小膜底纸，它是一种吸水性特别强，表面涂满了水溶性胶膜的纸张，打印好的花纸泡在水里，纸张吸收了水分后，溶解表面的水溶胶，就能使油剂的图案由纸表面滑动分离，分离了的图案还带有少许的水溶胶，就可以把它贴在瓷件上，顾名思义，称为水移贴花纸。

★陶瓷贴花纸的特点

1）陶瓷贴花纸主要用于陶瓷器皿的图案和色彩装饰，可取代过去沿用的手绘和喷彩工艺。

2）陶瓷贴花纸图文分辨力可达 1200 线。

3）陶瓷贴花纸上的图案贴在陶瓷器皿上后，需在 700 ~ 850℃或 1100 ~ 1350℃高温下烧制才能附着牢固，色彩随陶瓷中发色剂的品种而定。

4）陶瓷贴花纸是陶瓷装饰图案的载体，分为陶瓷釉上贴花纸和陶瓷釉中、釉下贴花纸。花纸因组成不同，略有区别。

★陶瓷贴花纸的分类

1）陶瓷釉上贴花纸

陶瓷釉上贴花是将陶瓷器皿先上釉，后贴花纸，再烧结。即将图案用彩色激光陶瓷碳粉打印在 PVB（聚乙烯醇缩丁醛）薄膜面上，PVB 薄膜在涂有过氯乙烯黏合剂（180g/m2）的底纸上涂布 2 次 PVB 溶液（总厚度为 0.01 ~ 0.011mm）得到的。使用时，首先将底纸与图案的 PVB 薄膜分离，然后将 PVB 薄膜浸醇后转贴到陶瓷器皿的釉面，再经过 780 ~ 850℃烧结，PVB 薄膜碳化分解，彩色图案附着于陶瓷器皿表面，完成陶瓷器皿的色彩转移。

2）釉中彩是新兴技术，即先在瓷釉烧成后按釉上彩方法贴花，再经过 1050~1250℃高温快速烧成。由颜料自身重量而使画面熔入釉面中，故具有釉下彩效果，且画面细腻，价值较高。

3）陶瓷釉下贴花纸

陶瓷釉下贴花是在陶瓷器皿胚胎上先贴花纸，再涂上一层透明瓷釉，在高温下烧结成彩色陶瓷器皿。陶瓷釉下贴花纸网印即将图案印刷在载花纸上，这种载花纸是用棉纸和

180g/m2 木浆纸暂时裱合在一起得到的，裱合液一般用黏合剂和填充液按一定比例制成，裱合时一定要用专用裱合液。图文的载体为棉纸，也称皮纸，使用时，将载花纸转贴在陶瓷胚胎上，揭去衬纸后，涂上一层透明瓷釉，使釉层覆盖整个瓷胚，然后将瓷胚在1350℃以下烧结成彩色的陶瓷器皿。

贴花工艺技术要求：

一是粘合液配制，胶水花纸用贴花粘合液，是用一般动物的皮胶或管胶，也常用淘胶（俗称阿拉伯树胶），用温水浸没化后进行稀释，使用的比例一般为15%-25%。薄膜花纸用的粘合液，是用工业酒精加水进行稀释，配合的比例按季节不同而变化，基本比例为：夏季酒精25%—30%，水75%—70%；冬季酒精35%，40%，水65%—60%。

二是贴花要按设计或者样品的要求，准确的安排花纸在器皿上的高低位置；朵边花要求排列均匀，高低一致；边花或满花要求画意联贯，枝杆意韵贯通；插枝式散杂花要注意位置的安排和花纸的朝向。同时要求，花纸不能重叠和曲折，以免影响艺术效果。

三是花纸与瓷面要粘接牢固，贴花粘接剂要用刮子刮净，不能留有胶液，也不能鼓气形成气泡；同时在贴花操作前应将瓷面清洗干静，以避免成品在烧成后产生爆花的缺陷。

四是小膜花纸是用水浸漂粘贴的，因此在贴花时要注意花面的平整，舒展准确的托贴在瓷面的贴花部位上，托出水面后轻轻地刮平，直到完全平整的贴于瓷面。

第四篇　陶瓷转印封面油使用及注意事项

封面油陶瓷花纸转印专用耗材，借助于封面油，在已印刷出的图案上产生一层膜，贴花纸经浸润后，此膜可使整个装饰图案完全从贴花纸上分离出来，用于刚性贴花的封面油可制备出具有细微轮廓的装饰。

封面油原料的核心组分是溶于有机溶剂的合成树脂，溶剂挥发后，留下一层膜借助粘附力使装饰图案细节轮廓结合在一起。由于封面层不溶于水，装饰图案在水中浸润后不溶，这就保证了图案的精确性能维持到烧结阶段。封面油对氧的需要量很低，这保证了燃烧后无残渣存在。封面油与印有图案的小膜花纸的结合，可以用60~80 目的网印，也可以涂刷法、喷涂法、浸沾法，可根据实际情况而定。

小膜花纸印封面油要注意以下几个问题：

1. 封面油应存放在较暖和库房里，温度在二十度左右最好，如果库房条件不好的，在使用前提前两天放在生产车间，使其恢复到生产车间温度。其道理是封面油的粘度随着温度变化而变化，温度变低粘度而增大，反之则变小，由于粘度不能稳定在一个数值范围，在印刷时印刷适性变差，产品质量 会不一致。

2. 生产车间温度控制在二十度左右最好，这样会保持稳定的生产车间温度环境，给生产控制创造一个稳定条件，以使封面油印刷适性较稳定，才能生产出质量一致的产品。

3. 印封面油最好采用平压平的印刷方式，平压平的印刷方式印刷出的产品质量较好，晾干烘干采用平放方式晾纸架，这样封面油干燥后成膜厚薄均匀，而且光亮，成膜厚度在20um 左右，最低不要低于15um，否则工厂使用时容易出现变形，断裂不好操作问题。

4．刚刚印刷完的产品不要立即高温烘干，要放在平置的晾纸架上停留几分钟，让封面油流动平整再放入高温下烘干，烘干温度设定在60—65摄氏度较好，温度过高会产生假干现象，高温烘干设备要有良好的排气装备，使烘干时封面油释放出的溶剂气体分子迅速排放掉，否则溶剂气体分子不能迅速排放聚集到一定浓度，反而会影响干燥效果。所以烘干设备一定保证良好排气条件.烘干时间一般在二十分钟以上较好.经过高温烘干产品，出烘干箱后，不要马上进行包装，放置在通风条件好的常温室内，晾一段时间后，再进行包装.

5．没有烘干设备条件的印刷厂，一定在摄氏二十度以上通风条件好，洁净无尘埃的室内晾致彻底干燥。

6．采用自动机烘干线（竖立式纸架）烘干设备，要注意使用封面油粘度不要太低，粘度太低会出现垂流现象，上端方向膜薄下端方向膜厚。使用好的触变性封面油较好，但价格要高点。

7．由于各个单位采用的设备型号，工艺方法，原材料，生产环境不同，不能一概而论，但是一个原则保证封面油流平后加温成膜，否则会出现针孔，桔皮不平现象，经过高温烘干后不能马上进行包装，要等冷却后看是否彻底干燥，再确定包装。如何判断是否干燥可以采用以下简便的感官法判定：（a）嗅觉法：用鼻子闻一闻膜面还有没有较浓的溶剂气味；（b）压痕法：用手指甲在膜面上用力压一下，看膜面上是否有压痕；（c）测粘附力：将膜面对膜面用力压在一起，然后将其分离观察是否有粘的现象；（d）浸水脱膜试验：此方法按照工厂使用方法，将花纸浸入水中待膜与纸脱离后，将膜捞起拉一拉看是否有强度，是否好粘贴，经过综合试验基本可以判断是否已干燥。

8．包装花纸铺放隔离膜或蜡纸一定不要打皱，装箱的花纸不要平置叠放，要竖立存放，避免将小膜表面压出皱纹.。

9．发货运输要标注怕压，勿折，竖立堆放，防潮标识。冬季因外部环境温度太低，膜会变脆，提醒工厂到货后不能马上进行剪花工作，要将花纸放在暖和的室内缓一缓解冻后，再剪花，否则容易小膜内部结构断裂，产生的小膜内部结构断裂纹用眼看不出，在使用时经水浸泡一脱纸会自行断裂。

10．在印刷封面油过程中，要做好各个环节的生产记录，原材料的批号，一但出现问题便于分析解决。 以上方法仅供参考，各工厂根据各自具体情况，制定工艺方法。

第五篇　理光 CL7100 彩色激光打印花纸应用

高温陶瓷流程图

彩色激光陶瓷碳粉经过理光 CL7100 彩色激光打印，输出花纸一次打印成图，是网印套色无法相比的，色彩过度非常好，每一幅图案设计都可直接输出，无需制版，适合多品种，小批量生产。彩色激光陶瓷碳粉支持多种纸转印，目前输出花纸企业用的多是小膜花纸、大膜花纸，大膜花纸打印彩图，更方便简单、经济。

1、图象处理的要点及理光 CL7100 型号打印机设置：在电脑处理图象时用 CMYK 的模式，在图象调整时注意调整各个通道。比如：头发、眼珠的处理要减谈红、黄两色，画面如果要体现绿色时减淡红、黑两色等等。色调总体不要太灰，要加强对比。

2、打印机设置：选择理光 CL7100 型号打印机，设置纸张类型，对于小膜花纸来讲，选择厚纸选项，尺寸可设为 A4 或 A3 也可以自定义尺寸。当文件自定义尺寸后，送纸方式请选择：手送台。目的地：外纸盘。这样易于纸张更平整。 设置打印品质时，根据图案的清晰度，有两个选项，600 像素和 1200 像素的分辨率，根据实际情况来定。所有选项完毕后，确定打印即可。

中国墨粉制造业进展和墨粉市场现状与未来

全国复印机械标准化技术委员会　主任委员　　郑西振

概　述

静电复印技术是当今在各类复印机中最广泛应用的一门技术，到20世纪90年代，这门技术已成为激光打印机、普通纸传真机的最普通的技术。而伴随着电摄影技术发明的同时，带有静电着色聚合物粒子——墨粉就成为静电成像的不可缺少的重要的材料之一。墨粉制造技术的研发进程自1938年卡尔逊发明电摄影技术以来已过去了六十七年。这半个多世纪里，墨粉的材料设计与制造技术等伴随着整个电摄影技术的进步，发展也相当迅速。为适应静电复印技术的发展，先后开发出来了应用于单组份显影、双组份显影和液体显影三种显影系统的墨粉，墨粉的制造方法已经由传统的粉碎法（pulverized）逐渐向化学法（聚合法）转换，趋于粉碎法与化学法墨粉共存时期。时至今日，为适应印品图像高质化（高分辨率、高层次等）、页面彩色化的迫切要求，墨粉制造技术已向着小粒径化、粒度高均匀性、低定影温度、彩色化等多样化、高层次方向发展。

中国墨粉制造业已走过了近三十年。自从1967年中国研发成功了第一台台式静电复印机以来，就开始了墨粉的研发与生产。上世纪80年代开始，从引进墨粉生产线、制造技术、配方、消化吸收到自主开发、研究墨粉及生产设备已经历了近二十年。目前中国不仅能开发、生产自主知识产权的墨粉，而且能制造墨粉生产设备，这些设备已接近或达到国外20世纪末的同类产品水平。中国墨粉制造业不仅能自主开发、生产黑色墨粉，而且已开发成功了彩色墨粉。中国墨粉制造业的年生产能力已从6家墨粉生产厂的1100吨/年发展到当今的近30家墨粉生产厂的13350吨/年，墨粉实际生产量已从数十吨发展到目前的7000吨。目前，中国制造的墨粉除了提供国内市场外，还部分出口到东南亚、俄罗斯、欧美市场，并得到各国的关注。然而，中国的墨粉制造业的总生产规模上去了，但大部分企业还没有达到规模经济，生产设备还不够精良，生产工艺还不够规范，产品质量良莠不齐，每年的产量、质量还远远不能实现自主自足的水平，使国外的墨粉大量涌入国内市场，每年的进口墨粉占据中国墨粉市场销售量的60%以上。

随着信息技术、互联网技术的迅猛发展，电子政务、电子商务及电子医务的应用普及，办公自动化设备（静电复印机、激光打印机、普通纸传真机、静电多功能一体机）市场得到了快速扩张，尤其是激光打印机（包括彩色、黑白）市场需求量急剧增长，可谓“突飞猛进”。另外，由于中国政府大力推进“国民经济信息化、用信息技术改造传统产业，实行跨越式发展”的国策，因此强劲地拉动了中国的静电复印机、激光打印机、普通纸传真机、静电多功能一体机的主要耗材（包括黑白、彩色墨粉、光导体、卡盒组件等）的市场和制造业（包括再生业）的快速发展。据中国现代办公设备协会统计资料显示，2004年中国共销售各类复印机达31.52万台，比2003年销售量增长了9%。另据赛迪顾问统计数据显示，2004年各类打印机的销售量达598.1万台比2003年同比增长14.9%；其中激光打印机销售量达111.5万台，比2003年同比增长17.7%；静电多功能一体机的销售量达36.2万台，比2003年同比增长52.9%；彩色激光打印（复印）机销售量达11.8万台，比2003年同比增长103.4%。由于复印机、激光打印机、静电多功能一体机市场的迅速增长，激励了中国墨粉、光导体、卡盒组件等耗材市场的迅速增长，中国2004年墨粉市场需求量达到13514.49吨，比2003年增长28.4%；光导体市场需求量达到1774.18万只，比2003年增长30.2%；彩色墨粉市场需求量达到185.6吨。比2003年增长了103.5%；激光打印机及静电多功能一体机卡盒组件市场需求量达1966.3万个，比2003年增长35.2%。

总之，中国随着办公自动化设备的市场需求量和社会保有量的迅速扩大，它的耗材市场需求量将得到迅猛增长，其市场潜力是巨大的。这不仅进一步促进墨粉制造业的规模扩大，而且还将吸引国外的墨粉企业到中国投资建立规模经济的墨粉制造厂，同时其巨大的市场将引来众多的国外墨粉销售商到中国经销墨粉，以取得丰厚的经济利益，使之外国制造商和经销商得到更大的发展。

中国墨粉制造业进展及展望

（一）中国复印设备行业发展简史

中国复印设备与耗材行业起步于上世纪60年代初期，即从60年代初期，科研单位与企业联合开展复印技术的研究和静电复印机产品的开发，1964年上海复印机厂（原上海照相器材厂）就成批生产了64型复印机，并于1967年在上海推出了中国第一台大型工程图纸静电复印机——海鸥Se-1型。在武汉复印机总厂推出了长江牌静电复印机，与此同时，也开发出了静电复印机用的光导体及显影剂。从此中国的静电复印机及耗材生产开始启动。70年代制造企业对复印机和耗材技术都有很大改进，从1966——1983年期间我国生产了70余种复印机但技术进展与国外企业的差距进一步拉大，直到上世纪80年代初期，中国政府对复印机的发展相当重视，并把复印机的发展列入到“七五”发展规划，使我国的复印机进入一个发展时期。在这一时期国外多家复印机厂商与国内企业、科研单位进行技贸合作、合资经营等方式进行其生产和经销活动。1984年武汉复印机总厂引进日本东芝复印机总装生产线（年产3万台）、光导鼓（硒鼓）生产线（年产10万台）、墨粉生产线两条及载体生产线一条，其产能达750吨，曾引进生产东芝BD4515、5511、8811等机型以及配套的光导鼓及墨粉的生产技术。日本柯尼卡公司在1986年与邯郸汉光机械厂合作，先后建立了复印机总装生产线、光导鼓生产线和色调剂生产线，推出了优美1800型静电复印机并生产光导鼓、色调剂与之配套。日本理光公司在1984年与广州电影机械厂（现广州复印机厂）合作，以技贸结合方式引进了日本理光公司一条复印机生产装配线（单班年产万台），曾生产了FT3050、4050、4495等复印机；日本理光公司在1985年与桂林电表厂合作，引进了一条复印机生产装配线（单班年产1.5万台），曾生产了FT4085、4418、4220等复印机。日本佳能公司在1985年与天津市复印机厂合作成立天津市复印设备公司并引进了日本佳能公司的一条复印机生产装配线（年产3万台）、一条墨粉生产线（年产190吨）、一条硫化镉光导体生产线（年产10万只），曾生产NP-270复印机与之配套墨粉和光导鼓，并在1985年与湛江华港无线电厂合作成立湛江复印机公司并引进了一条佳能复印机生产装配线，主要生产NP1215复印机。然后在1990年与湛江复印机公司合资建立了湛江复印材料有限公司，产销与之配套的墨粉（年产210吨）。1989年由美国施乐公司与上海申贝办公机械公司合资成立上海施乐复印机有限公司，引进了生产装配线、光导鼓生产线和墨粉生产线。生产了1025、1027等型号的复印机。通过这次大规模地技术引进和消化吸收，使复印机企业技术装备水平有了很大提高。在这期间天津复印技术研究所与上海电影机械厂合作研发成功了大型工程图纸复印机，与南京电影机械厂合作研发成功了台式静电复印机并都推向了国内市场。初步形成了复印设备行业，已具备年生产复印机4-5万台、光导鼓24万只、墨粉1058吨的生产能力，为我国复印设备行业的发展奠定了坚实的基础。20世纪90年代，国外几大著名复印机品牌纷纷在中国设立独资工厂并增加其在合资工厂中的股份，加强在中国的市场销售。进入21世纪特别是中国加入WTO后，世界知名品牌复印机全面进入中国投资建厂，扩大规模，中国已成为世界上最大规模复印机生产基地，从而使中国原有的复印机生产企业退出了制造行列。据中国文化办公设备制造行业协会统计数据显示，在中国的复印机生产企业2004年生产各类复印机近290万台，90%以上都出口到世界各国。中国已经成为世界上复印机生产大国和出口大国。

（二）中国墨粉制造业的进展

中国墨粉制造业经历了一个由引进生产线和技术到消化、吸收、国产化再到自主开发逐步发展的过程。当今随着世界经济全球化，中国国民经济的快速持续发展，中国的办公自动化设备与器材（包括消耗材料）产业已经成为重点发展之一，不仅办公设备与耗材成为世界上生产大国，而且也成为出口大国和办公设备与耗材的消费大国，也就是说中国具有巨大的潜在市场，从而使国内外业内人士看重的巨大商机。

中国墨粉制造业的规模（年生产能力）到2004年底为止，据业内专家初步调查显示，整个墨粉制造业的年生产能力达到11350吨，比2003年增长了33.7%，2005年将增大到13350吨，中国墨粉制造业2001年——2007年年生产能力（预测）见图1，中国墨粉制造业2001——2007年实际生产墨粉总量（预测）见图2。

中国墨粉制造业已走过了近20年发展历程，其发展进程大致分为三个阶段，下边简要阐述：

★第一阶段：1985年——1997年

这一时期奠定了中国墨粉制造业的发展基础，是一个至关重要的阶段。天津复印设备公司、汉光机械厂武汉复印材料厂、湛江复印机公司、上海施乐复印机公司等在这十二年中，与国外复印机公司合作引进了七条印。

图1 中国墨粉制造业（2001-2007）年
生产能力（吨）

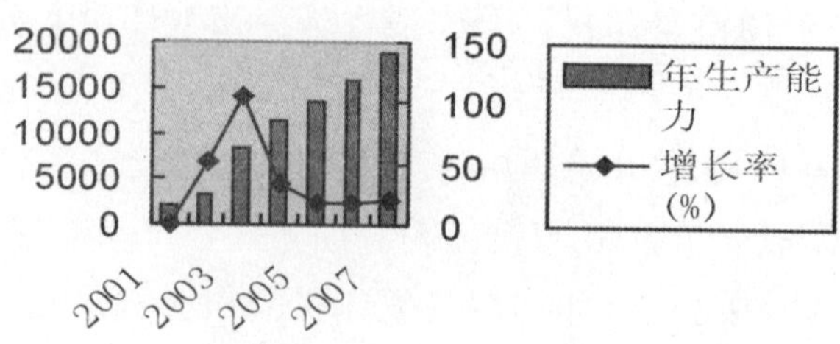

图2 中国墨粉制造业（2001-2007）年
实际生产墨粉总量（吨）

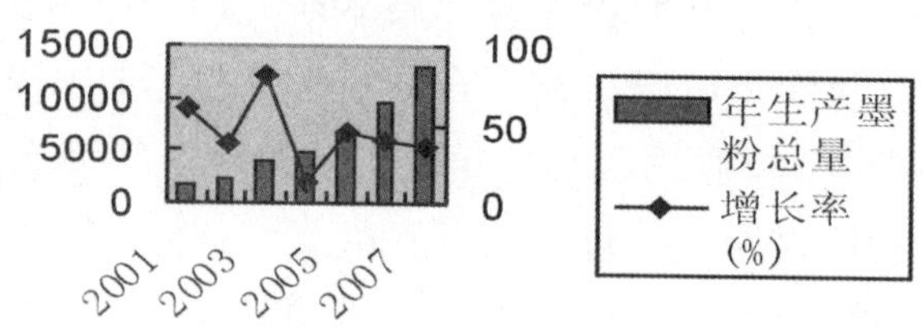

复印机生产装配线的同时又引进了与之配套的七条墨粉生产线。引进了国外的制粉设备和墨粉制造技术，用原厂提供的墨粉配方直接组织生产和销售，并在墨粉质量稳定的基础上，展开了树脂、磁性材料等原材料的研发并实现了国产化。通过引进先进的设备（包括测试仪器）和制造技术（包括配方、工艺等）以及消化吸收，培养和锻炼了我国的技术人员和技术工人。这一阶段，使中国的墨粉技术开发及生产工艺的科技研发队伍和生产人员队伍基本形成，将为后来的时期独立自主开发奠定了坚实基础。

★第二阶段：1998 年 –2003 年

这一时期是我国墨粉制造业发展最快的五年。这是由于各类复印机、激光打印机的快速发展，它们的主要耗材——墨粉的需求量迅速增大，同时墨粉的利润也相当可观，从而推动了中国墨粉制造业的迅速发展。这一阶段除了在上世纪 80 年代引进的 7 条墨粉生产线的企业继续加大开发力度，扩大墨粉产量和品种外，从原来墨粉生产企业流出的技术人才到各地自己创办或支持他人兴办小型墨粉生产企业，相继建立了十余家墨粉制造厂。据调查了解到，从上世纪 80 年代中期到 2003 年中国先后建立了二十余家墨粉制造企业，其生产线达到近 32 条，从 2000 年的 1100 吨的生产能力到 2003 年已经达到年产 8490 吨左右的生产能力。实际墨粉生产量从 2000 年的 1000 吨到 2003 年达到了 4000 吨。但实际生产墨粉量仅占 2003 年年生产能力的 47%。可以说，在那时候，任何一个企业都不会为销售问题犯愁。在这期间，中国向世界推出了最廉价的墨粉，对世界的墨粉产业形成巨大冲击。世界上不少国家（包括欧美），开始到中国来寻求墨粉，还试图在中国发展墨粉制造业。也促使中国一些引进基础好的墨粉制造企业重操旧业，在消化吸收的基础上，投入资金和人才，一方面进行技术创新，开始研发市场需求又具有自主知识产权的墨粉，且质量能够满足消费者的要求。另一方面根据市场需求量对老设备进行技术改造扩大其生产规模，增加市场供给量。总之，那几年生产的墨粉不仅供给国内市场，而且还部分出口。然而，中国的墨粉生产企业大部分达不到规模经济，生产设备简陋、检测仪器落后，作坊式的小企业多，使得生产工艺还不规范，产品质量不够稳定，不能令消费者满意，从而也影响了企业向效益型企业发展。使每年的产量、质量还远远不能实现自主自足的水平，使国外的产品大量涌入国内市场，每年的进口墨粉占据中国市场销售量的60%以上。

★第三阶段：2004年——

这一时期是中国墨粉制造业做强做大，打造民族品牌攀登世界一流企业和产品的重要时期。据业内专家调查显示，截止到目前，中国已先后建立了三十二家墨粉制造厂，年生产能力达到约13350吨，比2003年增长了57.2%。预测实际墨粉生产量将达到6900吨，但它仅占2005年年生产能力的52%左右。进入21世纪以来随着数字复印机、激光打印机、彩色打印（复印）机的快速发展，对图像要求也越来越高。为适应印品图像高质化（高分辨率、高层次等）、页面彩色化的迫切要求，墨粉技术向着小粒径化、粒形球形化、粒度高均匀性、定影低温化方向发展；同时随着计算机、互联网的普及，计算机的主要外设——激光打印机（黑白、彩色）的市场销售量的社会保有量快速增加，它的主要耗材墨粉（黑白、彩色）也将大幅度增长，其市场销售量也将大大增加。这就为中国墨粉制造业的发展提供了机遇和空间。中国的墨粉生产企业要根据目前墨粉生产设备及检测仪器的水平和墨粉市场状况以及发展趋势来改造生产条件，扩大产业规模，优化管理，研发出时代、市场需求的墨粉，实现发展自己，满足消费者需求的目标。

（三）中国墨粉制造业未来展望

要实现高质量、高水平的世界一流墨粉，必须要具备生产设备精良，检测仪器先进、原材料质量性能稳定、制造工艺（包括配方）成熟。目前中国的墨粉制造业的大企业已经认同这个观点。因此从去年开始，天津市复印设备公司、汉光机械厂、河北沧州艾斯克、天威飞马打印耗材有限公司、广州市科密集团、北京东方日佳科技公司等已经引进了国外制造的墨粉生产设备及检测仪器，有的已投入了生产；还有的企业把第一次引进的生产设备进行改造，使之达到制造优质墨粉的目的。为了确保墨粉的产品质量，不少企业都购买国外的质量好且稳定的原材料。

与此同时、为了保证墨粉技术先进，不少企业除了自有人才外，有的从国内挖掘人才，或引进国外技术人才。要实现墨粉的制造成本低，除了技术成熟、节约消耗外，必须做大做强企业，真正形成规模经济。这一时期，中国墨粉制造业应该：一是要以有一定规模、设备先进、技术成熟的墨粉生产企业为中心， 整合国内的设备落后、技术人才缺乏的中小企业，使之成为年产5000-6000吨以上的墨粉制造企业集团，并在中国能够打造5-10个这样规模的企业集团。每年至少能生产墨粉量达到4-6万吨，以适应瞬息万变的国际墨粉市场发展的新要求，逐步使我国成为世界墨粉产品的生产大国和供应中心。这一时期，除了持续稳定地采用传统粉碎法生产墨粉外，中国还要加快跟踪世界上墨粉制造的新技术、新方法，积极开展化学法制备墨粉研发的步伐，中国墨粉制造业已涌现出一部分有一定实力的企业，他们应该担负起国家、民族发展的重任，努力在化学墨粉研发方面做出贡献。同时也要关注化学碾磨法制备墨粉新工艺的发展，尽快研发出中国自主知识产权的化学墨粉，使中国墨粉制造业挺立于世界的东方。

中国墨粉市场现状及未来展望

（一）中国墨粉市场现状

在进入二十一世纪以来，随着信息化在我国的快速发展，促进了办公自动化事业的飞速发展。同时由于我国的国民经济持续快速发展，国外的办公自动化设备与成像材料生产企业纷纷到我国进行投资，设立了各类品牌的数字复印机、激光打印机独资制造企业。这些外国企业为了打开中国市场，从市场销售价格上展开了激烈地竞争。2004 年到目前，使激光打印机单台售价已经降到 1300 元 / 台以下，彩色激光打印机已降到 4000 元以下，多功能一体机的价格也是一跌再跌。有些数字复印机已从 1 万多元降到 5000 元以下，从而使我国的复印机、激光打印机（彩色、黑白、多功能）的年销量大幅增加。

★中国复印机市场状况

据中国现代办公设备协会关于复印机年销售量的统计数据显示，2001-2007 期间中国复印机市场各品牌复印机年销售量（预测）见图 3 2001-2007 年中国复印机社会保有量（预测）见图 4。

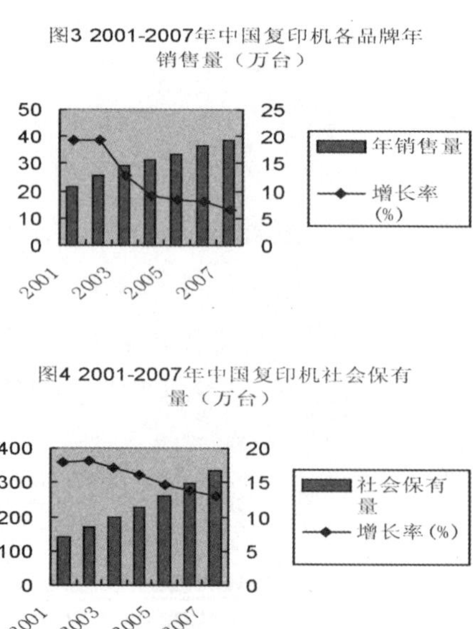

★中国激光打印机（包括彩色）、多功能一体机市场状况

随着计算机（电脑）的飞速发展和普及，作为计算机的信息和图文的输出设备，激光打印机（包括彩色）、多功能一体机近年来的年销量以 20% 左右的速率增长。激光打印机由于具有打印质量精良、输出效率高及打印成本低的优势，近年来逐鹿群雄，在打印机市场上增长最快、最受用户青睐的办公工具，成为现代办公不可缺少的输出设备。随着中国电子政务、电子商务、电子医务、电子教学及企业、家庭信息化建设的加快，激光打印机

应用也越来越广泛。他将在办公效率的提高及信息传递方面发挥更加重要的作用。据赛迪顾问提供的数据显示，激光打印机（包括彩色）、激光多功能一体机的2001-2007年市场销售量（预测）及社会保有量（预测）见图5、6、7、8、9、10。

★中国激光打印机（包括多功能一体机）卡盒组件再生业市场状况

随着激光打印机（包括彩色）、激光多功能一体机市场销售量的不断扩大，激光打印机等的墨粉、卡盒组件更新量增加。为了环保、节约资源，中国政府制定了环保、节资、再制造循环经济政策、促进了墨粉卡盒组件再生业的发展。2001年以来，中国的墨粉卡盒组件再生业快速发展。除了佳能大连办公设备公司每年可再生数百万个墨粉卡盒组件外，珠海天威飞马、珠海新威俊打印机器材公司、珠海纳思达等每年可再生墨粉。

图5 2001-2007年激光打印机市场销售量（万台）

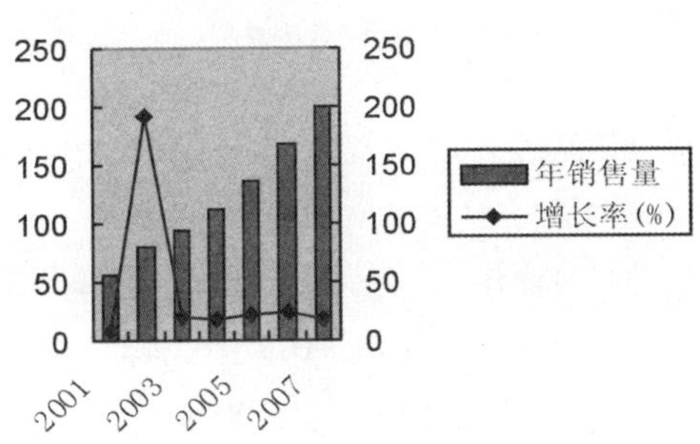

图6 2001-2007年激光打印机社会保有量（万台）

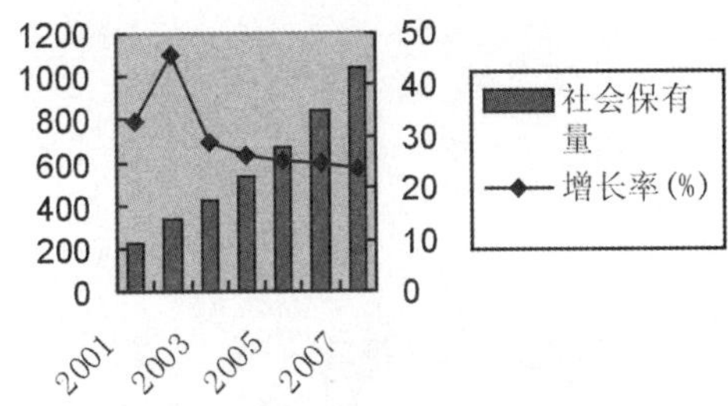

图7 2001-2007年激光多功能一体机市场销售量（万台）

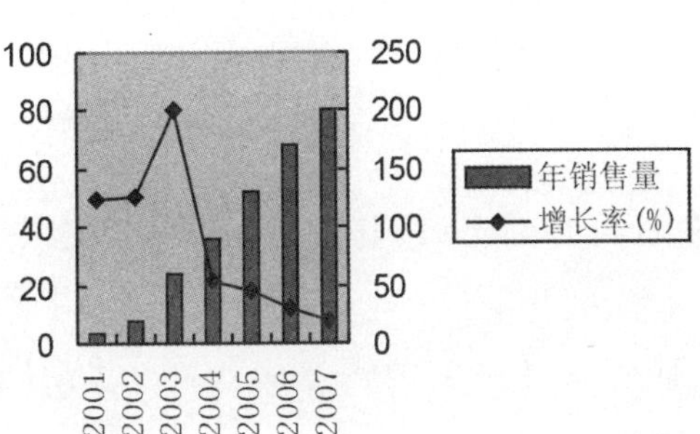

图8 2001-2007年激光多功能一体机社会保有量（万台）

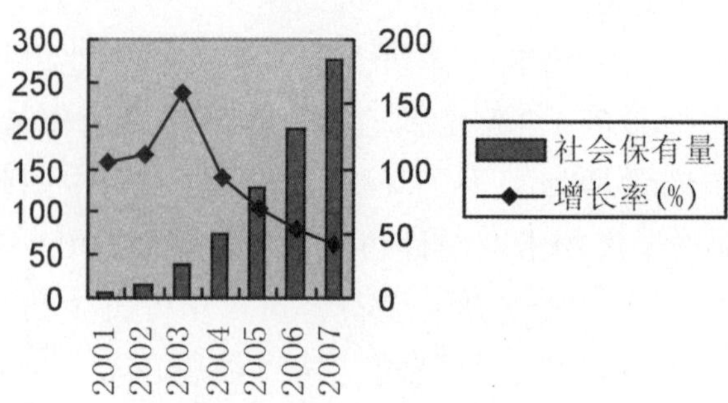

图9 2001-2007年彩色激光打印机市场销售量（万台）

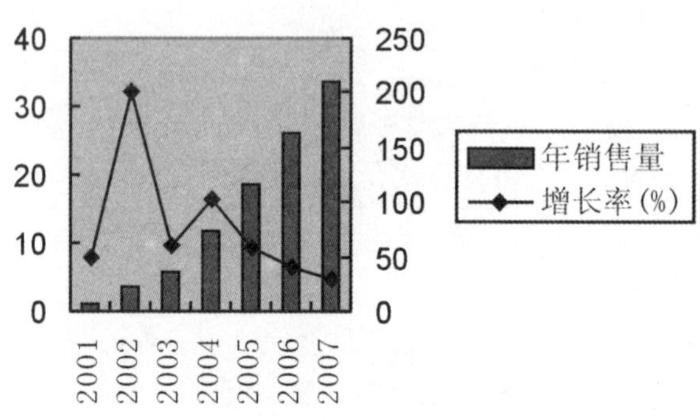

图10 2001-2007年彩色激光打印机社会保有量（万台）

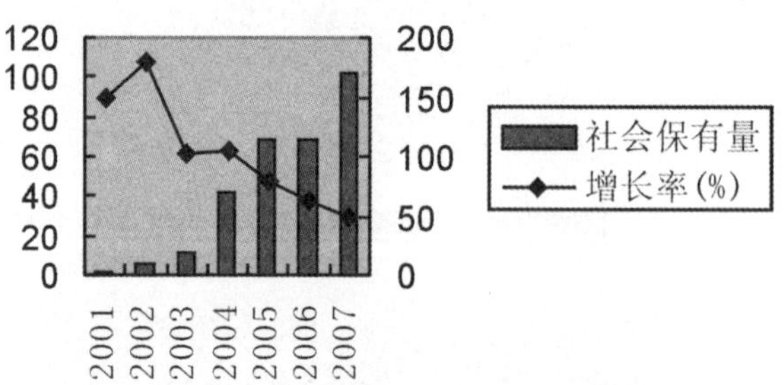

卡盒组件1000万个左右，并都出口到美国。另外珠江三角、长江三角、京津环渤海地区都相继建立数百家墨粉卡盒组件再生企业。据赛迪顾问调查显示，中国2001–2009年激光打印机墨粉卡盒组件（制造及再生）销售量（预测）见图11。

图11 2001-2009年激光打印机卡盒组件
销售量（万个）

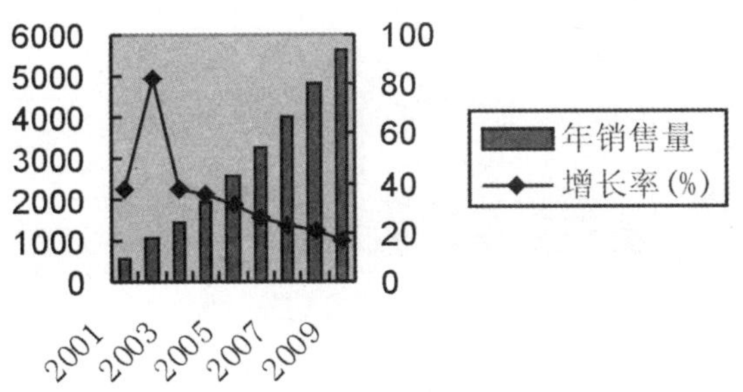

★2001-2009 激光打印机卡盒组件销售量 （万个）

根据激光打印机各种耗材使用寿命测算分析，激光打印机一盒墨粉140克能打印2000-2500张。经过使用部门考核的信息得知，光导体、墨粉、刮板等可能在用完四盒墨粉后，就需要更新卡盒组件。如果一台激光打印机、多功能一体机一年更换一个卡盒组件的话，按照激光打印机、多功能一体机等的社会保有量即可算出中国2001-2007年需要更新卡盒组件的数量见图12。

图12 中国2001-2007年需要更新卡盒组
件的数量（万个）

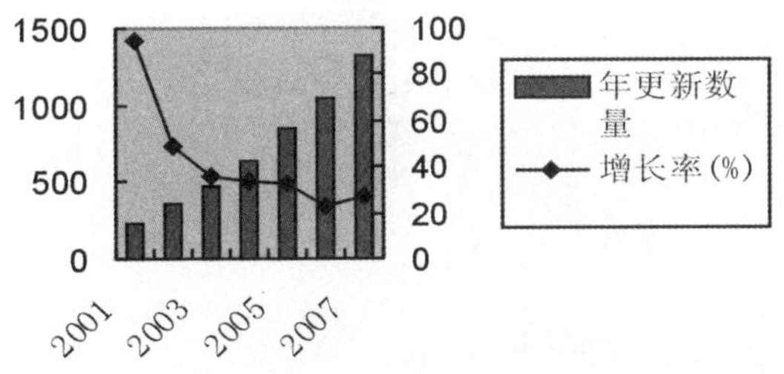

（二） 中国墨粉市场现状

目前，中国的复印机、激光打印机（包括彩色）、激光多功能一体机用墨粉市场上的产品有国产（兼容）墨粉、原装墨粉（OEM）及进口墨粉（兼容）分装三分天下。国产墨粉质量优良的品牌只有少数几家大型墨粉生产企业，并在国内墨粉市场上销售，基本上能够满足用户的需求，赢得了比较多的国内外客户。2004年中国自产兼容墨粉4650吨，原装墨粉在国内的生产企业有两家，2004年约生产墨粉800吨。原装进口墨粉主要由日本、韩国的专业生产企业与之配套的东芝、佳能、柯尼卡美能达、夏普、松下、京瓷美达复印机或打印机墨粉，2004年约分装销售4000吨，2004年进口墨粉（兼容）分装销售约5000吨。

根据复印机、激光打印机（包括彩色）激光多功能一体机的社会保有量及墨粉卡盒组件的更新数量，可以测算出中国墨粉市场的年需求量。

★中国墨粉市场2001-2007年复印机墨粉年需求量（预测）

按每台复印机复印量3.5万张，每张*耗粉量0.05克（E字版、A4幅面）计算，则每台复印机年需求墨粉1.75公斤，则中国2001-2007年复印机墨粉年需求量见图13。

图13中国 2001-2007年复印机墨粉年需求量
（吨）

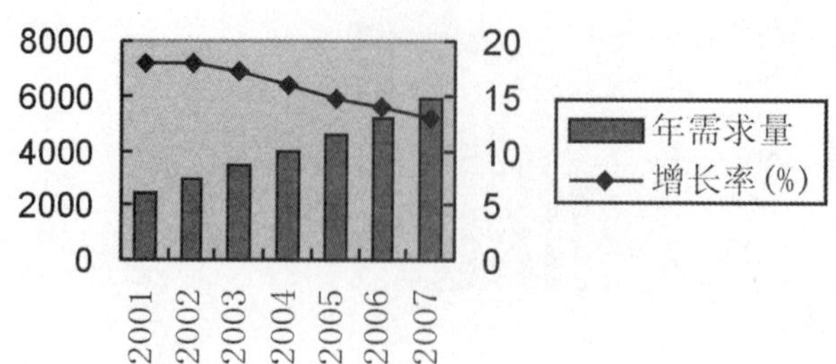

★中国墨粉市场 2001-2007 年激光打印机墨粉年需求量（预测）

按每台激光打印机打印量两万张，每张耗粉量 0.06 克（E 字版、A4 幅面）计算，则每台激光打印机年需墨粉 1.2 公斤，中国 2001-2007 年激光打印机墨粉年需求量见图 14。

图14 中国2001-2007年激光打印机墨
粉年需求量（吨）

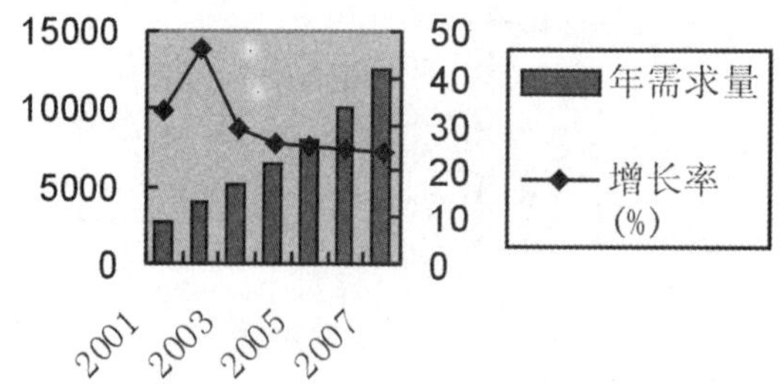

★中国墨粉市场 2001-2007 年激光多功能一体机墨粉年需求量（预测）

按每台激光多功能一体机打印量 3 万张，每张耗粉量 0.06 克（E 字版、A4 幅面）计算，则每台激光多功能一体机年需求墨粉 1.5 公斤，中国 2001-2007 年激光多功能一体机墨粉需求量见图 15。

★中国墨粉市场 2001-2007 年彩色激光打印机墨粉年需求量（预测）

按每台彩色激光打印机年打印量 1.5 万张，每张耗粉量 0.06 克（E 字版、A4 幅面）计算，则每台彩色激光打印机年需墨粉 0.8 公斤，则中国 2001-2007 年彩色激光打印机墨粉年需求量见图 16。

★中国墨粉市场 2001-2007 年激光打印机卡盒组件再生配套墨粉年需求量（预测）

按每台再生墨粉卡盒组件需填充及配套 2 盒（280 克）墨粉计算，则中国 2001-2007 年再生卡盒组件需配套墨粉年需求量见图 17。

图15 中国2001-2007年激光多功能一体机
墨粉年需求量（吨）

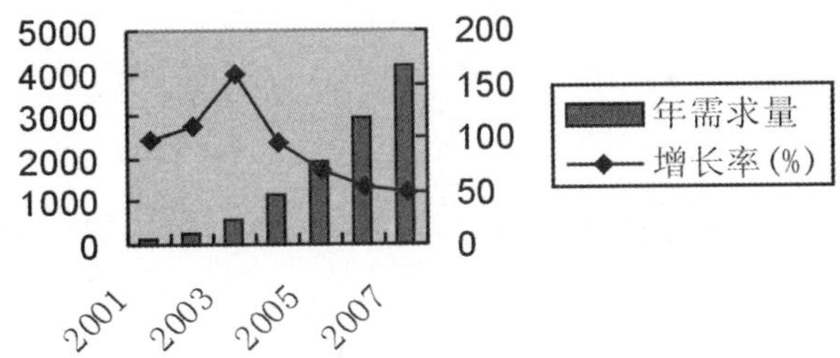

图16 中国2001-2007年彩色激光打印机墨
粉年需求量（吨）

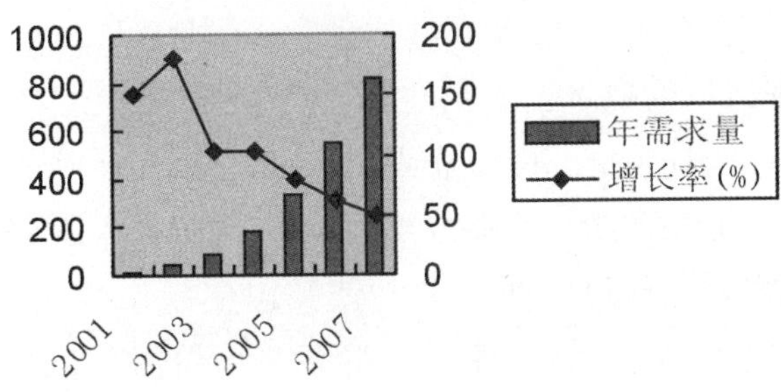

图17 中国墨粉市场2001-2007年激光打
印机再生卡盒组件配套墨粉年需求量
（吨）

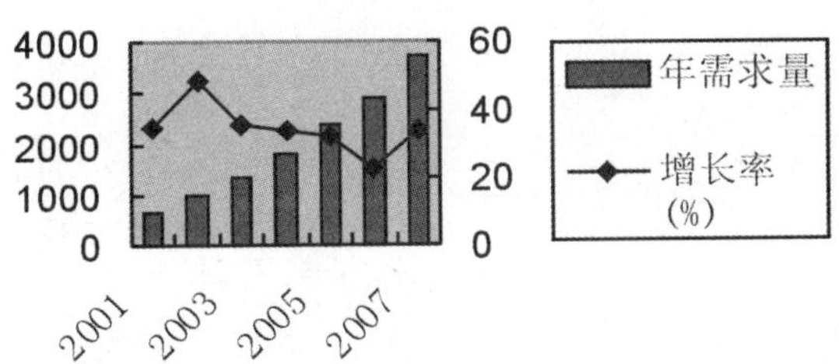

★中国墨粉市场2001–2007年墨粉年总需求量（吨）见图18。

图18 中国墨粉市场2001-2007年墨粉
年总需求量（吨）

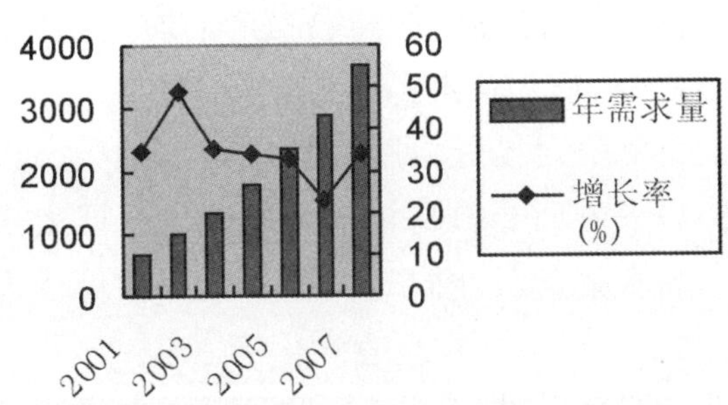

注：* 考虑到办公设备的利用率为 70% 而确定的。

★中国墨粉市场状况分析

（1）从图 13-18 的数据可以看出：中国墨粉市场呈现快速增长的势头，年增长率都在 25% 左右。但是与全球墨粉市场相比较，中国墨粉市场 2004 年的墨粉销售量只占全球墨粉市场销售量（17.632 万吨）的 7.7%，只占美国 2004 年墨粉市场销售量的 12.2%。因此，随着我国办公自动化设备的快速发展，墨粉（黑色、彩色）的需求量还将大幅度增加，其未来的墨粉市场是巨大的。我国的彩色墨粉市场将发展得更快，年增长率将会以 100% 左右的速率增长。我国的彩色墨粉市场与欧美各国相比，差距更大。中国 2004 年的彩色墨粉市场销售量只占美国彩色墨粉销售量的 1.7%，只占全球彩色墨粉销售量的 1.1%，占欧州彩色墨粉销售量的 3.3%。这也说明，我国的彩色墨粉销售量将随着“彩色办公”的快速发展，将得到迅猛发展。彩色墨粉的扩张将不可估量。

（2）中国的墨粉制造厂的数量已达到约 28 家，形成规模经济（年产 3000 吨）的企业还没有，绝大部分还属于中小企业。由于企业生产能力小，生产设备简陋，缺少先进的检测仪器，墨粉制造工艺（包括配方）不够成熟，原材料质量不够稳定，因此，很难控制墨粉质量。有的墨粉质量根本达不到标准要求。使国内墨粉市场的品牌多如牛毛、良莠混杂，有极少数厂商甚至低价倾销。有的厂商为了占领市场份额，以低价、回扣手段向市场销售假冒伪劣产品。这种恶性竞争是墨粉市场出现比较混乱的局面。这不仅损害了消费者的利益，而且也损害销售商和厂商的利益，损害了国产兼容墨粉的声誉。

目前国内墨粉市场上有各种原装墨粉，由于价格高，用户难于接受。而假冒伪劣产品也充斥市场，极大地损害用户利益。由此引来了韩国、新加坡、马来西亚、日本、美国等国家及台湾地区的兼容墨粉大量进入国内市场，其质量还可以，价格适中，赢得了众多用户。

综上所述，可以看出我国的墨粉市场是不规范的，有些地区处于无序竞争，杂乱无章，价低质劣的倾销状态。国内市场之所以会出现假冒伪劣产品泛滥，一方面是厚利润的驱动使一些人铤而走险，另一方面和墨粉制造企业还不够成熟、不够完善的销售渠道体系和市场不规范也有很大关系。为此国内的墨粉制造企业和墨粉市场应当进行技术进步和规范市场的整治。

（三） 中国墨粉市场的未来展望

★中国墨粉制造企业要做大做强 提高墨粉产品质量 创造民族品牌

（1）墨粉制造企业在提高产品质量上下功夫

墨粉制造企业一方面要增大投资力度，提供精良的生产设备和先进的检测仪器，保证生产条件和环境优良；另一方面要提高技术开发能力，研发出高水平的产品，确保企业的产品达到国外同类产品的水平。与此同时，还要培养一批优秀的技术工人队伍，确保生产工艺的实施。

（2）墨粉制造企业一定要坚持以市场为导向，切实加强质量保证体系，并在发展中自觉地求得自我完善，建立合乎国际标准化的质量体系。企业要以初级的量的发展转向高级的量和质的齐头并进，在质的提高中发展，实现企业健康有序地发展。

（3）增强企业实力，实施品牌战略

墨粉生产企业应提高自身的经济实力，把企业做大、做强，使经济实力、技术开发实力、营销实力增强，才能使墨粉产业在世界市场竞争中立于不败之地。另外，基础条件较好的企业应实施品牌战略。品牌战略是企业生产、技术、营销及企业策划的综合竞争战略，其核心和基础是产品质量。市场竞争愈激烈品牌效应愈大。企业应有计划、有步骤地把品牌效应纳入到企业发展总体规划中。

（4）加大打假力度，规范市场秩序，为企业创造公平竞争的环境

国内的墨粉生产产业是个不成熟的行业，伪劣产品的存在，在很大程度上制约了墨粉产业的发展。伪劣墨粉的低价倾销，或者冒充名牌或原装品牌，既不会给企业带来长远利益，也很容易使尚在起步阶段企业或发展中的企业夭折，然而它可以取得暴利。另一方面，只要求墨粉企业保证质量而不注重净化市场，使优质优价的墨粉处在不规范的市场中，也难以保持市场份额 。因此，工商部门和行业协会应旗帜鲜明地围绕国产墨粉企业的优质产品开展扶优汰劣活动，努力提高墨粉产业的质量意识，使产业形成“质量责任重于泰山”、“振兴质量人人有责”，“假冒伪劣人人喊打”的氛围。做到“优易胜、劣难存”，为企业创造一个公平竞争的环境。另外要整治和规范墨粉市场，企业要联合工商部门及行业协会，适时进行打假，对做假冒伪劣墨粉的企业和经销商绳之以法，彻底毁坏他们的声誉，倾家荡产，使之翻不了身。这样双管齐下，规范净化市场一定能见到实效。

★中国墨粉市场未来展望

为适应信息社会的要求，应用静电复印技术的办公自动化设备将向多功能复合化、页面彩色化、联接网络化、复印文档高速化的方向发展。这些办公设备随着信息时代的到来，复印机/打印机的年需求量以20-50%的速率增长，从而带动了办公设备用的墨粉需求量大幅度增长。从国内外的墨粉市场的需求量来看，全世界的黑色墨粉年需求量以8-9%的速率增长，彩色墨粉的年需求量以10-30%的速率增长。国内墨粉年需求量以30%以上的速率增长，彩色墨粉的年需求量以50-60%的速率增长。总之，墨粉市场的需求量是和办公自动化设备需求量有着直接关系。

（1）从欧美的办公自动化设备的需求量可以看出：

随着信息化和商务色彩化的需求，目前中低速的复印机销售量逐年有所下降，商务高速复印机销售量都大幅度提高；黑白激光打印机的销售量增长缓慢，激光多功能复合机（一体机）的销售量却以20%以上速率增长；另外采用非磁性单组份显影系统的激光打印机销售量显示出增长的势头。

（2）依据办公自动化设备销售量升降的趋势，墨粉市场需求量的展望如下：

a） 由于商务彩色化的需要，彩色激光打印文档、宣传品、广告的量的不断增加，彩色激光打印机市场销售量及社会保有量将大幅度增长；同时，中低速复印机将成商务彩色复印机。彩色复印/打印机的耗材——彩色墨粉的销售量将进一步增长，从而促进彩色墨粉业的发展，国内应该开展彩色墨粉开发及产业化，以适应市场的需求。

b） 由于激光多功能复合机的销售量急剧增长和网络激光打印机及高速复印机快速增长，必然促进黑色墨粉市场销售量的增长，黑色墨粉产业还有很大发展空间。

c） 由于非磁性单组份显影系统的激光打印机省去了废粉清洁装置，从而使显影系统结构简化，整机体积减小，使整机小型化；由于采用充电辊对光导鼓表面充电，使臭氧减到最小，达到环保目的；由于转印率高，无废粉，达到了节能降耗，从而使TCO（综合拥有成本）大大降低，还具有高印品质量，高分辨率等方面具有诸多优势，适合于广大中小企业和SOHO一族的办公。目前市场上很多公司都有销售。因此，有了这种打印机，就需要配备它使用的墨粉。目前提供的非磁性单组份墨粉基本上是原装的，或国外进口兼容的，国内已有开发，但还没有批量生产。总之，非磁性单组份墨粉将成为未来的主要需求之一。

d） 近年来，化学法墨粉（CPT）得到了进一步发展，据coates sunchemical提供的资料显示，2004年全世界的化学墨粉销量达6000吨，比2003年增长了21%，但2004年的销售量仅占全世界墨粉总销售量的34%。化学法墨粉比粉碎法墨粉具有许多优点：它粒形为“土豆”形，均匀性好，粒径小，粒度分布范围和带电量分布窄，具有高印品图像质量和高分辨率，转印效率高，低定影温度等。它非常适用于彩色复印/打印机、多功能复合机及非磁性单组份显影系统的激光打印机。目前，日本、美国等各大复印机生产厂，墨粉生产厂都有化学法墨粉生产，但由于投资大，墨粉粒径控制工艺难度较大，收率还较低，成本较高，因此，化学墨粉生产量还不大。只要化学墨粉生产技术进一步成熟，成本进一步降低，化学法墨粉一定会快速发展，满足市场需求。肯定地说，化学墨粉是未来发展的方向。

综上所述，中国墨粉市场随着办公自动化设备普及，国内外的市场都有巨大的发展空间，墨粉企业只要遵循市场经济原则，加大投资力度和技术开发力度，确保产品质量，打好品牌战略，一定会占领国内外的市场；在不久的将来，经过墨粉产业有志之士的共同的努力奋斗，中国一定会成为世界办公自动化设备耗材的生产基地和供应中心。

论打造国产耗材品牌经营之弊

邯郸汉光办公自动化耗材有限公司　　王霄

品牌是生产者、经营者为了标识其产品，以区别于竞争对手，辨认消费者认识而采用的显著标识。在这个品牌致胜的年代，品牌已经不再仅仅只是一个名称、标识或者图形，而是企业重要的无形资产，是一种更完善、更有力度的思维方式。营销学权威P. 道尔对品牌赋予了更为精辟的阐述："品牌是由一种保护性徽章创造的无形资产。"

中国耗材行业已经经历了20多年的成长。近些年的发展更是如火如荼。据统计数据显示，我国目前仅喷墨打印机的数量就超过了500万台，而且还在以每年30%的速度递增，打印耗材的市场规模超过了百亿。与几年前市场上只有为数不多的几家通用耗材厂家不同，目前国内市场的通用耗材品牌已经超过了500家，一个庞大的通用耗材市场已经形成。但是国内耗材市场并非面临着锦绣坦途：市场的不成熟使行业发展处于混乱和竞争的状态，在面对国外耗材正面打压的同时又要抵挡假冒耗材产品的侧面偷袭。参差不齐的行业现状和新老品牌的鱼龙混杂使得整个国产耗材没有十分突出的强势品牌出现。这种现状使消费者在选择时产生了不知所从的迷茫，而且也影响了国产耗材在全球市场上的形象。由此可见，无论用户需求还是整个行业发展趋势，打造国产耗材强势品牌已经迫在眉睫。

在如此庞大的国产耗材市场上，成功的品牌寥寥无几，究其原因，可分为以下几点：

轻视自身能力，缺乏品牌塑造

国产耗材的厂商和经销商大多是中小企业。最小规模的工厂只需十几个人便可进行生产操作，最小的经销公司员工不过十人。这样的企业提供产品和服务的能力有限，要做知名大品牌，需要投入大量的人力、物力，这点对于他们而言是难以承受的。由于资金、技术素质等障碍，中小企业难以从战略角度来协调生产与发展的矛盾，导致这些中小生产厂商根本没有耐心来做品牌，认为当务之急是解决生存问题，积累资本，做品牌是以后的事情，从而甘心做OEM，回避品牌问题。甚至一些生产商或经销商在拥有相当规模的资金后，还是不愿意涉足品牌经营，只钟情于OEM或者将资金再投入到其它行业的生产。这一现象的产生与我国的国情有关。在长期计划经济条件下，我国企业缺乏品牌意识，没有把品牌看作影响企业长期竞争力的有价值的无形资产。这种观念和市场意识上的落后，往往比产品落后更可怕。没有强势的品牌自主权就无法在市场竞争中取得发言权，而"有品无牌"的最终结果就是国产耗材的厂商充当了外国品牌"打工仔"的角色。这说明我们的品牌管理者缺乏应有的国际视野。

只有树立起自己的强势品牌，企业才能从市场的幕后走到前台，被更多的消费者认同。

OEM所获得的微波利润固然可以维持眼前的生存，强势的品牌才是未来的发展的中流砥柱，是长期利润的保障。放眼整个国际市场有着百年经营历史的企业，他们无一不是靠品牌所带来的消费者的认知度和忠诚度而有了今天的辉煌。

品牌理念谬误 操作陷入误区

现在虽然已经有一些国有耗材厂商已经越来越重视品牌，但有多少人能真正理解它的内涵。其实品牌不仅仅是产品，或者一些名称、名词、符号、图案或它们的简单组合。它包含着属性、利益、价值、个性、用户、文化六个层面的市场含义。品牌代表着对消费者的承诺，是消费者对企业的一种信任和肯定。品牌理念决定着品牌形象的文化品位和档次，反映了企业的追求和精神境界。许多国产耗材企业还没有树立起一个正确的品牌理念观，对品牌的含义，品牌的传播和品牌竞争方式等方面的认识还都停留在一个较幼稚的阶段，因此品牌经营往往陷入以下的误区：

首先，偏重产品生产，忽视品牌塑造。许多耗材生产企业在品牌经营的路上，认为做品牌就是做产品，在产品的生产上几乎付出全部精力。以墨粉生产为例，现在有些国内的墨粉制造商生产出的产品多项技术可与原装墨粉相媲美，但其品牌的经营却长期不见起色。优秀的品质是品牌经营的基础，但品牌不仅意味着产品（属性、利益）的优秀，心理消费（价值、个性、文化）才是真正的重点。国内耗材企业应该明白：产品竞争与品牌竞争完全是不同层面的竞争。当前社会消费呈现出一种“二元结构”体系——商品的物质功能消费和意义消费。品牌带给消费者的远远大于产品本身。品牌深入细致的经营带来了产品的升华。拥有产品和市场并不代表拥有品牌。这种偏重生产而忽视品牌塑造的行为将会给企业成长带来很多危害，例如产品的品质下降、短期行为损坏品牌形象、影响产品的延伸、轻视品牌保护、影响工作士气等。

其次，品牌传播单一，长期依赖广告。塑造品牌离不开广告宣传。但现在许多国产耗材厂商过度依赖于广告，没有用品牌核心价值统帅企业的一切营销活动，甚至将广告作为传播品牌的唯一方式。这些企业将品牌理解为叫得响的名称，将其与产品的质量、形象、附加值等一系列有形或无形资产分割开来，只意识到了广告在宣传一个名称或口号上所具有的明显的推动作用，造成了对广告的过度依赖。对于一些规模较小的厂商来说，这种做法会导致品牌塑造成本过高，削减利润甚至陷入亏损的境地。事实上一个成功的品牌不仅体现在一个响亮的名称上，还体现在产品性能、包装和分销渠道的优越性上，只有通过这些优越性才能体现出品牌的核心价值。广告只是品牌传播中的一个环节，不能赋予品牌长盛不衰的生命力，也不能建立长久的消费者忠诚度。现在虽然国内耗材的厂商正在通过各种形式的广告进行品牌宣传，但终因产品包装粗糙、营销手段和分销渠道没有受到足够的重视等，使得品牌塑造无功而返。可见，品牌建设仅仅依靠广告是不够的，深刻理解品牌的内涵才是第一位的。

销售渠道有待完善，经销商运用不当

销售渠道的设计和管理受到产品、消费者、企业自身、中间商、经济环境等多种因素的影响。企业在实施品牌战略的过程中，应在权衡分析的基础上，确定销售渠道的长短宽窄，争取以最低的成本达到最大的市场覆盖面。建立和维护企业产品的营销网络，这是服务客户，创造品牌的基本立足点。因此销售渠道在品牌经营中有着举足轻重的作用。与其它产品相比，耗材的销售渠道呈现以下两个特点：

★销售渠道不宜分级。

许多国产耗材厂商都曾经尝试过大分销商体制，但无一例外以失败告终。个别国外耗材品牌也曾在中国通过总代理操作，目前也未看到成功的例子。原因在于有实力的耗才分销商一旦有了经验和成就，就会转而OEM别人的产品，打自己的品牌。所以比较成功的渠道都不是多级的，扁平单一的渠道反而能够运行顺畅。但目前拥有一定实力的厂商还未清楚得认识到这一现状，总是寄希望于大经销商或是竭力计划设计多级的渠道。

★销售渠道形式单一。

在当今的信息时代，产品信息的传播早已不再局限于电话、传真等简单的通讯设备。而且网络营销也已经不再是新鲜事。以耗材的网上销售为例，它具有灵活和普及的特点。一家经销耗材网站的经理曾透漏，在历时3年的经营中，他们曾代理不少知名的耗材产品，终端客户和渠道非常广阔，先后向阿联酋、泰国等地出口相关耗材，这些客户非常满意中国产打印机耗材，他们不久会将网站全面升级为数据库型网站，建立起比较完善的在线订购和更为全面的产品和服务。但许多耗材厂商难以认识到这种方式的前景及可能对其带来的收益，所以在网络营销日渐盛行的今日，很少有国产耗材厂商主动借助于这种方式。

经销商是销售渠道中枢纽，一支通路能力强，终端运作扎实的经销队伍在品牌经营得过程中发挥着非常重要的作用。但许多国产耗材厂商在经销商的选择和运作上却有许多缺陷：

★经销商实力低于厂商预期。

国产耗材厂商大概都有这样类似的经历：选择经销商时十分慎重，对所有有意向者权衡其销售量、所属地域、未来发展能力等多个因素，最终择一而定。但后来却发现这个经销商并不像当初预期那样有发展空间，铺货的速度、数量没有快速增长，甚至被一些当时不被看好的人超过。原因在于当初对经销商的“权衡”过程并非完全理性。虽然选择过程中我们以一些客观数据为依据，但整个选择过程中难免会涉及到非理性因素，例如经销商与本企业关系的融洽程度、先入为主的优势、甚至个人的喜好。

★签订经销合同期限过长。

国产耗材厂商普遍认为，签订长期合同有利于经销商与厂家捆在一起，使经销商能全心全意投入市场开拓。但事实证明，这种想法只是一厢情愿。这样反而会给经销商高枕无忧之感，在没有压力的情况下放松对市场的开拓。

★轻易承诺总经销权。

所有产品的销售都面临相同的状况：很少有经销商能够覆盖区域市场的所有二级经销

商和零售商，大型零售商一般会要求直接由厂家供货。所以承诺总经销权就会放弃部分经销商所覆盖的网点，而且承诺总经销商也不利于厂商对市场的控制。

只顾短期利益，经营急功近利

每一个优秀品牌被市场认同都需要经历一个长期的过程，可以说品牌的实力是经过时间锤炼而成的。耗材产品也不例外。然而国内耗材市场的品牌经营往往是轰轰烈烈开头，悄声无息结尾。品牌经营的最终目的是为了追求利润，事实证明品牌也的确是利润的催化剂。但国产耗材的厂商在品牌经营之初往往忽略了品牌经营的前提是以资金的投入换来市场的认同和市场占有率。在前期投入的过程中，利润可能是微薄的甚至入不敷出。这种结果可能对于一些厂商而言是始料未及的或者远远低于对利润的预期。于是许多品牌经营经过短期的喧嚣而归于沉寂。品牌的前期经营虽然需要投入大量资金，但这些投入对于开始经营品牌的厂商而言也并不是难以承受。放弃品牌的症结在于对利润的急切渴求，一旦短期内不能达到预期的目的就失去耐心。优秀的品牌可以延续百年，它给企业带来的回报会随其年龄的增长而增加。品牌的成熟离不开长期的精心培育。有志于国产耗材品牌经营的厂商应该着眼于品牌未来的发展而不是眼前的短期利益。如果在国内耗材行业中有更多的厂商能够冷静、耐心地将品牌经营作为终生事业来发展，那么中国耗材行业的强大便可燃起期望之火。

目前中国的耗材市场虽然有尚不完善，但这并不意味着国产耗材市场没有未来。任何一个强势品牌的成熟都会经历艰难和挫折。认清在品牌建设过程中存在的不足，对其逐一克服是通向成功的途径。

★加强品牌塑造的基础工作

品牌是市场经济发展到一定阶段的产物，其塑造是一项复杂的系统工程。许多中小规模的耗材厂商对其望而生畏，总以为要等企业具有相当规模后才可进行品牌塑造。其次，品牌塑造应从企业创始时就开展，俗话说“万丈高楼平地起”，要塑造个性鲜明、联想丰富、高美誉度与忠诚度的强势耗材品牌，就必须加强品牌塑造的基础工作。如品牌塑造的基础工作——企业形象识别系统（CIS），越早导入成本越低，对企业越有利。国产耗材界内不乏商业精英，只要提升了品牌意识，拿出塑造品牌的决心和勇气，强势国产耗材品牌一定会在这些精英们的指导下日渐成熟。

★注重品牌推广中的整合传播

所谓营销整合传播（Integrated Marketing Communication，简称IMC），按照美国广告协会和舒尔茨教授对其所下的定义：“这是一个营销传播计划要领，要求充分认识用来制定综合计划时所使用的各种带来附加价值的传播手段——如普通广告、直销行销广告、促销以及公共关系，并将其结合，提供更为清晰、具有连贯性的信息，使传播的影响力达到最大化。”其关键在于整合各种传播形式使传播的影响力最大化。当前全球耗材市场竞争激烈，单一的媒体广告很难达到最佳传播效果。引入整合营销传播，整合公共关系、事件营销、广告、新闻等各种传播形式，可以回避单一广告的风险。

品牌建设是一个长期的过程。国产耗材厂商必须更新观念，避免只重媒体宣传、促销等短期行为。品牌不是短时间所能形成的，而要通过长时期积累。国产耗材厂商多为中小企业，由于其规模比较小，在起步阶段目标要定得小一点，目标市场地域小一点，易于建设起良好的局部品牌。在确定品牌名称，这册商标等方面，重视企业品牌发展的需要。在投入少的情况下，只有长期坚持不断地注意保持品牌和企业形象，才有利于品牌价值的不断提升，最终实现从局部品牌向知名品牌的跨越。

★完善销售渠道，正确运用经销商

根据耗材市场所独有的特点，可对渠道进行如下调整；

（1）使销售渠道扁平化

在耗材市场上，多级的渠道不但操作复杂、成本高，而且也不利于耗材的流通和销售。因此耗材的销售渠道应以扁平化为主，基本模式应以城市代理、小区域独家代理为主。

（2）开发多种形式的销售渠道

为了加快品牌的成长，国产耗材的厂商应多多发挥网络营销的优势，在最短时间内向最多的潜在客户介绍自己的产品。此外还应尝试其它方式如超市、大型电子连锁机构。在发达国家，像沃尔玛这样的超市中，就专设柜台卖打印耗材。用户也已经习惯了像买饮料一样买耗材。目前，国内这个渠道才刚刚开始，只是在商场的办公用品区域有经营耗材的。

在经销商的选择和运作上，除了要提高其专业素质、服务意识和商业操守等，各个耗材厂商还应针对自身的缺点在以下方面做出改进：

（1）经销商是竞争出来的，而不是选出来的

耗材厂商在经营品牌的过程中一定要以此为原则来指定经销商。几家有意向的批发商同时铺货，往往会形成竞争和相互牵制，反而会加快铺货速度。随着厂商对零售环节和批发商的熟悉，孰优孰劣一目了然。这时再确定经销商就比较合适。比较成功的经验是通过市场运作，淘汰通路能力差或是终端运作能力差的批发商，但对于被淘汰的批发商，补偿一笔市场开拓费作为回报。事先白纸黑字，明确双方的责权利，被淘汰的批发商一般会心服口服，剩下的经销商觉得经销权来之不易，而且对于厂家的“谁开发，谁所有”的网点划分原则，往往会全力配合。

（2）签订经销合同的期限不宜过长

耗材厂商在与经销商签订经销合同时，应该慎重对待合同期限。期限不宜过长，以一年为最佳。这样才能便于厂商及时对经销商的现实能力和积极性做出反应，把握对经销商所施与的压力和动力。

（3）不轻易承诺总经销权

国产耗材厂商往往因为轻易承诺总经销权而放弃了对很多销售网点，甚至丧失了对市场的控制。所以在承诺总经销权前，厂商一定要慎重，最好不设立总经销商。

★制定适合本企业的长期品牌发展战略

品牌战略是企业竞争取胜之道。当今，耗材行业的竞争已由单一的商品质量竞争，转向综合经济实力的竞争，而综合实力的竞争，最终是创造自己的品牌。谁要想成为一个优秀耗材厂商，谁就要懂得并能熟练运用品牌战略。

品牌战略不仅仅是为了创造名牌，更是为了创造具有持久市场竞争优势的品牌。有了强势的品牌，才能形成强大的市场空间，尽可能地通过营销组织获得更大的销售利润。如果企业急功近利，过度地追求名牌效益，缺乏对未来市场战略性的思考，势必会造成重眼前、轻长远的经营行为。

企业经营机制的建立可控因素较大，而市场的机制较难以掌控，因为市场是在不断地变幻，消费观念的变化、市场结构的变化、竞争格局的变化、社会局势的变化等等，都可能使企业的营销组织及策略发生变化。因此，企业的管理应以市场为导向，营销组织及策略更应该以市场为导向，依据市场的不同时期，不同状况，来进行调整。长期的品牌战略对于每个耗材厂商而言，如同在整个品牌经营之路上的路标，厂商的每个短期行为都会以其为指导。这样厂商们才不会偏离最终的目标，也不会因为一时的决策失误而放弃前期的经营从而导致品牌经营的昙花一现。

此外，品牌经营的辅助战略也必不可少。辅助战略是指企业对创名牌的辅助性工作进行规划，设计和实施的过程。辅助性工作主要有品牌设计、包装设计、对外宣传等，其目的是表现传达企业产品和服务的优秀品质和独特魅力，扩大品牌的知名度，树立品牌形象。当前国产耗材厂商在这一方面有明显的认识和能力不足。产品的包装与企业的对外形象都会给人以粗糙和拙劣的感觉。在耗材的国际市场上，由于市场空间广阔、竞争者众多以及消费的时间、知识、经验的有限性，致使一个企业的产品无论质量如何卓越，服务如何完善，如果没有良好的表现、表达方式和强有力的宣传，也难以为广大消费者所了解，更不可能在消费者心目中树立起良好的独特形象。因此，创立国产耗材的品牌必须认真制定和实施辅助战略，做好辅助性工作。

品牌是一个产品走向市场的标志，优秀的品牌不仅是产品的标志，而且是企业的象征，民族的象征。在全球经济一体化的趋势下，一个成功的品牌往往能够使一个企业在全球范围内获得较大的盈利能力。因此国产耗材的厂商应以最快的速度进行品牌经营。否则，待其他国外品牌茁壮成长起来之后，国产耗材便失去了最好的商机和市场，那时再去争夺市场便会很难。国产耗材的厂商应该认识清楚市场发展的趋势与自身的不足，在发展产品的同时经营国产品牌，使国产耗材能够尽快地被世界认同，令整个中国耗材业由被动加工走向主导地位。

后市场激光打印机定影组件上配件面临的技术问题

北京莱盛高新技术有限公司　王智和

在激光打印机行业，有两个部分的配件最需要更换：加热组件和鼓粉盒组件。鼓粉盒组建常用的配件和耗材有：OPC、墨粉、充电辊、磁辊、显影辊等，这是目前激光打印机后市场的主流；定影组件上的配件虽然没有鼓粉盒上的配件的消耗量那么大，但是其更换的频率也比较高。本文通过对定影组件上配件的逐一描述，希望能够同业各个厂家加大对其研发力度，提高我国在这个行业的技术水平。

1、定影膜

自从HP公司在HP4L激光打印机上使用定影膜之后，定影膜成为取代定影上辊在HP大多数激光打印机上的到了广泛的应用。与定影上辊相比较，定影膜具有预热时间短，加热定向性好，节约能源等优点。从使用寿命上讲，在正常使用状态下，定影膜与定影上辊的使用寿命相当。定影膜最大的缺点是在非正常情况下，抗击外力的能力比较差。按照技术发展的进程，定影膜分为两个阶段：树脂基定影膜阶段和金属基定影膜阶段。

1.1 树脂基定影膜

树脂基定影膜是指在耐热树脂形成的套筒上，附上一层不粘涂层。在2000年之前，由于HP激光打印机保有量较小，所以对用于维修的定影膜的需求量还不是很大；同时，由于当时的激光打印机对于普通消费者还是高端的用品，对维修配件的成本不是特别在意。随着激光打印机保有量的迅猛增长，对定影组件上最易耗的零件----定影膜的需求突然间增大。

这个阶段，谁拥有定影膜的生产技术，谁就能从激光打印机配件市场上取得较高的回报。但是，从2000年到现在，定影膜市场，仍然是鱼龙混杂。作为后市场的供应者，或多或少与OEM 定影膜存在一定的品质差距。因此，在此项目上的创新能力，会决定着定影膜供应商的前途。总的说来，树脂基定影膜下一步的技术难点和方向可以归纳为以下几点：

（1）基材强度：基材的强度主要表现在无缺口的撕裂性上。对于刚性薄膜来讲，在有缺口的情况下，其撕裂强度都是较低的。但是无缺口撕裂强度，体现出定影膜抗击外来破坏性因素的能力上。从这几年的实践来看，定影膜的抗撕裂力应该在1000g以上。造成定影膜抗撕裂力较低的原因有：胶粘剂与导热填料之间的界面性能、定影膜内部的织构缺陷，尤其是微孔。这些方面的改进与改进材料配方、工艺方法和装备之间密切相关；

（2）挺度：挺度与材料的模量有很大的关系，合适挺度的定影膜能够顺利地运转，并且不产生噪音，定影膜不发生皱褶，定影良好的重要保证。挺度过高或者过低，均对定影膜有不良影响。

（3）涂层性能：涂层性能主要包括涂层在高温下的耐磨耗性和隔离性。耐磨耗性能较差是后市场定影膜普遍存在的问题，就其原因，主要是和材料的优劣，工艺的选择，设备的好坏有主要的关系。基本工艺和材料确定之后，涂层的耐磨性基本上也就确定了。隔离性与材料的关系要比与设备与工艺的关系更密切一些。

1.2 金属基定影膜

金属基定影膜是为了适应更快的打印速度而引进的，更快的打印速度意味着要求定影膜更加耐磨、导热性越好。

金属基定影膜是指在厚度非常薄的金属基材上，涂敷一层不粘层。首先在HP的彩色机上得到了应用，后在高端的黑白激光打印机上也使用金属基定影膜，如HP4250/4300/4350等。根据金属基定影膜的作用和特点，良好的金属基定影膜应该有如下几个特点：

（1）金属基材厚度足够小，而且厚度均匀度要好。一般情况下，金属基定影膜的金属基材的厚度在35um左右，公差范围不大于5个微米。由于采用膜式加热，厚度过大会造成圆筒刚性过大，通过和下辊接触的区域时，不容易变形（即不容易压平），造成陶瓷加热器上的热量不能够迅速传导到纸张上，因而造成定影牢固度不够。但是大直径薄壁圆筒对于制管行业来讲，是一个非常大难题。对于D30左右的不锈钢管来讲，当管子厚度低于0.1mm时，由于多次拉拔造成的厚度误差积累，足以导致拉拔成的管子千疮百孔；还有一种办法采用旋压法制管，同样存在管子厚度均匀性的问题。

（2）金属基材的极限弹性形变要大，模量要适中。由于工艺的问题，如此薄的管子很容易失去弹性，而失去弹性的定影膜在运行中容易发生褶或者变形，导致定影膜不能使用；

（3）良好的涂层：金属基定影膜一般用在转动速度很高的机器上，这一类的机器加热器温度高，转速高，因此对于面涂的耐磨性和导电性就有比较高的要求。

1.3 定影膜寿命的测定

定影膜的寿命测试是一件比较不容易的事情，一方面，定影膜在高温下工作，普通测试耐磨耗机器难以达到这么高的温度，因此，最好的办法是上机实际打印测试。上机实际打印会存在两个困难：一方面，定影膜的寿命测试数据的离散性很大，因此，要想获得具有说服力的数据，提取得样本数就必须足够，不仅包括定影膜的样本，还要包括打印机的样本。这无疑对定影膜的生产厂家造成很大的成本压力；另一方面，实际打印中，会有不少的意外情况发生，这些情况的发生，会对定影膜的寿命造成一定的影响。

为了解决这些问题，我们利用激光打印机机架本身，研制了激光打印机定影组件控制仪器，通过对以下几个因素的控制，来估计定影膜的寿命，对比不同的定影膜寿命的长短。控制的因素包括：定影膜所处的温度环境、定影膜的转速、定影膜的研磨介质。

定影膜所处的温度环境和转速尽量贴合与对应型号的打印机的温度和转速。一般来讲，对于同一支定影膜，定影组件温度越高，转速越快，寿命就越低。

研磨介质的需要满足以下几个条件：

（1）对定影膜的磨损与研磨介质被研磨的时间长短无关；

（2）研磨介质要能在220度以下长期工作，不会发生明显的物理及化学变化；

（3）要能在较短的试验时间内反映出定影膜涂层的好坏。

2、包氟技术---包氟型上辊、下辊以及金属基定影膜

在定影组件中，有几个部件需要用到包氟技术。包氟型下辊、包氟型上辊、包氟型定影膜。目前，绝大多数厂家采用注胶法包氟生产下辊。

注胶法包氟的基本工艺是：将氟套放入到模具中，然后用注胶泵把双组分的硅橡胶注入到辊芯与氟套形成的空隙中。然后将胶辊连同模具一起放在高温下进行固化，待液体硅橡胶固化完成之后，从模具上取下来，切端，清理。

注胶法具有模具简单，胶料浪费少，适合小批量生产的特点。但是，这种工艺适合胶层厚度在2mm以上的辊子，胶层厚度过薄会造成注胶困难，机头压力过大，胶层中易形成气孔。

因此，如果采用此种办法来制作包氟型上辊的话，就会存在很大的困难。而且上辊需要传递来自加热灯管的热量，一方面，需要胶层有良好的导热性；另一方面，上辊内外表面存在的温度梯度，对上辊各个功能层之间的结合强度也是一个重要的考验；同时为了良好的导热性，包氟型上辊的胶层厚度基本都在0.5mm以下。

包氟型金属基定影膜遇到的困难更大，其胶层非常薄，只有0.3-0.5mm厚，不仅会存在包氟型上辊所存在的困难，同时，管坯厚度也非常薄，只有30微米左右，在施工过程中，保证管坯不变形，不皱褶，都是遇到的实际困难。

最近二十年来，下辊的形式都没有发生较大变化。随着打印速度越来越高，要求下辊的硬度也越来越低。下辊硬度降低，一方面，对原材料的要求变高了，另一方面，硬度较低的胶层与氟套之间更加容易脱层。

因此，如果想在包氟技术上更进一步，对原有的注胶法生产技术必须改变。改变的方向有两个：

（1）发泡固体橡胶法：利用发泡橡胶硬度更低的特点，同时由于材料本身硬度较高，比较容易保证橡胶和氟套之间的粘接力。固体发泡橡胶法的难点在于成型工艺。即如何把氟套完整的套在胶辊上，同时保证氟套和胶层之间粘接良好。

（2）发泡液体橡胶法：可以利用注胶泵进行，但是液体橡胶发泡是难点，难以得到稳定的工艺过程。

3、定影膜伴侣—高温润滑脂

在使用定影膜时，应该使用高温润滑脂。高温润滑脂的作用有两个：（1）润滑定影膜，降低定影膜和加热芯之间的磨损；（2）填充定影膜与陶瓷加热器之间的微空隙，起到导热的作用。在市场上，人们一般会把用于定影膜的高温润滑脂叫做“硅脂”、“硅油”，其实，由于加热器表面的温度通常在220-230度左右，瞬时温度可以达到280度，而硅脂的长期使用温度在200度左右，硅脂已经完全不能满足使用要求。这么高的温度，只能采用以全氟醚为基础油的润滑脂。

开发定影膜专用润滑脂对于正确使用定影膜非常重要，如果不使用高温润滑脂，一般打印机会出现以下症状：

（1）有可能定影膜与加热芯之间的摩擦力大于定影膜与下辊之间的摩擦力，定影膜不能转动，下辊在定影膜上打滑。

（2）由于转动不畅，定影膜容易扭曲或者破损；尤其是当更换定影膜时不擦拭干净加热芯，残留的异物会造成定影膜破损。

高温润滑脂的复配涉及配方、工艺等各个方面。不仅要求其高温稳定性好，而且要求低温下的启动扭矩小，以保证冷机，尤其是低温下启动正常。

目前在后市场上提供的高温润滑脂，很大一部分属于有机硅系列，长期耐温性能差，但是由于导热性能良好，初期使用效果明显，有一定的用户。但是有机硅类的润滑脂对定影膜的寿命有负面的影响。还需要逐步扭转贪图便宜的消费习惯，或者提供出新的能满足使用要求的低成本产品。

4、新型陶瓷加热片基片需要获得突破

陶瓷加热片技术是典型的厚膜电路技术，本身并没有太大的难度。但是随着激光打印机产品迭出，有了一些新的技术动向，有待于开发新的技术来适应。其中最明显的进步是采用氮化铝基片替代氧化铝基片。氮化铝的热导率高达200W/m.K以上，用在陶瓷加热片上的也有100 W/m.K左右，比氧化铝陶瓷高5-10倍。因此使用氮化铝陶瓷之后，快速升温更为可能，而且克服了氧化铝陶瓷抗热震性差的弱点。从目前市面上来看，大长宽比，薄厚度的氮化铝基片的制造很困难，而且价格不菲。如果在氮化铝陶瓷基片的制造上能够突破技术难度，并且大幅度降低成本的话，将会在陶瓷加热片市场上占领制高点。

5、超工程塑料的使用

定影组件需要在高温下长期运行，激光打印机上对塑料制品性能要求最严格的部位也在于此，在这个部分，使用了大量的超工程塑料---液晶聚合物（LCP）、聚苯硫醚（PPS）、芳香族聚酰胺（PPA）、氟塑料（PTFE、FPA）等。

众所周知，超工程塑料虽然性能优异，但是其注塑工艺比较复杂，工艺条件不容易掌握。如果工艺条件或者装备能力达不到，往往不能发挥材料本有的性能。

在定影组件上使用的塑料，经常会采用玻璃纤维、碳纤维、矿物增强，有些还是不同高分子基体的共混物或者共聚物。所以，如果有很高的高分子材料合成和共混技术，这一块的市场还是有相当的利润。

6、其它配件

7、总结语

由于激光打印机产品更新速度快，其定影组件上零部件的形式和性能也在发生日新月异的变化，只有加强研发，拥有自主技术，才能跟得上激光打印机发展的潮流。

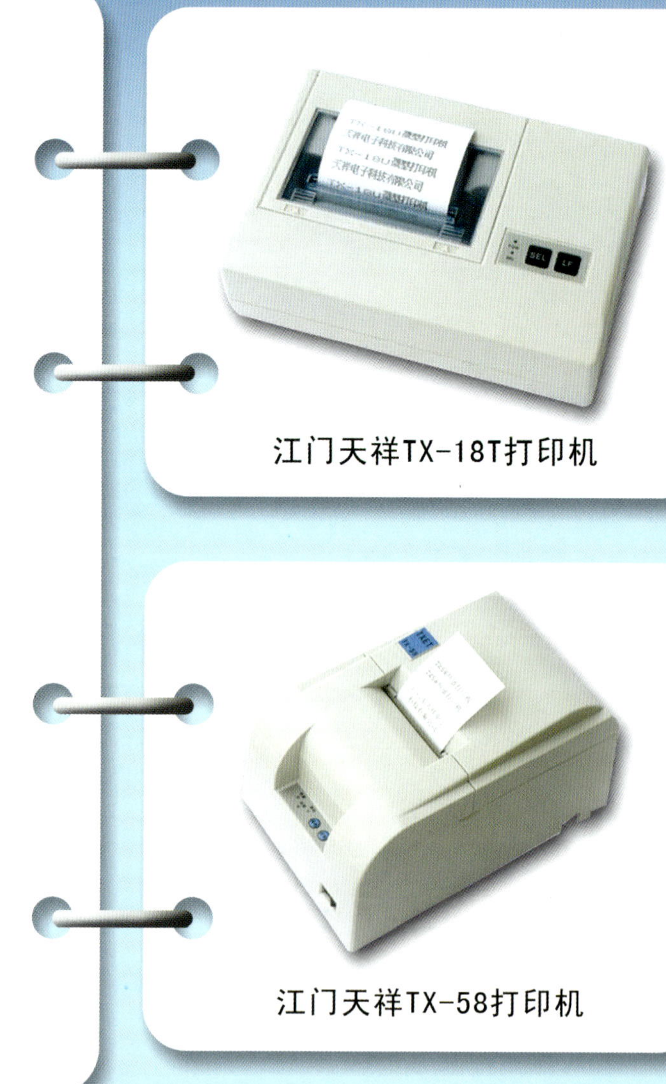

江门天祥TX-18T打印机

江门天祥TX-58打印机

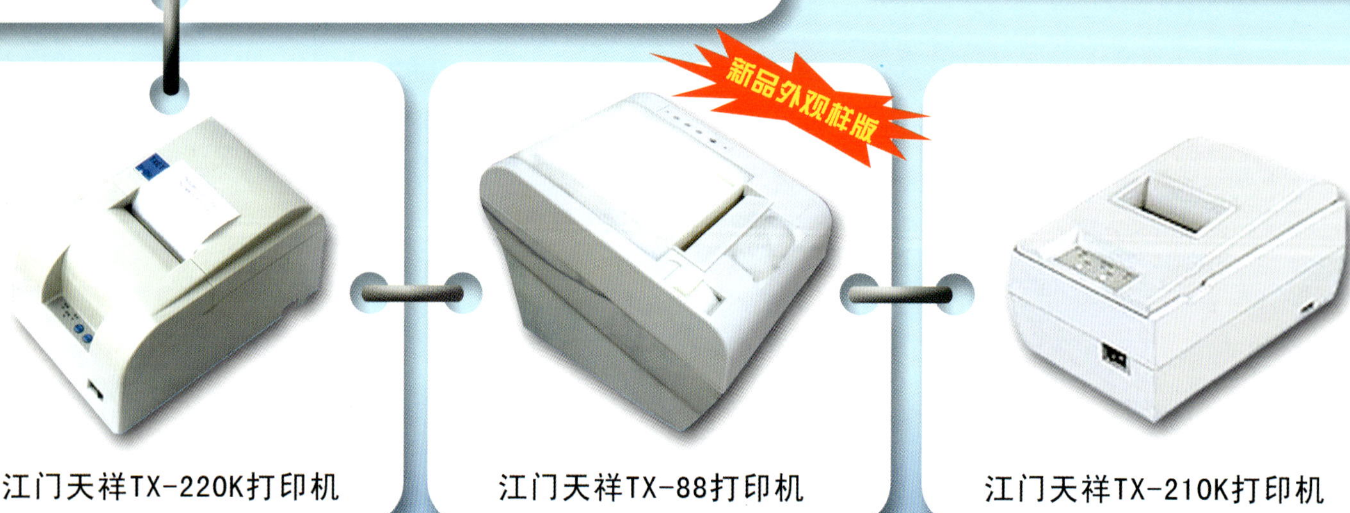

江门天祥TX-220K打印机

江门天祥TX-88打印机

江门天祥TX-210K打印机

Potevio 中国普天

中国普天打印机依托邮通金加工五十余年的精密机械制造、模具制造的能力，成为国内唯一一家具有自主设计生产打印头、针式打印机的生产厂商。依托上海邮通和中国普天的品牌优势，在全国建立销售渠道和售后服务渠道，具有良好的服务和价格优势。

该公司于 2002 年 12 月通过 ISO14000 的认证；员工安全健康是公司成功的资源保证，公司于 2004 年 9 月建立了 OHSAS18000 体系并获得通过。从而使公司在质量、环境和安全健康方面，都处在可控制状态，保证了公司可持续发展。自 1990 年开始与香港鑫源公司的合作，开发了 TM-800 九针打印机。1995 年以后，先后开发了 CP-800 九针仿二十四针打印机，M-445 微型打印机芯、M-976 税控微型打印机芯、TM-300K 二十四针打印机、打印头并参与国家出租车计价器微型打印机行业标准的编写，产品行销海内外。

随着国家税控项目的启动，中国普天又设计开发了 M-976 微型打印机芯，以适应税控收款机配套使用，也改变了税控收款机专用打印机芯国外品牌一统天下的局面，使上海普天在打印机领域中做强做实。

普天 M-976 打印机

打印头结构	九针列式双向打印
打印纸宽	76.2±0.7mm/57.5±0.5mm
外形尺寸	127(W)x96(D)x53(H)mm
打印字模	7x9
打印速率	西文 4.4 行 / 秒（双向打印）
	中文 2.2 行 / 秒（双向打印）

M-976 打印机芯适于各类商业 POS 终端打印，金融票据及各种信用卡确认系统打印。M-976 打印机芯具有支持黑标打印功能，支持 76mm 和 58mm 两种宽度的打印纸。具有打印速度快，拷贝能力强，式样小巧，适用性强，使用方便，价格便宜等优点。

质量体系认证证书

上海邮电通信设备股份有限公司

环境管理体系认证证书

上海邮电通信设备股份有限公司

上海普天邮通科技股份有限公司

地址：上海市宜山路 700 号

电话：021-64757094　FAX：021-64752198

http://www.shsyjx.com　www.shpte.com

售后服务：上海市宜山路 700 号

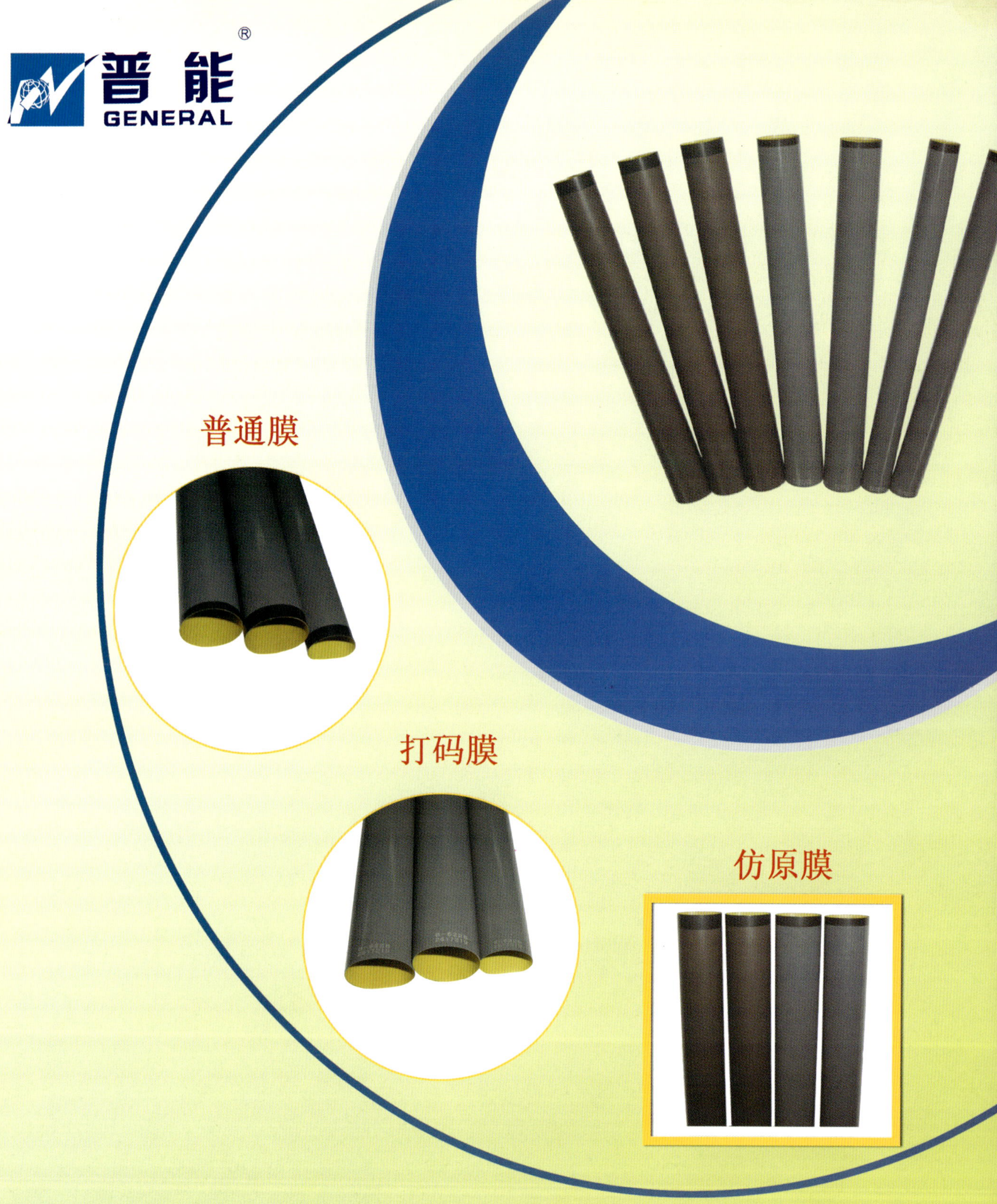

独有的SSR膜处理技术使产品内外表面更加光滑、柔韧、富有弹性。处理后的定影膜在防脱层、抗起皱、耐撕裂性、提高导热性和转动的灵活性以及延长使用寿命等方面都有更好表现。

Particular SSR film treatment technic makes the surface of the products smoother, more liable, and with good flexibility. All the fuser film sleeves after processing will do a better performance not only in carrying paper, in improving the presswork's fixation quality but also in prolonging the production's using time.

大型定影膜生产企业:

北京合瑞祥科技有限公司
BEIJING HERISON SCIENCE Co., LTD
地址:北京市海淀区银丝沟1号209室
Add: Room 209#, NO.1 Yinsigou, Haidian District, Peking of China
Tel: 010-82617219 82675265 62620194 62621926 13910739701
http://www.dingyingmo.com
E-mail: jingyucncom@126.com

第三篇　环保篇

Part 3　Environmental protection

电子信息产品污染控制管理办法

第一章　总　　则

第一条 为控制和减少电子信息产品废弃后对环境造成的污染，促进生产和销售低污染电子信息产品，保护环境和人体健康，根据《中华人民共和国清洁生产促进法》、《中华人民共和国固体废物污染环境防治法》等法律、行政法规，制定本办法。

第二条 在中华人民共和国境内生产、销售和进口电子信息产品过程中控制和减少电子信息产品对环境造成污染及产生其他公害，适用本办法。但是，出口产品的生产除外。

第三条 本办法下列术语的含义是

（一）电子信息产品，是指采用电子信息技术制造的电子雷达产品、电子通信产品、广播电视产品、计算机产品、家用电子产品、电子测量仪器产品、电了专用产品、电子元器件产品、电子应用产品、电子材料产品等产品及其配件。

（二）电子信息产品污染，是指电子信息产品中含有有毒、有害物质或元素，或者电子信息产品中含有的有毒、有害物质或元素超过国家标准或行业标准，对环境、资源以及人类身体生命健康以及财产安全造成破坏、损害、浪费或其他不良影响。

（三）电子信息产品污染控制，是指为减少或消除电子信息产品中含有的有毒、有害物质或元素而采取的下列措施

1、设计、生产过程中，改变研究设计方案、调整工艺流程、更换使用材料、革新制造方式等技术措施；

2、设计、生产、销售以及进口过程中，标注有毒、有害物质或元素名称及其含量，标注电子信息产品环保使用期限等措施；

3、销售过程中，严格进货渠道，拒绝销售不符合电子信息产品有毒、有害物质或元素控制国家标准或行业标准的电子信息产品等；

4、禁止进口不符合电子信息产品有毒、有害物质或元素控制国家标准或行业标准的电子信息产品；

5、本办法规定的其他污染控制措施。

（四）有毒、有害物质或元素，是指电子信息产品中含有的下列物质或元素

1、铅；

2、汞；

3、镉；

4、六价铬；

5、多溴联苯（PBB）；

6、多溴二苯醚（PBDE）；

7、国家规定的其他有毒、有害物质或元素。

（五）电子信息产品环保使用期限，是指电子信息产品中含有的有毒、有害物质或元素不会发生外泄或突变，电子信息产品用户使用该电子信息产品不会对环境造成严重污染或对其人身、财产造成严重损害的期限。

第四条 中华人民共和国信息产业部（以下简称“信息产业部”）、中华人民共和国国家发展和改革委员会（以下简称“发展改革委”）、中华人民共和国商务部（以下简称“商务部”）、中华人民共和国海关总署（以下简称“海关总署”）、国家工商行政管理总局（以下简称“工商总局”）、国家质量监督检验检疫总局（以下简称“质检总局”）、国家环境保护总局（以下简称“环保总局”），在各自的职责范围内对电子信息产品的污染控制进行管理和监督。必要时上述有关主管部门建立工作协调机制，解决电子信息产品污染控制工作重大事项及问题。

第五条 信息产业部商国务院有关主管部门制定有利于电子信息产品污染控制的措施。

信息产业部和国务院有关主管部门在各自的职责范围内推广电子信息产品污染控制和资源综合利用等技术，鼓励、支持电子信息产品污染控制的科学研究、技术开发和国际合作，落实电子信息产品污染控制的有关规定。

第六条 信息产业部对积极开发、研制新型环保电子信息产品的组织和个人，可以给予一定的支持。

第七条 省、自治区、直辖市信息产业，发展改革，商务，海关，工商，质检，环保等主管部门在各自的职责范围内，对电子信息产品的生产、销售、进口的污染控制实施监督管理。必要时上述有关部门建立地区电子信息产品污染控制工作协调机制，统一协调，分工负责。

第八条 省、自治区、直辖市信息产业主管部门对在电子信息产品污染控制工作以及相关活动中做出显著成绩的组织和个人，可以给予表彰和奖励。

第二章　电子信息产品污染控制

第九条 电子信息产品设计者在设计电子信息产品时，应当符合电子信息产品有毒、有害物质或元素控制国家标准或行业标准，在满足工艺要求的前提下，采用无毒、无害或低毒、低害、易于降解、便于回收利用的方案。

第十条 电子信息产品生产者在生产或制造电子信息产品时，应当符合电子信息产品有毒、有害物质或元素控制国家标准或行业标准，采用资源利用率高、易回收处理、有利于环保的材料、技术和工艺。

第十一条 电子信息产品的环保使用期限由电子信息产品的生产者或进口者自行确定。电子信息产品生产者或进口者应当在其生产或进口的电子信息产品上标注环保使用期限，由于产品体积或功能的限制不能在产品上标注的，应当在产品说明书中注明。

前款规定的标注样式和方式由信息产业部商国务院有关主管部门统一规定，标注的样式和方式应当符合电子信息产品有毒、有害物质或元素控制国家标准或行业标准。

相关行业组织可根据技术发展水平，制定相关电子信息产品环保使用期限的指导意见。

第十二条 信息产业部鼓励相关行业组织将制定的电子信息产品环保使用期限的指导意见报送信息产业部。

第十三条 电子信息产品生产者、进口者应当对其投放市场的电子信息产品中含有的有毒、有害物质或元素进行标注，标明有毒、有害物质或元素的名称、含量、所在部件及其可否回收利用等；由于产品体积或功能的限制不能在产品上标注的，应当在产品说明书中注明。

前款规定的标注样式和方式由信息产业部商国务院有关主管部门统一规定，标注的样式和方式应当符合电子信息产品有毒、有害物质或元素控制国家标准或行业标准。

第十四条 电子信息产品生产者、进口者制作并使用电子信息产品包装物时，应当依据电子信息产品有毒、有害物质或元素控制国家标准或行业标准，采用无毒、无害、易降解和便于回收利用的材料。

电子信息产品生产者、进口者应当在其生产或进口的电子信息产品包装物上，标注包装物材料名称；由于体积和外表面的限制不能标注的，应当在产品说明书中注明。

前款规定的标注样式和方式由信息产业部商国务院有关主管部门统一规定，标注的样式和方式应当符合电子信息产品有毒、有害物质或元素控制国家标准或行业标准。

第十五条 电子信息产品销售者应当严格进货渠道，不得销售不符合电子信息产品有毒、有害物质或元素控制国家标准或行业标准的电子信息产品。

第十六条 进口的电子信息产品，应当符合电子信息产品有毒、有害物质或元素控制国家标准或行业标准。

第十七条 信息产业部商环保总局制定电子信息产品有毒、有害物质或元素控制行业标准。

信息产业部商国家标准化管理委员会起草电子信息产品有毒、有害物质或元素控制国家标准。

第十八条 信息产业部商发展改革委、商务部、海关总署、工商总局、质检总局、环保总局编制、调整电子信息产品污染控制重点管理目录。

电子信息产品污染控制重点管理目录由电子信息产品类目、限制使用的有毒、有害物质或元素种类及其限制使用期限组成，并根据实际情况和科学技术发展水平的要求进行逐年调整。

第十九条 国家认证认可监督管理委员会依法对纳入电子信息产品污染控制重点管理目录的电子信息产品实施强制性产品认证管理。

出入境检验检疫机构依法对进口的电子信息产品实施口岸验证和到货检验。海关凭出入境检验检疫机构签发的《入境货物通关单》办理验放手续。

第二十条 纳入电子信息产品污染控制重点管理目录的电子信息产品，除应当符合本办法有关电子信息产品污染控制的规定以外，还应当符合电子信息产品污染控制重点管理目录中规定的重点污染控制要求。

未列入电子信息产品污染控制重点管理目录中的电子信息产品，应当符合本办法有关电子信息产品污染控制的其他规定。

第二十一条 信息产业部商发展改革委、商务部、海关总署、工商总局、质检总局、环保总局，根据产业发展的实际状况，发布被列入电子信息产品污染控制重点管理目录的电子信息产品中不得含有有毒、有害物质或元素的实施期限。

第三章 罚则

第二十二条 违反本办法，有下列情形之一的，由海关、工商、质检、环保等部门在各自的职责范围内依法予以处罚

（一）电子信息产品生产者违反本办法第十条的规定，所采用的材料、技术和工艺不符合电子信息产品有毒、有害物质或元素控制国家标准或行业标准的；

（二）电子信息产品生产者和进口者违反本办法第十四条第一款的规定，制作或使用的电子信息产品包装物不符合电子信息产品有毒、有害物质或元素控制国家标准或行业标准的；

（三）电子信息产品销售者违反本办法第十五条的规定，销售不符合电子信息产品有毒、有害物质或元素控制国家标准或行业标准的电子信息产品的；

（四）电子信息产品进口者违反本办法第十六条的规定，进口的电子信息产品不符合电子信息产品有毒、有害物质或元素控制国家标准或行业标准的；

（五）电子信息产品生产者、销售者以及进口者违反本办法第二十一条的规定，自列入电子信息产品污染控制重点管理目录的电子信息产品不得含有有毒、有害物质或元素的实施期限之日起，生产、销售或进口有毒、有害物质或元素含量值超过电子信息产品有毒、有害物质或元素控制国家标准或行业标准的电子信息产品的 ；

（六）电子信息产品进口者违反本办法进口管理规定进口电子信息产品的。

第二十三条 违反本办法的规定，有下列情形之一的，由工商、质检、环保等部门在各自的职责范围内依法予以处罚

（一）电子信息产品生产者或进口者违反本办法第十一条的规定，未以明示的方式标注电子信息产品环保使用期限的；

（二）电子信息产品生产者或进口者违反本办法第十三条的规定，未以明示的方式标注电子信息产品有毒、有害物质或元素的名称、含量、所在部件及其可否回收利用的；

（三）电子信息产品生产者或进口者违反本办法第十四条第二款的规定，未以明示的方式标注电子信息产品包装物材料成分的。

第二十四条 政府工作人员滥用职权，徇私舞弊，纵容、包庇违反本办法规定的行为的，或者帮助违反本办法规定的当事人逃避查处的，依法给予行政处分。

第四章 附则

第二十五条 任何组织和个人可以向信息产业部或者省、自治区、直辖市信息产业主管部门对造成电子信息产品污染的设计者、生产者、进口者以及销售者进行举报。

第二十六条 本办法由信息产业部商发展改革委、商务部、海关总署、工商总局、质检总局、环保总局解释。

第二十七条 本办法自 2007 年 3 月 1 日起施行。

HJ

中华人民共和国环境保护行业标准

HJ/T □□□ -200□

环境标志产品技术要求再生鼓粉盒

Technical Requirement for Environmental Labeling Products
—Reprocessed Toner Modules

（征求意见稿）

200□－□□ □□发布　　200□－□□ □□实施

国家环境保护总局发布

前　言

本技术要求制定的目的是为了减少再生鼓粉盒在生产、使用和处置过程中对人体健康和环境的影响，并促进环保产品的使用。

本技术要求对再生鼓粉盒中有毒有害物质限值及环境设计、回收与再利用和公开信息提出了要求。

本技术要求参照德国蓝天使《再生碳粉盒》（RAL–UZ55）环境标志标准制定，技术要求中的测试方法（除测定臭氧外）等同采用国家环境保护行业标准环境标志技术要求《打印机传真机和多功能一体机》（HJ/T 302–2006）。

本标准由国家环境保护总局科技标准司提出。

本标准由国家环境保护总局　　年　　月　　日发布。

本标准由国家环境保护总局负责解释。

本标准负责起草单位：国家环境保护总局环境发展中心。

本标准主要起草单位：国家环境保护总局环境发展中心、珠海天威飞马打印耗材有限公司、广东省打印耗材工程技术研究开发中心、珠海纳思达电子科技有限公司、新威俊（珠海）打印器材有限公司、上海澳灵顿电子有限公司 。

本标准自 年 月 日起实施。

环境标志产品技术要求再生鼓粉盒

1.适用范围

本技术要求规定了再生鼓粉盒类环境标志产品的定义、基本要求、技术内容和检测方法。

本技术要求适用于各种类型的再生鼓粉盒（以下简称鼓粉盒）。

2.规范性引用文件

本标准内容引用了下列文件中的条款。凡是不注日期的引用文件，其有效版本适用于本标准。

GB/T 16288-200X 塑料制品的标识和标志 。

GB/T 1844-1995 塑料及树脂缩写代号 。

SJ/T 11363-2006 电子信息产品中有毒有害物质的限量要求信息产业部第 39 号令《电子信息产品污染控制管理办法》配套标准 。

HJ/T 302-2006 环境标志产品认证技术要求：打印机、传真机和多功能一体机 。

ISO/IEC 19752 用于单色黑白静电成像打印机和含有打印机单元的多功能机的碳粉盒页产量的测定方法 。

GB/T 5748-1985 作业场所空气中粉尘测定方法 。

GB/T 14670-1993 空气质量苯乙烯的测定气相色谱法。

3.定义

3.1 再生 reprocess

再生就是对原有鼓粉盒进行清洗、修理或更换、再组装、填充等使其恢复原有功能的过程。

3.2 再生鼓粉盒 reprocessed toner modules

原有鼓粉盒经清洗与填充后，可作为替换原装鼓粉盒使用的鼓粉盒。

4.基本要求

4.1 产品质量应符合相应产品的质量标准的要求；

4.2 企业污染物排放必须符合国家或地方规定的污染物排放标准的要求。

5.技术内容

5.1 鼓粉盒的一般要求：

5.1.1 再生

灌粉前，除感光鼓等直接影响到打印质量的部件外，回收再利用的零部件的重量应占原件重量的75%（±5%）；

鼓粉盒应能够再生处理至少5次。

5.1.2 鼓粉盒部件的要求

增加的新零件不能使用含有PVC的塑料制品；

同时应符合SJ/T 11363-2006《电子信息产品中有毒有害物质的限量要求》。

重量超过25g的塑料零部件应按照GB/T 16288-200X要求打上标记，并与GB/T 1844-1995保持一致。

5.1.3 使用可靠性

鼓粉盒应密封好以防止在工作和存放期间碳粉发生泄漏；

已填充好碳粉的鼓粉盒应满足附录A《鼓粉盒打印品质要求》的各项要求；

提供新增和替换物料的《物料安全数据表》（MSDS），其表格见附录D《物料安全数据表》。

新增和替换物料的化学成分应符合所提供的MSDS。

5.1.4 标记

除去原标签；

在鼓粉盒和包装上要有明显区别于原标记的新标记。

5.1.5 回收与处理

申请人应建立销售产品的回收体系，以利于销售的鼓粉盒回收利用；

如果因为技术原因，另外的加工方法不能达到规定要求时，申请人应保证鼓粉盒的环保处理并使用合适的材料；

回收的方法及回收点应在说明书中说明；

申请人应将残余的碳粉放进密闭的容器，以备将来环保处理。

5.1.6 包装

最好选用可回收的包装材料；

用于包装的塑料制品禁止含有PVC。

应优先使用回收塑料。

包装材料应符合SJ/T 11363-2006《电子信息产品中有毒有害物质的限量要求》。

5.2 碳粉材料采用要求

5.2.1 重金属

产品符合SJ/T 11363-2006《电子信息产品中有毒有害物质的限量要求》。

5.2.2 偶氮染料

碳粉不能包含附录E《分解致癌芳香胺的偶氮染料》中能分解出致癌芳香胺的偶氮染料。

5.2.3 其他成分

产品中不得含有致癌物质（详见附录F《IARC（国际癌症研究机构）划分成致癌物质（1,2A,2B）的物质》）、诱变物质以及再生有毒的物质。

5.2.4 产品AMES试验检测结果为阴性。

5.3 化学物质的挥发

5.3.1 在工作状态时产生的粉尘浓度不大于0.15mg/m3。

5.3.2 在工作状态时产生的苯乙烯的浓度不大于 0.07mg/m3。

5.4 公开资料、粉盒操作及维护说明书

产品资料或包装印刷上应清晰地声明鼓粉盒如何回收

产品资料应有清晰的提供给用户的适当处置鼓粉盒的建议

产品资料应指明鼓粉盒不能被强制性打开，如果由于操作不当造成碳粉的泄露，应防止吸入和皮肤的接触，同时，资料应包含有皮肤接触碳粉的意外发生时如何应对的信息；

产品资料内容中应强调指出鼓粉盒的存放必须要远离儿童。

6. 测试方法

6.1 对技术要求中 5.1、5.2、5.4 的要求由申请者出具相关的证明材料和声明，并按要求填写附录 F、附录 G、附录 H，并在现场检查中确定。

6.2对技术要求中粉尘的测试条件应按HJ/T302-2006《环境标志产品认证技术要求打印机传真机和多功能一体机》中附录C进行，测试方法采用GB/T 5748-1985 中规定的方法。

6.3对技术要求中苯乙烯的测试条件应按HJ/T302-2006《环境标志产品认证技术要求打印机传真机和多功能一体机》中附录D进行，测试方法采用 GB/T 14670-1993 中规定的方法。

附录 A
（规范性附录）
鼓粉盒打印品质要求

A.1 打印质量

A.1.1 色密度大于等于 1.20。

A.1.2 底灰 B1-B2 ≤ 2.5。

用白度测试仪测试打印输出纸上被覆盖区域的读数 B1 与未覆盖区域无图文处的读数 B2，其差值 B1-B2 ≤ 2.5。

A.1.3 黑点：A4 纸 ≤ ¢ 0.3 不计；0.3-0.6 允许 15 个； ＞ ¢ 0.6 不允许；

A.1.4 白点：A4 纸 ≤ ¢ 0.3 不计；0.3-0.8 允许 15 个； ＞ ¢ 0.8 不允许；

A.1.5 定影牢固度：由企业自定。

A.1.6 文本清晰度：文本清晰无断迹。

A.1.7 灰度等级 ：打印质量测试样张上相邻色块灰度值梯度差值[(a-b) /b × 100%] ≥ 5%

A.2 寿命

再生鼓粉盒打印的页数由企业产品标准规定。寿命测试样张和寿命终止判定按 ISO/IEC19752 标准。

附录 B
（规范性附录）
鼓粉盒打印品质测试

B.1 测试设备

产品适用的机型，机器的操作需按原生产厂的缺省设置。

B.2 测试环境

除环境适应性、寿命试验外，其他试验均应在正常气候条件下进行。

温度：15 ~ 35℃

相对湿度：45% ~ 75%

大气压力：86kPa ~ 106kPa

B.3 测试样张

打印质量测试样张采用附录 C 的样张；文字清晰度和寿命测试采用 ISO 19752 的样张。

B.4 测试纸

使用 70g–80 g /m 2 A4 幅面 普通白色复印纸作为测试纸。

B.5 样品及测试设备的准备

样品及所属测试设备、密封的原包装测试纸应在 B.2 的测试环境下至少放置 24 小时。测试纸只能在测试温度下打开。

B.6 打印质量测试

B.6.1 质量测试取样要求 将再生鼓粉盒按说明书要求操作并装入相应打印机，分别依次打印 A4 版面的打印质量测试样张（3 张）、ISO 19752 样张（20 张）、全白版样张（3 张）和黑版样张（3 张），黑版可不用连续打印，抽取各版本样张一张以备检测。

B.6.2 色密度

用色密度测试仪测量打印质量测试样张上 3 个实心黑块（版页左上，中间，右下各一块）的色密度，每个黑块测 3 次取平均值，最小平均值即为该留稿的色密度，应符合附录 A.1.1 要求。

B.6.3 底灰

用白度测试仪测试打印输出纸上被覆盖区域的读数 B1 与未覆盖区域无图文处的读数 B2，其 B1–B2 差值应符合附录 A.1.2 要求。

B.6.4 黑点

在全白版样张上检查黑点，其直径大小应符合附录 A.1.3 要求。

B.6.5 白点

在黑版样张上检查白点，其直径大小应符合附录 A.1.4 要求。

B.6.6 定影牢固度

在黑版样张上按照企业自定标准执行，应符合附录 A.1.5 要求。

B.6.7 文本清晰度

用 5 倍放大镜在 ISO 19752 样稿上检查文本，应符合附录 A.1.6 要求。（由 HP 提供样张）。

B.6.8 灰度等级

用色密度测试仪测量打印质量测试样张上相邻色块灰度值梯度的差值[(a–b) /b × 100%]应符合附录 A.1.7 要求。

B.7 寿命测试

按照 ISO 19752 标准执行，符合附录 A.2 要求。

附录 C
（规范性附录）
打印质量测试样张

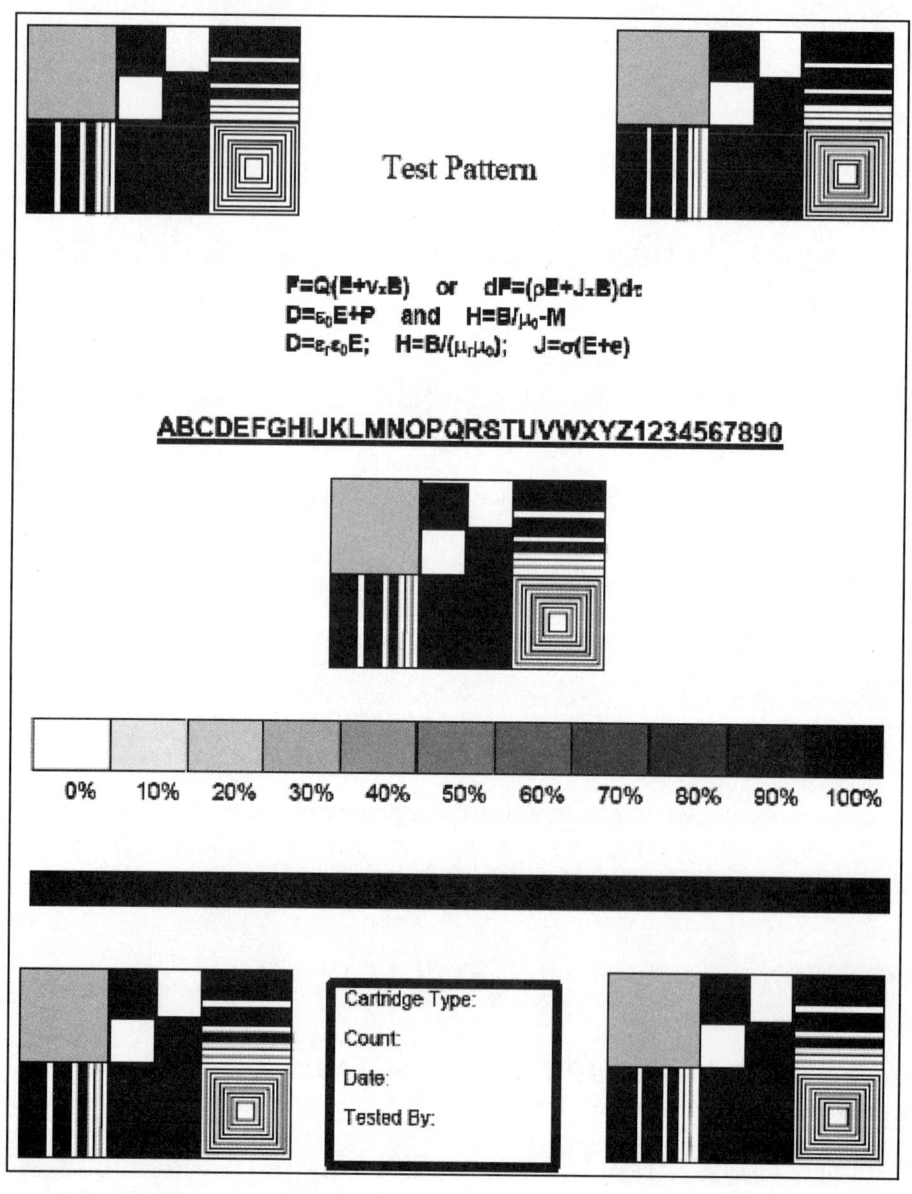

附录 D
（规范性附录）
物料安全数据表

MSDS-- 物料安全数据表或化学品安全技术说明书
物料安全 数据表（ Meterial Safety Data Sheet ）

编号：

1. 化学品 / 企业信息（CHEMICAL PRODUCT AND COMPANY IDENTIFICATION ）

化学品名称 （Trade name）：	
产品信息 （Product Type）：	
供应商 / 生产企业名称 （Suppiler）：	
地址： （Address）	
应急电话 （Emergency Phone）：	
传真号码 （Information Fax）：	

2. 成份 / 组成信息 （COMPOSITION/INFORMATION ON INGREDIENTS ）

成分（Hazardous components）	CAS# 登记号（CAS No.）	重量百分比（WT%）

3. 危险性概述（HAZARDS IDENTIFICATION）

危险类别：	
皮肤接触的危害（Skin）：	
眼部接触的危害（Eyes）：	
吞咽的危害（Ingestion）：	
呼入的危害（Inhalation）：	

4 急救措施（FIRST AID MEASURE）

皮肤接触(Skin Contact)：	
眼部接触(Eyes Contact)：	
吞咽(Ingestion)：	
摄入(Inhalation)：	

5. 消防措施（FIRE FIGHTING MEASURES）

灭火介质 (Fire Extinguishing Media):	
灭火设备 (Fire–Fighting Equipment):	

6.泄露应急处理（ACCIDENTAL RELEASE MEASURES）

人员保护 (Personal Protection):	
个人保护设备 (Personal Protection Equipment):	
消除方法 (Method To Avoid):	

7. 操作处置与储存（HANDLING AND STORAGE）

操作处理方法 (Handling Precaution):	
安全储存方法 (Storage Requirements):	
预防措施 (Precautions):	

8. 接触控制 / 个体防护（EXPOSURE CONTROLS/PERSONAL PROTECTION）

呼吸系统的防护 （Respiratory Protection）:	
防护手套 （Protective Gloves: ）:	
眼睛防护 （Eye Protection）:	
工程控制 （Engineer Control）:	
其他防护 （Other Protection）:	

9. 理化特性（PHYSICAL AND CHEMICAL PROPERTIES）

沸点（Boiling Point）:	
熔点（Melting Point）:	
比重（Specific Gravity）:	
相对蒸汽密度（空气 =1） （Vapor Density）:	
物态（Appearance）:	
颜色（Color）:	
气味（Odor）:	
水溶性 （Solubility In Water）:	

10. 稳定性 / 反应性（REACTIVITY）

稳定性（Stability）:	
不相容物质 （ChemicalIncompatibilities）	
分解产生的有害物质 （ChemicalIncompatibilities）	

11.毒理学信息（TOXICOLOGICAL INFORMATION）

12. 生态学信息（ECOLOGICAL INFORMATION）

13. 废弃物处理（DISPOSAL CONSIDERATIONS）

废弃物处理方法 （Waste Disposal Method）：	

14.运输信息（TRANSPORTATION INFORMATION）

15. 法规信息（REGULATORY INFORMATION）

16. 其他信息（OTHER INFORMATION）

附录 E
（规范性附录）
分解致癌芳香胺的偶氮染料

中文名称	英文名称	CA 登录号
4- 氨基联苯	4-Aminodiphenyl	92-67-1
联苯胺	Benzidine	92-87-5
4- 氯邻甲苯胺	4-Chloro-o-toluidine	95-69-2
2- 萘胺	2-Naphthylamine	91-59-8
邻氨基偶氮甲苯	o-Amino-azotoluene	97-56-3
2- 氨基 -4- 硝基甲苯	2-Amino-4-nitrotoluene	99-55-8
4- 氯苯胺	p-chloroaniline	106-47-8
2,4- 二氨基苯甲醚	2,4-Diaminoanisole	615-05-4
4,4’ - 二氨基二苯甲烷	4,4’ -Diaminodiphenylmethane	101-77-9
3,3’ - 二氯联苯胺	3,3’ -Dichlorobenzidine	91-94-1
3,3’ - 二甲氧基联苯胺	3,3’ -Dimethoxybenzidine	119-90-4
3,3’ - 二甲基联苯胺	3,3’ -Dimethylbenzidine	119-93-7
4,4’ - 二氨基 -3,3’ - 二甲基二苯甲烷	3,3’ -Dimethyl-4,4’ -diaminodipheylmethane	838-88-0
2- 甲氧基 -5- 甲基苯胺	p-Cresidine 120-71-8	120-71-8
4,4’ - 二氨基 -3,3’ - 二氯二苯甲烷	4,4’ -methylene bis- （2-chloroaniline）	101-14-4
4,4’ - 二氨基联苯醚	4,4’ -Oxydianiline	101-80-4
4,4’ - 二氨基二苯硫醚	4,4’ -Thiodianiline	139-65-1
邻甲苯胺（2- 甲基苯胺）	o-Toluidine	95-53-4
2,4- 二氨基甲苯	2,4-Diaminotoluene	95-80-7
2,4,5- 三甲基苯胺	2,4,5-Trimethylaniline	137-17-7
甲氧基苯胺	anisidine	90-04-0

附录 F
（规范性附录）
IARC（国际癌症研究机构）划分成致癌物质（1,2A,2B）的物质（内容省略）

附录 G（规范性附录）
企业声明清单

清单 A

各项要求	符合	不符合
粉盒的一般要求		
再生		
灌粉前，除感光鼓等直接影响到打印质量的部件外，回收再利用的零部件的重量应占原件重量的75%（±5%）；		
再生的鼓粉盒应该能够再生处理至少 5 次。		
粉盒部件的要求		
增加的新零件不能使用含有 PVC 的塑料制品；		
同时符合 SJ/T 11363-2006《电子信息产品中有毒有害物质的限量要求》；		
重量超过 25g 的塑料成分必须按照 GB/T 16288-200X 要求打上标志，并与 GB/T1844 -1995《塑料及树脂缩写代号》一致；		
使用可靠性		
鼓粉盒应密封好以防止在工作和存放期间碳粉发生泄漏；		
已填充好碳粉的鼓粉盒必须要满足附录 2 A《鼓粉盒打印品质要求》各项要求；		
新增和替换物料符合附录 3《物料安全数据表》		
标记		
除去原标签；		
在鼓粉盒和包装上要有明显的区别于原标记的新标记。		
回收与处理		
申请人应建立对销售产品的回收体系，以利于销售的鼓粉盒回收利用；		
如果因为技术原因，另外的加工方法不能达到规定要求时，申请人应保证鼓粉盒的环保处理并使用合适的材料；		
申请人应保证将残余的碳粉放进密闭的容器，以备将来利用或销毁。		
包装		
最好选用可回收的包装材料；		
用于包装的塑料制品禁止含有 PVC；		
包装材料要符合 SJ/T 11363-2006《电子信息产品中有毒有害物质的限量要求》；		
回收塑料优先使用		
公开资料，粉盒操作处理以及维护说明书		
产品资料或包装印刷上必须清晰地声明鼓粉盒如何回收；		
产品资料必须有清晰的提供给用户的适当处置鼓粉盒的建议；		
产品资料应提及鼓粉盒不能被强制性打开，如果由于操作不当造成碳粉的泄露，应防止吸入和皮肤的接触，同时，资料应包含有皮肤接触碳粉的意外发生时如何应对的信息；		
产品资料内容中应强调指出鼓粉盒的存放必须要远离儿童。		

附录 G
（规范性附录）
企业声明清单

清单 B

碳粉材料采用的要求	符合	不符合
重金属		
产品符合 SJ/T 11363-2006《电子信息产品中有毒有害物质的限量要求》		
偶氮染料		
碳粉不能包含附录 4《分解致癌芳香胺的偶氮染料》中能分解出致癌性芳香胺的偶氮染料		
其他成分		
碳粉中不能含有致癌物质（参见本标准附录 5）、诱变物质以及再生有毒的物质；		
不能含有 67/548/EEC 附件 3 和附件 4 中要求的以下 R 类标记的物质： R26（吸入，毒性大） R27（皮肤接触，毒性大） R40（致癌影响，较为明显） R42（吸入可引起过敏反应） R45（可引起癌症） R46（可引起遗传方面疾病） R49（吸入可引起癌症） R60（生育力损害） R61（可造成对胎儿的伤害） R62（生育力损害的危险） R63（有可能对胎儿造成损害的危险） R64（可造成对婴儿的伤害） R68（可造成不可逆转的危险）		

附录H
（规范性附录）
回收再利用零部件重量百分比清单

零部件名称	原件重量（kg）	回收再利用件重量（kg）	回收再利用零部件占原件重量百分比

《环境标志产品技术要求 再生鼓粉盒》编制说明

一、制订本技术要求的必要性和可行性

目前，越来越多的激光打印机或像复印机、传真机和多功能复印机等其他计算机打印设备使用墨粉盒。这些墨粉盒的主体部分包含一个充满墨粉的墨粉盒及一个有机光导鼓和（或者）一个分开的或合成的显影系统。作为激光打印机耗材的墨粉盒，是由金属、塑料等材料做的。废旧的墨盒如不能很好地回收处理，不仅会造成资源浪费，更严重的是会污染人类的生存环境。

在墨粉盒的生产和使用过程中，墨粉和使用中释放出的粉尘含有各种重金属而对环境带来严重影响。墨粉中的汞、铅、铬或镉等重金属对人体健康有严重的影响。铅和汞是极强的神经毒素，特别是对儿童，受极低水平的暴露就有可能导致智商不足和生长发育异常；镉是一种有毒金属，被美国环保局列为“可能的人类致癌物质”，经焚烧被吸入后，会造成肺部损伤；研究六价铬发现大剂量吸入后会造成肺部肿瘤和鼻窦肿瘤。在使用过程中类是的粉尘从粉盒中释放或泄漏出来也同样会对人体健康带来严重影响。

墨粉盒本身的环境影响也很严重。总的说来，废弃的墨粉盒被认为是毫无用处的。由于对办公自动化需求的增长，墨粉和的消费和废弃给环境带来的不利影响成为一个严重的问题。废弃后的墨盒无法得到有效的处理，占用了大量的可贵空间。因此，若干次的重复使用墨盒可以减少对墨盒总量的需求，相应的也会减少在整个墨盒的生命周期对环境的影响。

其实，这些身价千元的墨粉盒“退役”后很多零件有使用价值，完全可再生利用。

在国外，如美国和欧洲，耗材行业组织正在努力推动“绿色打印”。1994 年美国就已经把喷墨打印机的墨盒和激光打印机的墨粉盒的再生利用写入“环保法”中，规定联邦政府机构必须使

用再生墨盒和粉盒。在民间组织的促进下，最近纽约州通过法律规定该州采购的耗材，必须遵循再生无品优先的原则，同时政府有责任定期审核并取缔对再生环保产品的歧视的有关部门。

美国有一个物料标准中心的民间组织（ASTM）在原材料方面做了很多工作，最近对制成品也开始做一些标准。值得一提的就是ASTM1856的标准再生碳粉盒标准，而且一些原装厂商也参与起草，在再生激光碳粉盒、喷墨盒产品包装上，注明该产品是经过再生的喷墨墨盒以及碳粉盒。西雅图市政府出台的《环保采购》中规定，采购办公设备，应选购能够使用再生碳粉盒的设备，以及更换打印色带的设备，其必须能够接受重新注墨和重装色带。新泽西洲出台的《采购局－再循环及环境优先产品指南》中将碳粉以及碳粉盒列入再利用行业。美国环境保护局（EPA），已经将再制造碳粉盒，列入优先采购的产品名单。1998年美国总统克林顿签署的《总29统文件》指出，代理商应收集碳粉盒进行加工。现在，仅美国就有上千家墨粉盒再生利用企业，8万人从事这项年产值100多亿美元的回收再造产业。

德国已经在2001年1月出台了E－DIN33870，用于“光电打印机、复印机和传真机的填充碳粉组体的设备要求和测试”。2001年11月份又起草了E－DIN33871“喷墨打印机填充墨盒以及填充墨水方法标准”。

英国也规定环境优先的IT设备，应能够使用再生的激光打印机碳粉盒以及可回收利用的喷墨盒。香港巴黑莱集团在2000年的“社会与环境报告”中指出，该集团已经购买了39193个再生喷墨墨盒以及碳粉盒，占整个采购量的91.5%。

在澳大利亚政府网站“能源之星”中可以看到，关于采购喷墨以及碳粉盒的要求。加拿大政府的采购政策中，也有类似的规定。

欧美国家现在对再生耗材，已从观望的态度转变为认可的态度。欧美国家政府机构，世界500强企业以及大学制定了优先采购原则，以促进再制造耗材业的发展。我们在雅虎、新浪可以看得到，许多网站都有有关的政府采购法案。全世界大部分的政府机关、高校都在鼓励使用再生耗材。欧美的耗材消费观念已经趋于理性，因此，填充、再生产品的地位及其环保价值备受欧美用户推崇。国外一份调查报告也显示：60%的消费者在使用完了填充、再生墨盒后，对原装墨盒就不再青睐。据相关数字表明：在欧美国家耗材生产厂商也很重视填充、再生耗材的生产，平均每十只硒鼓中就有七只是属于环保再生产品；在美国，从事环保硒鼓、墨盒制造的企业很多，环保硒鼓和墨盒已经成为市场的主流，再生碳粉盒的市场占有率高达67.3%，远大于原装碳粉盒；针式打印机的色带盒通常更换10次带芯；喷墨打印机的墨盒平均重复使用4.5次；激光打印机的墨粉盒一般重复使用5次，耗材的再利用率达40－50%。

回收利用不应成问题的这项产业，在我国却成大问题。

到2002年末，中国预计针打机保有量646万台，喷墨机保有量892万台，激光打印机保有量会达356万台，消耗色带芯及框架5557万个，喷墨盒（墨水）3570万个，激光鼓粉盒组件300万个，粉盒1000万个，所产生的固体废弃物将达30万立方米，重16.4万吨，可装满5000个火车皮。这些工业废料如填埋在地下，则1000年以后仍会完好，大自然不会降解。

据统计，作为计算机外部输出设备的打印机在我国以每年30%的速度递增，全国激光打印机保有量近300万台。以每台打印机每年需更换2–3个墨粉盒计算，这些激光打印机每年产生的固体废弃物超过20万立方米，可装满3000节火车车厢。而且，旧墨粉盒中留有的残尘，还会漂浮在空中，污染水域和大气，而人体也极易呼吸到这种肉眼看不到的有害粉尘。在上海，激光打印机的拥有量已突破40万台，对墨粉盒的需求占国内10%以上。每年数以千万30计“退休”的废旧墨粉盒，是一个可怕的污染源。漏出的残粉是直径为4至8微米的颗粒物，一旦进入空中和水域就成了难以驱除的污染源。按每台打印机每年换2个墨粉盒计算，若不回收利用等于每年向上海天空中撒入几十万公斤的微尘。墨粉盒一次性消费造成的污染，相当于每年向上海的天空抛撒十余万公斤的污染微尘。华东师范大学环境与工程学院的专家认为，一个旧墨粉盒经过修复硒鼓和加入新粉的再生过程，比生产新品可节约50%的成本，而售价也只占原来的70%。

但因国内消费者不了解废弃墨粉盒的危害，90%的激光打印机墨粉盒采用一次性消费。另一方面，由于我国至今尚无相应的法规和产业标准，从事墨粉盒再生利用的企业不多，一些企业甚至无法回收足够的旧墨粉盒而只能依赖进口，产品也以出口为主。事实上，我国每年扔弃的上千万个墨粉盒，可望造就一项几十亿元的循环再造产业，市场前景十分广阔。专家们提出，应尽快营造我国激光打印机等计算机耗材循环再造产业的生存和发展环境，参照发达国家经验，由国家环保部门牵头制订相应的法律法规，并作为正常的回收再利用项目予以明示；同时，对再造耗材的生产和使用进行政策倾斜；《政府采购法》中，要明确优先采购再生产品，倡导环保理念；应停止“一次性消费”等一切不利于发展环保型耗材的行为，使之符合我国废弃物“减量化、无害化、资源化”的环保政策，促进我国环保产业全面、健康、有序地发展。以香港为例，假如每年所使用的墨盒和硒鼓悉数回收、再生、再利用的话，单节省的制造配件的资源，就相当于188万吨原油；在减少二氧化碳排放量方面，已足以让现时的香港人共同呼吸9年。平均每消耗1亿个墨盒／硒鼓，会产生3.5万吨可回收利用的废料和500吨无法处理的残渣。我国每年要消耗掉300万个硒鼓和1500万个墨盒，这些废品是不可降解的，如果任其泛滥将会在数百年之后淹没我们所剩无几的生存空间。

国内一批有识之士，纷纷发出呼吁，“当心打印机打出新公害”，要求“尽快出台对打印机耗材环境保护再生利用的相关法规”，同济大学环境专家认为，喷墨打印机和激光打印机中暗藏“杀机”，其中的墨盒和粉盒随意丢弃危害无穷。因此，“绿色打印，势在必行”。1999年11月5《北京晚报》呼吁：《当心打印机打出新公害》，并要求尽快出台对激光打印机墨粉盒环境保护再生利用相关法规。业界强烈呼吁：国家环保总局着手制定我国第一部《打印机耗材环境保护再生利用法令》，与国际接轨，理直气壮地开展“再制造业”，使我国激光打印机耗材工业能沿着环保的方向，健康、有序地发展。

按照我国可持续发展战略，“环保”是一个永恒的主题，要给子孙后代留下一片净土，著名的跨国公司都在采取实际行动。如HP率先开展“地球伙伴行动”，从1992年起，已回收了3900万个鼓粉盒组件，减少废弃物49136吨，回收计划在27个国家推广。Lemark公司提倡“绿31色办公、绿色打印”，强调“低粉尘、低噪音、采用环保纸、人性化界面”等；2001年四季度提出“回收策略，把墨盒和硒鼓回收后再重新利用，减少公害。”利盟还将“升级的打印机耗材外型设计得与旧型号一致，使旧部件能用到新机器上去”；Epson、Canon、Xerox等都在全球回收旧墨盒。荷兰建立CCC墨粉盒清洁中心（Cartridge Collection Centre），墨盒再制造技术公司（Cartridge Remanufacturing Technology Co.）遍布欧美。法国绿色技术供应商（Green Technology Supplies）专门制造“循环再造设备”。国外正形成清洁循环系统（CRS），各超市门口有回收箱，各大机关有回收包，有的把回收所得，支持公益事业——如保护野生动物等。

“循环再造”的事业远远没有达到目的，如HP每秒钟为全球生产10个喷头，目前回收再利用仅达7%左右，潜力极大。欧盟已制定审议《电子产品循环再生法例》，法例规定“由生产者负责”的原则，使环保意识差的企业要为处理废弃物花出高昂的代价。

中国由于发展耗材的产业政策指导，“再制造业”也悄然兴起，回收激光鼓粉盒组件的工作，正在展开。主要耗材厂家如天威、业全都获得了ISO14001国际环保认证标准。天威集团坚持“绿色打印”理念，所有选材都采用再生材料，生产中力求减少对周边环境污染；所有包装，都用再生纸张制成，并打有“Recycle”标志；所有塑料件都用PP，ABS可回收材料。清华同方开发耗材产品，符合欧盟Directive 91/155/ECC环保标准。宇宙、格力、红石、高宝、天马都在朝开发环保型耗材方面努力。

发展环保新产品，倡导“绿色打印”的理念，引导用户进入理性消费状态，我国耗材产业应发展本国的耗材“回收再造业”，这也是目前世界的潮流和打印耗材发展的大势所趋。消费者的消费理念已经趋于理性，他们逐渐以“性价比”、“是否符合环保要求”等作为选择耗材的依据。据CCIA耗材专委会进行的民意测验，有96%的用户赞同在我国境内销售的打印耗材都可供用户填充，而且能够回收再造，以保护环境，降低用户开支，只有2%的用户持无所谓的态度，1%的人反对耗材符合环保要求。根据一份最新调查显示，银行、商业企业，大中小学校等单位100%愿意使用再生墨盒，政府机关、科研院所和新闻出版机关愿意使用再生墨盒的比例超过67%。因此，制定再生鼓粉盒环境标志产品认证技术技术要求是十分必要和可行的。

二、技术要求的确定

1. 名称及范围

本技术要求的名称为“再生鼓粉盒”，各种类型的再生鼓粉盒（以下简称鼓粉盒）。再生就32是对原有鼓粉盒进行清洗、修理或更换、再组装、填充等使其恢复原有功能的过程。再生鼓粉盒就是对原有鼓粉盒经清洗与填充后，可作为替换原装鼓粉盒使用的鼓粉盒。

2. 基本要求

产品的质量性能是该产品获得环境标志的基本条件，环境标志产品必须是质量合格的产品。因此，要求再生鼓粉盒必须符合各自的质量标准要求。同时，要求生产再生鼓粉盒类环境标志产品的企业的污染物排放必须达到国家和地方规定的污染物排放标准的要求。

3. 技术内容

目前，国际上有日本、加拿大、德国、荷兰、韩国、泰国、北欧、台湾和香港等国家和地区针对墨盒类产品制订了环境标志标准。这些针对墨盒类产品制订的标准的目的都是强调墨盒的回收及可重复使用，但标准的繁简程度大有区别。

日本在1992年就提出了可换墨盒和色带盒的标准，主要针对的是打字机或打印机的印墨或色带，主要要求是产品能反复使用10次，产品为整体型可更换盒，建立收集旧墨盒系统，产品本身及处理过程不得含有或产生有毒物质。

香港的碳粉盒环境标志产品标准除要求产品能循环使用5次和打印量外，还对墨粉原材料的重金属提出要求，要求包装材料中不的含有PVC或氯化塑料。

台湾墨粉盒环境标志产品标准规定了回收墨盒打印黑度及耐印量，并对产品及包装上的标示提出了要求。

以北欧白天鹅环境标志为代表，包括德国、荷兰、加拿大、韩国的墨盒环境标志标准除德国蓝色天使标准包含了墨水色带盒外，都以墨粉盒为环境标志产品类别。在这些标准中队墨分钟的有害物质、重复使用、使用中的性能、废弃物、包装、标签与资料等做出了相应要求。由于这些标准以回收再利用为主要目的，其检验方法大都以文件验证为主。

根据目前国内生产企业的技术水平，同时为了今后开展国际互认打下良好基础，本技术要求德国蓝天使《再生碳粉盒》（RAL-UZ 55）环境标志标准为主要参照标准，同时技术要求中的测试方法（除测定臭氧外）等同采用国家环境保护行业标准环境标志技术要求《打印机传真机和多功能一体机》（HJ/T 302-2006）。

技术要求制定的目的是为了减少再生鼓粉盒在生产、使用和处置过程中对人体健康和环境的影响，并促进环保产品的使用。技术要求对再生鼓粉盒中有毒有害物质限值及环境设计、回收与再利用和公开信息提出了要求。

标准中指标依据：

a）标准中技术指标的编制以国际先进的标准，德国蓝天使（RAL-UZ55）为基础，经过评估，国内企业经努力可以达到的。

b）结合再生行业内国外客户已经提出的部分要求指标。

c）参考正在起草的尚未生效的国家标准《激光鼓粉盒通用规范 第一部分 再生》（征求意见稿中）中的相关指标。

d）引用国内已有的标准中的相应指标。

具体如下：

5.1 鼓粉盒的一般要求：

5.1.1 再生 ---------a）

灌粉前，除感光鼓等直接影响到打印质量的部件外，回收再利用的零部件的重量应占原件重量的75%（±5%）；

鼓粉盒应能够再生处理至少5次。

5.1.2 鼓粉盒部件的要求

增加的新零件不能使用含有PVC的塑料制品； ---------a）

同时应符合SJ/T 11363-2006《电子信息产品中有毒有害物质的限量要求》。------d）

重量超过25g的塑料零部件应按照GB/T 16288-200X要求打上标记，并与GB/T 1844-1995保持一致。----------a）& d）

5.1.3 使用可靠性

鼓粉盒应密封好以防止在工作和存放期间碳粉发生泄漏 ；---------a）

已填充好碳粉的鼓粉盒应满足附录A《鼓粉盒打印品质要求》的各项要求 ；------c）

提供新增和替换物料的《物料安全数据表》（MSDS），其表格见附录D《物料安全数据表》。新增和替换物料的化学成分应符合所提供的MSDS。----------a）& b）

5.1.4 标记

除去原标签；

在鼓粉盒和包装上要有明显区别于原标记的新标记。------a）

5.1.5 回收与处理 --------a）

申请人应建立销售产品的回收体系，以利于销售的鼓粉盒回收利用；

如果因为技术原因，另外的加工方法不能达到规定要求时，申请人应保证鼓粉盒的环保处理并使用合适的材料；

回收的方法及回收点应在说明书中说明；

申请人应将残余的碳粉放进密闭的容器，以备将来环保处理。

5.1.6 包装

最好选用可回收的包装材料；--------a）

用于包装的塑料制品禁止含有 PVC。--------b）

应优先使用回收塑料。--------a）

包装材料应符合 SJ/T 11363-2006《电子信息产品中有毒有害物质的限量要求》。------d）

5.2 碳粉材料采用要求

5.2.1 重金属

产品符合 SJ/T 11363-2006《电子信息产品中有毒有害物质的限量要求》。------a）& d）

5.2.2 偶氮染料

碳粉不能包含附录 E《分解致癌芳香胺的偶氮染料》中能分解出致癌芳香胺的偶氮染料。------a）

5.2.3 其他成分

产品中不得含有致癌物质（详见附录 F《IARC（国际癌症研究机构）划分成致癌物质（1，2A，2B）的物质》）、诱变物质以及再生有毒的物质。--------a）

5.2.4 产品 AMES 试验检测结果为阴性。--------b）

5.3 化学物质的挥发 -------d）

5.3.1 在工作状态时产生的粉尘浓度不大于 0.15mg/m3。

5.3.2 在工作状态时产生的苯乙烯的浓度不大于 0.07mg/m3。

5.4 公开资料、粉盒操作及维护说明书 -------a）

产品资料或包装印刷上应清晰地声明鼓粉盒如何回收；

产品资料应有清晰的提供给用户的适当处置鼓粉盒的建议；

产品资料应指明鼓粉盒不能被强制性打开，如果由于操作不当造成碳粉的泄露，应防止吸入和皮肤的接触，同时，资料应包含有皮肤接触碳粉的意外发生时如何应对的信息；

产品资料内容中应强调指出鼓粉盒的存放必须要远离儿童。

4. 检验方法

对技术要求中粉尘的测试，测试条件采用环境标志已批准的 HJ/T302-2006《环境标志产品认证技术要求 打印机 传真机和多功能一体机》中附录 C 进行，测试方法采用 GB/T 5748-1985 中规定的方法。

对技术要求中苯乙烯的测试，测试条件采用环境标志已批准的 HJ/T302-2006《环境标志产品认证技术要求 打印机 传真机和多功能一体机》中附录 D 进行，测试方法采用 GB/T3514670-1993

中规定的方法。

对技术要求中产品质量、企业污染物的排放、鼓粉盒的一般要求、碳粉材料采用要求、公开资料、粉盒操作及维护说明书的要求由申请者出具相关的证明材料和声明，并按要求填写相应的说明，并在现场检查中确定。

有关“ROHS”指令的解析

1.何为RoHS指令?

欧盟议会和欧盟理事会于2003年1月通过了RoHS指令，全称是The Restriction of the use of certain Hazardous substances in Electnical and Electronic Equipment，即在电子电气设备中限制使用某些有害物质指令，也称2002/95/EC指令，2005年欧盟又以2005/618/EC决议的形式对2002/95/EC进行了补充，明确规定了六种有害物质的最大限量值。

2.欧盟为何要颁布RoHS指令?

一是设立技术壁垒，提高产品准入门槛，二是加强环境保护，确保可持续发展。

3.全球对RoHS指令有何反应?

可以说，世界各国尤其是发达国家，对RoHS指令的出台反响强烈，高度关注，有的称其为绿色环保指令，有的称其为技术壁垒指令，还有的称其为牵动全球制造业神经的指令。其间，美国、日本、韩国、泰国等也相继出台了类似指令。中国是全球制造业大国，也是产品出口大国，出口总量的70%以上涉及到RoHS指令，因此中国政府亦十分重视相关问题，并于2004年出台了《电子信息产品污染防治管理办法》，内容类似RoHS指令，并准备与其同步实施。同时，通过电视、报刊、研讨会等多种形式向广大企业宣传推广，提醒广大生产商务必高度重视，积极应对。

4.RoHS认证涵盖哪些产品?

RoHS指令涉及的产品范围相当广泛，几乎涵盖了所有电子、电器、医疗、通信、玩具、安防信息等产品，它不仅包括整机产品，而且包括生产整机所使用的零部件、原材料及包装件，关系到整个生产链。

5.怎样开展RoHS认证

不少大型企业对RoHS认证早有研究，早有准备，而且不少产品已通过RoHS认证，但仍有不少中小型企业对RoHS认证仍相当陌生，一知半解、雾里看花、不清不楚、不知从何下手，不知找谁认证。其实，RoHS认证并非那么神秘，与人们所熟悉的CE、FCC、等认证大同小异，只要具备相应资质和能力的第三方公证实验室均可为企业提供类似服务，无非是把你的相关产品送往专业实验室进行检测、分析，其中铅、镉、汞、六价铬、多溴联苯（PBB）、多溴二苯醚（PBDE）

等六种有害物质是否符合RoHS指令要求，若符合就可获得RoHS合格报告和证书，若不符合，就得另找符合要求的产品进行替代。

6.确定产品是否合格的法律是什么?

确定产品是否合格的主要依据是欧盟委员会先后颁布的（2002/95/EC）指令和2005/618/EC决议。

7.电子电器设备中六种2005/618/EC决议。有害物质的限值是多少?

其中铅（Pb）、汞（Hg）、六价铬（Cr6+）、多溴联苯（PBB）、多溴二苯醚（PBDE）的最大允许含量为0.1%（1000ppm），镉（cd）为0.01%（100ppm），该限值是制定产品是否符合RoHS指令的法定依据。

8.怎样让您的整机产品节省RoHS认证测试费用?

最重要的是选择符合RoHS指令要求的零部件与原材料、采用先进的生产工艺流程，如采购已获得RoHS认证的零部件、原材料，以回流焊接替代传统的焊接，以无铅焊料替代传统焊料，只要整机采用了符合RoHS指令要求的零部件，您的整机做RoHS认证自然就省时省钱，方便快捷了。另外，对认证产品进行合理有效的拆分，也可节省一定的费用。

9.RoHS认证何时做最合适?

RoHS指令强制性实施时间从今天起至明年七月一日止，只余下半年多一点的时间了，因此，应当说越早越好，越早越主动，越晚越被动，事实上不少敏锐性高的大型企业，早就着手此项工作了，一是明确规定所采购的零部件、原材料必须是通过了RoHS认证的产品，二是将自己的整机产品进行RoHS认证，同时国内外大部分采购商也对制造商提出了明确要求，凡没有通过RoHS认证的产品一律不签订单。因此，如果您的产品不及早做认证，将会痛失市场，枉然后悔。事实上由于受欧盟RoHS指令的影响，广东机电出口产品仅八、九两月就下降了80%之多，详见“南方都市报”2005年10月14日C02版，标题是《粤机电出口急剧下滑》。

10.产品不做RoHS认证有何危害?

产品不做RoHS认证，将给生产商造成难以估量的损害，届时您的产品无人问津，痛失市场，假如您的产品侥幸进入对方市场，一经查出，将遭遇高额罚款甚至刑拘，从而，有可能导致整个企业关门倒闭。

11. 我司的RoHS实验室为您的产品可提供哪些服务?

（1）对产品零部件、原材料进行欧盟RoHS指令的测试与验证服务；

（2）对整机设备进行欧盟RoHS测试与验证服务；

（3）对电子元件与部件的材料构成声明提供支持服务；

（4）对电子零部件、原材料供应商进行第三方评估；

（5）对玩具类、纺织品的重金属进行测试服务；

（6）对包装材料进行测试与验证服务；

（7）对塑料材料中六种增塑剂提供测试服务；

（8）对各类电池进行有害物质测试与验证服务。

12.如何对RoHS认证产品进行拆分、分类?

答根据RoHS指令要求，如何对整机产品进行科学合理的拆分归类，使检测费用降至最低也是一大学问，通常主要分为金属材质、塑料材质和其它材质，金属材质只需要做重金属检测（铅、汞、镉、六价铬），塑料材质需要做规定的六项（铅、汞、镉、六价铬、多溴联苯、多溴二苯醚），其它材质只需做重金属测试。

13.如何提供RoHS测试样品?

答制造商在送检产品之前，最好提前将送检产品自行详细拆分、包装，并分别在每个包装上标明产品名称与编号，原则上每个零部件检测所需的重量为固体10–20克，液体10–20毫克。

14.申请RoHS认证的主要程序有哪些?

答

（1）填写RoHS测试申请表，该表可到本中心领取，也可在我司网站上下载，填好后返回。

（2）报价结算，提交申请后，客户送样品（或快递）到我司，我司对样品按要求进行合理分拆，并把产品拆分数量及测试费用反馈给客户，客户同意后，将测试费用打入本公司指定账户（也可现金支付）。

（3）款到后，即行安排测试，一般情况下，一周内完成测试。

（4）发布报告，递送的方式可采用快递、传真、电子邮件或送检人亲自领取。

努力打造上海耗材业循环经济完整链条
积极推进“废旧打印耗材循环与再制造工程”

一．推进“废旧打印耗材循环与再制造工程”的出发点

1. 要解决废旧耗材未被正确回收的问题

党的十六届五中全会号召要以科学的发展观为指导，以人为本，大力构建环境友好型、资源节约型社会，积极打造循环经济。上海是一个高速发展的国际化大都市，打印机的普及率非常高。据估算，2006年全市消耗的喷墨打印机墨盒约800万只；激光打印机硒鼓约200万只。但目前每年有80%－90%的废旧打印机耗材（墨盒、硒鼓等）未被正确地回收利用。一是被当作垃圾抛弃，其中的残留物对环境造成的污染不仅是触目惊心的，而且是不可挽回的；二是被私人回收后流向了非正规再生企业，经过一番乔装打扮，竟被冒充成原装耗材到处兜售，牟取暴利。这种假冒耗材既没有质量保障又严重干扰了上海耗材业市场经济的正常秩序。这种情况，与上海市委、市政府把上海率先建成社会主义现代化中心城市的要求很不适应。要解决这个问题，应该建立起规范有效的回收渠道。

2.要解决规范的再生耗材生产企业“两头在外”的问题

现在上海有资质、有品牌且管理规范的再生耗材生产企业，它们的主要经营模式是“两头在外”，即原料（废旧硒鼓和墨盒）供应主要靠进口，产品市场主要在国外。

要解决这个问题，一是必须形成稳定的有规模的国内废旧耗材供应渠道；二是再生耗材要在市场上占据一席之地（目前再生耗材在国内市场上仅仅占到几%的比重）。而如果政府机关能率先使用有质量保证的再生耗材，把再生耗材列入政府采购目录，那一定能发挥良好的示范作用。

二．推进“废旧打印耗材循环与再制造工程”试点工作的基本原则

1. 由规范的有资质的回收企业对各机关和企事业单位、对大专院校和科研院所、对商务楼和社区的打印机用户的废旧耗材（墨盒、硒鼓等），定期进行集中回收。规范的耗材回收是可监督和可核查的。

2. 规范的耗材回收企业回收的废旧耗材要交给规范的有资质的再生耗材生产企业进行再生，不允许流向非正规渠道。规范的再生耗材生产企业生产的再生耗材，产品质量要符合标准，生产过程不能造成二次污染。

3. 废旧耗材的回收与再生耗材的推广使用要同步进行。

4. 规范的耗材回收企业和规范的再生耗材生产企业名单由上海市计算机行业协会负责向社会发布。

三. 推进“废旧打印耗材循环与再制造工程”的意义

推进“废旧打印耗材循环与再制造工程”是一件利国、利民的大好事，是积极贯彻落实党的“十六届五中”全会精神，以“科学的发展观”努力打造上海耗材业循环经济的完整链条，构建“以人为本”的环境友好型、资源节约型社会的一项重要措施。必将产生明显的经济、环境和社会效益。

1、有利于降低办公和商务成本。长期以来，原装打印机厂商采取了低价销售打印机、高价销售耗材的营销策略，它们的利润主要来源于耗材销售。如普通的喷墨打印机一台不过千元左右，但两个原装墨盒的价钱就要800元。一个原装硒鼓的价格大约是激光打印机的十分之一，一般公司3-5个月耗用的硒鼓就可能达到一台整机的价格。因此原装打印机厂商一直坚持在打印机上使用自己的品牌耗材。随着制造技求的不断完善，通用和再生耗材的质量逐步接近了原装耗材，通用和再生耗材的高性价比得到国际社会的广泛认可。欧美等发达国家开始利用法律手段限制原装厂商利用技术优势所采取的不利于耗材回收和通用及再生耗材推广使用的一切措施。目前在发达国家，通用及再生耗材与原装耗材在市场占有上已经是平分秋色了。美国2004年通用墨盒的市场占有率甚至达到67.3%。美国的打印机用户仅选用通用及再生耗材一项，每年就可以节约打印成本20%-40%。因此我国推广再生耗材的使用，将有利于打破原装耗材厂商的价格垄断，明显降低办公和商务成本。

2、有利于保护环境。未得到妥善处置的废旧耗材会对环境产生两方面明显的危害一是废旧耗材的塑壳难以降解，若大量集中填埋将占用很大的填埋空间。二是废旧耗材中残留的墨水、墨粉若任意排放会造成严重的环境污染。据专家介绍，一滴残墨会污染30立方的水源，而每个废旧墨盒中均残留着10%-30%的墨水，这些墨水如果释放出未，对地下水和土壤造成的污染是惊人的；一般每个硒鼓中残留的墨粉在20～50克之间，墨粉的直径仅为2-4微米，在一个没有严格防护措施的场所，这些飘浮在空气中的墨粉微粒，很容易吸入人体对人的呼吸器官造成损害。而把废旧耗材纳入规范的回收渠道，才是有利于保护环境的有效措施。

3、有利于打击商业欺诈现象。目前上海和国内各地的废旧耗材回收领域大体上都处于游击战阶段，混乱无序、问题很多。大批存在的散兵游勇是不容轻视的力量，经他们之手回收的废旧耗材数量相当可观。可是这些废旧耗材根本没有进入规范的再生耗材生产企业的供应渠道，而是成了制假贩假的原料来源。假冒伪劣耗材的制造成本低廉，但因为打着原装耗材的幌子，售价却很高。制假贩假者获取的超额利润是惊人的。这种商业欺诈行为不仅损害了消费者的利益，而且也侵犯了原装耗材厂商的知识产权。我们推进“废旧打印耗材循环与再制造工程”支持规范的耗材回收企业，把社会上大量的废旧耗材尽力纳入到可控、有序的回收渠道，必然压缩制假贩假者的生存空间，真正有利于打击商业欺诈现象，保护消费者的利益，提高上海市的国际形象。

4、有利于节约资源、发展循环经济。每一只打印机耗材都包含着丰富的科技成果，在一次使用之后就抛弃掉未免让人感到可惜；大规模的制假贩假又让人感到十分可恶。理想的状态是随着

“废旧打印耗材循环与再制造工程”的逐步深入，一种新的机制形成了经过规范的回收渠道，我们有能力把使用过的原装废旧耗材统统搜集起来，输送到规范的再生耗材生产企业，重新加工成符合标准的再生耗材。在政府机关示范作用的带动之下，逐步在社会上培育起乐于使用再生耗材的良好风气。而那些失去再生利用价值的废旧耗材也可以经过规范的回收渠道，输送到废旧耗材处置工厂，分解成塑料、金属等原材料，并被送去制作各种人们需要的日常生活用品。这就是推进“废旧打印耗材循环与再制造工程”所达到的节约资源的效果；这就是推进“废旧打印耗材循环与再制造工程”促进循环经济发展的目的。

我们相信在有关领导的支持，各机关和企事业单位、各大专院校和科研院所、各商务楼和社区的打印机用户的配合下，高效有序的、规范安全的上海耗材业循环经济的完整链条，一定能早日建成。

上海市计算机行业协会

二OO七年元月

OPC鼓的再生和利用

珠海奥贝卡乐有限公司　　王肖平　　凡　伟

过去的一年里全球共生产激光鼓卡盒（DrumCartridge）4亿个，就是说使用了4亿多只OPC鼓（Organic photoconductorDrum）。但其中只有30%的OPC鼓是回收再利用的，而2.8亿只被废置了。如果我们能把回收利用的OPC鼓再增加10%，其数量将比中国目前OPC鼓的总产量还大。

世界上OPC鼓的生产大国是日本和美国，其次是德国，而众多的中小型OPC鼓厂都集中在亚洲 韩国有6家，马来西亚1家，中国台湾3家，中国本土8家。（产量约2000万只，其中深圳的富士电机为外资企业， 全部产品外销）。OPC鼓的需求量每年以两个百分数在增加。中国市场供不应求，需要进口。

中国去年共再生了4000多万只激光鼓卡盒，起码需要新的OPC鼓近3000万只。如果把更多的旧OPC鼓回收利用，不就是等于新建了几个OPC鼓厂吗？这个想法由来已久。

一、OPC鼓结构及特性

"想知道梨子的滋味， 就得亲口尝尝。"要想对OPC鼓进行修复，再生，利用，首先要弄清楚OPC鼓的结构，性能和生产方法。

其实"OPC"就是英文有机光导鼓的缩写，为了更清楚明白，后面再加上鼓字，把它界定了。就和BUS汽车， 伏特加酒，SOUP汤一样。社会上很多人习惯叫它硒鼓，有些厂家在包装和广告上也称之为"硒鼓"。好比当初，人们称蒸汽机车为"火车"，即使现在电气化了，人们还叫它火车，只是习惯而已。

通常，HP型OPC鼓是功能分离型的，它是在铝管的表面涂上三层材料。铝管多采用铝基合金，除了良好的导电性能，还要强度好，便于切削加工，能够做得很轻很薄。底层又叫阻挡层，厚度0.2-0.6 μ m， 是用醇溶性尼龙，聚氨酯、酚醛树脂、双氧树脂等涂布而成，有一定的绝缘强度，在一定的电压下阻止表层电荷通过。三菱型鼓的底层则是用铝的阳极氧化代替绝缘层，而在铝管上车出半径为0.2 — 1 μ m的抗激光干涉波纹， 防止反射。中间是电荷发生层（CGM-Charge GenerationMaterial），厚度为0.2 — 0.5 μ m，用酞氰类材料涂布而成。它在光的照射下，能产生载流子，价格较贵，28000美元/kg，表层是电荷传输层（CTM-chargeTransportingMaterial），厚度为20-27 μ m， 用苯铵类材料涂成，充电后表面能聚集负电荷，它相对比较便宜，US$2100/kg。传输层要求耐磨，也有的在表面再涂3-5 μ m的聚碳酸酯保护层，以增加其耐磨性。

OPC鼓是文件制作中的母版，是个极精密的零件。它上面的任何微小缺陷都会反映到以后的打印或复印的拷贝中去。如果用它来制作印前的版， 那影响就更为深远了。所以OPC鼓的生产都是在超精度，超洁净的条件下进行的。

OPC 鼓的鼓基——铝管是用高精度钻石车床在减震厂房，恒温车间加工出来的。而涂层则是在超净化厂房内完成，同样也要减震，恒温。一层层涂布，干燥，涂布，干燥出来的，应属于规模化生产。

OPC鼓的生产自动化程度极高，整个工厂只有几个人，厂房设备投资很高，无论是铝管加工或OPC鼓的涂布都得上亿元。前些年，由于市场价格的激烈竞争，日本很多中小厂因生产成本过高，不得不停产。这一大批二手设备就转入欧洲、亚洲，中国也有几条线。即使这样，一般的企业也无力承担。

摆在我们面前的问题就很清楚了。

1. 新的 OPC 鼓有点供不应求；

2. 建立一个 OPC 鼓厂投资很大；

3. 已经有一部分回收的旧 OPC 鼓被再利用；

4. 更多的 OPC 鼓能不能再回收利用？

OPC 鼓的寿命通常为 20000 张，而一般的小鼓组件，因墨粉容量的限制只有几千张，只有少数的大鼓组件印量为 1-2 万张。但这时 OPC 鼓的相应寿命也长。总之，墨粉用完了，OPC 鼓还能用 2 — 3 次，OPC 鼓的最低寿命不是发生层的光疲劳（除非暴露在强光或放置在高温下，造成局部或全部感度变化时出现的“阴阳脸”），而是表层的机械磨损。如 HP 系列 OPC 鼓的表面磨损主要是清洁刮板造成的。有时鼓两端也被磁银的间隙套磨伤。但如果安装正确，这些磨损都可以减小到最低程度。尤其是三星，兄弟，艾普生系列等单组分、非磁性显影材料，没有清洁刮板，鼓表面的机械磨损只是打印纸带来的。现在有些原装厂为了降低 OPC 鼓的寿命，把传输层的厚度减小到 16-18 μ m。这时，OPC 鼓的打印寿命也达到 10000 多次。总之，回收的 OPC 鼓再利用是可能的。

从直接用户的手中回收来的原装激光鼓组件（Virgin），在再生 o 拆卸之前，一般都需打印几张测试版，用它来分析需要更换的零件。如果 OPC 鼓没任何毛病，只是表面有轻微的磨痕，只需用无纺布加细研磨材料，在机床上加以抛光，再涂上耐磨的光亮层即可，此时涂层并不改变OPC鼓的光导性能，只是使其美观耐用。

二 . 复　涂

能够复涂的鼓必须是没有变形的（如碰扁、或拆齿轮时造成的扩口）。目测没有破皮（发生层没破），或者没有自点（底层，阻挡层没破）。没有黄点的，一般只涂表层就行了，见了黄点的，必须复涂发生层和传输层才行。

复涂不能解决鼓基铝管因电压击穿，造成的针头状灼伤，因此不能保证复涂后 100% 完好。

复涂的方法很多，和 OPC 鼓的生产一样，也分浸涂，滚涂，喷涂儿种。浸涂速度很慢，首先要把受伤的传输层或发生层都褪掉。这需要很多溶剂和时间，然后再一层层涂上。也有把表层和中间层溶为一体的，形成一个功能复合层，再在表面涂上耐磨层。滚涂速度很快，几秒钟就能涂上一个，喷涂则更快。不论是何种方法，这些涂布程序都必须在10000级的洁净度空间进行，而且操作表面不能太多。

如果说复涂前褪膜的情况可以目测检查，那么复涂后的质量则是必须靠仪器保证。美国的SCC公司有一台测试仪，它既可以测出光电特性曲线，对OPC鼓的宏观质量进行评价，也可以打印出样张，对微观质量进行评价。但此设备太贵，要100多万人民币。我国的天津复印技术研究所研制有类似的仪器，价格不到SCC的二十分之一，但使用起来不太方便，它必须把被测的OPC鼓装在相应的鼓匣中去。这种手工操作非常麻烦，而且打印结果与操作者的技术水平、熟练程度有关。在拉斯维加斯展出过一台美国的OPC鼓寿命测试机，它是通过检测鼓的膜层厚度进行评定，但这也只能是宏观的。

宏观检测适用于技术成熟、工艺稳定的流水线生产，像各OPC鼓的生产厂进行工序和成品检验。微观检测则仅用于抽查，因为生产线上的合格率是很高很稳定的，抽查结果足以反映出整体质量。但复涂则像修配，它涂前鼓的来源是五花八门的，品质也是参差不齐的，涂后必须逐个进行检验，这是最花功夫的工作。质量检验是瓶颈，一个好的工人，每班顶多检查一、两百只，这是使复涂厂无法产业化的原因。

这项工作美国、日本早已开展，由于他们使用的OPC回收鼓品质都非常好，所以涂后的质量也都能保证和新的一样。中国的这类厂上海有1家，杭州1家，江苏3家，广州2家。总数不超过10家，最多的月产为3—4万只，所以全部加起来也不过100多万只，与回收及需要的OPC鼓，相距甚远。

鼓复涂厂只适合小作坊式的生产，手工加半自动操作，月产量只在几万只，为大的鼓粉卡盒再生厂做配套，随时发现问题，随时调整。这样的复涂厂，能够解决多品种，小批量的OPC鼓的需要，尤其是一些复印机用鼓。直接对用户，只要打印质量没问题，外观无所谓。复涂OPC鼓的价格只有新鼓的50%—60%。

三．铝管再生

中国虽有8家鼓生产厂，但是，自己能生产铝管的不到一半，自给率更不到一半，绝大多数都依赖外购。

铝管采用冷拉，最后精车，需要高精度钻石车床。过去这样的设备主要靠日本，要100多万人民币一台，钻石刀用钝后的砾磨，也需送原厂进行。现在北京精密机床研究所以生产出了GCK-1502高精度数控OPC鼓车床，价格只有进口的1/2。铝管进口每只要1美元，包装和运输要求很严，如果我们把回收的OPC鼓褪膜后再使用，其收益是很可观的。

褪膜的质量都可以保证，铝管也相当漂亮，但就是OPC鼓的生产厂不敢采用，它希望铝管来源的质量要稳定，虽然铝管只起导电和良好的钢性作用，但铝材质的成分对涂后的光电性能多少还是有影响的。不同厂家甚至不同批次的铝管材都不一样，另外，铝管的公称尺寸虽然相同，但公差尺寸各厂因涂层厚度不同也各不相同。这些不同公差的铝管，给生产线生产也会带来诸多不便。此外，OPC鼓在前次使用中因击穿而造成铝基的灼伤点，可能也会对涂后质量产生不利影响。这一系列因素，最后都反映到涂后的成品质量上来，工序中间是没法发现的。这就是虽然有回收铝管，但OPC鼓厂并不愿意用的原因，关键问题是明确铝管标准，并从检测手段上保证。

四.卖废铝

一只报废的OPC鼓，可以分解出铝管，齿轮塑料和铜片，全部可以利用。某些高速打印机和大 幅面打印机用鼓，在铝管中还嵌着一段塑料管， 这是为了增加鼓的刚性和惯性的。以HP7115 OPC鼓为例，带齿轮的鼓重50g，不带齿轮的铝管重35g，而嵌塑料管芯的全重120go 废铝16000-17000元/吨，白齿轮塑料件8000-9000元/吨，黑齿轮塑料5000-6000元/吨。废塑料3000-4000元/吨。因此把好端端回收的OPC鼓拆成废品卖是很不合算的。

废墨粉的特性及回收

湛江惠能墨业有限公司　　刘树果　刘漫青

在激光打印机用的成像卡盒中有二个可装墨粉的容器，一个是最初就装好墨粉的与显影磁辊成一体的显影仓，另一个是与感光鼓刮板相连的最初是空的废粉仓。随着打印机打印页数的增加，在显影过程中。显影仓的墨粉会越来越少，大部分墨粉。

通过显影。转印等过程。会转移到纸上形成图像或文字。同时在废粉仓里也会逐渐出现被刮板从感光鼓上刮下的废墨粉，这一打印过程。一直持续到打印图像质量不能满足客户的要求时为止，此时，成像卡盒被判定为寿终正寝，原产厂商会理直气壮地让客户重新购买新的咸像卡盒，取而代之。

当把这种作废的成慷卡盒解体后，明显发现，显影仓里还残留部分墨粉。废粉仓里却增加废墨粉。假设最初装在显影仓里的墨粉重量为 Wx，转印到纸上的墨粉为 Wz，残留在显影仓里的墨粉重量为 Wc，废粉仓里的废粉为 WF。WF，除包括未印的墨粉 WF，外，还有纸张表面的细纤维及钛白粉的细微粉末 WT。如果在运行中无其他漏泄，应为 w x<Wc+Wz+WF=Wc+Wz4{WF，+WT）由于 WT 通常微乎其微。所以 Wz-Wx Wc — WF。其中 Wx。Wc，WF 都是可测量的；因此可以算出 Wz，那么转印率 O 应为 O Wz / Wx。

如能达到通用标准要求 o 7096 时。

可视为墨粉合格原厂的优良墨粉通常可使 O ≥ 8 5%。但不可能达到 100%。

消耗量通常是指打印品图像密度达到 1 3 以上 图像有效覆盖率达 6%，所消耗的墨粉量，即

w = Wx — Wc

N 为成像卡盒打印的张数

而每张标准版图像的上粉量为

wz = w / N

为什么残留在显影仓里的墨粉 Wc 和存储在废粉仓里 WF 为废粉呢，其实残存在显影仓的墨粉与已在潜像上显影的墨粉是有区别的残存的墨粉有两类。一类是墨粉粒子中含磁性粉太少，几乎不能被磁辊所吸附。使得这些墨粉粒子没有机会参与显影过程，放在显微镜下观察时。发现他们的近手于透明的颗粒它的成分主要由树脂构成。

另一类是墨粉粒子中含磁性粉比例太高它们被牢牢吸附在磁辊套筒上，由于这类粒子在摩擦过程带电能力较低，不能顺利地在潜像电场作用下向感光鼓表面跳跃，正因为此，在磁辊套筒表面形成一层固定的类磁粉层 它客观上起到了磁密封作用，进而阻碍本来还可以参与显影的墨粉粒子。也被挡在显影仓内。

造成少数墨粉粒子中磁性粉含量不均原因有二个方面的因素，其一是混炼机螺杆结构设计有

缺欠。造成物料在分散分配环节上达不到予期效果或者是螺杆材料选择不当。容易磨损降低了物料均一化的设计要求。

其二是磁性粉分散能力较差与树脂相容的最佳工艺条件还没有找到,分散分配混合没有到位。

如果把残存在显影仓里的墨粉倒出来把磁辊表面的强磁性墨粉清理干净后，重新把残存在显影仓的墨粉摇均后灌注到显影仓内。发现还可以使用，因为这样做，使掺在残存墨粉中的那些符合显影条件的墨粉有了新的机会。但好景不长，打印数张后，磁性强的墨粉粒子会重新把磁辊筒套包附起来。磁密封一旦形咸又打不出字了，目前市场出现的比制造墨粉原料还便宜的墨粉可能就是这种表面上看来能用的废粉。

储存在废粉仓里的废墨粉实际墨未桩转印的墨粉与来源于纸张的纤维毛和造纸填加剂微粒的混合物。

造纸填加剂主要呈亲水性二氧化钛，粒子粒度为0.2—0.5Lm之间。在转印过程中。吸附在潜像上的墨粉粒子中。那些粒径小。带电弱的墨粉受范氏力6、作用。可能会残留在感光鼓表面与此同时，纸张表面的纤维毛。

二氧化钛等在感光鼓无潜像的更大面积上在感光鼓表面背景反向电场作用下使它们被极化而吸附到感光鼓表面上，最后被清洁刮板刮到废粉仓里。由于纸张中的二氧化钛有良好亲水性。变成废粉仓里的吸水剂。使得那些本来带电能力就差的墨粉粒子流动性更差，起电能力更低，在重新起用时。它们不会有好的表现。用它们打印出的文字或图像，肯定宙度低，底灰重，是地地道道的废粉。

从事打印机成像卡盒分解的厂家。通常是把各种型号的同一品牌的废墨粉倒在一起，送焚烧厂集中消毁。也有的厂家把这些废粉用振动筛筛分后当品质差的墨粉卖掉，目前市场上那些5—6元左右一瓶的打印机墨粉，可能就是这些废墨粉灌装的。

作为从事咸像卡盒再生对环保事业负责的企业应该做到以下几点：

1、在分解拆分卡盒时，在建有负压吸尘的生产线上进行，不让墨粉粉尘污染环境和影响生产工人的健康。企业应做到对环境与员工健康负责。

2、对拆分的器件进行技术检验，对不符合标准的器件不采用，特别是易损件。为防止在下一使用周期内出现质量问题，更要慎重使用，企业要对自身和用户负责。从事OPC感光鼓，刮板，充电棍。显影辊等生产企业。都应开展回收旧器件的业务，经过真正地再生加工后重新利用。

3、对废弃墨粉最大限度的进行分类。可以给成像卡盒解体企业带来合理的利益。湛江惠能墨业公司已开展了废墨粉的回收业务，他们拥有使皮墨粉再生的专利技术。作为负责任的企业家尽量不让废墨粉流八市场，防止侵害用户最终利益和损害自己的市场。

第四篇　专利篇

Part 4　Patent

最新打印机耗材专利信息

名称：一种分体式喷墨打印机墨盒

申请（专利）号：CN200520067129.0
申请日：2005.11.04
公开（公告）号：CN2910569
公开（公告）日：2007.06.13
主分类号：B41J2/175（2006.01）I
分类号：B41J2/175（2006.01）I
申请（专利权）人：珠海纳思达电子科技有限公司
发明（设计）人：吴俊中；周 毅；陈保全
光盘号：D0724
摘要：

一种分体式喷墨打印机墨盒，其特征在于：由给打印机供墨的墨水容纳单元和用于和打印机连接定位连接单元组成，连接单元上有芯片、空气口连通孔、墨水口连通孔、定位槽，墨水容纳单元有储墨腔、出墨口、进气口、卡槽，墨水容纳单元和连接单元以可以拆卸的方式组装在一起。本实用新型可以降低用户的打印成本，有利于资源的重复利用，减少环境污染。

名称：喷墨打印机墨盒及其单向阀

申请（专利）号：CN200620058472.3
申请日：2006.04.26
公开（公告）号：CN2910574
公开（公告）日：2007.06.13
主分类号：B41J2/175（2006.01）I
分类号：B41J2/175（2006.01）I；F16K15/00（2006.01）I
申请（专利权）人：珠海天威技术开发有限公司
发明（设计）人：田永中；乔怀信
光盘号：D0724
摘要：

本实用新型是一种喷墨打印机墨盒及其单向阀。该单向阀包括阀座和弹性材料制备的阀芯。其中阀座具有贯穿自身的墨水通道。弹性阀芯呈锥体形状，且沿弹性阀芯锥底至锥顶的方向设置有径向尺寸逐渐减小的流体通道。该流体通道在锥顶位置收缩成毛细孔。弹性阀芯位于墨水通道中，其锥面与墨水通道的管壁密封接触。毛细孔因应于毛细孔沿墨水流向两侧的压力差收缩以关闭墨水通道或者张开以连通墨水通道。该单向阀及其相应喷墨打印机墨盒控制墨水流动灵敏，结构牢固稳定。

名称：喷墨打印机墨盒及其单向阀

申请（专利）号：CN200620058612.7
申请日：2006.04.28
公开（公告）号：CN2910575
公开（公告）日：2007.06.13
主分类号：B41J2/175（2006.01）I
分类号：B41J2/175（2006.01）I；F16K15/00（2006.01）I
申请（专利权）人：珠海天威技术开发有限公司
发明（设计）人：乔怀信；李贵清
光盘号：D0724
摘要：

本实用新型是一种喷墨打印机墨盒及其单向阀，包括均由弹性材料制备的内管和外管。其中外管同心地套叠于内管外部。内管的管壁上具有至少一个贯穿内管壁的通孔。内管一端被封闭成封口端，其相对端与外管相应端对接后形成密封端。内管的外部柱面和外管的内部柱面之间保留有供墨水流动的墨道。外管对应于通孔所在位置的内部柱面上带有径向突起。该径向突起因应于通孔两侧的压力差与通孔周壁密封接触或者脱离与通孔周壁的密封接触。

该单向阀及其喷墨打印机墨盒具有结构紧凑，制作和安装简便，控制墨水通断灵便，无漏墨的优点。

名称：喷墨打印机墨盒及其单向阀

申请（专利）号：CN200620058615.0

申请日：2006.04.28

公开（公告）号：CN2910576

公开（公告）日：2007.06.13

主分类号：B41J2/175（2006.01）I

分类号：B41J2/175（2006.01）I；F16K15/00（2006.01）I

发明（设计）人：张希平；田永中；乔怀信

光盘号：D0724

摘要：

本实用新型是一种喷墨打印机墨盒及其单向阀。该单向阀包括阀体、阀芯、阀座。其中阀芯包括弹簧和弹性材料制备的阀块。阀体和阀座相互扣合后其内部形成用于容纳阀芯的阀腔。阀体和阀座的侧壁上分别设置有与阀腔相通的连通孔。阀块通过其上的密封区域在弹簧和阀块两端压差的共同作用下控制阀体连通孔的开启或关闭。阀块和所述弹簧之间设置有只能沿阀腔内墨水流动方向移动的定位块。该单向阀及其喷墨打印机墨盒可灵敏地控制墨水的供应。

名称：一种用于喷墨打印机墨盒的密封件

申请（专利）号：CN200620059054.6

申请日：2006.05.16

公开（公告）号：CN2910577

公开（公告）日：2007.06.13

主分类号：B41J2/175（2006.01）I

分类号：B41J2/175（2006.01）I

申请（专利权）人：珠海纳思达电子科技有限公司

发明（设计）人：钦 雷

光盘号：D0724

摘要：

一种用于喷墨打印机墨盒的密封件。该密封件是用橡胶、硅胶等弹性材料制成的用于密封出墨口的保护罩。保护罩有一个凹面，其形状大小与墨盒出墨口的形状规格相配，以便出墨口刚好被完全紧密地装在凹面内，达到良好的密封效果。凹面的外壁上有一个片状物可作为把手，方便用户在墨盒上安装或取下保护罩时使用。使用墨盒时，把保护罩从出墨口上卸下，再装在打印机上实施打印。

名称：一种喷墨打印机墨盒使用的密封塞

申请（专利）号：CN200620059056.5

申请日：2006.05.16

公开（公告）号：CN2910578

公开（公告）日：2007.06.13

主分类号：B41J2/175（2006.01）I

分类号：B41J2/175（2006.01）I

申请（专利权）人：珠海纳思达电子科技有限公司

发明（设计）人：钦 雷

光盘号：D0724

摘要：

一种喷墨打印机墨盒使用的密封塞，可以多次回收利用。它包括一个底板，底板上有一个把手，以及从底板上垂直凸出的多个圆柱体。底板和把手便于使用者在墨盒上装拆密封塞。圆柱体的规格与进气孔的大小形状相配合，以便能被紧密地塞入进气孔中，从而达到较好的密封效果。

名称：一种喷墨打印机用墨盒

申请（专利）号：CN200620059057.X

申请日：2006.05.16

公开（公告）号：CN2910579

公开（公告）日：2007.06.13

主分类号：B41J2/175（2006.01）I

分类号：B41J2/175（2006.01）I

申请（专利权）人：珠海纳思达电子科技有限公司

发明（设计）人：钦 雷；肖金波；周 毅
光盘号：D0724
摘要：

本实用新型涉及喷墨打印机用墨盒，包括：具有开口的底壳；面盖，安装在底壳上，并覆盖底壳的开口；其特征在于，底壳的开口内有一个凹面，柔性薄膜将凹面的开口完全封闭，并且柔性薄膜的形状基本上和凹面形状相同，凹面与柔性薄膜组成的空间为储墨空间。面盖是平板状，以外扣结构与底壳结合。凹面的第一周壁是从底壳底面向上延伸，其内储存墨水，第二周壁与凹面的第一周壁有一定间隔，位于凹面第一周壁的四周，在凹面的第一周壁与底壳内壁之间，从底壳的底面延伸并垂直于底面。相对于底壳的底面，第二周壁的开口端面高于凹面的周壁的开口端面。第二周壁的开口被另一块薄膜完全封闭，两块薄膜构成空气腔。本实用新型不但减少了一个墨水袋和一个出墨口，降低了墨盒的成本，而且同时减少了两道工序，简化了生产工艺，提高了生产效率。

名称：激光打印机用碳粉盒
申请（专利）号：CN200620059606.3
申请日：2006.05.24
公开（公告）号：CN2911740
公开（公告）日：2007.06.13
主分类号：G03G15/08（2006.01）I
分类号：G03G15/08（2006.01）I
申请（专利权）人：珠海天威技术开发有限公司
发明（设计）人：金本友；宋显堂
光盘号：D0724
摘要：

本实用新型公开了一种激光打印机用碳粉盒，其包括粉仓（1）和显影室（2），在粉仓（1）的内安装有搅拌架（11），在靠近显影室（2）一侧安装有送粉辊（21），在远离显影室（2）一侧安装有显影辊（22）；其中，显影室（2）下端腔体表面上设有凸起（3），刮片（4）通过与凸起（3）熔合而固定在显影室（2）的下端腔体表面上，在显影辊（22）的轴向横截面上，刮片（4）一端紧贴送粉辊（21）下端柱面，刮片（4）对应于显影辊（22）下端的部位与显影辊（22）下部柱面之间保持一间隙。该碳粉盒的刮片与显影室下端内壁表面具有稳定牢固的配合关系，不受环境条件和送粉辊旋转态的影响。

名称：打印机高温保护装置
申请（专利）号：CN200620033584.3
申请日：2006.03.26
公开（公告）号：CN2911742
公开（公告）日：2007.06.13
主分类号：G03G15/20（2006.01）I
分类号：G03G15/20（2006.01）I；
G03G15/00（2006.01）I
申请（专利权）人：成都市武侯区金字塔设计室
光盘号：D0724
摘要：

本实用新型公开了一种打印机高温保护装置，由高温保护温控器构成：高温保护温控器贴装在加热辊上方的机体结构上，与打印电路相连，结构简单，成本低；通过保证打印质量、提高激光打印机使用寿命的自动控制，不仅使用时十分方便，而且能够保证打印质量、提高激光打印机使用寿命。

名称：路桥收费用的高速票据打印机
申请（专利）号：CN200620013610.6
申请日：2006.04.14
公开（公告）号：CN2911802
公开（公告）日：2007.06.13
主分类号：G07B1/00（2006.01）I
分类号：G07B1/00（2006.01）I
申请（专利权）人：深圳市顺通信达科技有

限公司
光盘号：D0724
摘要：

一种路桥收费用的高速票据打印机，其包括一打印机本体、一电源线，该打印机本体设有一电源线插孔，该电源线一端设有一插于该电源线插孔中的第一插头，另一端设有一插于市售交流电插座或+24伏直流电源插座的第二插头。该高速票据打印机包括一开关电源、一和该开关电源相互独立的DC/DC转换装置。该高速票据打印机还包括一操作面板用于控制打印机的退纸和进纸等。

名称：数码打印机
申请（专利）号：CN200510125904.8
申请日：2005.11.29
公开（公告）号：CN1978195
公开（公告）日：2007.06.13
主分类号：B41J2/01（2006.01）I
分类号：B41J2/01（2006.01）I；B41J3/00（2006.01）I；B44B3/00（2006.01）I
申请（专利权）人：潘晓峰
发明（设计）人：潘晓峰
光盘号：D0724
摘要：

本发明涉及一种万能数码打印机，有一个机箱1，其上设有移动台板3及喷墨打印机芯5；所述的移动台板下面设有水平驱动机构，该驱动机构由台板电机301、齿条302、水平驱动齿轮303、水平滑轨304构成；所述的移动台板及水平驱动机构设置在一个升降框架607上，该升降框架设置在所述机箱中部，通过升降机构6与机箱固定；该升降机构由丝杠固定底座、传动齿形带、竖直丝杠、丝杠齿轮、升降螺母、丝杠固定顶座、升降驱动电机构成；所述机箱内设置有控制电路，机箱外设置有控制面板7。本发明可以在多种材质上打印文字或图像，并且可以根据材质的厚度灵活的调节打印头与材质之间的距离，保证图文的清晰和质量。

名称：使用卷状纸张的打印机
申请（专利）号：CN200610153152.0
申请日：2006.12.05
公开（公告）号：CN1978196
公开（公告）日：2007.06.13
主分类号：B41J2/01（2006.01）I
分类号：B41J2/01（2006.01）I；B41J25/00（2006.01）I；B41J29/00（2006.01）I；B41J25/24（2006.01）N；B41J2/145（2006.01）N；B41J2/165（2006.01）N；B41J2/175（2006.01）N；B41J29/17（2006.01）N；B41J11/64（2006.01）N
申请（专利权）人：精工爱普生株式会社
发明（设计）人：佐佐木俊幸
光盘号：D0724
摘要：

一种打印机，第一部分的尺寸被制作成将卷状纸张容纳在其内。打印头可沿着在第一方向上延伸的移动路径水平移动，并且用于在被从第一部分抽出的卷状纸张的一部分上进行打印。第二部分相对于第一方向被设置在第一部分的第一侧。第三部分相对于第一方向被设置在位于与第一侧相对的第一部分的第二侧。用于控制打印机的操作的电路被安装在其上的控制板在第一部分中被设置成垂直延伸。墨水供应构件被设置在第三部分中，用以将墨水供应给打印头。所述移动路径比第一部分在第一方向上的尺寸长。

名称：具有存放装置的用于连续纸段的票据打印机
申请（专利）号：CN200610164192.5
申请日：2006.12.08
公开（公告）号：CN1978299
公开（公告）日：2007.06.13
主分类号：B65H35/06（2006.01）I
分类号：B65H35/06（2006.01）I；B65H29/38

（2006.01）I；B26D7/32（2006.01）I；B26D1/11（2006.01）I
申请（专利权）人：温科尼克斯多夫国际有限公司
发明（设计）人：W·多布林格；A·杰施克；W·马尔克
光盘号：D0724
摘要：

用于从连续纸带（14）上切下的纸段（26）的票据打印机，具有一个V形刀具（18）和一个位于输出通道（12）之后的存放斗（24）用于从连续纸带（14）上切下的纸段（26），该存放斗通过伸入到输出通道（12）侧面边缘部位里的突起（28）与输出通道（12）分开，所述打印机还有一个推纸器（30），它在切割过程中将连续纸带（14）的已切割的边缘在突起（28）之间穿过，推入到存放斗（24）里。

名称：用于喷墨打印机的紫外光
申请（专利）号：CN200480042154.1
申请日：2004.06.29
公开（公告）号：CN1980961
公开（公告）日：2007.06.13
主分类号：C08F2/48（2006.01）I
分类号：C08F2/48（2006.01）I；C08J7/04（2006.01）I；C08J7/18（2006.01）I；H01L27/15（2006.01）I；H01L33/00（2006.01）I；H05B33/12（2006.01）I；H05B35/00（2006.01）I
申请（专利权）人：肯特治疗股份有限公司
光盘号：D0724
摘要：

一种用来在印刷位点印刷产品、制品、涂料、粘合剂或其他对象，并提高在固化位点对可紫外固化油墨中的紫外光引发剂施加的紫外光的方法和设备，所述油墨是在所述印刷位点施用到所述产品、制品、涂料、粘合剂或其他对象上的，其包括以下步骤和用于以下步骤的机械装置：在印刷位点用印刷头在产品、制品、涂料、粘合剂或其他对象上印刷可紫外固化的油墨；在与固化点相邻的位置或在固化点提供或包括UV-LED芯片的UV-LED阵列组，使所述UV-LED阵列组和所述印刷的产品、制品、涂料、粘合剂或其他对象之间相对移动。

名称：电子照相成像打印机用显影剂盒
申请（专利）号：CN200620006550.5
申请日：2006.02.23
公开（公告）号：CN2909323
公开（公告）日：2007.06.06
主分类号：G03G15/08（2006.01）I
分类号：G03G15/08（2006.01）I
申请（专利权）人：珠海天威技术开发有限公司
光盘号：D0723
摘要：

本实用新型是激光打印机用显影剂盒，包括圆筒形储粉内筒和护罩。储粉内筒开设有用于向激光打印机显影装置供应碳粉的碳粉供给口。护罩上设置用于控制储粉内筒碳粉供给口的开启/关闭机构。护罩轴向两端分别具有开口。开口之一为储粉内筒嵌入护罩的通道。在开口之二外圆柱壁上固定设置有一圈直径更大的圆环。该大直径圆环上设置有定位孔。此外，该显影剂盒还包括端盖。该端盖上设置有与定位孔对应的定位卡。安装状态下定位卡固定于定位孔中。该显影剂盒在激光打印机显影装置中定位准确，其生产工艺简捷。

名称：与打印机合二为一的主机
申请（专利）号：CN200620034248.0
申请日：2006.05.18
公开（公告）号：CN2909346
公开（公告）日：2007.06.06
主分类号：G06F1/16（2006.01）I
分类号：G06F1/16（2006.01）I；G06F1/20（2006.01）I
申请(专利权)人：成都市武侯区金字塔设计室

发明（设计）人：曹又中
光盘号：D0723
摘要：

本实用新型公开了一种与打印机合二为一的主机，除了包含机壳、主板、驱动器、打印机、CPU 小风扇等部分外，采用打印单元安置在机壳内上半部分的结构，另外还包含独立风扇：独立风扇设置在机壳内打印单元的底部位置，使得独立风扇的风吹向机壳内下半部分的主机单元，进行风冷式散热。本实用新型结构简单，散热迅速，延长主机寿命。

名称：去除喷墨打印机中的气泡的装置

申请（专利）号：CN200610136157.2
申请日：2006.10.13
公开（公告）号：CN1974225
公开（公告）日：2007.06.06
主分类号：B41J2/19（2006.01）I
分类号：B41J2/19（2006.01）I；B41J23/02（2006.01）I；B41J2/175（2006.01）N；B41J2/18（2006.01）N
申请（专利权）人：三星电子株式会社
光盘号：D0723
摘要：

一种成像装置包括气泡去除装置，用于利用泵送单元向墨循环线路施加压力来去除打印头的通道和芯片中的气泡。该泵送单元包括壳体、振动单元和离合器单元。所述振动单元用于产生压力变化以将墨水从入口移到出口；其包括循环凸轮和驱气凸轮。所述循环凸轮沿墨循环线路循环打印头通道中所含的墨水；所述驱气凸轮振动振动单元，以通过喷嘴排出打印头芯片中所含的墨水。所述离合器单元以选择的方式将来自电机的动力传递到循环凸轮或驱气凸轮。

名称：打印机

申请（专利）号：CN200610163976.6
申请日：2006.11.30
公开（公告）号：CN1974229
公开（公告）日：2007.06.06
主分类号：B41J29/38（2006.01）I
分类号：B41J29/38（2006.01）I；B41J29/48（2006.01）I；B41J35/36（2006.01）I；B41J17/36（2006.01）I；H04N1/00（2006.01）I
申请（专利权）人：船井电机株式会社
光盘号：D0723
摘要：

可获得一种允许在打印的中间阶段改变纸张尺寸与墨纸的打印机。该打印机包括：对应于多种纸张尺寸的每一种设置的纸盒；用于检测对应于纸盒的纸张尺寸的纸盒检测部分；对应于分别与多种纸张尺寸对应的多种墨纸类型的每一种而设置的墨纸盒；用于检测对应于墨纸盒的墨纸的类型的墨盒检测部分；以及在搜索纸张与墨纸之后最后决定要进行打印的纸张与墨纸的组合的控制部分。

名称：激光打印机用耐久性防伪蓝色碳粉及其制备方法

申请（专利）号：CN200610097694.0
申请日：2006.11.19
公开（公告）号：CN1975587
公开（公告）日：2007.06.06
主分类号：G03G9/08（2006.01）I
分类号：G03G9/08（2006.01）I；G03G9/097（2006.01）I
申请（专利权）人：周学良
光盘号：D0723
摘要：

本发明公开一种激光打印机用耐久性防伪蓝色碳粉及其制备方法。它是用 80 ~ 90 份的聚酯树脂、5 ~ 10 份的聚丙烯蜡、3 ~ 9 份的电荷调节剂、7 ~ 10 份的铁蓝、10 ~ 20 份的紫外荧光粉、2 ~ 4 份的二甲基二氯硅烷和 7 ~ 10 份的六甲基二硅氮烷，经混合、挤塑、粉碎和筛选等步骤而制成。用这种激光打印机用耐久性防伪蓝色碳粉打印彩色图文和蓝色印记，不仅颜色耐久性好、能满足档案文书的长时间保存要求，而且能辨别出真伪、具有防伪性能、使造假者无机可乘。尤其适用于打印象签字、盖章之类的档案文书。

名称：喷墨打印机墨盒
申请（专利）号：CN200620057801.2
申请日：2006.04.12
公开（公告）号：CN2905436
公开（公告）日：2007.05.30
主分类号：B41J2/175（2006.01）I
分类号：B41J2/175（2006.01）I
申请（专利权）人：珠海天威技术开发有限公司
光盘号：D0722
摘要：

本实用新型涉及喷墨打印机用墨盒，至少包括储墨腔、供墨口、凹槽、单向阀和刚性连接件。其中储墨腔由墨盒侧壁包围形成，用于容纳墨水。供墨口由墨盒侧壁包围形成，用于向喷墨打印机供墨针供应墨水。单向阀位于储墨腔和供墨口之间。刚性连接件密封地固定于墨盒的外表面，并与凹槽配合构成输墨管道。该输墨管道连通储墨腔和供墨口，并由单向阀控制处于导通或关闭状态。该墨盒墨水密封性良好，墨水通道结构牢固。

名称：喷墨打印机墨盒及其压力平衡阀
申请（专利）号：CN200620058617.X
申请日：2006.04.28
公开（公告）号：CN2905439
公开（公告）日：2007.05.30
主分类号：B41J2/175（2006.01）I
分类号：B41J2/175（2006.01）I；F16K17/00（2006.01）I
申请（专利权）人：珠海天威技术开发有限公司
发明（设计）人：胡 诚
光盘号：D0722
摘要：

本实用新型是一种喷墨打印机墨盒及其压力平衡阀。压力平衡阀包括由阀座侧壁包围形成的阀腔。该阀腔由设置于其中的采用弹性材料制备的阀芯分隔为互相隔绝的两个腔室。在分别对应于前述两个腔室的阀座侧壁上，开设有与前述阀腔的外部连通的输墨孔。阀芯由两层阀片构成。两层阀片之间相互紧密贴合。两层阀片上分别设置有与前述两个腔室分别对应连通且位置相互错开的至少一个阀孔。该压力平衡阀及其喷墨打印机墨盒可有效地缓解供墨口因打印头插入而增大的压力。

名称：喷墨打印机用墨盒
申请（专利）号：CN200620059833.6
申请日：2006.05.31
公开（公告）号：CN2905440
公开（公告）日：2007.05.30
主分类号：B41J2/175（2006.01）I
分类号：B41J2/175（2006.01）I
申请（专利权）人：珠海天威技术开发有限公司
发明（设计）人：何永刚；田永中
光盘号：D0722
摘要：

本实用新型公开了一种喷墨打印机用墨盒，其包括盒体（1）和盒盖（2），盒体（1）的内腔由隔板（3）分隔形成贮墨腔（11）和供墨腔（12），贮墨腔（11）的顶部和供墨腔（12）的顶部在铅垂方向基本处于同一水平面上，贮墨腔（11）通过孔（21）与大气相通，供墨腔（12）的底端面设有喷墨口（13），其中，隔板（3）内部设置有供墨通道（4），供墨通道（4）一端的油墨入口（41）位于隔板（3）的最低部位与贮墨腔（11）相通，供墨通道（4）一端的油墨出口（42）位于隔板（3）高于油墨入口（41）的位置并与供墨腔（12）相通。该墨盒能完全利用油墨，不会使油墨发生泄漏，并且结构比较简单。

名称：喷墨打印机用墨盒

申请（专利）号：CN200620060492.4

申请日：2006.06.15

公开（公告）号：CN2905441

公开（公告）日：2007.05.30

主分类号：B41J2/175（2006.01）I

分类号：B41J2/175（2006.01）I

申请（专利权）人：珠海天威技术开发有限公司

发明（设计）人：李先笔；乔怀信

光盘号：D0722

摘要：

本实用新型是一种喷墨打印机用墨盒，包括由盒体、盒盖和隔板包围形成的相互连通的至少一个储墨腔，以及由盒体和隔板包围形成的供墨室。储墨腔之一与供墨室之间具有墨水通道。该墨水通道由阀门控制通断状态。该阀门由均采用弹性材料制备的环形阀座和筒形阀体构成。其筒形阀体一端敞开，另一端封闭。筒形阀体敞开端的外周缘与环形阀座的内周缘形成连续的固定连接。筒形阀体封闭端的端面上具有贯穿自身的缝隙。阀门在墨水通道中由环形阀座朝着筒形阀体的安装方向相反于墨水通道中由储墨腔之一流入供墨室的墨水流向。该墨盒具有稳定的供墨室负压，无墨水残留。

名称：喷墨打印机墨盒

申请（专利）号：CN200620060495.8

申请日：2006.06.15

公开（公告）号：CN2905442

公开（公告）日：2007.05.30

主分类号：B41J2/175（2006.01）I

分类号：B41J2/175（2006.01）I

申请(专利权)人：珠海天威技术开发有限公司

发明（设计）人：乔怀信；李贵清

光盘号：D0722

摘要：

本实用新型是一种喷墨打印机墨盒，包括至少一个储墨腔、形成于墨盒底壁上的出墨口和其位置接近墨盒底壁的微型集成电路芯片容纳仓。微型集成电路芯片容纳仓通过弹力机构与大约垂直于墨盒底壁的墨盒侧壁相连。弹力机构的弹力作用方向基本平行于墨盒底壁。该墨盒进一步提高了微型集成电路芯片电触点与喷墨打印机相应触点之间的电接触性能。

名称：打印机的印刷效果一致性网屏自动调整的方法

申请（专利）号：CN200610129947.8

申请日： 2006.12.08

公开（公告）号：CN1971588

公开（公告）日：2007.05.30

主分类号：G06K15/12（2006.01）I

分类号：G06K15/12（2006.01）I;
G06K15/02（2006.01）I

申请（专利权）人：天津市阿波罗信息技术有限公司

光盘号： D0722

摘要：

本发明提出一种印刷网屏自学习自动调整的方法，可实现对各种打印机的印刷效果一致性进行自动调整。该系统主要由打印输出模块，扫描输入模块，自动调整模块三个基本部分组成。该方法可以解决现有打印机由于打印精度、挂网方式、墨粉吸附不均匀或者硒鼓性能不一致造成的印刷图像灰度不均匀或者不同打印机印刷效果不一致的问题。

名称：打印装置以及打印机控制方法

申请（专利）号：CN200580018851.8

申请日：2005.06.07

公开（公告）号：CN1972807

公开（公告）日：2007.05.30
主分类号：B41J29/42（2006.01）I
分类号：B41J29/42（2006.01）I；B41J29/38（2006.01）I； G06F3/12（2006.01）I；H04N5/225（2006.01）I；H04N5/76（2006.01）I；H04N101/00（2006.01）N
申请（专利权）人：佳能株式会社
发明（设计）人：山田显季；爱知孝郎；枡本和幸；小野光洋
光盘号：D0722
摘要：

在记录媒体上记录图像的打印装置（1000）中设置与数码相机（3012）通信的通信单元、识别所述数码相机（3012）的数码相机识别单元和显示所述打印装置（1000）的动作状态的状态显示单元，在所述状态显示单元显示电源断开状态的状态下，利用所述通信单元与所述数码相机（3012）进行通信，当所述数码相机识别单元识别出所述数码相机时，可以从打印装置侧变更所述状态显示单元的显示。

名称：打印机用圆柱形墨盒
申请（专利）号：CN200620103458.0
申请日：2006.05.08
公开（公告）号：CN2902706
公开（公告）日：2007.05.23
主分类号：B41J2/175（2006.01）I
分类号：B41J2/175（2006.01）I
申请（专利权）人：李祥海
发明（设计）人：李祥海
光盘号：D0721
摘要：

一种打印机用圆柱形墨盒，它至少包括有可从加墨孔加入墨水、并配置有打印配件的墨盒体，还有至少一个圆柱形底架，该底架上沿中心柱被隔板均匀分隔为至少四个各自带有出墨管的三角形插座，每个插座内可以配置一个三角形墨盒体；所述的墨盒体的底部开设有出墨孔，其与插座上垂直设立的出墨管相配合，在插座两侧外缘上设置有弧形柱，而在墨盒体的相应边缘上设置有可相互嵌合的弧形凹槽，并使墨盒体定位于插座上；所述的墨盒体的上面分别开设有加墨孔和通气孔，而在墨盒体的底部与插座之间分别设置有相互配合的凹凸形台阶并使墨盒体与底座相互定位；它具有空间体积变小，而底架的支撑面变大，使用稳定，添加墨水更方便，可以连续使用，既环保，又能降低消费者的使用成本等特点。

名称：裁纸装置及具有所述裁纸装置的打印机
申请（专利）号：CN200610144524.3
申请日：2006.11.08
公开（公告）号：CN1966219
公开（公告）日：2007.05.23
主分类号：B26D1/30（2006.01）I
分类号：B26D1/30（2006.01）I；B26D5/08（2006.01）I；B26D5/14（2006.01）I；B41J11/66（2006.01）I；B65H20/02（2006.01）I
申请（专利权）人：精工爱普生株式会社
光盘号：D0721
摘要：

一种裁纸装置，所述裁纸装置通过固定叶片和第一及第二可动叶片从两个纵向边缘朝着材料的中间裁切片材，并且能够很容易地将片材放置在叶片之间。所述裁纸器通过使固定叶片框架和可动叶片框架相对于彼此移动能够打开纸张输送路径。第一可动叶片和第二可动叶片在固定叶片的叶片部的边缘的末端附近分别被支承在第一双头螺栓和第二双头螺栓上，使得它们末端的路径在裁切片材时重叠。可动叶片驱动机构驱动第一可动叶片和第二可动叶片进行裁切，并且第一可动叶片进行引导而第二可动叶片随动。

名称：控制喷墨打印机打印的方法

申请（专利）号：CN200510124795.8

申请日：2005.11.15

公开（公告）号：CN1966275

公开（公告）日：2007.05.23

主分类号：B41J29/38（2006.01）I

分类号：B41J29/38（2006.01）I；B41J2/07（2006.01）I；G06F3/12（2006.01）I

申请（专利权）人：明基电通股份有限公司

光盘号：D0721

摘要：

由于喷墨头的喷墨频率与喷墨头移动速率及左右方向上的打印分辨率有关，因此可根据此关系来计算出一驱动时间间隔，于开始加热该喷墨头的一喷孔后，根据该驱动时间间隔开始加热相邻的喷孔，以提升打印品质。

名称：打印机的分页元件

申请（专利）号：CN200510125050.3

申请日：2005.11.17

公开（公告）号：CN1966373

公开（公告）日：2007.05.23

主分类号：B65H3/02（2006.01）I

分类号：B65H3/02（2006.01）I；
B65H3/46（2006.01）I

申请（专利权）人：研能科技股份有限公司

光盘号：D0721

摘要：

本发明是关于一种打印机的分页元件，其由同一材料系数的材料一体成形制出具有不同结构的两种表面，其中一第一表面，具有一第一起伏结构；以及一第二表面，具有一第二起伏结构，其与该第一起伏结构呈非平行状态；其中，该第一起伏结构与第二起伏结构的密度不同，藉此，于第一表面与第二表面上形成不同的摩擦系数，进而达到分页各种各样具有不同特点如硬度、厚度和摩擦系数的纸张的目的。

名称：激光打印机用耐久性防伪无色碳粉及其制备方法

申请（专利）号：CN200610097691.7

申请日：2006.11.19

公开（公告）号：CN1967390

公开（公告）日：2007.05.23

主分类号：G03G9/08（2006.01）I

分类号：G03G9/08（2006.01）I；G03G9/097（2006.01）I；G03G9/09（2006.01）I

申请（专利权）人：周学良

光盘号：D0721

摘要：

本发明公开一种激光打印机用耐久性防伪无色碳粉及其制备方法。它是用4～8份的氧化铁黄、20～30份的紫外荧光粉、80～92份的聚酯树脂、3～7份的聚丙烯蜡、1～4份的电荷调节剂、2～5份的二甲基二氯硅烷和5～9份的六甲基二硅氮烷，经混合、挤塑、粉碎和筛选而制成。用这种激光打印机用耐久性防伪无色碳粉打印彩色图文和彩色印记，不仅颜色耐久性好、能满足档案文书的长时间保存要求、适应战时等特殊条件下的保密要求，而且能辨别出真伪、具有防伪性能、使造假者无可乘之机。尤其适用于打印象签字、盖章之类的印记和档案文书。

名称：激光打印机用耐久性防伪黄色碳粉及其制备方法

申请（专利）号：CN200610097692.1

申请日：2006.11.19

公开（公告）号：CN1967391

公开（公告）日：2007.05.23

主分类号：G03G9/08（2006.01）I

分类号：G03G9/08（2006.01）I；G03G9/097（2006.01）I；G03G9/09（2006.01）I

申请（专利权）人：周学良

发明（设计）人：周学良

光盘号：D0721

摘要：

本发明公开一种激光打印机用耐久性防伪黄色碳粉及其制备方法。它是由2～4份的氧化铁黄、10～20份的紫外荧光粉、80～90份聚酯树脂、2～8份的聚丙烯蜡、2～4份电荷调节剂、1～3份的二甲基二氯硅烷和6～7份的二甲基二氯硅烷等原料，经混合、挤塑、粉碎和筛选等步骤而制成。用这种激光打印机用耐久性防伪黄色碳粉打印彩色图文和黄色印记，不仅颜色耐久性好、能满足档案文书的长时间保存要求，而且能辨别出真伪、具有防伪性能、使造假者无可乘之机。尤其适用于打印象签字、盖章之类的印记和档案文书。

名称：激光打印机用耐久性防伪红色碳粉及其制备方法

申请（专利）号：CN200610097693.6

申请日：2006.11.19

公开（公告）号：CN1967392

公开（公告）日：2007.05.23

主分类号：G03G9/08（2006.01）I

分类号：G03G9/08（2006.01）I；G03G9/097（2006.01）I；G03G9/09（2006.01）I

申请（专利权）人：周学良

发明（设计）人：周学良

光盘号：D0721

摘要：

本发明公开一种激光打印机用耐久性防伪红色碳粉及其制备方法。它是用2～4份的氧化铁红、4～份的氧化铁黄、10～20份的紫外荧光粉、80～90份的聚酯树脂、2～8份的聚丙烯蜡、2～4份的电荷调节剂、1～3份的二甲基二氯硅烷和6～7份的六甲基二硅氮烷等原料，经混合、挤塑、粉碎和筛选等步骤而制成。用这种激光打印机用耐久性防伪红色碳粉打印彩色图文和红色印记，不仅颜色耐久性好、能满足档案文书的长时间保存要求，而且能辨别出真伪、具有防伪性能、使造假者无机可乘。尤其适用于打印象签字、盖章之类的印记或档案文书。

名称　：嵌入式计算机与打印机间的电源连接和节电控制方法

申请（专利）号：CN200610201035.7

申请日：2006.10.26

公开（公告）号：CN1967448

公开（公告）日：2007.05.23

主分类号：G06F1/32（2006.01）I

分类号：G06F1/32（2006.01）I；G06F3/12（2006.01）I

申请（专利权）人：吴 亮

发明（设计）人：吴 亮

光盘号：D0721

摘要：

本发明公开了一种嵌入式计算机与打印机间的电源连接和节电控制方法。该方法是计算机与打印机共用一个工作电源，工作电源与打印机之间控制连接，工作电源经打印电缆馈送到计算机中作为计算机的工作电源；由计算机根据打印任务的有/无，通过打印电缆控制打印机与工作电源的接通/关断。本发明的计算机系统不需要连接电源线，可以减少一根专门为计算机供电的电源线，使系统硬件连接更加简洁。计算机系统可以自动控制打印机电源的通断状态，打印机在待机状态不耗电，以由嵌入式计算机系统构成的烟叶收购数据处理机为例，可节电3倍以上，这对于使用独立电源供电的系统有重要意义。

名称　：打印机控制器、打印机控制方法和存储介质

申请（专利）号：CN200610072128.4

申请日：2006.04.12

公开（公告）号：CN1967462

公开（公告）日：2007.05.23

主分类号：G06F3/12（2006.01）I

分类号：G06F3/12（2006.01）I

申请（专利权）人：富士施乐株式会社

发明（设计）人：藤本英基

光盘号：D0721

摘要：

打印机控制器、打印机控制方法和存储介质。打印机控制器包括对要控制的控制对象打印机的操作进行控制的驱动器模块、以及应用程序模块。驱动器模块包括：变换表查阅部，查阅针对规定的打印机控制项将适用于控制对象打印机的控制参数与适用于不同于该控制对象打印机的变换对象打印机的控制参数相关联的变换表；控制参数获取部，获取从应用程序模块输出的、与所述打印机控制项对应的、并且适用于变换对象打印机的控制参数；以及控制参数变换部，根据变换表将所获取的控制参数变换为适用于控制对象打印机的控制参数，并输出所得到的控制参数。

名称：针式打印机页面压缩处理方法

申请（专利）号：CN200610098012.8
申请日：2006.11.27
公开（公告）号：CN1967569
公开（公告）日：2007.05.23
主分类号：G06K15/10（2006.01）I
分类号：G06K15/10（2006.01）I
申请（专利权）人：中外合资南京富士通计算机设备有限公司
发明（设计）人：窦 骏
光盘号：D0721
摘要：

针式打印机页面压缩处理方法，采用无级变倍压缩算法对行缓冲数据进行压缩处理，包括横向和纵向压缩；无级变倍以（n-1）/n的比例进行变倍的压缩计算，变倍的压缩算法是常用的矩阵变换为基础的算法，并同时对纵向横向进行多种比例压缩，无级变倍压缩比例系数由控制n设定，实现打印模式数据的压缩处理。以行为基本处理单位，采用无级变倍压缩算法对行缓冲数据进行压缩处理实现页面压缩，包括横向和纵向压缩。本发明通过页面压缩提高了打印速度，减少了耗材消耗，并通过调节压缩比例可有效控制打印质量。

名称：一种连接宽行票据打印机的分体式税控收款机

申请（专利）号：CN200510115192.1
申请日：2005.11.16
公开（公告）号：CN1967605
公开（公告）日：2007.05.23
主分类号：G07G1/00（2006.01）I
分类号：G07G1/00（2006.01）I
申请（专利权）人：大连零点科技有限公司
发明（设计）人：巴 武
光盘号：D0721
摘要：

一种连接宽行票据打印机的分体式税控收款机，属于嵌入式电子产品技术领域。其特征是这种税控行业独特的分体式税控收款机，采用嵌入式32位CPU及相关电路，通过税控操作系统软件及键盘、触摸屏等人机界面，可以灵活利用其USB或串行接口，与平推式票据打印机或卷式发票打印机连接，完成各种发票的打印工作。本发明的效果和益处是打破了传统的一体式税控收款机的只能打印卷式发票的思维模式，将税控主机与打印机分体设计，通过税控主机的USB或串行接口与宽行平推式票据打印机或卷式打印机连接，从而可以灵活完成打印宽行票据或卷式发票的任务。

名称：具有振荡扫描镜的多激光双向打印机

申请（专利）号：CN200580019401.0
申请日：2005.06.14
公开（公告）号：CN1968821
公开（公告）日：2007.05.23
主分类号：B41J15/14（2006.01）I
分类号：B41J15/14（2006.01）I；B41J27/00（2006.01）I；G02B26/08（2006.01）I；G02F1/03（2006.01）I；G02F1/07（2006.01）I
优先权：2004.6.14 US 10/867,326
申(专利权)人：德克萨斯仪器股份有限公司

发明（设计）人：A·S·德瓦；A·M·特纳
光盘号：D0721
摘要：

在感光或光敏介质（88）上产生用于显示器或打印装置的数据线（96，98）的系统和方法。数据线（96，98）由两个或更多由共振绕枢轴转动扭转铰接镜（90）引导的调制且平行的激光光束（14A、14B）产生。绕枢轴转动镜（90）在整个感光介质（88）上来回扫描所述两条调制的光束（14A，14B），以提供双向打印。当用于打印装置时，感光介质（88）和扫描光束平面之间的相对运动通过移动所述感光介质（88）提供，或者当用于显示器装置时，所述相对运动还通过垂直移动所述光束（14A，14B）的扫描平面提供。

名称：喷墨打印机墨盒及其复合阀门
申请（专利）号：CN200520136728.3
申请日：2005.11.24
公开（公告）号：CN2900167
公开（公告）日：2007.05.16
主分类号：B41J2/175（2006.01）I
分类号：B41J2/175（2006.01）I
申请(专利权)人：珠海天威技术开发有限公司
发明（设计）人：刘兴相；袁大江；黄振超；李贵清；陈达飞
光盘号：D0720
摘要：

本实用新型涉及喷墨打印机墨盒及其复合阀门。该复合阀门包括阀座和阀芯。当墨盒储墨腔内的墨水压力大于墨盒出墨口内的压力时，其阀芯控制墨水流入墨盒出墨口内，供应打印机供墨针。当墨盒出墨口内的墨水压力大于墨盒内储墨腔的压力时，其阀芯控制墨盒出墨口内的墨水流入墨盒储墨腔内。该喷墨打印机墨盒使用的墨水通断机构与前述复合阀门具有相同或相应的构造特征。应用前述复合阀门的喷墨打印机墨盒，在装卸时能有效克服出墨口漏墨的缺陷，且可避免打印头受到墨水压力冲击。

名称 ： 喷墨打印机用墨盒
申请（专利）号：CN200620057248.2
申请日：2006.03.29
公开（公告）号：CN2900168
公开（公告）日：2007.05.16
主分类号：B41J2/175（2006.01）I
分类号：B41J2/175（2006.01）I
申请（专利权）人：珠海天威技术开发有限公司
发明（设计）人：李贵清
光盘号：D0720
摘要：

本实用新型是一种喷墨打印机用墨盒，包括用于储藏墨水的储墨腔、用于向喷墨打印机供墨针供应墨水的供墨口、用于连通储墨腔和外部大气的带有气腔的气孔以及用于控制外部大气与储墨腔之间气压平衡的单向阀。供墨口由胶膜或密封圈封闭其外部端口。单向阀被安装于位置处于储墨腔和气孔之间的气腔中。单向阀和气腔之间为间隙配合方式。间隙配合方式允许墨水从储墨腔内渗入气腔。该墨盒可有效缓解因气温变化或供墨针插入供墨口导致的墨水压力增大，防止墨水从供墨口泄漏。

名称 ： 喷墨打印机墨盒用阀组件
申请（专利）号：CN200620057250.X
申请日：2006.03.29
公开（公告）号：CN2900169
公开（公告）日：2007.05.16
主分类号：B41J2/175（2006.01）I
分类号：B41J2/175（2006.01）I；
F16K21/00（2006.01）I
申请(专利权)人：珠海天威技术开发有限公司
发明（设计）人：贺良梅；金本友
光盘号：D0720
摘要：

本实用新型是喷墨打印机墨盒用阀组件，包括阀盖和阀座。阀盖和阀座相互扣合后围成密封空腔。该密封空腔由阀芯分隔为第一腔室和第二腔室。第一腔室通过第一墨道与墨盒供墨口保持连通。第二腔室通过第二墨道与墨盒储墨腔保持连通。阀芯因应于第一腔室和第二腔室之间的压力差，连通或者隔断第一腔室和第二腔室。其特点是，密封空腔内设置有滤网，在第一腔室和第二腔室之间流动的墨水穿越该滤网。该阀组件可简便地控制墨水流动，并能较好地提高墨水的纯净度。

名称：喷墨打印机墨盒
申请（专利）号：CN200620058736.5
申请日：2006.05.06
公开（公告）号：CN2900170
公开（公告）日：2007.05.16
主分类号：B41J2/175（2006.01）I
分类号：B41J2/175（2006.01）I
申请(专利权)人：珠海天威技术开发有限公司
发明（设计）人：金本友；萧庆国
光盘号：D0720
摘要：

本实用新型是一种喷墨打印机墨盒，包括主盒体、输墨管和打印头架。打印头架底壁具有供墨管。该供墨管铅垂向下部端口固定有喷墨头。主盒体包括用于储藏墨水的储墨腔、用于向记录头供应墨水的供墨口、阀腔。阀腔内设置有由阀杆和阀片构成的阀门。阀片由弹性材料制成。输墨管以密封对接的方式连通供墨管铅垂向上部端口和供墨口。输墨管具有与供墨管铅垂向上部端口和墨盒供墨口均连通的至少两个管道，其中至少一个管道垂向上部开口的水平位置低于其余管道。该墨盒可避免空气进入打印头喷孔，提高打印质量。

名称：喷墨打印机墨盒
申请（专利）号：CN200620058737.X
申请日：2006.05.06
公开（公告）号：CN2900171
公开（公告）日：2007.05.16
主分类号：B41J2/175（2006.01）I
分类号：B41J2/175（2006.01）I
申请(专利权)人：珠海天威技术开发有限公司
发明（设计）人：金本友；萧庆国
光盘号：D0720
摘要：

本实用新型是一种喷墨打印机墨盒，包括储藏墨水的储墨腔、供墨口和阀腔。阀腔内设置弹性材料制成的包括阀杆和阀片的喇叭形阀门。阀杆使阀片定位于阀腔内。阀杆一端与阀片径向尺寸最小端固定密封连接。阀片径向尺寸最大端沿阀杆轴向位于阀杆固定端的外侧。阀片径向尺寸最大端附近具有一个沿阀片喇叭口收缩方向凸伸的弯曲部。弯曲部与阀腔壁垂向上表面密封接触隔断储墨腔、供墨口。该墨盒容墨量大，墨水供应状态稳定。

名称：喷墨打印机墨盒
申请（专利）号：CN200620058738.4
申请日：2006.05.06
公开（公告）号：CN2900172
公开（公告）日：2007.05.16
主分类号：B41J2/175（2006.01）I
分类号：B41J2/175（2006.01）I
申(专利权)人：珠海天威技术开发有限公司
发明（设计）人：金本友
光盘号：D0720
摘要：

本实用新型是一种喷墨打印机墨盒，包括主盒体和打印头架。主盒体的垂向侧壁设置有连接扣。打印头架对应地设置有用于接纳连接扣的连接槽。打印头架垂向侧壁上固定有簧片。在主盒体与打印头架的装配状态下，主盒体挤压簧片使其自由端自开设于打印头架的垂向侧壁上的开口伸出至打印头架的垂向侧壁之外。伸出侧壁之外的簧片自由端用来与喷墨打印机字车或滑架的定位卡配合，使打印头架固定于喷墨打印机字车或滑架上。该墨盒可使打印头处于与打印机滑架长期密封配合的状态，有利于保持打印头喷孔的润湿环境，防止喷孔部位出现墨水干结，以致堵塞。

名称：带有USB接口的标签打印机
申请（专利）号：CN200520064293.6
申请日：2005.09.06
公开（公告）号：CN2900174
公开（公告）日：2007.05.16
主分类号：B41J3/39（2006.01）I
分类号：B41J3/39（2006.01）I；B65C11/02（2006.01）I；G06F13/14（2006.01）I
申请（专利权）人：深圳市博思得通信发展有限公司
发明（设计）人：吕高仁
光盘号：D0720
摘要：

本实用新型涉及一种带有USB接口的标签打印机，包括用于控制打印机工作的主控制板，还包括一个或一个以上用来实现和外部USB设备进行数据交换的可以在所述主控制板的控制下工作的USB接口。该打印机可以从外界USB存储设备如U盘读取打印信息，还可直接与外界键盘连接，通过键盘控制打印机工作，不连接计算机，也可输入打印内容并可对打印内容进行修改和设置，使用非常方便。

名称：激光打印机用碳粉盒
申请（专利）号：CN200620058796.7
申请日：2006.05.09
公开（公告）号：CN2901378
公开（公告）日：2007.05.16
主分类号：G03G15/08（2006.01）I
分类号：G03G15/08（2006.01）I
申请(专利权)人：珠海天威技术开发有限公司
发明（设计）人：龙清江
光盘号：D0720
摘要：

本实用新型是一种激光打印机用碳粉盒，其包括用于容纳碳粉的粉筒（6），粉筒（6）柱面（24）的一部分沿径向扩张成为用于扩大碳粉容量的扩容仓（2），粉筒（6）与扩容仓（2）相对的柱面（24）上设置有沿粉筒（6）轴向延伸的长条形出粉口（23），粉筒（6）轴向两端敞开，粉筒（6）轴向两端横截面呈圆形并分别由端盖（1）和手柄（3）封闭，粉筒（6）内设置有可以在粉筒（6）内转动的密封门（21），密封门（21）与粉筒（6）内壁相对的表面固定有密封海绵（22）；长条形出粉口（23）周围的粉筒（6）内壁沿径向收缩成用于压缩密封海绵（22）的收缩曲面（242），在对应于长条形出粉口（23）之外的位置的粉筒（6）内壁沿径向扩张成用于释放密封海绵（22）的扩张曲面（241）。本实用新型能减小密封海绵的磨损，提高碳粉盒的使用寿命。

名称：打印机墨盒的承载体及其卡合机构
申请（专利）号：CN200510115665.8
申请日：2005.11.08
公开（公告）号：CN1962271
公开（公告）日：2007.05.16
主分类号：B41J2/175（2006.01）I
分类号：B41J2/175（2006.01）I
申请(专利权)人：明基电通信息技术有限公司
发明（设计）人：薛 毅
光盘号：D0720
摘要：

本发明公开了一种卡合机构，该卡合机构配置于打印机的承载体上，该承载体包括本体及多个挡板，每两个挡板间配置一墨盒，卡合机构用于固定打印机的墨盒。该卡合机构包括：磁性体、线圈、第一弹性组件、卡合体及第二弹性组件。磁性体设置于承载体上。线圈相对磁性体设置，电流通过时可与磁性体产生相互作用的磁力。第一弹性组件设置于磁性体的一端，用以储存弹性恢复能量。其中，当线圈处于断电状态时，线圈的磁力消失，第一弹性组件释放弹性恢复能量，使卡合体与墨盒紧密接合，因此，断电状态时使用者无法抽取出墨盒。

名称 ： 倒像标识卡打印机
申请（专利）号：CN200480026060.5
申请日：2004.09.09
公开（公告）号：CN1964853
公开（公告）日：2007.05.16
主分类号：B41J2/315（2006.01）I
分类号：B41J2/315（2006.01）I；B41J2/325（2006.01）I；B41J33/14（2006.01）I；B41J33/16（2006.01）I；B41J35/08（2006.01）I
申请（专利权）人：法格电子公司
发明（设计）人：布伦特·D·连恩；小托马斯·G·盖尔；特德·M·霍夫曼；约翰·P·斯科格伦德；安迪·A·范德伍德
光盘号：D0720
摘要：

本发明的方法涉及标识卡打印机（100），包括校准检测在色带（114）的相邻的色板（130）之间的过渡部（131）用的色带传感器（116）的方法和校准色带（108或者114）中的张力的方法。根据本发明的实施例的识别卡包括打印机，所述打印机具有打印色带（108）、转印色带（114），打印头（112）和相对色带的供给方向（132）安置在打印头的下游的第一传感器（250）；所述打印机具有打印滚筒（122）、第一支撑件、打印头和偏压部件，其中第一支撑件（192）在打印位置（194）和取回位置（196）之间可移动，打印头可移动地安装到用于向前位置（214）和相对第一支撑件的浮动位置（216）之间运动的第一支撑件，偏压部件（230）被配置以施加偏压力以朝向向前的位置偏压打印头；打印机具有底座（诸如侧壁（101））、第一色带辊支撑件（诸如（320））和摆动架（诸如侧壁（310）和（312）），其中第一色带辊支撑件连接到底座，所述第一色带辊支撑件被构造以支撑色带（诸如114）的第一辊，用于围绕轴线旋转，摆动架可旋转地安装到底座，用于相对底座围绕打开和关闭位置之间的轴线枢转运动；打印机具有底座，卡传输机构（184）和卡引导件（370），其中卡传输机构包括连接到底座的部件（诸如辊185），部件被构造以沿着打印路径（146）传输卡（186），卡引导件与打印路径对齐并包括相对底座可条件的位置，以及基部件（376），在所述基部件（376）之上安置卡路径和一对连接到卡路径的相对侧面上的基部件的一对侧引导部件（372、374）；以及打印机具有卡传输机构和卡弯折机（412），包括具有第一辊（414）和第二辊（416）的夹紧辊组件，所述第一辊（414）和第二辊（416）被构造以容纳来自卡传输机构的卡，其中第一和第二辊的旋转轴在非垂直于卡路径的平面（426）内对齐。

名称：薄膜用热复制打印机
申请（专利）号：CN200580010316.8
申请日：2005.03.30
公开（公告）号：CN1964854
公开（公告）日：2007.05.16
主分类号：B41J2/325（2006.01）I
分类号：B41J2/325（2006.01）I；B41J15/16（2006.01）I；B65H18/10（2006.01）I
申请（专利权）人：大日本印刷株式会社
发明（设计）人：田村仁彦；浅生健一
光盘号：D0720
摘要：

一种薄膜用热复制打印机（1），可对塑料薄膜进行热复制印刷，具备：输送单元（3），该单元沿着规定的路线输送塑料薄膜（2）；墨带移动机构（4），该机构具有保持多个墨带（11）的保持单元（12），并使所述多个墨带中被任意选择的墨带，向配置在所述规定的路线上的印刷位置（14）移动；以及印刷头（5），该印刷头将所述向印刷位置移动后的墨带加热，在所述塑料薄膜上进行印刷。

名称：一种喷墨打印机使用的墨盒
申请（专利）号：CN200520142521.7
申请日：2005.12.05
公开（公告）号：CN2897648
公开（公告）日：2007.05.09
主分类号：B41J2/175（2006.01）I
分类号：B41J2/175（2006.01）I
申请（专利权）人：曾阳云
发明（设计）人：曾阳云
光盘号：D0719
摘要：

一种喷墨打印机使用的墨盒，包括墨囊和墨架两部分，墨囊上有一个把手，把手上有两个锁紧结构。一个是和墨架配合的锁紧结构，一个是和打印机装配合的锁紧结构，墨囊上有精确控制内部负压的压力控制阀机构。墨囊和墨架通过锁紧结构连接在一起，芯片固定在墨架上。客户只需要更换墨囊。这样可以节约资源，降低成本。

名称 ： 打印机和打印系统
申请（专利）号：CN200610137457.2
申请日：2006.10.25
公开（公告）号：CN1958293
公开（公告）日：2007.05.09
主分类号：B41J2/175（2006.01）I
分类号：B41J2/175（2006.01）I；B41J29/38（2006.01）I； G03G15/00（2006.01）I；G06F3/12（2006.01）I；G06Q30/00（2006.01）I
申请（专利权）人：精工爱普生株式会社
发明（设计）人：江尻圭吾；小池利明
光盘号：D0719
摘要：

一种打印系统和一种在打印系统中使用的打印机，从打印机获取与使用了多少墨水或其它记录材料相关的数据，在保持从打印机获取的数据的可靠性的同时，单独地管理墨水盒或其它记录材料墨盒。打印机240计算仅用于打印的墨水量，作为喷射的墨珠的数目，并且将该墨珠数目与打印机序列号以及墨水盒ID一起发送到服务器220。服务器220保存墨珠计数、打印机序列号、墨水盒ID以及纠错码，作为状态信息。服务器220或服务器220的上游服务器可以根据该状态信息，可靠地确定打印机240仅用于打印所用的墨珠数目。

名称：连续打印的纸张位置调整方法、装置及打印机
申请（专利）号：CN200610145987.1
申请日：2006.11.30
公开（公告）号：CN1958299
公开（公告）日：2007.05.09
主分类号：B41J11/42（2006.01）I
分类号：B41J11/42（2006.01）I；
B41J2/22（2006.01）I
申请(专利权)人：金蝶软件（中国）有限公司
发明（设计）人：林志贤
光盘号：D0719
摘要：

本发明公开了一种连续打印的纸张位置调整方法，包括步骤：按照针式打印机纸张走纸误差和纸张打印长度的对应关系，设置调整门限和与该调整门限对应的调整参数；当所述针式打印机的纸张打印长度超过所述调整门限时，按照所述调整参数调整纸张的打印位置。本发明同时还公开了一种连续打印的纸张位置调整装置和一种打印机。利用本发明，通过统计走纸的误差规律，设置调整门限与相应的纸张位置偏移值，当打印长度超过所述调整门限时，按照所述纸张位置偏移值调整纸张的位置，保证了套打的精确度，降低了成本，并且避免采用逐张打印的方式而导致工作效率降低的情况的出现。

名称：喷墨打印机与判断装置、方法
申请（专利）号：CN200510119341.1
申请日：2005.11.02
公开（公告）号：CN1959380
公开（公告）日：2007.05.09
主分类号：G01N21/59（2006.01）I
分类号：G01N21/59（2006.01）I；G01N21/17（2006.01）I；B41J2/01（2006.01）I；B41J29/38（2006.01）I
申请（专利权）人：光宝科技股份有限公司
发明（设计）人：林勇杉
光盘号：D0719
摘要：

本发明公开一种判断一待打印介质材质的装置，其包括有一发光源，用来产生一光源以曝光该待打印介质；一光感测器，用来感测该光源照射该待打印介质后所透射出的一透射光束以产生一光强度值；以及一分析单元，电连接于该光感测器，用来分析该光强度值以判断该待打印介质的材质。

名称：一种高效打印机刮板粘接机
申请（专利）号：CN200520132375.X
申请日：2005.11.06
公开（公告）号：CN2895033
公开（公告）日：2007.05.02
主分类号：B29C65/54（2006.01）I
分类号：B29C65/54（2006.01）I；F16B11/00（2006.01）I
申请（专利权）人：徐大鸿
发明（设计）人：徐大鸿
光盘号：D0718
摘要：

一种高效打印机刮板粘结机，它有一个回转心轴，其两端装有轴承固定在机架上，其中一端与摆动气缸连接，在摆动气缸的驱动下可作180度往复回转，并通过限位挡块限制其刮胶位置和粘接位置，在回转心轴的上下两面分别安装金属片夹具可同时装两片金属片，回转心轴的上方是刮胶装置，下方是上压式压胶装置，金属片在回转心轴上方被刮胶装置完成刮胶后，翻转到下方，由上压式压胶装置完成粘接PU条工作，实现金属片在一次装夹中完成刮胶和粘接两个动作，并且当这种回转心轴装置并排设置两套，刮胶装置可以左右刮胶，提高设备的效率。

名称：头维护方法、头维护装置及打印机
申请（专利）号：CN200610137454.9
申请日：2006.10.25
公开（公告）号：CN1955003
公开（公告）日：2007.05.02
主分类号：B41J2/165（2006.01）I
分类号：B41J2/165（2006.01）I；B41J29/393（2006.01）I
申请（专利权）人：精工爱普生株式会社
发明（设计）人：多贺进
光盘号：D0718
摘要：

本发明涉及一种头维护方法，其在根据从前一次的清洗动作开始的经过时间在打印开始前对打印头进行清洗动作时，极力消除由于清洗动作而带来的打印开始时的等待时间，实现吞吐能力的提高。本发明的具有能够喷出墨液的喷墨嘴的打印头的头维护方法，实施从所述喷墨嘴吸引墨液的清洗动作，计测从前一次清洗动作起的经过时间，在所述经过时间经过预定的判定时间时，对应自动切断在所述打印头进行的打印动作中打印过的用纸的切断动作，进行下次的清洗动作。

名称：应用于一热转印打印机的热累积处理方法
申请（专利）号：CN200510118160.7
申请日：2005.10.26
公开（公告）号：CN1955006
公开（公告）日：2007.05.02
主分类号：B41J2/375（2006.01）I

分类号：B41J2/375（2006.01）I
申请（专利权）人：诚研科技股份有限公司
发明（设计）人：谢文鸿
光盘号：D0718
摘要：

热累积处理方法，在易发生拖墨现象的区域针对会发生拖墨现象的打印像素更新其灰阶值，使该区域实际输出的灰阶值低于预设的灰阶值，并随打印距离逐步减少灰阶修正至正常灰阶输出，以消弥先前打印高灰阶区域时的高热所产生的高灰阶拖墨，使热转印打印机的输出质量更趋于完美。

名称： 喷墨打印机与判断装置及方法
申请（专利）号：CN200510118488.9
申请日：2005.10.27
公开（公告）号：CN1955716
公开（公告）日：2007.05.02
主分类号：G01N21/00（2006.01）I
分类号：G01N21/00（2006.01）I；
B41J2/01（2006.01）I
申请（专利权）人：光宝科技股份有限公司
发明（设计）人：林勇杉
光盘号： D0718
摘要：

一种判断一待打印介质材质的装置，其包含有一发光源，用来产生一光源以曝光该待打印介质；一影像传感器，用来感测从该待打印介质所反射回来的光束以撷取对应于该待打印介质的至少一影像；以及一影像分析单元，电连接于该影像传感器，用来分析该影像以得到一材质参数，并根据该材质参数来判断该待打印介质的材质。

名称 ： 一种墨盒与使用这种墨盒的打印机
申请（专利）号：CN200610149910.1
申请日：1999.11.02
公开（公告）号：CN1951699
公开（公告）日：2007.04.25
主分类号：B41J2/175（2006.01）I
分类号：B41J2/175（2006.01）I；
B41J29/393（2006.01）I
申请（专利权）人：精工爱普生株式会社
发明（设计）人：猿田稔久；品田聪
光盘号：D0717
摘要：

在本发明的喷墨打印机中，为了减少制造成本，对于包含在黑色墨盒和彩色墨盒中的存储元件使用只能依次访问的廉价的EEPROM。按这样一种方式确定包括在装在墨盒中的每个存储元件内的存储单元的数据阵列，即，可以首先访问存储可改写数据（例如，墨盒中墨水剩余量相关数据）的第二存储区，而后再访问存储只读数据的第一存储区。即使在电源断开操作之后，这种结构也能够使可改写数据可靠地写入第二存储区。第二存储区为每种墨水分配两个存储分区，即，第一墨水剩余量存储分区和第二墨水剩余量存储分区。最新的墨水剩余量相关数据交替地写入这两个存储分区。按另一种方式，按复制方式将最新的每种墨水剩余量相关数据这两个存储分区。每个墨水剩余量存储分区都有一个写操作完成标志，以确定在墨水剩余量存储分区中是否已经正常地完成写入操作。这种安排可以准确地连续监视相应的墨水剩余量。

名称：打印机
申请（专利）号：CN200610136014.1
申请日：2006.10.16
公开（公告）号：CN1951700
公开（公告）日：2007.04.25
主分类号：B41J11/00（2006.01）I
分类号：B41J11/00（2006.01）I；B41J11/42（2006.01）I；B41J15/04（2006.01）I
申请（专利权）人：船井电机株式会社
发明（设计）人：泽井国男
光盘号：D0717
摘要：

通过阻止馈送滚轮沿轴向的偏移，可获得一防止打印质量降低的打印机。该打印机包括一输送纸张的馈送滚轮、一安装有馈送滚轮用来将驱动力传输到馈送滚轮的馈送滚轮齿轮，以及一具有可弹性变形的推压部分的板形构件，该推压部分沿轴向至少推压馈送滚轮齿轮或馈送滚轮。

名称：含有直接打印功能打印机及其打印方法

申请（专利）号：CN200610135581.5

申请日：2006.10.18

公开（公告）号：CN1952955

公开（公告）日：2007.04.25

主分类号：G06K15/22（2006.01）I

分类号：G06K15/22（2006.01）I；
G06F3/12（2006.01）I

申请（专利权）人：三星电子株式会社

发明（设计）人：李光明

光盘号：D0717

摘要：

含有直接打印功能的打印机及其打印方法包括：存储器，用于存储有关嵌入字体类型的字体信息；字体处理器，用于将嵌在PDF文件中的字体信息与存储在存储器中的字体信息相比较，和根据比较结果确定将嵌在PDF文件中的哪种字体信息转换成postscript（PS）；PDF转换器，用于将字体处理器确定为要转换的字体信息转换成PS，和将PDF文件的资源转换成PS；和PS解释器，用于根据存储在存储器中的字体信息和由PDF转换器转换成PS的嵌在PDF文件中的字体信息之一，将PDF文件的字体转换成位映像数据。相应地，可以简化从PDF文件到PS和位映像数据的转换处理和可以缩短转换所花费的时间，从而提高了打印机的打印性能。

名称：连续喷墨打印机的清洁系统

申请（专利）号：CN200580015827.9

申请日：2005.03.15

公开（公告）号：CN1953872

公开（公告）日：2007.04.25

主分类号：B41J2/165（2006.01）I

分类号：B41J2/165（2006.01）I；
B41J2/17（2006.01）I

申请（专利权）人：录象射流技术公司

发明（设计）人：A·莱芬；P·洛斯图姆博

光盘号：D0717

摘要：

一种连续喷墨打印机的清洁系统包括第一溶剂供给管（40），其与溶剂源（44）连接，以通过供给口（42）输送溶剂并将溶剂输送到打印头（12）的正面（34）上。第二溶剂供给管（71）与一溶剂源（44）连接，以通过供给口输送溶剂并将溶剂输送到捕集器（20）的一表面上。供给到打印头（12）和捕集器（20）的溶剂在真空下被去除并返回到墨供给系统（30）。清洁系统可包括喷孔疏通机构，其使所述正面上的所述溶剂沿着墨流经所述喷孔以打印的反方向流入所述喷孔中。清洁系统还可包括压电元件，以在清洁过程中在打印头中产生应力波。压电元件可包括压电振荡器，其在打印过程中也用于在喷嘴上流动的墨中产生扰动，从而从喷嘴中产生间隔开的微滴流。

名称：打印机传动电机用粘结稀土磁体

申请（专利）号：CN200620039688.5

申请日：2006.02.23

公开（公告）号：CN2891452

公开（公告）日：2007.04.18

主分类号：H02K1/17（2006.01）I

分类号：H02K1/17（2006.01）I；H02K1/27（2006.01）I；H01F1/053（2006.01）I

申请（专利权）人：上海爱普生磁性器件有限公司

发明（设计）人：卢冯昕；盐原幸彦；陈巍强；魏 强；周兆暖；赵佑民
光盘号：D0716
摘要：

本实用新型设计了一种打印机传动电机用粘结稀土磁体。本实用新型的打印机传动电机用粘结稀土磁体的几何形状为圆环，一次成形至最终成品的圆环的磁体外径尺寸为30-80mm，公差为±0.05mm，圆环的壁厚为1-5mm，公差为±0.05mm，圆环的高度为0.5-150mm，公差为±0.10mm，所说的磁体的表面设有抗腐蚀材料层，由于采用的特定的尺寸和公差，并在所说的磁体表面有抗腐蚀材料层，因此，采用该磁体制作的打印机，具有可靠的性能，以及较强的抗腐蚀性能，以便能够在比较恶劣的环境中长期使用，确保了打印机的工作质量。

名称：测定墨的物理属性的设备、喷墨打印机、及感测墨状态的方法

申请（专利）号：CN200610141494.0
申请日：2006.09.29
公开（公告）号：CN1948015
公开（公告）日：2007.04.18
主分类号：B41J2/175（2006.01）I
分类号：B41J2/175（2006.01）I；B41J29/38（2006.01）I；G06F3/12（2006.01）I
申请（专利权）人：三星电子株式会社
发明（设计）人：金泰均；郑明松
光盘号：D0716
摘要：

提供了用于测定墨的物理属性的方法和设备，该设备具有通过监控墨的物理属性的改变而确定墨是否处于对于打印来说的适当状态的功能。该设备包括墨存储单元、打印头模块、物理属性测定单元、存储单元、以及确定单元。墨存储单元存储墨，并且，打印头模块连接到墨存储单元，以将墨喷射到打印介质上。物理属性测定单元测定墨的物理属性（例如，电导率）的实际值，而存储单元存储墨的物理属性的标称值，其中，在预定温度下预先确定该标称值。确定单元将墨的物理属性的标称值与实际值相比较，并计算墨的物理属性的标称值和实际值之间的误差，以确定该误差是否在预定的误差范围内。

名称：具有移动式打印头的打印机

申请（专利）号：CN200510108627.X
申请日：2005.10.10
公开（公告）号：CN1948016
公开（公告）日：2007.04.18
主分类号：B41J3/00（2006.01）I
分类号：B41J3/00（2006.01）I；B41J25/24（2006.01）I；B41J33/14（2006.01）I；B41J11/00（2006.01）I；B41J13/10（2006.01）I；B41J15/04（2006.01）I
申请（专利权）人：诚研科技股份有限公司
发明（设计）人：李彦琦；邱垂健
光盘号：D0716
摘要：

利用一移动式打印头在打印纸张上来回移动以将色料转印于纸张上的打印机，其通过一全页宽的皮带将纸张带动至打印位置，并由该皮带提供支撑纸张的打印平台。在打印过程中，全页宽的打印头被套接在与打印方向平行的一导杆上的一滑动座带动，使打印头沿着导杆滑动并将色料连续转印在纸张上。

名称：带式打印机

申请（专利）号：CN200580014663.8
申请日：2005.03.23
公开（公告）号：CN1950214
公开（公告）日：2007.04.18
主分类号：B41J3/407（2006.01）I
分类号：B41J3/407（2006.01）I；
B41J15/04（2006.01）I
申请（专利权）人：迪默公司

发明（设计）人：K·范德默伦

摘要：

一种与纸带盒（4）和色带盒（206）一起使用的带式打印机，所述打印机包括外壳和打印头（14），在所述打印头上具有一行打印元件，其中所述打印机包括在所述外壳中的至少一个盒接收部分，以用于接收纸带盒（4）和色带盒（206），从而使得当打印头在打印位置时，该盒可容纳在基本上垂直于打印头上的所述一行打印元件的方向上。

名称：具有半导体制冷散热装置的打印机

申请（专利）号：CN200620033590.9

申请日：2006.03.26

公开（公告）号：CN2888498

公开（公告）日：2007.04.11

主分类号：G03G15/20（2006.01）I

分类号：G03G15/20（2006.01）I；
G03G15/00（2006.01）I

申请(专利权)人：成都市武侯区金字塔设计室

发明（设计）人：曹 宇

光盘号：D0715

摘要：

本实用新型公开了一种具有微型制冷系统的打印机，除了包含机体结构、打印硒鼓、加热辊等部分外，还包含微型制冷系统：微型制冷系统由蒸发器、压缩机、冷凝器、管子组成，其中，蒸发器安置在加热辊上方的机体结构上，冷凝器安置在机体外背后一侧，压缩机通过管子连接蒸发器和冷凝器，整个系统小巧，
能耗低，结构紧凑；采用压缩机制冷，可靠性高，操作简便。

名称：一种可以定时开关机的喷墨打印机

申请（专利）号：CN200510106582.2

申请日：2005.10.07

公开（公告）号：CN1944049

公开（公告）日：2007.04.11

主分类号：B41J2/01（2006.01）I

分类号：B41J2/01(2006.01)I；B41J2/165(2006.01）I；B41J29/00（2006.01）I

申请（专利权）人：刘 忠

发明（设计）人：刘 忠

光盘号：D0715

摘要：

本发明涉及喷墨打印机。现有技术中，喷墨打印机在正常使用期限内，当用户不能保证一定周期至少一次开机时，喷墨打印机会由于喷头的墨水逐渐变干、堵塞，最终造成喷墨打印机彻底报废。本发明所要解决的技术问题就是在喷墨打印机上加装自动定时开关装置，当每次到了预先设置的开机时间时，定时开关装置会控制喷墨打印机开机，让喷墨打印机完成一次清洁喷头的动作。到了自动开机与自动关机的间隔时间，定时开关装置会控制喷墨打印机关机，周而复始。避免了喷墨打印机会由于喷头的墨水变干、堵塞，极大地延长了喷墨打印机的寿命。自动开机周期最好在24小时（1天）-15天之间，而每次自动开机与自动关机的间隔时间最好在10秒钟-10分钟之间。

名称：检测喷墨打印机中的缺失或故障喷嘴的方法

申请（专利）号：CN200610110183.8

申请日：2006.06.01

公开（公告）号：CN1944058

公开（公告）日：2007.04.11

主分类号：B41J2/165（2006.01）I

分类号：B41J2/165（2006.01）I；
B41J29/393（2006.01）I

申请（专利权）人：三星电子株式会社

发明（设计）人：朴成日

光盘号：D0715

摘要：

本发明公开了一种检测喷墨打印机中的缺失或故障喷嘴的方法，该喷墨打印机

的扫描分辨率是打印分辨率的1/N。该方法包括：通过根据扫描分辨率将喷嘴分组来打印第一测试图案；通过扫描所打印的第一测试图案来检测生成光强度值比光强度阈值低的第一测试图案的喷嘴组；通过使生成第一测试图案的组中的喷嘴与邻近该生成第一测试图案的组的组中的喷嘴成组来打印第二测试图案；通过扫描所打印的第二测试图案来检测生成光强度值比光强度阈值低的第二测试图案的喷嘴组；以及由检测结果确定缺失或故障喷嘴的位置。

名称：喷墨打印机的墨位检测装置

申请（专利）号：CN200610142005.3

申请日：2006.10.08

公开（公告）号：CN1944059

公开（公告）日：2007.04.11

主分类号：B41J2/175（2006.01）I

分类号：B41J2/175（2006.01）I；
G01F23/26（2006.01）I

申请（专利权）人：三星电子株式会社

发明（设计）人：郑晋旭；金秀昡

光盘号：D0715

摘要：

一种可在喷墨打印机中使用的墨位检测装置，其包括：设置在墨盒内的可收缩墨袋；设置在墨盒上部的固定电极；和与固定电极以预定间距彼此相对的可动电极。所述可动电极根据所述可收缩墨袋顶面的高度变化而在水平方向上移动，从而可动电极和固定电极之间的重叠面积发生变化。对应于预定的墨位点，可动电极和固定电极产生具有局部最大值和最小值的信号。

名称：驱动电机的控制方法和打印机

申请（专利）号：CN200610164709.0

申请日：2006.08.10

公开（公告）号：CN1944063

公开（公告）日：2007.04.11

主分类号：B41J29/38（2006.01）I

分类号：B41J29/38（2006.01）I；
G03G15/00（2006.01）I

申请（专利权）人：索尼株式会社

发明（设计）人：加藤真二

光盘号：D0715

摘要：

本发明涉及驱动电机的控制方法和打印机。使由驱动电机的驱动力动作的规定的动作部的动作准适化。当对打印片材（100）不进行打印动作的非打印动作时，进行驱动电机（5）的初始驱动，使上述规定的动作部（6）动作，测定该动作部的初始动作时间（T），当对打印片材进行打印动作的打印动作时，从动作开始时到将上述初始动作时间乘以一个大于0而又小于1的系数所算出的时间为止，以第一输出驱动上述驱动电机，在以第一输出驱动上述驱动电机之后的动作结束之前，由根据初始动作时间决定的第二输出，驱动上述驱动电机。

名称：打印机和图像处理设备

申请（专利）号：CN200610142127.2

申请日：2006.10.08

公开（公告）号：CN1946129

公开（公告）日：2007.04.11

主分类号：H04N1/21（2006.01）I

分类号：H04N1/21（2006.01）I；H04N1/41（2006.01）I；H04N1/40（2006.01）I；G06F3/12（2006.01）I

申请（专利权）人：精工爱普生株式会社

发明（设计）人：盐原隆一

光盘号：D0715

摘要：

公开了一种打印机和图像处理设备。在打印机中，输入单元输入RAW数据。图像产生单元利用去马赛克处理，从RAW数据产生图像。打印单元打印图像。利用本发明，能够使制造成本和开发成本严格受限的打印机能够从RAW数据打印图像，并且能够优化从 RAW 数据产生最终图像的过程。

名称：具有延长的喷嘴板的喷墨打印机及方法

申请（专利）号：CN200580013126.1
申请日：2005.03.09
公开（公告）号：CN1946556
公开（公告）日：2007.04.11
主分类号：B41J2/14（2006.01）I
分类号：B41J2/14（2006.01）I；B41J2/16（2006.01）I
申请（专利权）人：莱克斯斯马克国际公司
发明（设计）人：乔纳森·H.·劳尔；保罗·T·斯皮维；梅莉莎·M.·沃尔德克；约翰·T.·沃伦
光盘号：D0715
摘要：

本发明提供了用于微流体喷射装置的微流体喷射头和用于制造该微流体喷射头的方法。微流体喷射头包括半导体基板，它包含与其表面上的接触片电连接的流体喷射装置。包括导线束的 TAB 电路与半导体基板表面上的接触片电连接。相对于 TAB 电路设置和安装喷嘴板结构，从而基本上覆盖导线束和接触片，以使导线束和接触片避免暴露于由微流体喷射装置喷射出的流体。该微流体喷射装置在不使用单独的密封材料的情况下有效地减少电气元件和流体之间的接触。

名称：价值信息管理系统、记录介质、打印机装置、结算装置、电子数据打印方法及计算机程序

申请（专利）号：CN200580012122.1
申请日：2005.03.31
公开（公告）号：CN1947161
公开（公告）日：2007.04.11
主分类号：G07F17/42（2006.01）I
分类号：G07F17/42（2006.01）I；G07G5/00（2006.01）I；G06Q30/00（2006.01）I
申请（专利权）人：松下电器产业株式会社
发明（设计）人：横田薰；大森基司；佐草敦
光盘号：D0715
摘要：

本发明提供一种价值信息管理系统，打印表示电子收据等价值信息的电子数据，并且防止已打印、未打印的电子数据用于不正当报销。安全存储卡（13）安全地存储与支付有关的电子收据，打印机（14）打印上述电子收据，在该打印之后，删除存储在安全存储卡（13）中的电子收据，向收据管理服务器（17）发送识别打印的电子收据的收据 ID。收据管理服务器（17）将通过接收的收据 ID 识别的电子收据作为已打印进行管理。

名称 ：喷墨打印机墨盒用单向阀

申请（专利）号：CN200620008812.1
申请日：2006.03.21
公开（公告）号：CN2885582
公开（公告）日：2007.04.04
主分类号：B41J2/175（2006.01）I
分类号：B41J2/175（2006.01）I
申请(专利权)人：珠海天威技术开发有限公司
发明（设计）人：李先笔
光盘号：D0714
摘要：

本实用新型是墨盒用单向阀，包括密封腔。该密封腔由阀芯分隔为相互隔绝的第一和第二腔室。第一腔室通过墨道与供墨口内的墨水保持连通。第二腔室通过墨道与储墨腔内的墨水保持连通。阀芯包括阀片、密封环和支撑部。密封环从阀片的一个侧面向外凸伸。支撑部自阀片的相对于密封环的侧面延伸，其延伸末端固定于第一腔室相应内壁上。阀片的径向尺寸小于其所在平面的密封空腔的同向尺寸。密封环背对阀片的端面因由于第一腔室和第二腔室之间的压力差，与第二腔室的内壁表面接触或脱离接触。第二腔室中的墨道所在的第二腔室腔壁被包围在密封环内。该单向阀密封性好，结构稳定性高。

名称：喷墨打印机墨盒及其单向阀
申请（专利）号：CN200620058471.9
申请日：2006.04.26
公开（公告）号：CN2885585
公开（公告）日：2007.04.04
主分类号：B41J2/175（2006.01）I
分类号：B41J2/175（2006.01）I；
F16K15/00（2006.01）I
申请(专利权)人：珠海天威技术开发有限公司
发明（设计）人：田永中；乔怀信
光盘号：D0714
摘要：

本实用新型是喷墨打印机墨盒及其单向阀。单向阀包括弹性阀片和同喷墨打印机墨盒固定配合的阀座。其中弹性阀片具有其形状适应于喷墨打印机墨盒的墨水通道端口的密封面。阀座是自弹性阀片的一个侧面向外突出的凸块。凸块位于密封面外部。弹性阀片的密封面在墨水通道端口两侧的压力差大约为零时自然贴合于墨水通道端口并使墨水通道处于关断状态。弹性阀片因应于墨水通道端口两侧的压力差沿墨水通道中的墨水流向作往复摆动。该单向阀及其相应墨盒具有结构简单牢靠，压力反应灵敏，墨水流动操控性稳定的特点。

名称：可回收使用废粉的激光打印机硒鼓
申请（专利）号：CN200520132953.X
申请日：2005.11.16
公开（公告）号：CN2886620
公开（公告）日：2007.04.04
主分类号：G03G15/08（2006.01）I
分类号：G03G15/08（2006.01）I；
G03G21/10（2006.01）I
申请（专利权）人：顾 勇
发明（设计）人：顾 勇
光盘号：D0714
摘要：

一种可回收使用废粉的激光打印机硒鼓，包括位于硒鼓上方的新粉仓和新粉导入口，更包括一位于硒鼓下方的废粉仓和废粉排出口，该废粉排出口装有一阀门，该阀门可为一塑料盖或一拉板，该废粉排出口位于废粉仓的一侧，或应适当机型而设置。从而实现了连续不间断地多次加粉、重复使用废粉、以最大限度的保护环境、达到节约资源、降低成本之目的。

名称 ： 激光打印机碳粉盒
申请（专利）号：CN200620057810.1
申请日：2006.04.15
公开（公告）号：CN2886621
公开（公告）日：2007.04.04
主分类号：G03G15/08（2006.01）I
分类号：G03G15/08（2006.01）I
申请（专利权）人：珠海天威技术开发有限公司
发明（设计）人：林 龙
光盘号：D0714
摘要：

本实用新型是激光打印机碳粉盒，至少包括：用于容纳和储存碳粉的碳粉容器、在安装状态下与激光打印机碳粉输入口对接的碳粉输出口，由回转轴、叶片和直齿轮构成的用于搅拌碳粉和把碳粉输送至碳粉输出口的输送机构。此外该碳粉盒还包括支架。该支架一端固定于用于安装直齿轮的侧壁的外表面，相对端与直齿轮的面向用于安装直齿轮的侧壁的外表面保持滑动接触。支架沿直齿轮径向的长度大于直齿轮外圆周直径的二分之一。该碳粉盒可有效提高输送机构回转轴的轴心稳定性。

公开（公告）号：CN1939747
公开（公告）日：2007.04.04
主分类号：B41J3/407（2006.01）I
分类号：B41J3/407（2006.01）I；B41J11/66（2006.01）I；B41J29/38（2006.01）I；B41J29/00（2006.01）I
申请（专利权）人：卡西欧计算机株式会社
发明（设计）人：木村哲；望月义晃
光盘号：D0714
摘要：
本发明提供的打印机，在将光盘D装入打印机主体（1）的输送路径（15）中时，对应该装入而使插入口盖（24）向打开插入口（23）的打开位置移动，通过该移动，用于操作切断带状打印介质用的切刀（30）的切刀操作键（37）由插入口盖（24）锁紧。这样，在对光盘D进行打印时，对切刀（30）的操作变为不能，因此，可防止切刀（30）意外动作而损伤光盘D，及切刀（30）出现故障的不良情况。

名称：可进行双面打印的打印机
申请（专利）号：CN200510107196.5
申请日：2005.09.28
公开（公告）号：CN1939749
公开（公告）日：2007.04.04
主分类号：B41J3/60（2006.01）I
分类号：B41J3/60(2006.01)I；B41J13/00(2006.01）I；B41J11/42（2006.01）I；B41J23/02（2006.01）I
申请（专利权）人：诚研科技股份有限公司
发明（设计）人：廖谷峰 光盘号：D0714
摘要：
本发明公开了一种可进行双面打印的打印机，其包括外壳、翻转模块、滑杆、滚轮组、第一检测装置、第二检测装置、第一马达、以及第二马达。所述翻转模块包括壳体、第一轴心、第一齿轮、第二轴心、第二齿轮、以及多个卡沟。该打印机利用翻转模块的旋转带动打印媒介旋转，致使不需要额外的手动操作即可对打印媒介的第一面和第二面进行打印，因而可大大提高效率。此外，由于本发明的打印机分别以两组检测装置检测打印媒介馈入翻转模块的位置与翻转模块旋转的位置，因此可准确地对打印媒介移动与旋转的位置加以定位，从而可提高打印质量。

名称：激光打印机
申请（专利）号：CN200510107044.5
申请日：2005.09.27
公开（公告）号：CN1940770
公开（公告）日：2007.04.04
主分类号：G03G15/20（2006.01）I
分类号：G03G15/20（2006.01）I；
G03G21/00（2006.01）I
申请(专利权)人：明基电通信息技术有限公司
发明（设计）人：张 建
光盘号：D0714
摘要：
本发明公开一种激光打印机，包括支撑滚筒、加热滚筒以及固态香料。加热滚筒相对于支撑滚筒设置，且其中支撑滚筒与加热滚筒同步转动，用以共同夹压并运送承载碳粉的纸张，由此将碳粉固定在纸张上。固态香料邻近于加热滚筒，由此，利用加热滚筒的热量使香料升华释放香味并使香味附于纸张使纸张带有香味。

名称：一种无线网络打印机系统
申请（专利）号：CN200510030070.2
申请日：2005.09.28
公开（公告）号：CN1940852
公开（公告）日：2007.04.04
主分类号：G06F3/12（2006.01）I
分类号：G06F3/12(2006.01)I；G06K15/02(2006.01）I；H04L12/00（2006.01）I
申请（专利权）人：薛培超
发明（设计）人：薛培超
光盘号：D0714
摘要：

本发明公开了一种无线网络打印机系统，包括应用服务器、控制板、打印主控板、电源系统、键盘、打印机、至少一个终端；其中应用服务器用于维护条形码数据库及终端号码数据、IP地址数据，主动发起数据更新和接收终端命令后被动更新终端数据；控制板通过数据通信接口与应用服务器通信，并与系统其他部件相连接，并用于对条形码更新和对系统进行设置，负责协调系统各部分共同工作；打印主控板分别连接打印机和控制板，控制板通过其控制打印机；键盘与控制板连接，用于输入要打印的编号；打印机通过打印机控制板接收控制板的指令从存储器中读取并打印数据；终端配有一个GPRS模块，可无线连接远程服务器，实现数据更新。本打印系统有效节省了成本。

名称：具备扫描功能的送纸盒及应用此送纸盒的打印机

申请（专利）号：CN200510105594.3

申请日：2005.09.28

公开（公告）号：CN1941826

公开（公告）日：2007.04.04

主分类号：H04N1/024（2006.01）I

分类号：H04N1/024（2006.01）I；H04N1/23（2006.01）I

申请（专利权）人：光宝科技股份有限公司

发明（设计）人：罗俊宏

光盘号：D0714

摘要：

本发明公开了一种具备扫描功能的送纸盒及应用所述送纸盒的打印机，其中送纸盒上具有一组进纸滚轮、一组出纸滚轮及一光学扫描模块。光学扫描模块设置在进纸滚轮及出纸滚轮之间，其中进纸滚轮可抓取并推动待扫描文件，使其通过光学扫描模块而被扫描，再经由出纸滚轮送出，由此使具有所述送纸盒的打印机具备扫描功能。

名称：卷纸打印机

申请（专利）号：CN200610128176.0

申请日：2006.09.06

公开（公告）号：CN1935524

公开（公告）日：2007.03.28

主分类号：B41J15/04（2006.01）I

分类号：B41J15/04（2006.01）I；B41J11/00（2006.01）I；B41J11/62（2006.01）I

申请（专利权）人：精工爱普生株式会社

发明（设计）人：永田典雄

光盘号：D0713

摘要：

当用于打开和关闭卷纸室的盖子打开得很大时，盖子开闭机构的四节点平行连杆机构被防止导致盖子不能被关闭的锁定。卷纸打印机的盖子开闭机构的四节点平行连杆机构包括盖子装在其上的摇臂板的右、左侧板部分，位于摇臂板后面的右、左摇臂，和连接摇臂板与摇臂的顶端的水平设置的平行运动板。当盖子开闭机构下摆到水平完全打开位置时螺旋弹簧拉起摇臂，且摇臂和平行运动板之间的橡胶条上推平行运动板。平行运动板和摇臂于是被防止在它们连接的节点处向下弯，因此，平行连杆机构被防止锁定。

名称：管理具有射频识别的共享打印机的系统和方法

申请（专利）号：CN200610137130.5

申请日：2006.07.25

公开（公告）号：CN1936913

公开（公告）日：2007.03.28

主分类号：G06F21/00（2006.01）I

分类号：G06F21/00（2006.01）I；G07F17/42（2006.01）I

申请（专利权）人：三星电子株式会社

发明（设计）人：池元荣

光盘号：D0713

摘要：

一种管理具有射频识别（RFID）的共享打印机的系统和方法，包括至少一个包含关于用户的任务权限的信息的RFID芯片，RFID收发器单元用于周期性地检索关于RFID芯片的信，控制器用于根据由用户持有的与由RFID收发器单元检索的RFID芯片有关的任务权限确定是否输出文件，和打印单元用于响应来自于控制器的控制信号在打印介质上形成图像。有可能允许，例如，通过赋予每个用户具体权限，进行打印和传真传送，并允许管理员检查RFID收发器单元的使用说明。RFID收发器单元包括在打印机中并且周期性地检索关于RFID芯片的信息并且根据由用户持有的与检索的RFID芯片有关的任务权限确定是否将输出文件。

名称：图像感测单元及其组装方法，以及扫描仪和多功能打印机

申请（专利）号：CN200610144717.9
申请日：2006.07.12
公开（公告）号：CN1937693
公开（公告）日：2007.03.28
主分类号：H04N1/028（2006.01）I
分类号：H04N1/028（2006.01）I；H04N1/024（2006.01）I；H04N1/04（2006.01）I
申请（专利权）人：三星电子株式会社
发明（设计）人：金玄石
光盘号：D0713
摘要：

提供一种图像感测单元，及包括其的扫描仪，及包括该扫描仪的多功能打印机，和一种制造图像感测单元的方法。图像感测单元包括壳体，反射镜组件，和图像传感器。反射镜组件包括一个或多个反射镜，其可调节地安装在壳体内以改变入射光束的路径，和反射镜固定于其中的固持架。图像传感器具有在壳体内可被调节的位置以接收路径已被改变的光束并产生图像信号。组装方法包括步骤：通过在固持架内固定一个或更多反射镜来组装反射镜组件，在调节反射镜组件的位置之后固定反射镜组件在壳体内，和在调节图像传感器的位置之后固定图像传感器在壳体内以接收其路径被反射镜组件改变的光束。

名称：食品成像打印机

申请（专利）号：CN200620089301.7
申请日：2006.02.20
公开（公告）号：CN2880494
公开（公告）日：2007.03.21
主分类号：B41J3/407（2006.01）I
分类号：B41J3/407（2006.01）I；
A23G3/28（2006.01）I
申请（专利权）人：周 伟；王 雷
发明（设计）人：周 伟；王 雷
光盘号：D0712
摘要：

一种食品成像打印机，其特征是它包括护罩、带墨盒拖车和喷嘴的打印机头、托盘、传导丝杆、螺母架、锥型齿轮、支架、主动轮、被动轮、电机、带卡、机头支架和皮带，在护罩内设置有带动喷嘴横向运动的电机，设置在护罩底部的电机通过主动轮、皮带与沿轴承滑道并带动机头纵向运动的机头支架相连接，升降手柄通过连杆、锥型齿轮和传导丝杆与托盘相连接，本实用新型能够将由色素、白酒、丙二醇和纯净水制成的可食用墨水，通过打印的方式将图案、或肖像、或字体喷涂到生日蛋糕、巧克力等食品的表面，具有卫生、操作简单和工作效率高的优点。

名称：打印机色带双色转换装置

申请（专利）号：CN200520126722.8
申请日：2005.12.31
公开（公告）号：CN2880495
公开（公告）日：2007.03.21
主分类号：B41J35/14（2006.01）I
分类号：B41J35/14（2006.01）I
申请（专利权）人：山东新北洋信息技术股份有限公司
发明(设计)人：黄明东；韩智华；郑磊；高涛

光盘号：D0712

摘要：

本实用新型涉及一种打印机，尤其是涉及一种与墨带机构组合应用的打印机色带双色转换装置，它包括色带支架，在色带支架的上方依次设置色带调整板和色带支板，在色带调整板上还设置有色带支板升降机构，通过上述各部件的配合工作，可以顺利实现将字车的横向运动转化为色带盒绕转轴的旋转运动，使得色带上下运动实现颜色转换，本实用新型打印机色带双色转换装置结构简单，造价低廉，颜色转换动作可靠，易于维护更换，应用十分便利。

名称：墨盒和喷墨打印机

申请（专利）号：CN200610135628.8

申请日：2003.12.10

公开（公告）号：CN1931586

公开（公告）日：2007.03.21

主分类号：B41J2/175（2006.01）I

分类号：B41J2/175（2006.01）I

申请（专利权）人：精工爱普生株式会社

发明（设计）人：山田高司

光盘号：D0712

摘要：

一种墨盒，包括：外壳主体，该外壳主体包括多个隔壁和多个墨水出口，所述多个隔壁从所述外壳主体的底板延伸；盖板，所述盖板封闭所述外壳主体的开口；以及隔离件，所述隔离件设置在所述外壳主体的内部并且封闭空间的开口，所述空间由所述多个隔壁和外壳主体限定以将所述外壳主体的内部分隔成多个墨室和废墨室，所述墨室中的每一个都与所述多个墨水出口中的一个连通。

名称：打印机自动对齐装置

申请（专利）号：CN200510011020.X

申请日：2005.09.16

公开（公告）号：CN1931593

公开（公告）日：2007.03.21

主分类号：B41J13/12（2006.01）I

分类号：B41J13/12（2006.01）I；B41J13/26（2006.01）I；B41J13/14（2006.01）I

申请（专利权）人：云南南天电子信息产业股份有限公司

发明（设计）人：李 丹

光盘号：D0712

摘要：

本发明提供一种打印机自动对齐装置，包括打印介质进入通道，设置在通道下方的其上设有下搓纸轮组和对齐光敏管及与光敏管电连接的信号接收器、传递光纤的下平台，设置在通道上方的上搓纸轮组，以及设置在上、下搓纸轮轮轴端部的传动齿轮和驱动传动齿轮的动力传递带及驱动电机，其特征在于通道上方的上搓纸轮组设置在与底架分离的活动托架上，在上搓纸轮侧边设有其底端与下搓纸轮对接的滚珠，滚珠置于底架上对应的通槽内，活动托架通过其上的螺柱与设置在下平台上的升降挡纸器相对接。可对不同材质、不同尺寸、不同厚度的打印介质进行自动对齐纠偏、搓送，从而提高打印质量及精度，减轻工作人员的劳动强度。

名称：热激活设备以及打印机

申请（专利）号：CN200610153662.8

申请日：2006.09.12

公开（公告）号：CN1931672

公开（公告）日：2007.03.21

主分类号：B65C9/25（2006.01）I

分类号：B65C9/25（2006.01）I；B65C11/06（2006.01）I；B41J2/32（2006.01）I

优先权：2005.9.12 JP 2005-263881

申请（专利权）人：精工电子有限公司

发明（设计）人：高桥政则

光盘号：D0712

摘要：

一种热激活设备包括用于通过加热来

热激活热敏感粘合剂片材的热敏感粘合剂层的热能头以及放置成与用于热激活的热能头相对的压辊。用于热激活的热能头通过弹簧偏压，由此用于热激活的压辊用压力压靠用于热激活的热能头。热敏感粘合剂片材加热，同时在用于热激活的压辊和用于热激活的热能头之间运输，由此热敏层热激活。即使在热敏感粘合剂层内具有未激活部分的情况下，也可平稳输送热敏感粘合剂片材而不滞留在与用于热激活的热能头相对的位置上。

名称：热激活装置、打印装置以及打印机
申请（专利）号：CN200610153661.3
申请日：2006.09.12
公开（公告）号：CN1931673
公开（公告）日：2007.03.21
主分类号：B65C11/06（2006.01）I
分类号: B65C11/06(2006.01)I; B65C9/25(2006.01)I; B41J2/32(2006.01)I; B41J11/02(2006.01)I
申请（专利权）人：精工电子有限公司
发明（设计）人：高桥政则
光盘号：D0712
摘要：

用于防止片材相对于加热器材和打印器材不充分压接触并抑止片材上薄点出现的热激活装置、打印装置和打印机。热激活装置包括支承热激活头的头支承构件、用于在使得热激活头朝着和离开压辊的方向上以转动方式支承头支承构件的支承轴、用于在造成热激活头压接触压辊的方向上压迫头支承构件的压辊弹簧、通过压辊弹簧在压迫方向上可运动接合支承轴的轴孔以及用于调节支承轴在轴孔内的位置并在造成热激发头压接触压辊的方向上压迫头支承构件的调节弹簧。

名称：半自动电子打印机
申请（专利）号：CN200580005122.9
申请日：2005.02.15
公开（公告）号：CN1933974
公开（公告）日：2007.03.21
主分类号：B41J3/39（2006.01）I
分类号：B41J3/39（2006.01）I；B41J3/36（2006.01）I；B41K1/40（2006.01）I；B41J3/28（2006.01）I
申请（专利权）人：内斯特有限合伙公司
发明（设计）人：F·托帕尼
光盘号：D0712
摘要：

一种半自动电子打印机包括外壳（2）和内部的打印头（8）。从外壳（2）向上突出的按钮（3）刚性地连接到框架（7），框架（7）以弹簧支承关系安装在外壳（2）内部以使框架可竖直地在不工作位置和工作位置之间运动。框架（7）在上部支撑印刷电路板。该印刷电路板包括微处理器，用于从分开的计算机获得必须打印的数据，用于储存这些数据，以及用于控制打印头（8）的操作。打印头（8）由托架（20）支承在其内部，在按钮（3）被向下按动时打印头与要打印的介质进行接触，在打印一排点之后水平平移，直至所希望的由点矩阵构成的图象已经打印在全部打印表面上为止。

名称：阵列型喷墨打印机系统及其控制方法
申请（专利）号：CN200610126747.7
申请日：2006.09.06
公开（公告）号：CN1927587
公开（公告）日：2007.03.14
主分类号：B41J2/01（2006.01）I
分类号：B41J2/01（2006.01）I；B41J29/38（2006.01）I
申请（专利权）人：三星电子株式会社
发明（设计）人：金宁九
光盘号：D0711
摘要：

一种具有打印头的阵列型喷墨打印机系统，该打印头具有在水平扫描方向上形成在其中的多个喷嘴，该系统包括：分辨率调整单元，用于按照预定比率减少在打印数据的水平扫描方向上的分辨率；绘制单元，用于根据由所述分辨率调整单元调整的分辨率绘制所述打印数据；以及定标器，用于定标绘制的打印数据的尺寸，以便与阵列型喷墨打印机的分辨率相对应。因此，能够减少同时操作的喷嘴的数量，从而减少功率消耗。这又开辟了使用小尺寸、低成本的电源单元的可能性。

名称：打印机

申请（专利）号：CN200610151699.7
申请日：2006.09.08
公开（公告）号：CN1927595
公开（公告）日：2007.03.14
主分类号：B41J11/62（2006.01）I
分类号：B41J11/62（2006.01）I；B41J2/00（2006.01）I；G03G15/00（2006.01）N
申请（专利权）人：兄弟工业株式会社
发明（设计）人：川边纪子；近藤博大；小林慎治；村田进；加藤雅士；春日井淳
光盘号：D0711
摘要：

本发明提供一种打印机，它可防止灰尘进入并粘附于打印介质，由此避免灰尘进入或靠近打印头，并可提高打印质量。当纸张位于外壳内时，第一盖覆盖一第一纸张伸出端口，作为打印介质的纸张通过该端口伸出。这可防止灰尘通过第一纸张伸出端口进入到外壳内。此外，当纸张通过诸如一纸张馈送滚轮那样的馈送装置在向前的馈送运动中通过第一纸张伸出端口伸出时，第一盖在纸张前端的压力下围绕第一接合部分摆动以覆盖纸张。

名称 ： 具有多个介质输入托盘的网络喷墨打印机单元

申请（专利）号：CN200480040828.4
申请日：2004.12.20
公开（公告）号：CN1930002
公开（公告）日：2007.03.14
主分类号：B41J11/58（2006.01）I
分类号：B41J11/58（2006.01）I
申请(专利权)人：西尔弗布鲁克研究有限公司
发明（设计）人：卡・西尔弗布鲁克
光盘号：D0711
摘要：

一种用于网络环境的喷墨打印机单元（1），包括：体部（2），其具有：至少一个介质输入托盘（4），用于提供一页或多页用于打印的介质；打印引擎（3），用于在介质页上打印图像，所述打印引擎（3）包括可移除的页宽喷墨打印头；和输送通道，用于将介质从所述至少一个介质输入托盘（4）输送到所述打印引擎（3）以进行打印；其中，所述体部（2）的底部构造成适于容纳至少一个用于提供一页或多页介质以进行打印的辅助介质输入托盘，并且在所述底部设置有开口以接收来自所述辅助介质输入托盘用于经过所述输送通道输送到所述打印引擎中的介质。

名称：喷墨打印机

申请（专利）号：CN200520136628.0
申请日：2005.12.14
公开（公告）号：CN2875809
公开（公告）日：2007.03.07
主分类号：B41J2/14（2006.01）I
分类号：B41J2/14（2006.01）I；B41J2/135（2006.01）I；B41J2/175（2006.01）I；B41J2/045（2006.01）I
申请（专利权）人：兄弟工业株式会社
发明（设计）人：渡边英年
光盘号：D0710
摘要：

一种喷墨打印机配备有喷墨头。所述喷墨头包括墨水流路体和执行机构。该墨水流路体包括喷嘴、与喷嘴相连的墨水室以及位于所述喷嘴与所述墨水室之间的压力室。所述执行机构包括与压力室相对的压电元件。该压电元件包括压电层、与所述压电层的前表面相连的第1电极、与压电层的后表面相连的第2电极以及位于所述第2电极与墨水流路体之间的第1绝缘体。所述喷墨打印机还包括用于维持墨水流路体的电位和所述第2电极的电位的装置，从而使所述墨水流路体的电位等于或小于所述第2电极的电位。

名称：喷墨打印机用墨盒
申请（专利）号：CN200620008420.5
申请日：2006.03.15
公开（公告）号：CN2875810
公开（公告）日：2007.03.07
主分类号：B41J2/175（2006.01）I
分类号：B41J2/175（2006.01）I;
B41J2/18（2006.01）I
申请(专利权)人：珠海天威技术开发有限公司
发明（设计）人：刘兴相；黄振超；李贵清；陈达飞；余青松
光盘号：D0710
摘要：

本实用新型是喷墨打印机墨盒，包括：至少一个储墨腔、供墨口和平衡孔。在供墨口至储墨腔的墨道中，设置篮球阀。在储墨腔压力大于供墨口时，篮球阀开启墨道；在储墨腔压力小于供墨口时，篮球阀关闭墨道。在供墨口和储墨腔之间设置调压通道。调压通道中设置篮球阀。在储墨腔压力大于供墨口时，调压通道中的篮球阀关闭调压通道；在储墨腔压力小于供墨口时，调压通道中的篮球阀开启调压通道。该墨盒可有效避免更换时出墨口漏墨的现象，避免打印头因承受墨水压力过大而受损坏。

名称：喷墨打印机的墨水匣
申请（专利）号：CN200620008496.8
申请日：2006.03.17
公开（公告）号：CN2875811
公开（公告）日：2007.03.07
主分类号：B41J2/175（2006.01）I
分类号：B41J2/175（2006.01）I
申请(专利权)人：珠海天威技术开发有限公司
发明（设计）人：金本友
光盘号：D0710
摘要：

本实用新型是喷墨打印机用墨水匣，包括均为刚性的盒体和盒盖。盒体和盒盖对接扣合后形成密闭的用于储藏墨水的储墨腔。盒盖上开设有用于向喷墨打印机记录头供墨的供墨口和同外部进行气体交换的换气口。供墨口和换气口均与储墨腔连通。供墨口和换气口内面向储墨腔的一侧均固定有自闭密封圈，其背对储墨腔的一侧径向尺寸均稍微收缩至小于自闭密封圈的径向尺寸。该墨水匣一方面在安装自闭密封圈时定位稳定，且墨水使用效率高。

名称：喷墨打印机墨盒及其压差调节阀
申请（专利）号：CN200620008730.7
申请日：2006.03.15
公开（公告）号：CN2875813
公开（公告）日：2007.03.07
主分类号：B41J2/175（2006.01）I
分类号：B41J2/175（2006.01）I;
F16K17/00（2006.01）I
申请(专利权)人：珠海天威技术开发有限公司
发明（设计）人：李先笔；胡 诚
光盘号：D0710
摘要：

本实用新型是喷墨打印机墨盒及其压差调节阀。该压差调节阀，包括由外壁围成的密封空腔。该密封空腔由采用弹性材料制备的膜片分隔为相互隔绝的第一腔室和第二腔室。其第一腔室通过其外壁上设置的墨水通道与喷墨打印机墨盒的供墨口内的墨水保持连通。其第二腔室通过其外壁上设置的墨水通道与喷墨打印机墨盒的储墨腔内的墨水保持连通。在膜片的大约径向中部开设有贯通其自身的狭缝形切口。

使用这种压差调节阀的墨盒可缓解供墨针进出供墨口期间发生的极度压力变化。

名称 ： 一种多用途的喷墨打印机

申请（专利）号：CN200520063173.4

申请日：2005.08.22

公开（公告）号：CN2875814

公开（公告）日：2007.03.07

主分类号：B41J3/407（2006.01）I

分类号：B41J3/407（2006.01）I；

B41J29/38（2006.01）I

申请（专利权）人：欧阳雪源；刘小斌；裴彤玥

发明（设计）人：欧阳雪源；刘小斌；裴彤玥；欧阳雪山；陈爱军；丘 青

光盘号：D0710

摘要：

本实用新型提供一种可在具有一定厚度物体表面打印图片或文字的喷墨打印机，该打印机的主体结构由带有喷墨头的横梁及其附属结构和可安放0.5厘米以上厚度的被打印介质的机构组成，喷墨头可以沿横梁横向往复运动，该往复运动可以完成一行的喷墨打印动作，而安放被打印介质的机构可以相对横梁垂直方向往复运动，完成被打印物体类似普通打印机进纸的动作，从而实现在立体的被打印物体表面一定的区域打印图片或文字的功能。配合计算机上的软件，利用该打印机可以在鲜花花瓣表面、水果树叶表面、手脚指甲表面、手机机壳表面、IC卡或其他各种物体表面进行打印，完成对各种物体表面的装饰或标识，是一种新颖实用、美化人们生活的工具。

名称：打印机自动对齐装置

申请（专利）号：CN200520099808.6

申请日：2005.09.16

公开（公告）号：CN2875815

公开（公告）日：2007.03.07

主分类号：B41J13/12（2006.01）I

分类号：B41J13/12（2006.01）I；B41J13/26（2006.01）I；B41J13/14（2006.01）I

申请（专利权）人：云南南天电子信息产业股份有限公司

发明（设计）人：李 丹

光盘号：D0710

摘要：

本实用新型提供一种打印机自动对齐装置，包括打印介质进入通道，设置在通道下方的其上设有下搓纸轮组和对齐光敏管及与光敏管电连接的信号接收器、传递光纤的下平台，设置在通道上方的上搓纸轮组，以及设置在上、下搓纸轮轮轴端部的传动齿轮和驱动传动齿轮的动力传递带及驱动电机，其特征在于通道上方的上搓纸轮组设置在与底架分离的活动托架上，在上搓纸轮侧边设有其底端与下搓纸轮对接的滚珠，滚珠置于底架上对应的通槽内，活动托架通过其上的螺柱与设置在下平台上的升降挡纸器相对接。可对不同材质、不同尺寸、不同厚度的打印介质进行自动对齐纠偏、搓送，从而提高打印质量及精度，减轻工作人员的劳动强度。

名称：电子计价秤的打印机固定支架

申请（专利）号：CN200620070858.6

申请日：2006.03.24

公开（公告）号：CN2876733

公开（公告）日：2007.03.07

主分类号：G01G21/00（2006.01）I

分类号：G01G21/00（2006.01）I；G01G23/00（2006.01）I；G01G19/40（2006.01）I

申请（专利权）人：梅特勒－托利多（常州）称重设备系统有限公司；梅特勒－托利多（常州）精密仪器有限公司；梅特－托利多（常州）测量技术有限公司

发明（设计）人：郑文生；韩泽鑫；陈黎岗

光盘号：D0710

摘要：

本实用新型涉及一种电子计价秤的打印机固定支架，包括槽形支架和安装板，槽形支架由槽板和其两侧的长侧板和短侧板构成，槽形支架的槽板或短侧板底部具有外翻、带孔的安装座，槽形支架的长侧板底部具有外翻的底座，底座的远边折有竖起的安装板，且安装板内侧面的中上部与槽形支架的长侧板固定连接，底座的近边上设有二个以上的安装孔以及安装纸距传感器的螺孔，在槽形支架的长侧板上还设有线排槽口和进纸槽口。本实用新型安装板的中上部与槽形支架的长侧板固定连接，当槽形支架受到冲击力后，在安装板的支撑作用下，不易发生弯曲变形。由于将打印机、印制线路板和纸距传感器能集中安装在固定支架上，具有结构紧凑，受力合理、变形小的特点。

名称：具有力传递路径选择机构的打印机

申请（专利）号：CN200610128874.0

申请日：2006.08.31

公开（公告）号：CN1923514

公开（公告）日：2007.03.07

主分类号：B41J2/01（2006.01）I

分类号: B41J2/01(2006.01)I; B41J23/02(2006.01)I; B41J25/24(2006.01)I; B41J2/165(2006.01)I; B41J13/00(2006.01)I; B41J29/38(2006.01)I

申请（专利权）人：兄弟工业株式会社

发明（设计）人：古闲雄二；井土正俊

光盘号：D0710

摘要：

一种打印机具有：滑架，它能够在往复移动路径的第一端部和第二端部之间移动；以及驱动力传递路径选择机构，它设置在往复移动路径的第二端部处。选择机构具有：共同驱动力输出构件；多个力接收构件；选择构件；以及用于保持选择构件的位置的位置保持器。该选择构件使力输出构件与所述多个力接收构件中的一个连接，并且当滑架在第二端部附近沿着从第一端部延伸到第二端部的第一方向移动时，选择构件与滑架相关地移动。位置保持器在滑架沿着从第二端部延伸到第一端部的第二方向移动时保持选择构件的位置。根据滑架沿着往复移动路径的移动来选择通过选择构件与力输出构件连接的力接收构件。

名称：打印机

申请（专利）号：CN200610121307.2

申请日：2006.08.22

公开（公告）号：CN1923522

公开（公告）日：2007.03.07

主分类号：B41J2/32（2006.01）I

分类号：B41J2/32（2006.01）I；
B41J13/02（2006.01）I

申请（专利权）人：阿尔卑斯电气株式会社

发明（设计）人：丸山贵史；阿部荣文；本木善幸

光盘号：D0710

摘要：

本发明的目的在于提供一种减轻因搬送辊等的齿轮的间隙而产生的记录用纸的送纸不均，消除颜色偏差，提高印刷画质的打印机。使压纸卷筒辊（2）作为主驱动源而旋转，同时将传递给压纸卷筒辊（2）的驱动力再次传递给第一、第二搬送辊（1、3），从而从属地旋转驱动。

名称：具有喷墨头清洁件的打印机

申请（专利）号：CN200510098532.4

申请日：2005.09.02

公开（公告）号：CN1923525

公开（公告）日：2007.03.07

主分类号：B41J29/17（2006.01）I

分类号：B41J29/17（2006.01）I；
B41J2/165（2006.01）I

申请(专利权)人：明基电通信息技术有限公司

发明（设计）人：赵明杰

光盘号：D0710

摘要：

一种具有喷墨头清洁件的打印机，包括：座体、圆形轴件、承载体及清洁座体。圆形轴件设置于座体内。承载体往复移动式地套设于圆形轴件上，承载体用以承载打印机的墨盒。清洁座体设置清洁件，清洁件用以清洁墨盒的喷墨头。其中当承载体上下移动时，承载体机械式地带动清洁座体上下移动，以维持清洁件及喷墨头间具有固定的干涉距离，使清洁件清洁喷墨头，以保持打印质量。

名称：具有送纸机构的打印机

申请（专利）号：CN200610128879.3
申请日：2006.08.31
公开（公告）号：CN1923650
公开（公告）日：2007.03.07
主分类号：B65H5/06（2006.01）I
分类号：B65H5/06（2006.01）I；B65H3/06（2006.01）I；B65H7/02（2006.01）I
申请（专利权）人：兄弟工业株式会社
发明（设计）人：浅田哲男；古闲雄二；井土正俊
光盘号：D0710
摘要：

在打印机内设置供纸辊和一对送入辊，该供纸辊用于将来自堆叠在纸盒内的多张纸张中的一张纸张朝着导纸件传送，那对送入辊用于将从导纸件提供来的那张纸张朝着打印区域传送。那对送入辊具有由电机驱动的送入驱动辊和由送入驱动辊驱动的送入从动辊。那对送入辊的传送速度比供纸辊的传送速度快，并且那对送入辊的传送力比供纸辊的传送力强。在连续送纸模式期间，打印机的控制器根据程序控制供纸辊和那对送入辊的转动，该程序不依赖于供纸辊和那对送入辊所传送的纸张的位置。

名称：具有送纸机构的打印机

申请（专利）号：CN200610128880.6
申请日：2006.08.31
公开（公告）号：CN1923651
公开（公告）日：2007.03.07
主分类号：B65H5/06（2006.01）I
分类号：B65H5/06(2006.01)I；B65H3/06(2006.01）I；B65H7/04（2006.01）I
申请（专利权）人：兄弟工业株式会社
发明（设计）人：古闲雄二；小崎大介
光盘号：D0710
摘要：

一种打印机配备有：供纸辊，用于传送来自堆叠在纸盒内的多张纸张中的一张纸张；一对送入辊，用于将从供纸辊提供来的那张纸张朝着打印区域传送；以及纸张传感器，它设置在供纸辊和那对送入辊之间。在发现打印机内没有存储用于随后纸张的打印数据时的时刻，在纸张传感器检测到纸张存在的情况中，该打印机使那对送入辊沿着正向方向转动。另一方面，在发现打印机内没有存储用于该随后纸张的打印数据时的时刻，在纸张传感器检测到纸张不存在时，该打印机使供纸辊沿着向后方向转动。

名称：调整激光打印机的扫描行之间的排列的装置及其方法

申请（专利）号：CN200610082584.7
申请日：2006.05.18
公开（公告）号：CN1924715
公开（公告）日：2007.03.07
主分类号：G03G15/00（2006.01）I
分类号：G03G15/00（2006.01）I；H04N1/04（2006.01）I；H04N1/047（2006.01）I
申请（专利权）人：三星电子株式会社
发明（设计）人：朴英珍；李允太
光盘号：D0710
摘要：

本发明提供了一种用于调整激光打印机的扫描行之间的排列的装置和方法。该装置可包括：激光扫描单元，具有多个激光二极管；和调整单元，利用整数部分和小数部分来调整多个视频数据，使它们与来自所述多个激光二极管的同步信号同步，该整数部分和小数部分组成一个实数，该实数通过利用视频时钟被计算，以使多个视频数据与来自扫描多个视频数据的多个激光二极管的同步信号同步。该装置和方法补偿由于各个激光二极管的位置差异而导致在扫描行之间出现的误差。

名称：一种打印机
申请（专利）号：CN200580006660.X
申请日：2005.09.13
公开（公告）号：CN1925987
公开（公告）日：2007.03.07
主分类号：B41J29/38（2006.01）I
分类号：B41J29/38（2006.01）I；G06K17/00（2006.01）I；G06K19/07（2006.01）I；B41J2/32（2006.01）I
申请（专利权）人：株式会社佐藤
发明（设计）人：京井聪明
光盘号：D0710
摘要：

可以无需对打印的纸张和打印机一侧天线的位置进行限制而将数据写入包含在打印纸中的RFID标签或者从其中读出数据。接收用以指定含在标签（41）中的RFID标签（500）的天线（412）的位置的命令，基于该命令，传送打印纸（200）使得打印机一侧的RFID读写元件的天线（24）与RFID标签（500）的天线（412）的位置处于垂直于传送方向的直线上，从而向RFID标签（500）的IC芯片（411）写入或从其中读出数据。

名称：打印机墨盒
申请（专利）号：CN200520120657.8
申请日：2005.12.12
公开（公告）号：CN2873500
公开（公告）日：2007.02.28
主分类号：B41J2/175（2006.01）I
分类号：B41J2/175（2006.01）I
申请（专利权）人：深圳普瑞科打印技术有限公司
发明（设计）人：温 巍
光盘号：D0709
摘要：

本实用新型涉及一种打印机墨盒，包括由盒体和盒盖组成的储墨腔、盒体顶部的导气孔和盒体底部的出墨口及墨盒控制芯片的安装位和固定夹，导气孔中还设有单向阀，储墨腔分隔为下、上两部分，分别为第一、二储墨腔，盒体设有连通第一储墨腔底部和第二储墨腔底部的竖直墨水连通通道、连通导气孔至第一储墨腔顶部的气道、连通出墨口至第二储墨腔底部的出墨通道。这种墨盒结构能够自动调节储墨腔内压力，使得储墨腔中的压强变化较小，墨盒内保持恒压状态，从而保证了出墨口出墨流量均匀，打印流畅，不会出现断墨或喷墨过多的现象；通过设置单向阀、阻尼腔和圆片单向阀的结构，既可防止墨水倒流，发生墨盒渗墨的现象，也可减缓墨盒内墨水的压力变化，从而墨盒质量更可靠；设置注墨结构，在墨水使用完毕时可填充墨水，成本低。

名称：半切断机构及带式打印机
申请（专利）号：CN200610107429.6
申请日：2004.08.19
公开（公告）号：CN1919551
公开（公告）日：2007.02.28
主分类号：B26D3/08（2006.01）I
分类号：B26D3/08（2006.01）I；B26D7/26（2006.01）I；B26D1/30（2006.01）I；B41J11/66（2006.01）I；B41J11/70（2006.01）I
申请（专利权）人：精工爱普生株式会社；株式会社锦宫事务
发明（设计）人：袖山秀雄
光盘号：D0709

摘要：

本发明的半切断机构使叠层了剥离纸与打印带的带状构件来到具有直刃的刀片的切断刀片与承受切断刀片、并且对切入的刀片的刀刃线平行地对峙的刀片承受构件之间，通过使切断刀片对刀片承受构件切入，以压切形式半切断打印带和剥离纸的某一方，备有对切入的刀片的刀刃与承受它的刀片承受构件的刀刃承受面的间隙进行位置限制的一对限制构件，一对限制构件由设在切断刀片上、向刀片承受构件侧突出的一方的刀片侧限制构件，与设在刀片承受构件上、向切断刀片侧突出的另一方的承受侧限制构件构成，这些分别设在刀片的刀刃长度方向外侧。

名称：用于打印机的盛装油墨的墨盒

申请（专利）号：CN200610101414.9
申请日：1997.08.02
公开（公告）号：CN1919610
公开（公告）日：2007.02.28
主分类号：B41J2/175（2006.01）I
分类号：B41J2/175（2006.01）I
申请（专利权）人：精工爱普生株式会社
发明（设计）人：田和充；小林隆男；宫泽久
光盘号：D0709
摘要：

一种用于打印机的盛装油墨的墨盒，其特征在于，包括：一油墨腔室，用于盛装油墨，所述油墨腔室具有底壁和内部空间；一供墨口，延伸通过该底壁并与该油墨腔室相通；一弹性可变形的密封件，具有一圆筒形安装部分，与所述供墨口的内表面相连；一柔性部分，从所述安装部分延伸；和一环状安装部分，从所述柔性部分延伸，所述环状安装部分被构造和设置成与供墨针形成对液体的紧密密封。

名称：打印机设备

申请（专利）号：CN200580006024.7
申请日：2005.02.08
公开（公告）号：CN1922024
公开（公告）日：2007.02.28
主分类号：B41J11/00（2006.01）I
分类号：B41J11/00（2006.01）I
申请（专利权）人：精工电子有限公司
发明（设计）人：渡边秀树；登崎修治；清野匠
光盘号：D0709
摘要：

一种采用压辊作为输送装置的打印机，其中通过改善驱动源（即马达）的散热，提高构成用于驱动压辊的驱动传递机构的部件组装精度并可以实现小尺寸/高输出。打印机包括用于输送记录片材的压辊、与压辊相对布置的打印头、压辊的驱动单元以及包括一对侧壁并可转动支承压辊的主框架。驱动单元包括马达、用于将马达提供的转动力传递到压辊上的中间齿轮以及具有整体形成的支承中间齿轮的齿轮支承轴的齿轮安装构件。驱动单元可在马达和中间齿轮固定齿轮安装构件上的状态下固定在主框架上。马达的驱动齿轮和中间齿轮包括在由齿轮安装构件和主框架的侧壁之一限定的空间内。

名称：标签打印机

申请（专利）号：CN200580005938.1
申请日：2005.02.22
公开（公告）号：CN1922025
公开（公告）日：2007.02.28
主分类号：B41J21/00（2006.01）I
分类号：B41J21/00（2006.01）I；B41J29/38（2006.01）I；G06F3/12（2006.01）I；B41J3/36（2006.01）N
申请（专利权）人：美克司株式会社
发明（设计）人：内山康幸；田原祥作；佐野千鹤男；山崎章充

光盘号：D0709

摘要：

在标签打印机（1）上设置第一编辑应用程序，即使标签打印机（1）未与计算机（2）相连，也能够将数据展开为与计算机（2）的显示器（3）中所显示的格式大致相同的格式而打印到标签（L）上。在标签打印机（1）与计算机（2）相连时，使用设在计算机（2）中的第二编辑应用程序。另一方面，在标签打印机（1）未与计算机（2）相连时，使用第一编辑应用程序，将数据展开为与计算机（2）的显示器（3）中所显示的格式大致相同的格式而打印到标签（L）上。

名称：用于通过打印机打印图像并在照相机和计算机之间传输图像的、具有直接与数码相机和计算机连接的DOR接口的打印机

申请（专利）号：CN200580005488.6

申请日：2005.02.18

公开（公告）号：CN1922856

公开（公告）日：2007.02.28

主分类号：H04N1/32（2006.01）I

分类号：H04N1/32（2006.01）I；H04N1/00（2006.01）I

申请（专利权）人：伊斯曼柯达公司

发明（设计）人：N·埃克豪斯；J·R·奥利弗

光盘号：D0709

摘要：

本发明是一种数字打印机，包括适合打印图像的标记装置（412）、用于连接数码相机的第一电接口（452）、用于连接计算机（496）的第二电接口（494）和一个处理器（420），该处理器用于检测数码相机何时连接到第一电接口，在数码相机连接到第一电接口时控制标记装置打印由数码相机提供的图像，并在数码相机没有连接到第一电接口时控制标记装置打印来自第二接口上的计算机提供的图像。

名称：数码打印机

申请（专利）号：CN200520142025.1

申请日：2005.11.28

公开（公告）号：CN2871199

公开（公告）日：2007.02.21

主分类号：B41J2/01（2006.01）I

分类号：B41J2/01（2006.01）I；B41J3/00（2006.01）I；B44B3/00（2006.01）I

申请（专利权）人：潘晓峰

发明（设计）人：潘晓峰

光盘号：D0708

摘要：

本实用新型涉及一种数码打印机，有一个机箱1，其上设有移动台板3及喷墨打印机芯5；所述的移动台板下面设有水平驱动机构，该驱动机构由台板电机301、齿条302、水平驱动齿轮303、水平滑轨304构成；所述的移动台板及水平驱动机构设置在一个升降框架607上，该升降框架设置在所述机箱中部，通过升降机构6与机箱固定；该升降机构由丝杠固定底座、传动齿形带、竖直丝杠、丝杠齿轮、升降螺母、丝杠固定顶座、升降驱动电机构成；所述机箱内设置有控制电路，机箱外设置有控制面板7。本实用新型可以在多种材质上打印文字或图像，并且可以根据材质的厚度灵活的调节打印头与材质之间的距离，保证图文的清晰和质量。

名称：喷墨打印机的墨水匣

申请（专利）号：CN200620006750.0

申请日：2006.03.04

公开（公告）号：CN2871202

公开（公告）日：2007.02.21

主分类号：B41J2/175（2006.01）I

分类号：B41J2/175（2006.01）I

申请(专利权)人：珠海天威技术开发有限公司

发明（设计）人：金本友

光盘号：D0708

摘要：

本实用新型是喷墨打印机用墨水匣，包括刚性的盒体和挠性的墨囊。墨囊设置于盒体内腔中。盒体和墨囊上设置有对应连接的供墨口。盒体设置有贯通其腔壁的排气孔。墨囊设置有贯通其囊壁的排气嘴。排气孔和排气嘴密闭地对接连通，构成连通囊腔和盒体外部环境的排气通道。在排气通道中设置限压阀和过滤器。限压阀相应于墨囊囊腔中的压力打开或关闭排气通道。过滤器可滤除空气。该墨水匣可及时消除充入墨盒的气体因膨胀产生的占据墨水储藏区域的负面影响，有效地提高墨盒的墨水装载效率。

名称：一种带有可拆卸装置的打印机墨盒

申请（专利）号：CN200620053420.7

申请日：2006.01.08

公开（公告）号：CN2871204

公开（公告）日：2007.02.21

主分类号：B41J2/175（2006.01）I

分类号：B41J2/175（2006.01）I；
B41J2/18（2006.01）I

申请（专利权）人：珠海纳思达电子科技有限公司

发明（设计）人：吴俊中；周 毅；陈保全

光盘号：D0708

摘要：

本实用新型提供了一种带有可拆卸装置的打印机墨盒，包括底壳、面盖、至少一个墨水容器。每种墨水有单独的墨水容器，并以装配方式装进底壳内。墨水容器有一个负压机构，用于控制容器内部负压，墨水容器架上有出墨口，出墨口内有密封圈。底壳和面盖以可拆卸的方式组装在一起，面盖上设有从打印机上装卸墨盒用的装置。

名称：喷墨打印机及使用喷墨打印机的打印方法

申请（专利）号：CN200610098527.8

申请日：2006.07.04

公开（公告）号：CN1915676

公开（公告）日：2007.02.21

主分类号：B41J2/21（2006.01）I

分类号：B41J2/21（2006.01）I；
B41J3/407（2006.01）I

申请（专利权）人：株式会社御牧工程

发明（设计）人：上原慎一；小林久之；大西胜

光盘号：D0708

摘要：

本发明提供一种将图像重叠打印到已打印在介质上的底色层表面的打印机。将图像打印用子喷墨头（32b、32c、32d、32e）和底色层打印用子喷墨头（32a）配置于喷墨头（30）的X方向前部和后部。并从在介质（10）上方沿Y方向往复移动的底色层打印用子喷墨头喷射墨水液滴，由该墨水液滴将底色层（50）打印在介质上。接着，使介质朝X方向顺序移动，在图像打印用子喷墨头到达已打印在该介质的底色层上方后，从在该底色层上方沿Y方向往复移动的图像打印用子喷墨头喷射墨水液滴，由该墨水液滴在该底色层表面重叠打印图像（60）。

名称：热敏打印机

申请（专利）号：CN200610115564.5

申请日：2006.08.18

公开（公告）号：CN1915677

公开（公告）日：2007.02.21

主分类号：B41J2/32（2006.01）I

分类号：B41J2/32（2006.01）I；
B41J29/38（2006.01）I

申请（专利权）人：精工爱普生株式会社

发明（设计）人：今井聪

光盘号：D0708

摘要：

本发明的目的在于能够通过1种逻辑电路对应多个打印方式，同时各个打印方式中逻辑的变更较容易，能够进行更高品质的打印。在给记录介质作用热能进行打印的热敏打印机中，具有：给记录介质作用热能的发热元件；对应发热元件设置，用来驱动该发热元件的发热元件驱动电路；以及根据外部所输入的打印像素数据，向发热元件驱动电路供给给定的驱动信号的打印控制部（13），打印控制部（13）具有：将对应于驱动信号的供给模式的给定数值组可更新存储起来的设定寄存器部（36）；以及根据设定寄存器部（36）中所存储的数值组，更新对打印像素数据的逻辑运算式，能够按照供给模式变更驱动信号的逻辑电路部（34）。

名称：呈L形构造的打印机和图像读取器的组合

申请（专利）号：CN200480040818.0

申请日：2004.12.20

公开（公告）号：CN1918895

公开（公告）日：2007.02.21

主分类号：H04N1/00（2006.01）I

分类号：H04N1/00（2006.01）I；B41J2/01（2006.01）I

申请(专利权)人：西尔弗布鲁克研究有限公司

发明（设计）人：托宾·艾伦·金；卡·西尔弗布鲁克

光盘号：D0708

摘要：

本发明提供一种喷墨打印机单元（2），包括用于支撑打印介质的介质输入组件、用于收集已打印介质的介质输出组件、和用于在所述介质上打印图像的打印引擎。该单元构造成使得该介质输出组件是图像读取单元、并且已打印介质被收集在该图像读取单元（701）的表面上。

名称：图像处理方法、打印机驱动器、成像装置、图像处理装置、和成像系统

申请（专利）号：CN200580004663.X

申请日：2005.11.07

公开（公告）号：CN1918899

公开（公告）日：2007.02.21

主分类号：H04N1/46（2006.01）I

分类号：H04N1/46（2006.01）I；G06T5/00（2006.01）I；B41J2/525（2006.01）I；H04N1/60（2006.01）I；G06T1/00（2006.01）I

申请（专利权）人：株式会社理光

发明（设计）人：榊原茂高；吉田雅一；平野政德

光盘号：D0708

摘要：

公开了一种图像处理方法，用于对输入三色信号进行底色去除处理和黑色记录液引入处理，和产生用于成像装置的图像数据，所述装置构置成使用青色、品红色、黄色和黑色记录液在记录介质上形成彩色图像。该方法包括以下步骤：调节最大黑色记录液引入量使得在光泽记录介质上形成的图像中所实现的黑色光泽度不降低，设定黑色由黑色记录液实现直至达到所调节的最大黑色记录液引入量，和设定黑色通过加入青色、品红色、和黄色记录液的复合物而实现，如果所要实现的黑色需要的黑色记录液的量的超过所调节的最大黑色记录液引入量。

名称：喷墨打印机墨盒用补气阀门

申请（专利）号：CN200520062476.4

申请日：2005.08.02

公开（公告）号：CN2868679

公开（公告）日：2007.02.14

主分类号：B41J2/175（2006.01）I

分类号：B41J2/175（2006.01）I

申请（专利权）人：珠海天威飞马打印耗材有限公司

发明（设计）人：李先笔

光盘号：D0707

摘要：

本实用新型是喷墨打印机墨盒的补气阀门，采用弹性材料制备。它包括①用于开启或关闭墨盒补气通道的密封部，②接受墨盒提供的外部作用力的受力部，③在墨盒提供的外部作用力影响下完成密封部的开启或关闭的定向变形和回复控制部，以及④与墨盒配合完成补气阀门安装定位的定位部。该补气阀门与墨盒补气道结合，实现了墨盒内部气压平衡的调节，其具有结构单一紧凑，功能齐全可靠，密封性能好的优点。

名称：喷墨打印机墨盒

申请（专利）号：CN200520063574.X

申请日：2005.08.20

公开（公告）号：CN2868680

公开（公告）日：2007.02.14

主分类号：B41J2/175（2006.01）I

分类号：B41J2/175（2006.01）I

申请（专利权）人：珠海天威飞马打印耗材有限公司

发明（设计）人：李先笔

光盘号：D0707

摘要：

本实用新型是用于喷墨打印机墨盒，包括盒体和封盖。盒体经封盖密封后形成可用于容纳墨液的容墨腔。盒体上设置供墨口、补气道、单向阀。容墨腔包括相互连通的主腔和辅腔。辅腔与主腔连通，同时通过单向阀与供墨口连通。补气道在主腔垂向最高点与主腔连通，其接近于盒体底壁的进气口与阀门和盒体上设置的施力件配合，可使进气口处于开启或关闭状态。施力件与盒体之间采用活动方式进行连接。本实用新型墨盒具有良好的墨盒内压调节能力，打印性能稳定，使用过程中无漏墨。

名称：喷墨打印机用墨盒

申请（专利）号：CN200520119879.8

申请日：2005.12.01

公开（公告）号：CN2868681

公开（公告）日：2007.02.14

主分类号：B41J2/175（2006.01）I

分类号：B41J2/175（2006.01）I；

B41J2/145（2006.01）I

申请(专利权)人：珠海天威技术开发有限公司

发明（设计）人：田永中；李世强；吴 扬

光盘号：D0707

摘要：

本实用新型是喷墨打印机墨盒，包括用于盛装墨水的墨盒体以及由集成电路芯片控制将该墨盒体内的墨水喷射至记录介质的打印头。通过粘接材料把打印头面向该墨盒体内储墨腔的周边和打印头的喷嘴所在位置之外的区域，粘贴于该墨盒体上设置的供墨口相应端口上。粘贴于供墨口相应端口上的打印头喷嘴所在位置之外的区域开设有与喷嘴方向一致的通孔。打印头背对储墨腔的周边与供墨口相应端口之间通过粘接材料相互连接。该墨盒进一步加强了打印头的定位稳定性，有助于提高回收墨盒的品质。

名称：激光打印机用显影盒

申请（专利）号：CN200520120028.5

申请日：2005.12.01

公开（公告）号：CN2869939

公开（公告）日：2007.02.14

主分类号：G03G15/08（2006.01）I

分类号：G03G15/08（2006.01）I

申请(专利权)人：珠海天威技术开发有限公司

发明（设计）人：周宗明；莫元龙

光盘号：D0707

摘要：

本实用新型是激光打印机用显影盒，包括均设置于显影盒框架上的碳粉仓、搅拌架、送粉辊、显影辊、碳粉层厚度调节板。

显影盒框架上设置有齿轮传动装置的一端配设有带有装配孔的端盖。装配孔的数量为三个，它们都位于端盖沿显影辊轴向的外侧，同时都远离用于支撑显影辊轴向端头的安装孔，而都靠近端盖的径向边沿。沿端盖的周边方向，三个装配孔的距离与激光打印机相应定位块适应。该显影盒可适应具有不同定位结构的多款激光打印机型。

名称：计算机与打印机辅助实物化的快速成型装置

申请（专利）号：CN200510089963.4

申请日：2005.08.08

公开（公告）号：CN1911635

公开（公告）日：2007.02.14

主分类号：B29C67/00（2006.01）I

分类号：B29C67/00（2006.01）I；B29C41/12（2006.01）I；B41J2/165（2006.01）I；B41J2/01（2006.01）I

申请（专利权）人：赖维祥；郑俊益

发明（设计）人：赖维祥；郑俊益

光盘号：D0707

摘要：

本发明是一种新的快速成型装置，此装置是将储存在计算机记忆区的虚拟物像经过计算机切层技术处理，再将虚拟物像的第一层切层轮廓范围，喷印流体于建构平台粉末上，并使喷印的流体与粉末粘结在一起，又再均匀的铺上一层新的粉状材料，再转移喷印第二层切层轮廓范围，如此重复以上所述的铺粉与喷印过程，直至完成虚拟物像的每一层切层轮廓范围的喷印，以完成快速制造出立体实物。本装置的设备包括打印机或绘图机的部分喷印机构与其韧体接口，转移至一个工作平台，由切层演算控制软件和喷印成型的过程控制韧体的搭配使用，组成一台新的快速成型设备，可将计算机记忆区的虚拟物像快速地制作成实体对象。

名称：卷纸打印机

申请（专利）号：CN200610110169.8

申请日：2006.08.04

公开（公告）号：CN1911671

公开（公告）日：2007.02.14

主分类号：B41J15/04（2006.01）I

分类号：B41J15/04（2006.01）I；B41J11/42（2006.01）I；B65H16/02（2006.01）I；B65H26/08（2006.01）I

申请（专利权）人：精工爱普生株式会社

发明（设计）人：前川博宜；百濑次郎；白鸟元良

光盘号：D0707

摘要：

一种卷纸打印机具有主单元和可操作盖单元，可操作盖单元连接至主单元的前面，从而可操作盖单元朝向前面打开和关闭，并且打开可操作盖单元能够打开朝向打印机主单元内的卷纸室的卷纸装载开口，从而能够从打印机前面去除卷纸。卷纸尺寸检测机构的检测杆的检测端突到卷纸室中。当卷纸的外径减少时，卷纸芯体中心内的孔下降。当卷纸芯体中的孔下降到检测杆的检测端进入所述孔的位置时，检测到卷纸的近端。当可操作盖单元打开时，联杆从缩回位置向前移动到前进位置，从而联杆的接触板部分推动检测端，使检测端从卷纸室内缩回。卷纸接着被有效更换，且没有来自检测杆的检测端的干涉。

名称：打印机输出图象的形成方法及防止伪造方法

申请（专利）号：CN200610151689.3

申请日：2002.10.16

公开（公告）号：CN1911678

公开（公告）日：2007.02.14

主分类号：B41M3/00（2006.01）I

分类号：B41M3/00（2006.01）I；B41M3/14（2006.01）I；B44F1/12（2006.01）I

申请（专利权）人：大日本印刷株式会社

发明（设计）人：浜岛光宏；川端和博；
柴崎直司
光盘号：D0707
摘要：

输入图象数据（3）和限制拷贝图形数据被合成。合成图象通过请求式打印方式被印相在显像纸上。复印后的合成图象拷贝时，限制拷贝图形显露。

名称：磁记录再生装置及带有它的传票打印机及磁记录再生方法

申请（专利）号：CN200610105518.7
申请日：2006.07.07
公开（公告）号：CN1912896
公开（公告）日：2007.02.14
主分类号：G06K17/00（2006.01）I
分类号：G06K17/00（2006.01）I；
B41J3/44（2006.01）I
申请（专利权）人：日本电气株式会社
发明（设计）人：佐久间良明
光盘号：D0707
摘要：

提供一种磁头的前端不会不经意地卡在纸张或者磁记录媒体上，又可以应对磁记录媒体的粘贴位置不同的各种各样的纸张而进行磁信息的读取或者写入，且也难以受到因纸张插入时的位置偏离而导致的影响的磁记录再生装置。在使磁头（13）退避到从下面侧支承折子（100）的导向板（5）的下方的状态下使磁头（13）在与折子（100）的插入方向正交的方向上移动，进行磁头（13）的定位，然后使磁头（13）从狭缝（15）突出，并抵接于折子（100）的磁条（101）上。

名称：图像处理方法、打印机驱动器、图像处理装置、成像装置和成像系统

申请（专利）号：CN200580003686.9
申请日：2005.11.28
公开（公告）号：CN1914043
公开（公告）日：2007.02.14
主分类号：B41J2/52（2006.01）I
分类号：B41J2/52（2006.01）I；B41J2/01（2006.01）I；B41J19/18（2006.01）I；G06F3/12（2006.01）I；H04N1/405（2006.01）I
申请（专利权）人：株式会社理光
发明（设计）人：铃木大介；吉田雅一；
平野政德
光盘号：D0707
摘要：

一种图像处理方法处理要输出到能通过喷墨记录头在扫描的正向路径和返回路径中的记录进行双向记录在记录介质上形成图像的成像装置中的图像数据。图像处理方法包括基于斜线组基本色调并且维持基本色调连续性的半色调处理，包括抖动处理，其中斜线组基本色调在进行正向路径中的记录的阶段出现。

名称：打印机

申请（专利）号：CN200580003628.6
申请日：2005.10.04
公开（公告）号：CN1914044
公开（公告）日：2007.02.14
主分类号：B41J15/02（2006.01）I
分类号：B41J15/02（2006.01）I；B65H16/02（2006.01）IB41J15/04（2006.01）I
申请（专利权）人：西铁城时计株式会社
发明（设计）人：神山卓郎
光盘号：D0707
摘要：

本发明涉及打印机。打印机（1）具有印字部（2）和在其侧方或下方配置的滚筒纸架（3）。滚筒纸架（3）具有将滚筒纸（10）从下支撑的承受部（7）和引出部（8）。配置对在承受部（7）和引出部（8）之间的纸张作用的导向构件（12）。用该导向构件（12）使在承受部（7）和导向构件（12）之间的纸张向水平侧倾斜。

名称：带传送装置和打印机

申请（专利）号：CN200580003629.0

申请日：2005.06.06

公开（公告）号：CN1914045

公开（公告）日：2007.02.14

主分类号：B41J17/30（2006.01）I

分类号：B41J17/30（2006.01）I；B41J17/10（2006.01）I；B41J33/52（2006.01）I；B41J35/04（2006.01）I；B41J17/08（2006.01）I

申请（专利权）人：西铁城时计株式会社

发明（设计）人：上田雅彦；森田清司；樱井弘

光盘号：D0707

摘要：

本发明涉及利用色带的打印机的带传送装置。在比压纸卷轴（7）靠带移动的上游侧及下游侧分别配置由板状控制杆体（35）构成的带张力检测装置（20、21）。板状控制杆体（35）在带移动的上游侧及下游侧具有第一及第二滚筒（47、48），按照被这些滚筒（47、48）引导而移动的带的张力，以第二滚筒（48）的转动轴为中心摆动。在其摆动量变成一定以上或一定以下时驱动带供给马达（18）或带卷绕马达（19）。再有，带张力检测装置（20、21）具有用于与色带（13）接触并除去在该色带（13）上发生的褶皱的褶皱除去构件。

名称：一种非接触式无印刷耗材激光直接印刷的纳米材料及其印刷方法

申请（专利）号：CN200610122461.1

申请日：2006.09.27

公开（公告）号：CN1927939

公开（公告）日：2007.03.14

主分类号：C08L69/00（2006.01）I

分类号：C08L69/00（2006.01）I；C08L55/02（2006.01）I；C08L23/06（2006.01）I；C08L25/06（2006.01）I；C08L67/00（2006.01）I；C08L27/06（2006.01）I；C08K3/22（2006.01）I；B41J2/435（2006.01）I

申请（专利权）人：李向阳

发明（设计）人：李向阳

光盘号：D0711

摘要：

本发明公开一种非接触式无印刷耗材激光直接印刷的纳米材料，该纳米材料由塑料或其复合物基材中混入重量含量为0.02～10%、平均粒度在0.05～3.00μm范围内的着色剂和光催化剂二氧化钛制成。本发明还公开了一种非接触式无印刷耗材激光直接印刷的方法，该印刷方法可以在含二氧化钛的塑料及复合物上无任何油墨耗材不接触高精度地印刷具有良好的防潮，防水，耐刮擦，耐磨，耐候性，具有永久性特征的图文。只需控制激光光照，就可以对材料进行直接印刷，具有速度快，精度高，无印刷耗材，永久性图文等特点，可广泛应用各行业，尤其是优质防水，耐刮擦标签，标牌的无耗材即时数码无接触直接印刷，无须制版，成本低廉，方便快捷。

名称：耗材单元以及使用该单元的成像设备

申请（专利）号：CN200610101114.0

申请日：2006.07.04

公开（公告）号：CN1892510

公开（公告）日：2007.01.10

主分类号：G03G21/16（2006.01）I

分类号：G03G21/16（2006.01）I；G03G21/00（2006.01）I；G03G15/00（2006.01）I

申请（专利权）人：三星电子株式会社

发明（设计）人：权重吉

光盘号：D0702-1

摘要：

一种可附于成像装置且从成像装置可拆卸的耗材单元，包括用于形成图像的耗材和存储器，该存储器包括不可逆区域，并且在其不可逆区域处存储有关耗材的与使用寿命相关的信息。

名称：打印耗材包装的防伪标志设定及识别方法

申请（专利）号：CN200510040351.6
申请日：2005.06.16
公开（公告）号：CN1881232
公开（公告）日：2006.12.20
主分类号：G06K7/10（2006.01）I
分类号：G06K7/10（2006.01）I；
G06K19/06（2006.01）I
申请（专利权）人：杜宁峻
发明（设计）人：杜宁峻；朱益宽
光盘号：D0651-1
摘要：

本发明涉及光电信号检测方面，具体地说是一种用于打印、速印设备耗材包装的防伪标志的设定及识别方法。本发明方法主要包括红外涂层块2、检测器3、主控系统4及耗材包装材料1。在加工耗材组件或包装材料时，设置特定防伪标志块2，并设定特定的防伪标志检测电平V。当红外检测器3检测到防伪标志块2时，输出相应的信号电平V′符和特定防伪标志检测电平V的范围，则判断特定防伪标志检测电平V存在，并确认防伪标志2存在，所用的耗材为配套耗材。从而完成打印速印耗材包装防伪标志的上设定及识别。

名称：低污染低耗材复合材料卷材

申请（专利）号：CN200520113363.2
申请日：2005.07.13
公开（公告）号：CN2832517
公开（公告）日：2006.11.01
主分类号：B32B27/00（2006.01）I
分类号：B32B27/00（2006.01）I
申请（专利权）人：田瑞军
发明（设计）人：田瑞军
光盘号：D0644-2
摘要：

一种低污染低耗材复合材料卷材，属叠层产品技术领域，用于解决降低耗材、简化生产工艺且符合环保要求的问题。它由表层、中间部分和基底部分压合而成，改进在于：所述表层由BOPP透明膜层或PE高透明膜层构成，所述表层底面印有图案。本实用新型主要特点为：1.表层采用BOPP透明膜层或PE高透明膜层底面印花技术，摒弃了原透明膜层与印花膜层复合为表层的传统工艺，简化了加工工艺，降低了生产成本，而外观色彩又不逊于原工艺，其耐磨程度也未改变；2.解决了PVC材料不利于环保的弊端，采用多种不同的PE复合材料，达到材料易分解、无污染、无气味、不含铅、氯乙烯等有害物质的环保要求。

名称：高密封低耗材推拉窗

申请（专利）号：CN200520026478.8
申请日：2005.06.30
公开（公告）号：CN2825897
公开（公告）日：2006.10.11
主分类号：E06B3/46（2006.01）I
分类号：E06B3/46（2006.01）I；E06B9/52（2006.01）I；E06B7/14（2006.01）I
申请（专利权）人：保定宝硕新型建筑材料有限公司
发明（设计）人：赵晓燕；宋晓红
光盘号：D0641-2
摘要：

一种高密封低耗材推拉窗，属建筑门窗技术领域，用于解决普通推拉窗框轨等高、耗材量大的问题。构成中包括窗框，安装在窗框内的窗扇、纱扇，改进后，所述窗框安装窗扇的下框、两侧框框轨高度低于上框框轨高度。本实用新型针对目前普通推拉窗窗框其上框、下框、两侧框框轨同高，耗费材料的弊端，设计了一种框轨不等高的推拉窗，它可以由专用型材制成，也可以由带有可拆分框轨加高型材的方法实现，此设计既能满足推拉窗的使用要求，又可达到低耗材的目的，还可以通过下框轨道的不同高度形成了由室内到室外的高低差，从而提高推拉窗的水密性能。

名称：耗材的确认
申请（专利）号：CN200380109255.1
申请日：2003.12.23
公开（公告）号：CN1753790
公开（公告）日：2006.03.29
主分类号：B41J2/175（2006.01）I
分类号：B41J2/175（2006.01）I；G03G21/18（2006.01）I；B41J29/393（2006.01）I
申请（专利权）人：埃赛特公司
发明（设计）人：K·范德莫伦；J·弗洛林克；G·海泽
光盘号：D0613-1
摘要：

一种使用耗材的打印装置，所述耗材与一标识符相关联，该装置包括：用于在图像接收基底上打印图像的打印机构；用于读取所述标识符的读取机构；用于保存一列与空耗材相关的任何在先使用的标识符的存储机构；和一处理器，该处理器被配置，以便将读取机构读取的标识符与任何在先使用过的标识符列进行比较，如果匹配则产生一无效指示。

名称：形成图像的方法和系统以及耗材
申请（专利）号：CN200380109786.0
申请日：2003.12.19
公开（公告）号：CN1747841
公开（公告）日：2006.03.15
主分类号：B41L13/18（2006.01）I
分类号：B41L13/18（2006.01）I；B41J2/175（2006.01）I
申请（专利权）人：理想科学工业株式会社
发明（设计）人：岩元学
光盘号：D0611-1
摘要：

一种即使在系统主体的能量源关闭并且残留量数据不能正确存储在存储器IC中的情况下也可根据存储在例如存储器IC中的残留量数据控制将被控制的预定物体动作以便根据残留量数据进行系统动作的充分控制的图像形成方法。耗材的残留量分成多个残留量范围Hi（i＝1-n）。在存储装置中设定与各自残留量范围相对应并且记录与残留量范围相对应的残留量数据段的多个存储区域。随着耗材残留量减小，在与耗材残留量相对应的存储区域内顺序记录残留量数据段，同时当残留量从预定残留量范围Hi变化到下一个残留量范围Hi+1时，使得与前面残留量范围Hi相对应的存储区域不可写入，并且当从还未设成不可写入的存储区域中读取的残留量数据确定是不规则时，读取记录在上次设成不可写入的存储区域内的残留量数据。

名称：打印控制装置以及有效利用所安装的耗材的方法和程序
申请（专利）号：CN200510008514.2
申请日：2005.02.18
公开（公告）号：CN1743976
公开（公告）日：2006.03.08
主分类号：G03G21/14（2006.01）I
分类号：G03G21/14（2006.01）I；G03G15/00（2006.01）I
申请（专利权）人：富士施乐株式会社
发明（设计）人：大河内聪
光盘号：D0610-1
摘要：

打印控制装置以及有效利用所安装的耗材的方法和程序。一种可拆卸地安装有耗材的打印制装置包括：状态存储单元，其存储所述耗材的使用状态；拆卸检测单元，其检测所述耗材是否已被拆卸；使用状态检查单元，其根据存储在所述状态存储单元中的数据，检查已由所述拆卸检测单元检测到拆卸的耗材的使用状态；判断单元，其根据由所述使用状态检查单元所检查的使用状态，判断所述耗材是否仍然可用；以及通报单元，如果所述判断单元判定所述耗材仍然可用，则通报所述耗材仍然可用。

名称：耗材上的信息

申请（专利）号：CN200380109259.X

申请日：2003.12.23

公开（公告）号：CN1744993

公开（公告）日：2006.03.08

主分类号：B41J11/00（2006.01）I

分类号：B41J11/00（2006.01）I；B41J35/36（2006.01）I；B41J11/46（2006.01）I

申请（专利权）人：埃赛特公司

发明（设计）人：K·范德莫伦；J·弗洛林克；G·海泽

光盘号：D0610-1

摘要：

一种使用耗材的打印装置，所述耗材设有至少一条图像接收带，所述耗材携带一标记，该标记保存识别带的宽度的参数信息和包含耗材中的带剩余量的状态信息，所述打印装置包括：用于打印图像的打印机构；一标记读取器，该标记读取器被配置以便经由电磁波形式的非接触连接从标记接收所述信息；和一处理器，该处理器被配置以便（i）接收所述信息并根据该信息控制打印装置的操作，包括根据识别宽度选择打印操作，和（ii）经由非接触连接根据带的使用更新所述状态信息。

名称：通知用户用于喷墨打印机的耗材寿命终止的方法

申请（专利）号：CN200380109030.6

申请日：2003.12.24

公开（公告）号：CN1738718

公开（公告）日：2006.02.22

主分类号：B41J29/38（2006.01）I

分类号：B41J29/38（2006.01）I

申请（专利权）人：莱克斯马克国际公司

发明（设计）人：弗兰克·E.·安德森；乔治·K.·派瑞施；蒂姆·斯特兰克；约翰·D.·布罗泽克

光盘号：D0608-1

摘要：

一种通知用户喷墨打印机的耗材的寿命终止的方法。所述耗材向一个具有多个墨水喷嘴和多个相关的喷墨驱动器的打印头提供墨水，多个喷墨驱动器中的每一个都是可寻址的。所述打印头包括多个地址线以便于选择一个或多个所述多个喷墨驱动器。所述方法包括如下步骤：定义与在耗材中剩余的墨水的对应量相关的一个通知阈值；提供控制逻辑以有选择地控制多个地址线；确定在耗材中剩余的墨水量是否已达到通知阈值；以及当达到通知阈值时，通过有选择地禁用多个地址线中的至少一个来减小由打印头形成的图像的图像密度。

名称：无耗材的消能支撑装置

申请（专利）号：CN200410069807.7

申请日：2004.07.09

公开（公告）号：CN1718961

公开（公告）日：2006.01.11

主分类号：E04B1/98（2006.01）I

分类号：E04B1/98（2006.01）I

申请（专利权）人：蔡崇兴

发明（设计）人：蔡崇兴

光盘号：D0602-1

摘要：

本发明涉及一种无耗材的消能支撑装置，其由一板材便可裁切形成一斜撑受力件，位于中央为主体件，两侧为侧定件，另在斜撑受力件上、下侧设置夹接件，让夹接件与侧定件以焊接或螺栓锁固手段固定，并且保持主体件与两侧定件有一可消能减震的间隙，因此在不浪费板材材料的条件下，便可制成具消能的支撑构材。

第五篇　用户篇

Part 5　User

编者按 ：随着时代的进步，社会的发展，各类打印机以成为各个行业不可缺少的办公设备。伴随网络和数码相机的普及，做为图像处理的必要配置打印机进入千家万户。无论在公司或家庭，人们在享受打印设备所带来方便的同时，也经常为由此产生的各种故障而烦恼。为了让打印机更稳定可靠，经济快捷的为我们服务，年鉴编委会特意请有关专家、技术人员撰写整理了有关打印机使用、维护、保养的应注意的问题以及在使用中一般故障的解决方法，同时，我们也将打印耗材的正确使用、保养、节省巧门等一并介绍给广大用户，供您参考，希望对您有所帮助。

第一章　打印机的种类

一、针式打印机

针式打印机的打印原理是通过打印针对色带的机械撞击，在打印介质上产生小点，最终由小点组成所需打印的对象。因此打印针数就是票据打印机的打印头上的打印针数量。而打印针的数量直接决定了产品打印的效果和打印的速度。

从上世纪90年代末开始，针式打印机已成昨日黄花，从2001年起，国内应用于办公领域的针打份额也有了较大的滑坡；在当今的家用市场，针式打印机逐渐被喷墨打印机和激光打印机取代。这是由于针式打印机噪音大、彩色输出能力差的缺点造成的。但是，在目前以至以后很长一段时间，针式打印机都还会在它所擅长的专用领域扮演重要角色——针式打印机的打印原理造就了针打的最大特点即击打式输出，这使得它可以集打印与复写功能于一体，即我们常说的“多层复写打印”，一般均可实现1+3层打印（目前高品质的针打能够进行7层复写）。它的多层复写打印特点适应性很广，可以适应许多特别的介质，所以要想实现票据打印、存折打印、蜡纸打印等功能时，我们必须使用击打方式的针式打印机。所以，针打的优势无疑集中在高速集中打印以及专业打印领域。另外，在4类打印机中，针打的工作原理最简单，所以针打机器造价低廉、使用的耗材——色带也很便宜、由于原理简单，操作起来既方便又可靠。目前仍然广泛的应用于银行、税务、证券、邮电、航空、铁路和商业领域的应用输出方面。

目前常见的EPSONLQ－1600K、STARCR－3240及南京富士通DPK900宽行平推票据打印机等属于宽行针式打印机。EPSONLQ－100、NEC－P2000则属于窄行针式打印机。宽行打印机可以打印A3幅面的纸，窄行打印机一般只能打印A4幅面的纸张；同时针式打印机可以打印穿孔纸，它在银行、机关、企事业单位电脑应用中发挥了很大作用。

二、喷墨打印机

喷墨打印机是在针式打印机之后发展起来的，采用非打击的工作方式。比较突出的优点是体积小、操作简单方便、音低、使用专用纸张时可以打出和照片相媲美的图片等等。经过若干年的磨练，喷墨打印机的技术已经取得了长足地发展。目前，一千多元的彩色喷墨打印机却已经足够应付一般家庭所有需求了，即使是象摄影爱好者这样对图片质量要求很高的用户，也能在两千至三千多元的彩色喷墨打印机中找到比较理想的产品。

喷墨打印机按打印头的工作方式可以分为压电喷墨技术和热喷墨技术两大类型。按照喷墨的材料性质又可以分为水质料、固态油墨和液态油墨等类型的打印机。

压电喷墨技术是将许多小的压电陶瓷放置到喷墨打印机的打印头喷嘴附近，利用它在电压作用下会发生形变的原理，适时地把电压加到它的上面。压电陶瓷随之产生伸缩使喷嘴中的墨汁喷出，在输出介质表面形成图案。

用压电喷墨技术制作的喷墨打印头成本比较高，所以为了降低用户的使用成本，一般都将打印喷头和墨盒作成分离的结构，更换墨水时不必更换打印头。这种技术由爱普生独创，因为打印头的结构比较合理可通过控制电压来有效调节墨滴的大小和使用方式，从而获得较高的打印精度和打印效果。它对墨滴的控制能力强，容易实现高精度的打印，现在1440dpi的超高分辨率就是由爱普生保持的。当然它也有缺点，假设使用过程中喷头堵塞了，无论是疏通或更换费用都比较高而且不易操作，搞不好整台打印机可能就报废了。

热喷墨技术是让墨水通过细喷嘴，在强电场的作用下，将喷头管道中的一部分墨汁气化，形成一个气泡，并将喷嘴处的墨水顶出喷到输出介质表面，形成图案或字符。所以这种喷墨打印机有时又被称为气泡打印机。用这种技术制作的喷头工艺比较成熟成本也很低廉，但由于喷头中的电极始终受电解和腐蚀的影响，对使用寿命会有不少影响。所以采用这种技术的打印喷头通常都与墨盒做在一起，更换墨盒时即同时更新打印头。这样一来用户就不必再对喷头堵塞的问题太担心了。同时为降低使用成本，我们常常能看见给墨盒打针的情形（加注墨水）。在打印头刚刚打完墨水后，立即加注专用的墨水，只要方法得当，可以节约不少的耗材费用。

热喷墨技术的缺点是在使用过程中会加热墨水，而高温下墨水很容易发生化学变化，性质不稳定，所以打出的色彩真实性就会受到一定程度的影响；另一方面由于墨水是通过气泡喷出的，墨水微粒的方向性与体积大小很不好掌握，打印线条边缘容易参差不齐，一定程度的影响了打印质量，所以多数产品的打印效果还不如压电技术产品。采用热喷墨技术的产品比较多，主要为佳能（Canon）和惠普（HP）等公司所使用。

固态喷墨打印机是TEKTRONIX（泰克）公司的专利技术。它所使用的变相墨在室温下是固态的，工作时将腊质的颜料块先加温溶化成液体，然后再按前面所述的喷墨方法工作。这类打印机的优点是颜料的耐水性能比较好，并且不存在打印头因墨水干涸而造成的堵塞问题。但采用固态油墨的打印机目前因生产成本比较高，产品比较少。

三、激光打印机

和上面两者相比，激光打印机更趋于智能化，比如HP6L打印机，它没有电源开关，平时自动处于关机状态，当有打印任务时自动激活。它有自己的内存和处理器，能单独处理打印任务，大大减轻了计算机的负担。激光打印机的分辨率很高，有的能达到600DPI以上，打印效果精美细致，但其价格较高，所以常用于激光照排系统以及办公室应用。激光打印机也有宽行、窄行及彩色、黑白之分，但宽行和彩色机型都很昂贵，所以用于打A4单页纸的窄行黑白机型是目前比较普遍应用的。

那么激光打印机是如何打印出精美的文字与图形的呢？其实激光印机与影印机的打印过程基本相同。不同的是对于激光打印机而言，影像在打印动作发生之前就已经产生了。

首先，计算机把需要打的内容转换成计算机读得懂的代码，然后再把这些代码传送给打印机。这时，打印机语言再把这些代码破译成点阵的图样——这个破译过程是相当重要的。优秀的打印机语言所产生的点阵图样与显示器屏幕上的图样完全一致，这种一致性就是激光打印机一直追求的“所见即所得（WYSIWYG）”。破译后的点阵图样被送到激光发生器，激光发生器根据图样的内容迅速作出开与关的反应，把激光束投射到一个经过充电的旋转鼓上，鼓的表面凡是被激光照射到的地方电荷都被释放掉，而那些激光没有照到的地方却仍然带有电荷。

举例来说，如果在打印机语言所生成的位图中，只有在第三行第三列处有一个圆点，其余部分都是空白，于是激光发生器便只在这个位置发出一束激光，照射到感应鼓上，其余位置激光发生器都保持关的状态。这时感应鼓的表面只有第三行第三列处的那个点不带电荷，而其余部分仍然保持充电的状态，这时激光打印机有两种处理方法：1.只对这个点进行上色，其余部分不上色（产生出白底黑点）；2.只对其余部分上色，对这个点不上色（产生出黑底白点）。第一种处理方法被称为“写黑”，第二种处理方法则被称为“写白”。很明显，如果在这个例子中我们想以写白的方式打印出一个黑点，那么我们必须让激光照遍感应鼓表面除这个点之外的所有位置（注意激光的作用只是放电，而不是充电），换句话说，也就是保证只有这个点带电，其余部分的电荷都被激光释放掉。在这种情况下，由于激光束必须照遍除这个点之外的所有区域，因此打印机需要相当一段时间才能打印出这个小小的黑点。在大多数环境中，打印机实际需要打印的部分最多只占整个页面的三分之一，因此今天大多数激光打印机都采用写黑的方式打印，这样可以缩短激光扫描的时间。

当然，激光打印机的整个打印过程并不仅仅包括激光发生器和感应鼓，还有很多其他部件也都参与了打印作业。下面我们就按照打印过程的先后顺序，将这些部件作一介绍。

1、打印机控制器

打印机控制器负责接收从主机传来的打印数据，并把这些数据转换为图像。打印机控制器需要处理很多程序，包括与主机通信、解释主机的打印命令、格式化打印内容（即准备创建图像，包括设定纸张大小、边页、选择字体等）、光栅化（创建点阵图像）、最后将图像送往打印引擎。不同的打印机语言对控制器发出不同的命令，不同的生产厂商又使用不同的方法来设计他们各自的打印机控制器。

2、打印装置

打印装置是一组电子与机械相结合的系统，它能把打印机控制器生成的点阵图形打印出来。打印装置有自己的处理器，用来控制引擎与电路。一般说来，打印装置由以下部件构成：激光扫描装置、感应鼓、硒鼓、显影装置、静电滚筒、粘合装置、纸张传送装置、清洁刀片、进纸器和出纸托盘。下面我们对其中一些主要部件的工作方式进行系统的介绍。

激光扫描装置有时也被称为“光栅输出扫描设备（ROS）”，包括一个激光发生器，旋转镜和一个透镜。激光发生器把激光投射在感应鼓表面所有需要打印的点上，而在不需要打印的地方则保持关闭状态（写白式打印机则刚好相反）。激光发生器本身是固定的，激光束通过一个旋转镜来实现激光在感应鼓表面的横向移动。激光发生器与旋转镜必须设计得极为精密，才能保证它们同步工作，并将激光准确地投射到正确的点位。激光在感应鼓表面的纵向移动则由感应鼓本身的旋转来实现。

感应鼓也称“受光器”，或直接称为“鼓”。感应鼓通常呈圆柱体，表面极为光滑。它的表面可以被静电充电，这种静电一遇到强光便会被释放掉。在接触到激光前，鼓的表面被静电滚筒均匀地充电，当激光束投射到鼓的表面的某一个点时，这个点的静电便被释放掉，这样在鼓的表面便产生一个不带电的点。鼓以一种相对缓慢但又绝对恒定的速度旋转，使激光能够在鼓的表面形成连续的、没有空隙的纵向投射。这样旋转镜的横向移动与感应鼓的纵向移动使激光在鼓的表面“写”出了一个人们看不见的、不带静电的图像。

硒鼓是用来盛碳粉的装置。有些打印机的硒鼓与感应鼓装在一起，被称为“打印组件”。碳粉是从许多特殊的合成塑料炭灰、氧化铁中产生的。碳粉原料被混合、熔化、重新凝固，然后被粉碎成大小一致的极小的颗粒。碳粉越细微，越均匀，所产生的图像就越细致。在所有种类的碳粉中，惠普的Microfine碳粉颗粒比其他品牌的颗粒小20%到50%，因此在业界中享有极高的声誉。

显影装置实际上就是一条覆盖有磁性微粒的滚轴。这些带有磁性的微粒附着在滚轴的表面，就像一个极为精细的“刷子”。这条滚轴分别与感应鼓和硒鼓紧靠在一起，当滚轴滚动时，滚轴表面的小颗粒先从硒鼓那里“刷”来一层均匀的碳粉，然后这些碳粉在经过感应鼓时便被吸附到感应鼓的表面。写黑式打印机的显影装置有对碳粉进行充电的功能，因为若想使碳粉只被感应鼓表面不带有静电的那部分（即被激光扫描过的点位）所吸附，必须使碳粉带有电荷（对于写白式打印机，这个过程完全相反）。这时鼓的表面吸附了碳粉，就形成了一个极为清晰的图像，下一步的工作便是将这个图像转印到纸张上。

纸张传送装置纸张传送装置是激光打印机最重要的机械装置。这个装置通过两根由马达驱动的滚轴来实现对纸张的传送。纸张由进纸器开始，经过感应鼓、加热滚轴等部件，最后再被送出打印机。激光打印机中的滚动设备，如感光鼓、磁性滚轴和送纸滚轴的转动必须是同步进行的，它们的速度必须保持一致才能确保精确的打印输出。一般来说，这些滚轴都是以送纸装置为中心，通过互相啮合的齿轮来实现同速转动。

粘合装置纸张经过传送装置经过感应鼓时，鼓表面所附着的碳粉又被吸附到纸的表面，这时纸的表面虽然由碳粉形成了图像，但是这些碳粉对纸张的吸附力并不很强，稍强一点的风就可以把这些碳粉吹离纸的表面。为了使碳粉永久地附着在纸张表面，必须对碳粉进行粘合处理。我们知道，碳粉的原料是合成塑料炭灰，这种材料在高温状态下可以熔化。熔化后的碳粉再凝固，就可以永久地粘在纸张表面，在激光打印机内部有两根紧靠在一起的非常热的滚轴，它们的作用便是对从它们之间经过的纸张加热，使碳粉熔化从而粘合在纸张的表面。加热后的纸张最后输出到打印机的出纸托盘，这时整个打印过程宣告结束。

除了以上三种最为常见的打印机外，还有热转印打印机和大幅面打印机等几种应用于专业方面的打印机机型。热转印打印机是利用透明染料进行打印的，它的优势在于专业高质量的图像打印方面，可以打印出近于照片的连续色调的图片来，一般用于印前及专业图形输出。大幅面打印机，它的打印原理与喷墨打印机基本相同，但打印幅宽一般都能达到24英寸（61cm）以上。它的主要用途一直集中在工程与建筑领域。但随着其墨水耐久性的提高和图形解析度的增加，大幅面打印机也开始被越来越多的应用于广告制作、大幅摄影、艺术写真和室内装璜等装饰宣传的领域中，又成为打印机家族中重要的一员。

据业内专家分析未来打印机发展趋势如下：

（1）互联网：扩大分布式打印输出

目前，全世界每年在打印机、复印机和传真机上的支出高达6200亿元人民币。随着更多的信息通过在线方式传输，以及互联网接入的普及，数字文件增长迅速，已超过纸张文件。报纸、杂志和书籍不会消失，但将逐步减少，其中的许多纸张将以电子方式传输。尽管整体用纸数量将下降，但在家庭或在办公室按分布式打印的纸张数量将显著增加。因为互联网将扩大分布式打印输出，纸张多数仍将打印出来。未来的打印将是分布式打印。

（2）输出功能聚合：多功能设备

办公室中30%–50%的打印机未能充分使用，而20%–30%的设备则是严重地过度使用，影响了服务水平和用户满意度，此外输出能力还存在重叠现象，即个人打印机和网络打印机之间、网络打印机和集中式打印机和复印机之间的功能重叠。这是很典型的办公环境，但这种环境正在起着变化。

最重要的变化之一是将各自为政的打印、复印、传真和扫描功能汇聚到单一的多功能设备之中。复印机制造商所生产的基于复印机的多功能一体机体形庞大、价格昂贵、功能强大。打印机公司生产的低成本、小工作组打印机只是把扫描仪加置于打印机顶部。

（3）输出设备改变角色：成为电子商务中的一个集成部分

由于未来的办公室是全电子化工作流程环境，快速、低耗、网络化的分布式打印机将成为基本输出设备，它将由工作组共享，可实现最大个人生产力。

然而，未来的办公室也需要电子转换器，使纸张作业转换成电子作业，并且操作简单，使用时就像复印文件一样轻松。它们将被制成模块化的附件，安装在所需的位置。这种设备使用的是简单、直观的触控面板技术。从价格及体积方面考虑，将此类面板直接集成到扫描仪中是最理想的实施方案。该技术仍然需要升级和配置模块附件，使其具备装订和供纸功能，以充当部门的数字式复印机/打印机，不过同样具备简单易用的操作界面。此项技术的发展将改变当前输出设备的角色，成为未来电子商务工作流程中的一个集成部分。该技术还将扩展多功能装置的内涵：超出单纯的打印/复印/传真/扫描功能，还将包括关键的商务处理功能，比如，电子邮件、表格制作及工作流程。

（4）彩色应用：发展迅速

彩色也正在成为打印中重要的角色。家庭中，几乎所有的打印机都是彩色喷墨打印机，所打印的纸张中有60%是彩色的。在办公室中，绝大多数打印机是单色打印机，所打印的纸张中只有8%是彩色的。但由于彩色打印技术的飞速发展，商业彩色打印输出正在以18%的复合增长率快速增长。

彩色激光打印机无论在打印速度、打印质量还是在附加功能和使用维护方面，都要远远优于以往，基本可满足办公、商用的需求。而单机和耗材的价格降低了许多，越来越能被用户接受，可以说彩色激光打印机的使用门槛降低了。除了在普通办公领域的应用，彩色激光打印机已经逐渐进入CAD、GIS、印刷、广告等专业领域，应用范围将越来越广。

第二章　打印机的工作原理及指标

一、针式打印机的工作原理以及指标

针式打印机的打印原理是通过打印针对色带的机械撞击，在打印介质上产生小点，最终由小点组成所需打印的对象。因此打印针数就是票据打印机的打印头上的打印针数量。而打印针的数量直接决定了产品打印的效果和打印的速度。下面介绍针式打印机性能指标：

1、打印针数：打印针的数量直接决定了产品打印的效果和打印的速度，目前最常见的产品的打印针数为24针，早期的针式打印机也有采用9针的，但是打印的效果和速度都要逊色很多。而一些高端的产品则有采用双打印头的，不过每一个打印头的针数也是24针的，但是打印的速度会大大的提高。

2、最高分辨率：是打印机最基本的一个技术指标。分辨率的单位是dpi（dotperinch），即指在每一个平方英寸可以表现出多少个点，它直接关系到产品输出的文字和图像的质量好坏。最高分辨率指的是产品可以最高能够实现的分辨率。一个产品可以以低于最高分辨率的状态进行工作，但绝不能以高于最高分辨率的状态进行工作。针式打印机最高分辨率（分辨率）的垂直分辨率和水平分辨率一般都是相同的，而不像喷墨打印机、激光打印机那样可能是不同的。因此针式打印机在标识时一般就用一个数字来标识，但实际的意义表示的是垂直分辨率和水平分辨率都是这个数字。如一台产品的分辨率表示为360dpi，就是表示此款产品水平分辨率和垂直分辨率都是360dpi，也就是说在一平方英寸的区域的表现力最高可以达到水平360个点，垂直360个点，总共129600个点。分辨率越高，数值越大，就意味着产品输出的质量越高。和喷墨打印机、激光打印机相比，针式打印机的最高分辨率要低得多，目前较为主流的针式打印机的最高分辨率一般在180dpi～360dpi。但是也有一些产品的最高分辨率可以达到600dpi，如OKI5630SC，也就是意味着该款产品在一平方英寸的区域的表现力为水平600个点，垂直600个点，总共36000个点。

3、打印速度：针式打印机的打印速度标识和喷墨打印机、激光打印机不同，不是用ppm，而是使用的“字/秒”，而一些高端产品（多为IBM的产品）则往往会用“行/分”来标识。这样的标识同样是一目了然的，在单位时间内能够打印的“字符数”或者是“行数”越多，那么打印机的速度也就越快。不过需要注意的是，用“字/秒”来标识的产品，如果产品不做特别说明的话多指的是英文字符，大小为标准5号，不过一些产品也会另外标识中文字符的打印速度，大小同样也是标准5号字。如果打印大于5号的字符的话，那么在单位时间内打印的字符数自然会减少的。如目前应用的最为广泛的两款产品爱普生LQ-

670K+T 和 LQ-1600K4+ 的打印速度分别是 167 字 / 秒和 400 字 / 秒。而一款的 IBM6400-D3P 的打印速度为 336 行 / 分。

4、打印宽度：指的是针式打印机能够打印的宽度范围。在一般情况下指的是针式打印机的能够支持打印的最大宽度，它的标识和喷墨打印机、激光打印机用纸张的规格来标识不同，而是采用日常的长度单位 mm 来标识。用户在选购时应该根据自己在实际应用中需要打印的宽度来进行选择。并且对于这个问题，用户一定要考虑清楚，因此宽度大的可以打印小的，但是宽度小了是肯定无法打印大的。如爱普生 LQ-670K+T 的最大打印宽度为 304.8mm。不过需要注意的是，一些产品除了对打印宽度的上限有规定之外，有的还对打印宽度的下限也有规定，如果需要打印的对象的宽度过小的话，同样也无法打印。如爱普生 LQ-1600K4+ 的打印宽度 100-420mm，也就是说打印对象的宽度不能大于 420mm，不能小于 100mm。

5、纸张种类：指的是打印机能够支持打印的纸张的种类。除了普通的纸张纸张种类，如复印纸、信封、连续打印纸之外，针式打印机还可以支持蜡纸、票据以及多层复写纸。而蜡纸、票据以及多层复写纸来说，激光打印机和喷墨打印机都不具备的，这也就为针式打印机留出了独特的空间，从而能够长久不衰。

6、纸张厚度：指的是针式打印机能够支持，并且打印的最大的纸张的厚度，它的单位为 mm。针式打印机经常会被用来打印票据和报表，而票据和报表往往需要多份叠加拷贝式打印，因此在使用针式打印机时，除了单页纸不能超过产品固定的纸张厚度之外，多页纸叠加打印的总的厚度也不能超过产品规定的纸张厚度。在实际的应用中，由于用途的不同，因此用到的打印纸质的厚度也不尽相同，比如商业中的发票的纸质一般较薄，进纸厚度和打印厚度不必选得太大；而在金融部门中由于需要打印的存折和汇票的厚度较大，因此选择时应该选择进纸厚度和打印厚度较大的产品。不过目前许多产品对于纸张厚度的下限也有一定的规定，如果纸张太薄的话，低于下限的话，同样在打印的过程中会发生故障。如爱普生 LQ-1600K4+ 的纸张厚度为 0.065-0.52mm，而富士通 DPK8600E 的纸张厚度则标识为 2.0mm，因此多被一些金融部门选用打印存折。

7、供纸方式：指的是针式打印机能够以何种方式来获得打印所需要的纸。虽然不同品牌的产品对供纸方式的叫法不同，但是我们根据针式打印机供纸的原因，可以把它分为两大类：使用齿轮拖拉的方式供应连续纸和通过摩擦原理供应单页纸。不过目前绝大多数的针式打印机都具备了这两种供纸的方式。目前还有一部分产品，可以通过外加“自动单页送纸器”来对单页纸进行自动供纸，从而使打印时更加的方便快捷。

8、字体：指的是针式打印机在没有外来字库的支持下，通过自身携带的字库，可以实现的字体的种类。其中字体又分为中文字体、英文字体和一些其它类型的字体。字体的变化一般可以通过打印机面板上的按钮来实现。不过目前绝大多数的用户都是使用 Windows 操作系统，而 Windows 操作系统自身携带的字库的字体种类远远要比目前针式打印机自身携带的字体要丰富得多，通过 Windows 的支持完全可以获得更加丰富的打印字体，因此针式打印机自身的字体在目前的应用中意义并不大。

9、接口类型：指的是针式打印机与电脑系统采用何种方式进行连接。目前针式打印机常见的有并口（也有称之为IEEE1284，Centronics）、串口（也有称之为RS-232接口的）和USB接口。

10、缓存：为了提高针式打印机打印的速度，也为了防止在打印的过程中打印任务的丢失，因此一些针式打印机在产品中是设计了内部存储器（简称内存）的，以在进行打印任务中起到存储打印任务和打印任务缓冲的作用。不过和喷墨打印机、激光打印机相比，针式打印机的内存是非常的小的，目前多以KB计。如爱普生LQ-1600K4+和爱普生LQ-680KPro的内存都为64KB。

11、色带类型：指的是针式打印机可以使用的色带的种类。虽然在日常的应用中，用户大多数只使用一种色带——普通的黑色色带，但实际上许多产品是可以根据打印质量的不同使用不同形式的打印色带的。比如需要进行高分辨率可以使用高对比色带，对于多色彩的打印任务可以使用彩色色带。

12、色带寿命：是指打印机的色带能够支持正常的打印出的标准字符数（指48点/字符，如果是大字的话数量自然会少许多），一般用“万/字符数”表示。虽说和喷墨、激光打印机的耗材用完就完全无法使用了不同。针式打印机的色带过了使用寿命，也可以打印，就是淡一些而已，但实际上超过使用寿命的色带由于摩擦过度的原因，表面会非常的起毛，会造成打印机的挂针和折断，严重影响到打印针的寿命，这就得不偿失了。因此，色带到达使用期限后一定要及时更换。

13、打印针寿命：由于针式打印机是通过打印针对色带进行撞击产生小点，从而最终成像的，因此打印针不可避免的会产生磨损，到了一定程度之后，便无法再使用了。打印针寿命便是指打印针可以进行多少次撞击后才会报废的数值，它的单位是“次击打/针”。目前的产品的打印针寿命多能够达到2亿次击打/针，有的甚至更多，可以达到5亿次击打/针。不过还有两个问题需要注意。首先是由于打印头上的每一根打印针使用的频度是不可能完全一样的，因此肯定有些针会先报废，有些则会报废的得晚一些。另一点就是“亿次击打/针”是一个约数，要知道这么大的数字，用户是无法实际进行检测和计算的。因此在购买时关注打印头的免费保修时间也是很重要的。

14、兼容操作系统：兼容操作系统这项指标，就是指打印机的驱动程序是否能和目前市场上的各类操作系统良好兼容运行，如windows98、windows2000、windowsXP、MACOS、LINUX等操作系统等。一台打印机，其驱动程序对操作系统的支持越完善，其安装使用起来也就越方便，这也是目前衡量新款打印机的一项主要指标。

二、喷墨打印机性能指标

1、产品类型：喷墨打印机根据产品的主要用途可以分为3类：普通型喷墨打印机，数码照片型喷墨打印机和便携式喷墨打印机。

普通型喷墨打印机是目前最为常见的打印机，它的用途广泛，可以用来打印文稿，打印图形图像，也可以使用照片纸打印照片。

数码照片型喷墨打印机在用途上和普通型喷墨打印机的用户实际上是基本相似的，无论是普通的文稿还是照片都能够进行打印。但是它之所以被划分为数码照片型产品就在于和普通型产品相比，它具有数码读卡器，在内置软件的支持下，它可以直接的接驳数码照相机的数码存储卡（能够支持几种数码存储卡需要视打印机的数码读卡器情况而定）和直接接驳数码相机，可以在没有电脑支持的情况下直接进行数码照片的打印，一部分数码照片型打印机还配有液晶屏，通过液晶屏用户可以对数码存储卡中的照片进行一定的编辑和设置，从而使打印任务能够更加出色的完成。

便携式喷墨打印机指的是那些体积小巧，一般重量在1000克以下，可以比较方便的携带，并且可以使用电池供电，在没有外接交流电的情况下也能够使用的产品。这类产品一般多与笔记本电脑配合使用。不过目前在便携式喷墨打印机中还有一种便携式的数码照片型喷墨打印机。它具有了两种打印机的特点。可以在没有电脑的情况下直接接合数码相机进行打印。

2、最高分辨率：又称为输出分辨率，是指在打印输出时横向和纵向两个方向上每英寸最多能够打印的点数，通常以“点/英寸”即dpi（dotperinch）表示。而所谓最高分辨率就是指打印机所能打印的最大分辨率，也就是所说的打印输出的极限分辨率。平时所说的打印机分辨率一般指打印机的最大分辨率，目前一般喷墨打印机的分辨率均在600×600dpi以上。打印分辨率是衡量打印机打印质量的重要指标，它决定了打印机打印图像时所能表现的精细程度，它的高低对输出质量有重要的影响，因此在一定程度上来说，打印分辨率也就决定了该打印机的输出质量。分辨率越高，其反映出来可显示的像素个数也就越多，可呈现出更多的信息和更好更清晰的图像。

打印分辨率一般包括纵向和横向两个方向，它的具体数值大小决定了打印效果的好坏与否，一般情况下激光打印机在纵向和横向两个方向上的输出分辨率几乎是相同的，但是我们也可以人为来进行调整控制；而喷墨打印机在纵向和横向两个方向上的输出分辨率相差很大，一般情况下我们所说的喷墨打印机分辨率就是指横向喷墨表现力。如800*600dpi，其中800表示打印幅面上横向方向显示的点数，600则表示纵向方向显示的点数。分辨率不仅与显示打印幅面的尺寸有关，还要受打印点距和打印尺寸等因素的影响，打印尺寸相同，点距越小，分辨率越高。

毋庸置疑，打印机分辨率越高，输出的效果就越精密。但是，并不是每种打印需求都需要最高精度的打印。对于文本打印而言，600dpi已经达到相当出色的线条质量。但在现代的办公中，打印文档的类型日益多样化，图像、照片、CAD、GIS等等需要高精度打印的内容越来越多，在这个时候，除了打印负荷量和打印速度外，用户必须仔细考虑打印机的打印质量能否满足自己的需求。对于照片打印而言，更高的分辨率意味着更加丰富的色彩层次和更平滑的中间色调过渡，经常需要1200dpi以上的分辨率才可以实现。

3、墨盒类型：指的是产品墨盒配置的基本情况，主要有采用的颜色的数量，墨盒的容量和是否采用独立的墨盒。虽说从理论上通过“三原色”可以调制出所有的颜色。但是在实际的操作中，仅仅依靠“三原色”的话会产生较为明显的色彩，打印黑色也会有黑得不够透彻的情况。因此如今的喷墨打印机早已经淘汰了3色墨盒的产品，黑、青、洋红、黄四色墨盒成为了最基本的要求。现在为了进一步提高打印的效果，中高端的产品已经普遍采用了黑、青、洋红、黄、淡青、淡洋红的六色墨盒。目前还有的产品再增加了一种淡黑色，达到了七色，也有的则增加了深灰和浅灰或是把黑色分为粗面黑和照片黑，再增加红色和蓝色，最后配以亮光墨从而达到了八色。墨盒的颜色数量越多对于色彩的还原性也就越好，尤其是在一些黑白作品的打印上灰度平衡淡的表现力接近了完美。但是墨盒颜色的增加，产品的价格自然也会增加。和大幅面打印机相比，普通喷墨打印机对于墨盒容量没有太大的要求，独立调换颜色分体式墨盒也没有普遍的采用。

4、打印速度：是指打印机每分钟打印输出的纸张页数，单位用PPM（PagesPerMinute）表示。目前所有打印机厂商为用户所提供的标识速度都以打印速度作为标准衡量单位。打印速度指的是在使用A4幅面打印纸打印各色碳粉覆盖率为5%情况下引擎的打印速度。PPM标准通常用来衡量非击打式打印机输出速度的重要标准，而该标准可以分为两种类型，一种类型是指打印机可以达到的最高打印速度，另外一种类型就是打印机在持续工作时的平均输出速度。不同款式的打印机在其相应的说明书上所标明的PPM值可能所表示的含义不一样，所以我们在挑选打印机时，一定要向销售商确认一下，操作说明书上所标明的PPM值到底指的是什么含义。需要提醒的是，PPM值是若仅指只打印一页，还需要加上首页预热时间。

关于打印速度有两种计算方法。一种是以从开始打印到最后一页打印完成所占用的时间来计算；再一种是多任务环境中，从发出打印命令开始到电脑取得控制权（可以进行其它操作）所需的时间来计算。其中后者可以利用升级电脑档次，辅以高版本的应用软件，缩短数据传输时间以提高输出速度。目前喷墨打印机市场上，普通产品的打印速度可以达到20ppm，而那些高价格、好品牌的喷墨打印机打印速度可以更高一些。对于喷墨打印机来说，主要取决于以下几个因素的共同影响：打印机的缓存的大小（CacheSize）、数据传输的接口方式、墨盒喷头大小和喷嘴多少。照片级打印机的打印速度与许多因素有关，例如引擎速度、处理器的主频、是否配备专用图像处理芯片、内部数据通道位数、能否同时处理多幅图像、采用的图片打印技术。而一般用户特别关心的是引擎速度，也就是我们常说的PPM。

5、处理器速度：打印机处理器速度的高低直接影响打印快慢。打印机的CPU管理打印机内部数据交换，打印语言编写出的打印代码转换为实际打印文字的速度直接取决于CPU的运行速度。比如Lexmark面向高端用户的Z52喷墨打印机采用了40MHz、32bit的高速处理器，它可以为Z52带来每分钟15页的高速打印；而面向低端的Z12其处理器只有24MHz，速度也就只有6ppm。

6、喷嘴数目：喷嘴数目越多，使打印机单位时间内的喷墨量大为增加，从而显著提高打印速度。墨盒的喷头大小也是影响打印速度的主要因素，准确地说这个指标应该是所有喷嘴集合的总宽度。喷头越大，一个喷射周期形成的图像面积也就越大，这样就可以减少总的喷射次数，从而提高打印速度。各喷墨打印机厂商都比较注重提高喷嘴的数目，如Lexmark的黑色墨盒12A1970就有208个喷嘴，彩色墨盒12A1980有192，每色64个。

7、喷头配置：喷墨打印机的打印核心部件称之为墨头或者打印头。墨头上有许多极其微小的小孔，称之为喷头或是喷嘴，打印时墨水由喷头中高速喷射而出，从而在打印介质上成像。而喷嘴头的数量直接决定着打印的效果和速度。喷头的数量足够多的话出来可以获得更高的打印分辨率之外，对于打印对象的一些细节之处的表现也能够更加的充分，比如人的头发。同时喷头数量越多，打印速度也就越快。

8、最大打印幅面：打印幅面顾名思义也就是打印机可打印输出的面积。而所谓的最大打印幅面就是指喷墨打印机所能打印的最大纸张幅面。目前，喷墨打印机的打印幅面主要有为A4、B5等幅面。打印机的打印幅面越大，打印的范围越大。打印幅面的大小也是衡量打印机的重要性能指标，目前适合工作组用户和部门级用户的打印机大都是A4幅面产品，在选购时可以根据自己的打印需求选择相应的打印幅面。不同用途的打印机所能处理的打印幅面是不尽相同的，不过正常情况下，打印机可以处理的打印幅面主要包括A4幅面以及B5幅面这两种。但也有一些特殊幅面，比方说在处理数码影像处理打印任务时，都有可能使用到A6幅面的打印机。

9、介质类型：介质类型即喷墨打印机可以打印处理的纸张类型。可以分为：普通打印纸、高光喷墨打印纸、光面相片纸、光泽打印纸、信纸等等。但近几年随着小型彩色喷墨打印机和数码相机进入家庭的速度，彩色喷墨打印纸也随之诞生。

彩色喷墨打印纸是喷墨打印机喷嘴喷出墨水的接受体，在其上面记录图像或文字。它的基本特性是吸墨速度快、墨滴不扩散。具体要求：①有良好的记录性，吸墨力强、吸墨速度快、墨滴直径小，形状近似圆形；②记录速度快，即密度高、阶调连续、画面清晰；③保存性好，画面有一定耐水性、耐光性，在室内或室外有一定的保存性及牢度；5涂层有一定牢度和强度，涂层不易划伤、无静电，有一定滑度、耐弯曲、耐折抻。

彩色喷墨打印纸是一种新型记录纸，因为发展快，还没有统一的质量标准。借鉴国际常用的技术规范，国内有相应的质量检测范围和检测标准，根据此标准生产出的彩色喷墨打印纸质量不会低于国外同类产品，但市场价格会比进口的同类产品低。因此，国产彩色喷墨打印纸具有很强的市场竞争力。彩色喷墨打印纸与一般纸张有很大区别，这是因为彩色喷墨印刷通常使用水性油墨，而一般纸张接受到水性油墨后会迅速吸收扩散，结果无论从色彩上还是从清晰度上都达不到印刷要求（使用吸水性差的材料又不能吸收油墨）；彩色喷墨打印纸是纸张深加工的产物，它是将普通印刷用纸表面经过特殊涂布处理，使之既能吸收水性油墨又能使墨滴不向周边扩散，从而完整地保持原有的色彩和清晰度。常用彩色喷墨打印纸的种类及其特点如下：

普通打印纸：最简单也是最常见的打印介质非那些专用的普通打印纸莫属，也就是我们平时专门用于打印各类文本文件的打印纸。

光面相片纸：这种光面相片纸，主要是用来打印彩色图片，同时制作贺卡也十分合适。这种纸有一面有光泽、比较白，打印时应该选择这一面打印，效果十分出色。

高光喷墨打印纸：高光喷墨打印纸支持体为RC（涂塑纸）纸基，适于色彩鲜明、有照像画面效果的图像输出。有较高分辨率，一般在720dpi。利用其打印的图像清晰亮丽、光泽好，在室内陈设有良好耐光性和色牢度。一般配用高档喷墨打印机。

PVC喷墨打印纸：PVC喷墨打印纸支持体为塑料薄膜和纸的复合制品，机械强度好、输出的画面质量高、吸墨性好，有良好的室内耐光性，适于有照像效果的画面输出。目前这种纸主要用于证卡的制作。

高亮光喷墨打印纸：高亮光喷墨打印纸用厚纸基，有照片一样的光泽，纸的白度极高，有良好的吸墨性。特别适于照片影像输出和广告展示版制作。输出的图像层次丰富、色彩饱满。

亚光喷墨打印纸：亚光喷墨打印纸支持体为RC纸基，有中等光泽，分辨率较高，适于有照像效果的图像输出，色彩鲜艳饱满、有良好耐光性。

10、供纸方式：供纸方式指的是打印机在进行打印工作时通过何种方式来获得所需要的纸张。一般来说供纸方式分为手动送纸和供纸器自动供纸两类。手动送纸即在打印时，用户手持纸张直接由打印机的进纸口送入。但是，手动送纸每次只能送入一张，效率非常低。如果打印量较大，尤其是在进行连续打印时会严重的影响到工作效率，打印机即使有再快的打印速度也是无济于事的。自动供纸则是指由通过一定的自动机械装置对打印机进行供纸，目前最为常见的是采用供纸盒进行供纸。自动供纸能够即能够使打印时更加方便，更能够提高工作效率，尤其在连续打印时体现得十分的明显，因此纸张的容量是供纸盒最为重要的技术指标，一般来说，供纸盒的纸张容量和产品的打印速度成正比。

11、纸张容量：纸盒容量换句话说就是打印机支持多少输入纸盒，每个纸盒可以容纳多少打印纸张，与激光打印机不同的是喷墨打印机一般只有一个输入纸盒，该指标是打印机纸张处理能力大小的一个评价标准，同时还可以间接说明打印机的自动化程度的高低。如果打印机同时支持多种不同类型的输入，并且打印纸张存储总容量很大，除此之外还能附加一定数量的标准信封，那么就说明该打印机的实际纸张处理能力就很强，使用这种类型的打印机，可以在不需要频繁更换托盘的情况下，就能支持各种不同尺寸的打印工作，因此这样就能大大减少更换、填充打印纸张的次数，从而有效提高打印机的工作效率。

与打印机其它指标相比，纸盒容量显得有些无足轻重，其实对于工作组或大型办公打印来说，纸盒容量是个不容忽视的问题。纸盒容量大、数量多的喷墨打印机可以减少更换、填充纸张的次数，从而直接提高工作效率。因此，打印机的进纸仓容量在选购时不妨认真考虑。就目前来看，现在的喷墨打印机纸张存储容量大多在150页左右。

三、激光打印机的指标

1、最高分辨率：平时所说的打印机分辨率一般指打印机的最大分辨率，目前一般激光打印机的分辨率均在600×600dpi以上。

2、打印速度：目前激光打印机市场上，普通产品的打印速度可以达到35ppm，而那些高价格、好品牌的激光打印机打印速度可以更高一些。对于黑白激光打印机来说，打印速度与打印内容的覆盖率没有关系，而且标称打印速度也是基于其标准质量模式，在标称速度下的打印质量完全可以满足用户需求。而对于彩色激光打印机来说，打印图像和文本时打印机的打印速度有很大不同，所以厂商在标注产品的技术指标时会用黑白和彩色两种打印速度进行标注。除了以上因素外，激光打印机的最终打印速度还可能受到其他一些因素的影响，比说激光打印机的预热时间、接口传输速度、激光打印机的内存大小、控制语言、激光打印机驱动程序和计算机CPU性能等等，都可以影响到激光打印机的打印速度。

3、首页输出时间：首页输出时间英文称为FirstPrintOut，简称为FPOT。首页输出指的是在打印机接受执行打印命令后，多长时间可以打印输出第一页内容的时间。一般来讲，激光打印机在15秒内都可以完成首页的输出工作，测试的基准为300dpi的打印分辨率，A4打印幅面，5%的打印覆盖率，黑白打印。

假设我们使用一台每分钟打印12页，首页输出速度为35秒的打印机进行打印，输出时间=首页输出时间+打印速度×（打印页数－1）＝35秒+5秒×（打印页数－1）。可见，当打印的页数越少时，首页输出时间在整个打印作业完成时间中所占的比重就越大。对于中小企业来讲，需要的是高效而经济的打印方式，黑白激光打印很好的满足了他们的日常打印需求。从原理上看，快速的首页输出是通过瞬时热熔器完成的。瞬时热熔器采用一种低热量的陶瓷材料，它能使温度迅速上升，从而省去预热时间。传统的热熔器在节电（PowerSave）方式下打印作业之前需要预热，而瞬时热熔器无论前一次打印是在多久以前均可以立即开始打印，一旦打印完成，立即调整到闲置状态，并等待下一个打印任务。

基于这样的技术，瞬时热熔器消除了打印机在PowerSave状态下的预热时间，极大缩短了首页输出时间，而传统的热熔器在PowerSave状态下平均需要35秒的预热时间才能开始打印。采用这种技术的目前只有惠普LaserJet1010，首页输出时间可以控制在10秒以内，极大的提高了完成整个打印作业的速度。效率提高的同时，瞬时热熔技术也能够实现能源和成本的节约。传统的热熔器需要不停的启动关闭来维持适当的温度以便为下一个打印作业做准备，这样既耗电又费钱，而瞬时热熔器可以立即进入节能的闲置状态。从效率方面看，以往人们非常看中打印机的打印速度，而经过对用户应用环境的进一步深入考察，厂商已经认识到，在一定意义上，首页输出时间比打印速度更有实际的价值，可以说是产品易用性的一个体现。尤其是对于经常打印一些小文件的用户来说，首页输出时间是一项重要指标。在现实应用环境中，很多用户日常打印通常是一页两页地打，因此首页输出时间也是衡量输出速度快慢的核心指标。通过计算，一般打印内容在60页以内的用户，选购打印机时应该特别注意首页输出速度。个人型打印机和办公型打印机这两种类型的光打印机，其理想的首页时间应在5秒到25秒之间。

4、最大打印能力：最大打印能力指的是打印机所能负担的最高的打印限度，一般设定为每月最多打印多少页。如果经常超过最大打印数量，打印机的使用寿命会大大缩短。作为企业用户或是小型组，购买一台打印机前应首先估算自己每月的打印负荷量，一个比较简单的估算公式如下：每月打印负荷量=每人平均打印量/天×22个工作日/月×打印用户数。对于工作组和部门级打印机用户，一定要考虑打印负荷指标，这是一个表征打印机连续工作能力和可靠性的重要指标，用户可以计算一下本工作组或本部门一个月的打印任务总和，然后选择打印负荷大于打印任务总和的打印机产品。

5、硒鼓：一台好的激光打印机最关键的部件是硒鼓，也称为感光鼓。它不仅决定了打印质量的好坏，还决定了使用者在使用过程中需要花费的金钱多少。在激光打印机中，70%以上的成像部件集中在硒鼓中，打印质量的好坏实际上在很大程度上是由硒鼓决定的。硒鼓型号就是指该款打印机可以使用的硒鼓的型号，一般情况下，都会使用厂商推荐的与打印机相匹配的硒鼓型号，不同的型号除非二次填充利用，否则也无法使用。

硒鼓一般由铝管和感光材料组成，其表面一般由三层物质组成，而一些特别硒鼓，其表面则会有 4 ~ 5 层物质。除了普通硒鼓的前三层外，第四、第五层设计用来保护感光层，以此来保障硒鼓的超长寿命。硒鼓有整体式（或称一体式）和分离式两种。一体化硒鼓在设计上主要是把碳粉暗盒及感光鼓等装在同一装置上，当碳粉被用尽或感光鼓被损坏时整个硒鼓就得报废。用这类硒鼓的机型主要是 HP（惠普）及 Canon（佳能）机型，这种独特的设计加大了用户的打印成本，且对环境污染的危害很大，却给生产商带来了丰厚的利润。分离式硒鼓碳粉和感光鼓等各置在不同的装置上，而感光鼓一般的寿命都很长，一般能打印达到二万张的寿命。只需换上被耗掉的碳粉就行了，这样用户的打印成本就大大的降低了。

对于激光打印机的用户来说，在更换硒鼓时有三种选择：原装硒鼓、通用硒鼓（或称为兼容硒鼓）、重灌装的硒鼓。打印质量肯定是客户首先需要考虑的因素，毋庸置疑，原装硒鼓显然是最佳选择。原装硒鼓由于在设计过程中精心考虑了与打印机其他部件的整合，制造过程一丝不苟，因此可以创造理想的打印效果，大大好于其他兼容产品。而重灌装的硒鼓由于制造过程中采用手工方式，打印质量更是良莠不齐，难以得到保证。一般的通用硒鼓在打印质量上可以说基本能够达到了打印机的输出要求，但有可能在某种特别的情况下有所区别，如在打印 2 磅的细小字时有些模糊不清。打印过程看来总是很简单，连接好打印机，发送一个指令就可完成。正是在每一个打印细节上所作出的努力，才使用户只需经历这个简单的操作过程就能得到理想的打印结果。经常使用打印机的用户会深有体会，用原装硒鼓在打印机上打印出的文字边缘清晰、黑色均匀、图片逼真生动，但使用其他产品替代时效果就差远了。这是因为工程师们为了使打印效果达到最优，在实验室中进行了大量的试验和改进，连最微小的缺陷都必除之而后快。因此，注重打印质量的用户会毫不犹豫地选择原装硒鼓。

当然，我们在考虑打印质量的时候，打印成本也是相当重要的考虑因素，对于价格敏感的个人用户来说尤其如此。很多人会认为原装产品的质量虽然好，但同时价格也比较高，这实际上是一种不正确的认识，大量的客观测试表明，原装硒鼓的单页打印成本并不是很高，整体耗费成本也是相对较低的。原装硒鼓由于工作的寿命长，它给使用者节省的资金比打印机本身的售价还要多。因此，推荐使用原装的硒鼓。通用硒鼓也都是名牌出品的，产品质量也有保障，虽然其价格略低于原装硒鼓，但打印张数要低于原装的硒鼓，所以其总体打印成本与原装硒鼓是相差不多的。至于重新灌装的硒鼓虽然其价格很具有诱惑力，但由于其打印张数实在太少甚至不及原装硒鼓的一半，所以其总体打印成本决不低于原装硒鼓和通用硒鼓。

6、硒鼓寿命：硒鼓寿命指的是打印机硒鼓可以打印的纸张数量。可打印的纸张量越大，硒鼓的使用寿命越长。硒鼓寿命的长短是由感光鼓决定的。对于打印任务相对艰巨的中小型办公用户，应舍得为较高的月打印负荷量（10000 页以上）和长寿命硒鼓（寿命可达 20000 页）付出更多购买成本——这两项指标较高的机型的可靠性一般也较突出，否则动不动卡纸乃至“趴窝”、频繁更换硒鼓将会大大降低打印效率，增加维护及整体打印成本。根据感光材料的不同，目前我们可以把硒鼓主要分为三种：OPC 硒鼓（有机光导材料）、Se 硒鼓和陶瓷硒鼓。在使用寿命上，OPC 硒鼓一般为 3000 页左右，Se 硒鼓为 10000 页，陶瓷硒鼓为100000页。

7、最大可扩展内存：打印机最大可扩展内存指的是打印机可以支持的最大的内存容量。打印机内存大小在打印大的打印任务或多个打印任务时，将直接影响打印机的性能，尤其是网络打印机，对于内存大小有着一定的要求。目前打印机最大可扩展内存最高可到512M。

8、双面打印：所谓双面打印就是指当打印机在纸张的一面完成打印后，再将纸张送至双面打印单元内，在其内部完成一次翻转重新送回进纸通道以完成另一面的打印工作。简单地讲，打印双面文档的过程就上把将用户本来需要手工完成的翻转工作自动完成了。结构方面，不同型号的打印机所使用的双面打印单元完全不同，有的型号的打印机其双面打印单元是安装在打印机主机的底部，而有的型号则是安装在打印机主机内部。

对于打印量较大的用户，在不增加任何投入的情况下，双面打印可以将纸张成本降低为原来的一半，而且对打印速度丝毫不会有影响。由于一切过程都是自动完成的，也基本上杜绝了人工翻转纸张时可能出现的方向性错误，不过双面打印单元价格不菲，因此双面打印主要还是针对于有特殊用途的专业用户。

第三章　打印机选购

一、选购之前的准备

你需要什么？这是一个前提条件。我们在购买任何一件东西之前都会有一个初步的计划：我要买一件什么样的东西。换句话说，我要买的这样东西是用来帮我干什么的。虽然多数人对要购买打印机这样的目的很明确，但是对打印机的具体的要求还是不清楚。由于市场上的打印机型号品牌繁多，当我们面对商家热情的服务和花花绿绿的产品宣传单时的确有点盲然。可能由于预算的限制、商家的促销活动、广告的影响力等一些因素，你所购买的产品并不能让你感到满意。以往的选购经验都是先从打印机本身来做文章。虽然打印机本身的性能和各种参数都是非常重要的，但多少有一些本末倒置，有点像是为了买打印机而去买打印机。你买打印机是用来打印内容的，也就是说你需要什么样的打印品质，这才是我们需要真正去考虑的问题。

在打印机价格不断下降的今天，大多数购置电脑的用户都会考虑购置打印机。对于将家作为办公地点的SOHO一族，打印机就是必不可少的工具了。而一些小企业由于对成本的考虑或是彩色打印的需求，也选择了喷墨打印机。这就带来了不同的打印品质的需求。对于家庭用户而言，可能经济性是他们最需要考虑的，对打印品质的要求不是很高；而对SOHO一族而言，他们可能需要的是接近于激光打印品质的文本效果，或者是接近印刷品质的彩色效果；而对于企业用户而言，由于打印量比较大，除了要考虑自己的业务量是文本打印还是彩色打印为主外，更需要的是考虑到性能、后期维护成本的问题了。

二、值得重视的几个指标

由于我们要按需购买，在明白了自己需要什么样的打印品质后，就需要权衡一下性能、价格与墨盒的综合指标了。

1、分辨率：对于现在选购打印机的用户来说，分辨率的选择应该不成问题。在价格差异不大的情况下应该尽量选择高一点的分辨率，因为从实际打印效果来看，如果同样使用720dpi的分辨率，那么最高分辨率为1440dpi的打印机打印出的效果要好于最高分辨率为720dpi的打印机。

2、墨滴：除了分辨率以外，墨滴的大小也是一个非常重要的指标。同分辨率一样，如果墨滴越小，画面就越真实，当墨滴达到6pl的时候，就接近了肉眼所能观看的极限，这时候画质就会给人一种细腻真实的感觉。目前主流市场上，墨滴技术也非常成熟，现在三大主要的打印机厂商喷射的墨滴都可以达到4pl~5pl，ESPON的技术能够保证达到2pl这样的极致尺寸。如果打印机的价格相差不多，墨滴越细微的机型肯定色彩表现能力就越强。不过，如果不是经常需要相片级的打印，而且打印的介质基本上以复印纸为主，那么也就没有必要强调是多少皮升的打印机。因为在复印纸上2pl和6pl是根本看不出来什么区别的。

3、价格：在对性能有要求的同时，价格也是我们非常在意一项指标。但是我们需要将价格与性能分开看。不是越贵的产品性能就越好，反之亦然。只要按上面所说的针对文本、图像、图文混排模式这三种基本打印类型进行购买，对号入座，很快就能找到适合自己使用的产品。另外，因为喷墨打印的成本并不只涉及打印机的价格，其墨盒和介质的成本才是真正的重头戏。打印机使用的时间越久，次数越多，其耗材所占的成本比例就越大。因此，我们应该关注打印的整体成本，其中包括打印机的成本、介质的成本和墨盒的成本。现在看来，500元以下的机型占了销售机型总量的半数以上。而500元以上至1000元的产品中有几款产品对SOHO用户和企业用户而言很具有性价比。

除了要有一台够格的打印机外，还需要打印介质的配合。照片打印要配合专用的照片纸，而且由于打印精度的提高对于墨盒的耗用量上也是成倍地增加。以EPSON为例，为了能够实现照片级的输出，除了需要使用原装墨盒外，打印介质也需要EPSON专用照片纸才能完美地实现。同介质一样，墨盒也属于易耗品，其费用也是使用中一项不小的支出。不同打印机的墨盒价格相差很大，原因在于墨盒没有统一的规格，墨水的容量也不一样，因此，单从墨盒价格上比较是没有意义的。一个比较好的方法是从单页打印成本上比较，将墨盒的价格除以能够打印的张数，就得到单页的成本，对用户来说，当然是单页成本越低越划算。

除了墨水的单页打印成本以外，对图像打印质量有特殊要求的用户还需要关注一下墨水的性能。最近，EPSON推出了防水耐光墨水。使用了这种墨水后即使将打印出的纸张浸泡在水中也不会使打印的色彩变淡，而且抗氧能力的加强可以让打印的图像保存得更久、不退色。其余的厂家，如惠普、佳能和利盟也有相关的防水防氧化墨水技术。

4、市场主流品牌：目前，国内的喷墨打印机市场主要由老牌的惠普、爱普生、佳能把持，虽然利盟是激光打印的先驱，但由于基本上采用与品牌电脑捆绑销售的形式，所以被消费者了解得不多。而联想喷墨打印机是市场上的新星。这几家的产品侧重点各有千秋。惠普是一家多元化的科技公司，但在打印机的研发上美国风格非常明显，它的喷墨打印机无论高低端产品，对于文本的打印效果都是非常出众的，一些高端机型的文本打印质量可以媲美激光打印机。对于图像打印 HP 则表现得不如它的文本打印出色了，不过惠普的产品在普通复印纸上的表现综合来看还是不错的。

EPSON（爱普生）则以出众的喷墨图片打印技术而迅速占据了大量的市场份额。最新的 STYLUSPHOTO950 型打印机甚至将墨滴微化至 2pl（注：墨滴的体积单位 pl，即皮升，1pl=10-121，即一万亿分之一升），打印分辨率高至 2880 × 1440dpi，配合相片打印纸打印出的图像可与相片以假乱真。EPSON 虽然擅长图像打印，但是在一些低端产品上文本打印效果就要逊色些。CANON（佳能）打印机的文本打印质量不太突出，而图像打印效果也比较综合。它的特点是整机的性价比高，而且它的墨盒的价格也是最低的。利盟打印机以前多见于捆绑销售，近年也在销售上展开了更灵活的策略，从捆绑走向了零售市场。利盟打印机的优势就是在于价格。它一般比同类产品要便宜百元，而且它的文本打印效果也接近于惠普的产品。此外它的图像打印效果在配合四色墨盒时的表现对于一般的配图或彩页打印而言也足以胜任了。联想打印机是引进的利盟打印机的技术自行开发的产品，除了具有利盟打印机的相关特点之外，价格比同类型利盟打印机还要便宜。

三、针式打印机的选购

近几年我们越来越少可以看到针式打印机的身影了，但大家千万不要以为针式打印机已经退出了历史舞台，其实在很长一段时间里面针式打印机还是有存在的必要的。由于工作原理的特殊性，目前只有针式打印机才能够进行多层的票据复写打印。加上目前“金税”、“金卡”、“医保”等相关工程的开展，越来越多的商业企业以及银行、邮局，甚至是医院都需要进行票据打印，这使他们必须购买针式打印机。也正是因此，针式打印机将会继续的生存着。

1、针式打印机的新特点

通过多年经验的不断积累，现在针式打印机产品技术已经趋于成熟。目前产品相比以往老针打由于针对自身的弱项进行相应设计改进，使得在性能方面有了很大的提高且有效降低了使用故障率。具体表现为以下几项：

低噪音：由于工作原理的关系，要想完全消除针式打印机的噪声是不可能的，但是厂商们也通过了许多的办法来降低针式打印机工作时的噪声。其中比较常用，也是比较有效的办法就是采用封闭式的机身，将噪声和外界相对的隔离起来。通过这一办法，目前针式打印机的噪声基本上可以控制在 50 ~ 55 分贝之间，这对于人来说基本上在可以接受的范围内。

速度飞速提升：许多的公司到了月底或月初时需要打印大量的财务报表或帐单，而这些东西往往又需要一式多份，因此只能使用针式打印机进行输出。在这种情况下便对针式打印机的速度提出了更高的要求。而针式打印机的厂商也充分地认识到了这一点，并对针式打印机的速度的提高下了一番大功夫，从而使目前针式打印机的打印速度得到了显著的提升。如今的针式打印机，每秒钟 200 个英文字符已经不算什么了，许多主流的产品甚至已经达到了每秒钟300～400个中文字符或者是600、700个英文字符的打印速度，再加上独到的连续进纸技术，使得针式打印机的速度完全达到了令人满意的需求。

散热性能增强：由于针头和打印介质接触的缘故，针式打印机在连续工作一段时间后会发生针头过热的现象。在以往为了保护打印机，产品中往往加入了自我保护的措施，即当温度过高时，打印机便会自动降速，甚至是完全的停止，而这种情况在业务繁忙的时候是非常令人恼火的一件事。更何况，长期的出现这种高温现象，对于打印机的使用寿命也会产生一定的影响。对于这个问题厂商们自然也不能忽视，并且也针对性推出了一系列的措施。比如有的产品采用了双针头的设计，可以每个针头轮流工作，这样便不会让某个针头负担过重而产生高温了。还有的产品则加入了散热风扇或在针头上加散热片，通过上述一系列方法，从而让产品的散热性能大大增强，有效减少产品“自我保护”的次数，最终则可大幅提高产品的的工作效率。

提升打印效果：虽说针式打印机的打印效果仍然是没有办法和喷墨打印机相比，但是和一些老的型号相比，针式打印机的效果也得到了显著的提高。尤其是当使用新色带进行输出的时候，打印效果还是相当不错的，对于票据类打印来说已经是绰绰有余了。

使用寿命更长：使用针式打印机时间较长的用户，对于该类打印机的断针现象一定是不会陌生的。断针是针式打印机最令用户讨厌的故障，断一根针换一下就是好几十元，如果碰上断了几根因此需要换整个针头的话就是好几百甚至更贵。笔者最早使用过的一款老式的针式打印机两年不到换了三个针头，差不多又可以新买一台打印机了。而如今，随着技术的进一步成熟，尤其是散热性能的支持，针头的寿命也是大幅度的延长。目前一般针式打印机的针头都至少具有2～3亿次击打的寿命，有的甚至高达5～10亿次以上。目前笔者使用的一款针式打印机已经工作了3年多了，一根针还没有断过。并且现在的厂商对于针头保修期也是大大的延长了，（有的长达3年）而它们之所以敢于做出这样的承诺，也是因为他们对于自己的产品也有着一定的自信。

2、相关技术参数

作为打印机的一种，针式打印机自然有着和其它打印机共有的一些技术参数，比如：打印分辨率等。当然除了共有的参数之外，还有一些技术参数则是针式打印机特有的。

★纸宽和纸厚

纸宽是指打印机能够支持打印纸张的最大宽度，目前市场上主要有三种宽度的针式打印机：80列、106列、136列。虽然数据单位不一样，但事实上这三组数据对应的就是日常生活中我们所说的A4幅面，A3幅面和A2幅面。用户在选购时应该根据自己在实际应用中需要打印票据的宽度来进行选择。需要注意的是，对于该参数用户一定要考虑清楚，因为宽度大的产品可以支持打印小的纸张，但是宽度小的产品是肯定无法打印大的纸张。

纸厚包括两个方面：进纸厚度和打印厚度。进纸厚度是指纸能够被打印机承受的实际厚度，而打印厚度则是指打印机实际能够打印的纸张厚度。这两个技术指标也是在选购针式打印机时不可忽略的选项。在实际应用中，由于用途的不同，因此用到的打印介质的厚度也不尽相同，比如商业中的发票的纸质一般较薄，进纸厚度和打印厚度不必选得太大；而在金融部门中由于需要打印的存折和汇票的厚度较大，因此选择时应该选择进纸厚度和打印厚度较大的产品。

★拷贝能力

拷贝能力是指针式打印机能够在复写式打印纸上最多打出“几联”内容的能力。这点对于商业用户，显得非常重要，具体选择时可参考以下标准。如在需要打印四联单的用户可以选择具有“1＋3”拷贝能力的产品；如果需要打印7联的增值税发票的用户则一定要选择具有“1＋6”拷贝能力的产品。在选购时一定要考虑实际的应用，不然会因为能力选得过弱，从而无法完成任务就是大问题了。

★打印速度

针式打印机的打印速度是用每秒钟能打印多少个字符来表示的（可以用英文字符标识，也可以用中文字符）。需要选用多快的产品，用户可以根据自己的需要来决定。但是需要指出的是，虽说在实际的应用中速度是越快越好，但是票据打印机往往处理的是薄纸和多层纸，因此在打印的过程中在快的同时还要有一定的稳定性，要求应该打印平稳，定位准确、字迹清晰为要求，在稳中才能求快。尤其是商业用户，要知道一旦票据打印的不清的话，会造成非常大的麻烦，一些严重的后果甚至是无法估量的。

★打印头寿命

打印头的寿命，我想每一个用户都很清楚，寿命越长，使用的成本自然也就更低。不过在了解打印头寿命的同时还应该了解一下，打印头保修的情况，以便更无后顾之忧。打印头的寿命也是用字符数来标识的，不过单位都是“亿字”。

二、喷墨打印机的选购

如果你正打算添置一台打印机？不仿看看下面的文章，也许对你会有所帮助！

购机用途

购买喷墨打印机首先应分析自己的购机用途：主要用来干什么，兼顾干什么，价格固然重要，但资金使用效果更重要。简单地划分用途，可分为打印文本与打印照片，再细分，有简单需求与多种使用的区别。有人文字工作多，常在家里打印文件，几乎不考虑打照片，这时HP和LEXMARK的喷墨打印机就是较好的选择。如果你已经购置了不错的数码相机，想自己出照片，打文字是次要需求，这时EP-SON的喷墨打印机应是首选。如果较看重照片的质量，四色的COL-OR系列就不行了，必须选六色PHOTO系列的机器。

购机价格

购置打印机是一次性支出，一般人都很看重。通常购机者都会这么问：800元以下的喷墨打印机选什么型号好，1000元左右买什么型号好，等等。一分钱一分货的道理大家都知道，所以对于价格不可过于斤斤计较，需求确定后的价格差别主要表现在机器的档次上，考虑好自己的需求与支付能力之间的平衡即可。　　对于已经明确了需求的用户，在考虑价格时，还应综合考虑耗材费用及技术先进性，以及与喷墨打印机相关的周边设备。

耗材费用

喷墨打印机耗材费用较高是不争的事实，所以在购机时，耗材费用将是一个重要的考虑因素。喷墨打印机目前价格如此低廉，原因之一也是因为有耗材在支撑着厂家的利润。

耗材费用主要是墨盒费用，考虑的因素有：墨盒的绝对价格与打印张数、是分色墨盒还是多色墨盒，墨盒是否与喷头一体，是否有相应的兼容墨盒或填充墨水等等。一般情况下，墨盒的墨水容量与打印张数是成正比的，但需要提醒用户注意的是，厂家标称的打印张数只是测试结果，不是实际使用数值，二者的差别有时会很大。

技术层面

购置设备要考虑技术先进性，各厂家都在不断地推出自己的新技术：智能墨滴变换、网页图像效果增强……铺天盖地的广告和评测报告让人目不暇接。客观地讲，厂家没在说假话，每项宣传都确有其事，专业人士也能区分出其中的差别。但关键是，你我如何判断这些宣传与自己实际利益的关系？

新技术太多了，无法逐一判断和评估，但一般来讲，新推出的产品应该比原有的好。所以在没有专业经验的情况下，判断技术先进性的原则是，在指标、性能、价格相差不太大的前提下，新推出的机型更有购买价值。

三、激光打印机的选购略

第四章　打印耗材的选购

一、针式打印机耗材选购

在针式打印机里面，唯一需要担心的耗材就是色带，其实针式打印机就是利用打印机头内的点阵撞针，去撞击打印色带，在打印纸上产生打印效果。可见，色带在这个过程中担当的是耗材的作用，而且，色带的质量好坏也将直接影响着打印的效果甚至打印头的寿命。我们用下列公式来表示针式打印机与色带的关系：

好色带＝出色的打印效果＋打印机的长寿命

决定针式打印机打印效果和使用寿命的最重要因素是打印色带的质量，在一般情况下它很容易被人忽视，我们可以看到很多皱皱巴巴的色带已经快没色了，用户为了节省成本还在用，可是他不清楚这样非常容易造成打印机的断针，如果要问换个打印头需要花多少钱呢？和二十多元的色带相比是得不偿失，我们知道，优质的色带一般能打印 300 万字符以上，而劣质色带往往只能够打印 10 万至 20 万字符左右就无法继续正常使用，二者相差达到数十倍，因此学会正确鉴别好色带的质量并进行正确选择，是每个针式打印机用户都必须掌握好的技能。

接下来向大家介绍一下应该如何去选购色带，要知道自己选择的色带是不是好色带，你首先得学会如何鉴别色带的质量，鉴别针式打印机色带质量的高低主要从带基、接头焊缝和油墨三个方面入手：

1、色带带基

一般来说，色带的带基是以尼龙丝为原料编织而成的，它的质量高低直接影响着色带的使用寿命和油墨附着渗透的能力。目前在市场上销售的打印色带的带基分为尼龙6和尼龙66，二者的区别是尼龙的化学成分含量不同。尼龙66要比尼龙6弹性要好、耐久耐打，市场上知名的品牌色带一般都采用尼龙66作为带基。而尼龙66又分为低密、中密、高密和高密加捻四种，密度越高，经、纬织数越多，弹性就越好；以13MM带宽、1CM带长为例，高密度带经数98　100织，纬数为44织；高密加捻带经数105　107织，纬数47织，二者看白带基时能明显分辨，但染墨后却不好区别，客户容易把它们混淆。高密加捻带的经、纬内单织加粗，更耐久打，弹力大，长时间打印带基不起毛、不断线、不起荷叶边。好的带基表面平整，无凸出的纤维结，经纬密度组织均匀严密，切割边直而均匀，无焦糊现象。用手摸：好带基柔软细腻，有一种滑爽感。拉时弹性好，复原性好。不好的带基断线抽丝厉害，摸时手感发硬，切割边不匀，带边焦糊厉害。拉时弹性小，复原性差，打印时常夹带；带基打到每米6万字符便起毛，起荷叶边，产生堵针头、卡带现象。总的来说，我们应该选择使用高密度的尼龙66织成、经纬密度在每厘米130线以上、纤维状态为无缠绕、不起毛、不变形的高密度的带基。挑选色带的时候，可以将色带对着灯光来观看，如果不能透过光线的一般来说就是高密度带基，质量都比较好。否则就是不达标的。

2、油墨

油墨也是相当重要的，好的油墨颗粒很小，不会造成堵塞针孔，流动性很好，PH值很均匀，涂墨时吸附性强，保湿性好，耐久打且打印时颜色过渡慢。好油墨有机无毒不会腐蚀，没有异味，染带后不发粘，容易晾干。不好的油墨颗粒大，粘稠粘手，染带后晾不干，生产出来的带子之间粘得厉害，打印时容易堵塞针孔，使针头不能灵活伸展，因而会打断针头。在选择的时候我们应该要知道，色带的油墨应该要适中，过多或者过少都会影响到打印的效果。优质的色带油墨都是经过了脱脂的处理，用手去触摸的时候，手指上都不会留下很明显的油墨痕迹。这种油墨的印墨过程也是非常均匀的，前后打印效果没有很明显的差别。而我们见到的一些劣质油墨，如果用手去触摸时感觉是油腻腻的，看似油墨很充足，但在打印时却会出现色重的现象，也就是说用手触摸打印纸就会模糊一片呢。劣质油墨不但会造成打印效果很差，而且它还可沿着打印针导孔进入打印头针缝间并固化，堵塞打印针头，导致打印机无法正常进行打印，严重时还可能造成打印头出针阻力增大而折断打印针、打印针平行槽被压坏了、打印头驱动芯片或色带电机被烧坏等等严重的故障。

3、接口

好的色带的接口平整细窄，误差比较小，硬化程度很轻，打印的时候不挂针；接口强度较大，抗拉力也强。不好的色带接口宽且长，硬严重，容易挂针，针头打至此处很容易折断。

我们怎样检验什么是好的接口呢，对色带接头焊缝的基本要求是这样的：焊接的角度应该要大于30度、接缝处连接要平滑、没有明显的接痕或者凸出，能够保持带基的原纤维特性并正常均匀地吸收油墨。优质色带的焊缝都是使用了超声波焊接机焊接而成，能够很有地效保证接头质量。而使用简单的热熔或热压方法焊接的焊缝均不同程度地破坏了带基的纤维特性，导致焊缝处会呈现明显凸出的双层接头，且接口很不平滑，这种色带常会使打印针不能及时退回，从而严重磨损、损伤甚至折断打印针。因此选购色带时应仔细观察其接头焊缝情况。

4、服务质量

除了色带本身的质量之外，我觉得色带的售后服务质量也是相当重要的。我们知道，对任何产品来说，它的售后服务是其市场的根本，所以用户在购买的同时一定要详细了解产品生产厂家的售后服务；一般厂家只要其产品质量信得过，也一定有自己的完善售后服务在做后盾。

二、喷墨打印机耗材选购

1、墨盒的选购

墨盒选购的好坏，直接影响着打印机的高效使用。因此如何选择适合自己需要的墨盒就成了打印机用户非常关心的话题。

★选择与打印机产商匹配的墨盒

每个墨盒上面，都标识有制造厂商、型号和适用机型，购买前必须了解清楚墨盒的种类，如果不敢肯定，可以带上原来的墨盒去对比选择。不匹配的墨盒不能使用，强硬安装不仅会损坏墨盒，还会损坏打印机内部零件。

★最好选择双墨盒

打印机的墨盒有单、双墨盒之分，作为个人用户，建议大家还是选择双墨盒。因为双墨盒允许同时安放两个墨盒，一个是黑色墨盒，一个是彩色墨盒。由于双墨盒是目前普遍使用的一种方式，不但在成本上要比单墨盒经济，而且还容易购买。另外双墨盒在工作时不相互干扰，例如在打印普通黑色文本时，只使用黑色墨盒，在打印彩色图像时，只使用彩色墨盒，这样会极大地延长墨盒使用的寿命。相反单墨盒中可能分别存放黄、绿、蓝几种墨水，一旦一种颜色用完了以后就必须更换整个墨盒，而双墨盒相互独立，允许单独更换，可以说是经济性和实用性的最佳结合。

★选择带有喷头的墨盒

从组成结构上看，现在市场上存在两种类型的墨盒，一种是喷头集成在墨盒上的一体化墨盒，另外一种就是不带有喷头的分体式墨盒。对于打印没有什么特殊要求的用户，建议选择带有喷头的墨盒。因为这种墨盒在用完了以后，还可以允许用户自行向空墨盒中重灌墨水，充灌后的墨水不会对喷头造成多大伤害；另外一旦用户更换了这种一体化墨盒后，同时也更换了打印机的喷头，这样打印机就不会因为打印时间长了，打印质量和效果会下降。相反，如果喷头集成在打印机上，那么喷头就会得不到及时更新，打印机随着工作时间的增长，打印机质量就自然下降了，直到喷头变坏为止。而且分体式墨盒是不允许用户随便充灌墨水的，这样这种墨盒的重复利用率就不会太高。

★认真辨别墨盒的真假

由于假墨水可能会影响打印质量，甚至会损坏打印机的喷头，因此我们在选购墨盒时，要注意识别。如果粗略地检查墨盒外表，是很难分出墨盒真假的，因为真墨盒和假墨盒表面上的激光防伪标志差不多。不过认真检查后，还是会有差别的：真墨盒的包装袋应该紧贴墨盒，袋内没有空气，而假墨盒可能在包装时没有注意这方面的细节，墨盒可以在包装袋中移动。贴在真墨盒上的防伪标志在放大镜下观看时，可以看到上面有很细小的商标字样，而假墨盒却没有。真墨盒上的有效期标注字应是用机器压的凹印。而假墨盒上的则是用墨水盖的印迹，很不均匀，有效期也少了一年。真墨盒的包装袋被打开后，包装袋的背面应该是很干净，而且袋内应没有其他东西。假墨盒可能就不一样了，由于有的假墨盒是重新灌注墨水而成的，这样包装袋背面是很容易染上墨水的。

★不要太盲从品牌墨盒

由于现在市场假墨盒较多，不少用户对喷墨打印机生产商关于必须“使用原装正牌墨盒，否则不在保修范围内”的告诫深信不疑。尽管品牌墨盒有质量保证，但是其价格一般比较昂贵，普通个人用户一般难以承受。而且现在不少奸商深谙用户宁愿买假货也要买品牌原装的心理，大肆对品牌墨盒进行造假，如果我们对品牌墨盒过分盲从，吃亏的只能是用户自己。其实用户没有必要把眼光紧盯品牌产品，因为现在国产的一些普通墨盒出厂前都经过了严格检验，质量并不差，与原装墨盒几无差别，而售价却比较低。例如，清华同方系列墨盒产品系国内第一个全套采用德国设备生产的墨盒，全部采用欧洲进口环保墨水。由于墨盒采用了德国高分子滤网，在使用过程中不必担心出现堵塞墨头。同时，它采用独有的真空模式，能真正实现零清洗，既避免了污染环境又提高了墨盒的使用率。同方墨盒的市场零售价比原装耗材的市场价要低近40%！适合大多数消费者的购买力水平。此外国内的知名品牌“格之格”、“捷彩”、“瑞福特”、“西本”、“普瑞科”、等都得到广大用户的好评。

2、打印纸张选购

随着计算机应用的深入发展，作为最常见的信息记录介质，打印纸的需求也迅速上升。目前市场上喷墨打印纸的类型很多，常见的有：不透明喷墨纸、半透明喷墨纸（工程复印）、透明喷墨胶片、涂复喷墨纸、喷墨专用帆布、专用重磅喷墨纸、即贴透明喷墨胶片（背胶即时贴）、彩色广告喷墨像纸、半透明灯箱胶片、彩喷专用纸、光泽专用纸、超白涂复的布纹纸（皮纹纸、木纹纸）、标准彩喷纸，背喷胶片（灯箱广告用）等。

打印纸张对打印质量的影响非常大，尤其是使用高分辨率喷墨打印机时，专用纸张与普通纸张的差别更为明显。喷墨打印机厂家专门生产的高分辨率打印纸，纤维细密结实，可以有效地抑制渗墨现象，纸的色彩洁白、反射率高，能将打印机高分辨率的优势发挥得淋漓尽致。专用的纸张还与特殊的墨水珠连璧合，可以得到非常好的打印效果。像佳能墨盒中的墨水优化液，可以在墨水喷出之前，先在专用的纸面形成一层致密的保护层，使墨水能牢固地黏附在这层薄膜上，不会四处流动，保证打印效果长久如新。爱普生则采用了速干墨水，在墨水渗透之前就已经干燥，并与专用的打印纸发生化学反应，形成亮丽的色彩。

★照片打印技术

所谓“照片打印技术”，是指用现代高档彩色喷墨打印机打印的彩色图像如照片一般，简单地说就是打印输出分辨率在1200dpi～1 440dpi之间，并采用多种先进技术和专门打印纸张所输出的彩色图像。具有照片品质输出功能的彩色喷墨打印机都是具有顶级技术的设备，完全能满足专业设计或出版公司苛刻的彩色印刷要求。照片品质输出的高档喷墨打印机的优点是：打印质量高、噪声低、可以以较低成本实现高品质彩色输出。缺点是：打印速度较慢、耗材较贵、打印量小。主要用于专业彩色打印用户、小型办公室等打印量不大、打印速度要求不高的环境，实现低成本真彩色打印输出。现在“照片打印技术”主要有HP的富丽图技术，Canon的墨滴调整、七色墨水和四重色控制技术，Epson的微压电、六色打印技术、快干墨水、精细图像半色调整和照片质量打印纸技术等构成的所谓“完美成像系统”（PPIS）中，都将照片质量打印纸放在一个重要的地位。

除了喷墨技术、驱动程序、高质墨水外，必须还有高品质的纸张才能构成一套完整的“照片打印技术”体系。PPIS四大关键技术之一的PhotoQualityPaper（相片品质专用纸）在表面上加了一层可以固定墨水的透明胶层，将不同颜色的墨水固定下来，墨水在这种纸上的反射密度以及色调表现将比一般光面纸上更好。使图像表现达到完美境界，甚至超越传统相片。

★关于打印纸张

时常听见有人抱怨，自己有一台高分辨率的彩色喷墨打印机，但打印出来的图片总是不理想。这究竟是怎么一回事呢？ 原来，有时候彩色喷墨打印机打印效果不理想，如果抛开操作不正确、驱动程序调校不准确等人为因素外，最有可能的原因就是纸张选用不恰当了。为了最大限度地发挥出高分辨率彩色喷墨打印机的潜力，各个厂家都研制了相应的高品质纸张与之相对应。

为了防止墨水在纸张上的渗透，一方面是改善墨水的性能，另一方面是提高纸张的质量。佳能出品的BC-62 等几款墨盒所采用的墨水改进方案，是实现得最为彻底的方案之一。在这种类型的墨盒中，加入了一种特殊的墨水优化液。在墨滴喷射之前，先由墨水优化液在纸张上形成一层薄膜，然后喷出普通墨滴，紧密地附着在薄膜上。因为有了薄膜的保护，在纸张上就不会发生洇墨现象。此外，这种方案还获得了意外的收获：因为保护膜的原因，不仅在普通纸张上的打印效果大为改善，打印样张还可以实现防水功能。爱普生公司研制了速干墨水，可以快速地渗透到纸张纤维中去，与专用喷墨纸张配合，抑制墨滴的扩散。利盟公司采用了其它技术，也研制出了防水墨水及纸张。各厂家对纸张的研究都非常透彻，也更加接近。各家的喷墨打印专用纸张的纹理都十分细密，不容易洇墨，比普通纸张更加白净、亮洁。

彩色喷墨打印机的卓越表现一方面与先进的技术有关，另一方面也有赖于耗材，特别是打印介质的性能与质量，同一台打印机会由于采用了不同的打印介质而表现出迥然不同的打印效果。一般情况下，各打印机厂商生产的打印介质与自身的墨水和打印技术最匹配，能充分发挥打印机的功效。用户选择打印机厂家出品的打印介质，从保证打印品质、发挥打印机性能及购物的风险性上衡量，都是最经济的。此外，打印时要根据不同的打印需求选择不同的介质，各种纸张在白度、细腻度、吸水量等品质上的差异，会对输出效果产生很大影响，因此在选择打印介质时应具体问题具体分析。

现在的打印介质主要有胶片和纸张两大类，用户在日常应用最多的是纸张类打印介质。下面介绍几种最常用的打印介质：

（1）照片质量喷墨打印纸，这是一种高解析度专业用纸，是图像打印的理想介质。这种纸厚度比普通纸稍厚一些，一面比较白，选择这一面打印商业性的报告、讲座用的彩色文字、图表及各种商业统计图，效果十分出色。

（2）360dpi 喷墨打印纸，是专门为家庭用户设计的。这种喷墨打印纸适用于打印各种图片及文本，打印出的色彩逼真，字迹清晰精美。

（3）照片质量喷墨卡片，这种纯白色喷墨专业 卡片有 A6、5 英寸 × 8 英寸及 10 英寸 × 8 英寸三种尺寸，适合打印自制的明信片、贺卡、请柬等。也可用来输出各种电子照片。

除了以上三种普通的打印介质外，由于喷墨打印机应用多样化的发展，打印介质也日益更新，目前比较流行的喷墨打印介质还有照片纸、开心妙妙贴、喷墨布纹纸、T 恤转印纸、喷墨透明胶片和横幅大标题纸等。照片纸的质地与通常冲洗的照片一样，该介质配合“照片质量打印技术”可获得同照片一样逼真的效果，并且可以提供从普通照片大小到 A3+ 的四种尺寸，适合各层次用户照片打印的需要；开心妙妙贴是一种独特的打印介质，用户可借助打印机配套软件提供的 300 余种五彩缤纷的背景图框与照片叠加，进行最富想象力的搭配，制成极富个性魅力的开心妙妙贴贴纸；喷墨布纹纸是一种 A2 幅面三米长具有油画打印效果的介质，适用于打印各种大幅照片、艺术设计图片的需求；用户可以用 T 恤转印纸制作具有自己独特风格的 T 恤衫，效果相当不错；喷墨透明胶片能提供完美的投影效果，适用于投影、会议及广告等，图象生动逼真，可打印 36 0dpi；横幅大标题纸可用 360dpi、720dpi 或 1440dpi 打印，适合为各种活动打印横幅。

目前国内普通打印纸的品牌主要有：“旗舰”、“高乐”、“施乐”、“大东”、“双龙”等。HP、佳能、 EPSON 等打印机厂商，都有种类齐全的照片质量光泽纸照片质量光泽胶片、照片质量喷墨打印纸、喷墨透明胶片、照片纸、照片质量不干胶纸、T 恤转印纸等纸张可供选择。

三、激光打印机硒鼓选购

激光打印机是现代办公的常用设备，它以成熟的技术，高稳定性，打印速度快、噪音极低、使用成本低廉，并且接近印刷的输出质量等优势统治着办公打印机市场。

激光打印机最关键的部件硒鼓。因为它不仅决定了打印质量的好坏，而且还决定了打印成本。这是因为在激光打印机中，70% 以上的成像部件集中在硒鼓中，打印质量的好坏实际上在很大程度上是由硒鼓决定的。而硒鼓又属于打印机中的消耗品，使用一段时间并达到一定的使用张数后就需要更换，因此选择适合激光打印机的硒鼓就有许多学问了。

目前激光打印机硒鼓市场有原装硒鼓或是其他公司生产的通用硒鼓以及重新灌装的硒鼓。现在我们就来分析这些产品的差别。

打印质量肯定是客户首先需要考虑的因素，毋庸置疑，原装硒鼓显然是最佳选择。原装硒鼓由于在设计过程中精心考虑了与打印机其他部件的整合，制造过程一丝不苟，因此可以创造理想的打印效果，大大好于其他兼容产品。用原装硒鼓在打印机上打印出的文字边缘清晰、黑色均匀、图片逼真生动，但使用其他产品替代时效果就差远了。这是因为工程师们为了使打印效果达到最优，在实验室中进行了大量的试验和改进，连最微小的缺陷都必除之而后快。因此，注重打印质量的用户会毫不犹豫地选择原装硒鼓。

通用硒鼓打印质量可以说基本能够达到了打印机的输出要求，但有可能在某种特定的情况下有所区别，如在打印2磅的小字时有些模糊不清。而重灌装的硒鼓由于制造过程中采用手工方式，打印质量更是良莠不齐，打印效果难以得到保证。 当然，在考察打印质量的同时，打印成本也是重要的考虑因素，对于对价格敏感的个人用户来说尤其如此。很多人会认为原装产品质量虽好，但同时价格比较高，这实际上是一种错觉，大量的客观测试表明，原装硒鼓的单页打印成本并不高，整体耗费成本也是很低。

一家独立的研究机构曾经进行了一个激光打印机硒鼓的客观比较实验。结果显示，在原装与其他两种兼容硒鼓比较中，原装产品单页打印成本和整体拥有成本（TCO）最低，单个硒鼓打印张数最多，打印质量最好。实验中比较了HP-LaserJet4000等三种使用比较广泛的打印机所使用的硒鼓性能。原装产品 的单页打印成本比同类产品低一半左右。

原装硒鼓由于工作寿命长，它给使用者节省的资金竟然比打印机本身的售价还要多 。工程师们最后得出的结论是：在对打印机进行为期3年的全寿命测试中，原装硒鼓未出现任何问题。因此，他们推荐使用原装硒鼓。通用硒鼓，从其打印质量可以说基本能够达到了打印机的输出要求，但有可能在某种特定的情况下有所区别，通用硒鼓也都是名牌出品的，产品质量也有保障，虽然其价格略低于原装硒鼓，但打印张数要低于原装硒鼓，所以其总体打印成本与原装硒鼓相差无几。

至于重新灌装的硒鼓虽然其价格很具有诱惑力，但由于其打印张数太少甚至不及原装硒鼓的一半，所以其总体打印成本决不低于原装硒鼓和通用硒鼓。

第五章 喷墨打印机的实用指南

一、喷墨打印机故障分析与维修技能

1．怎样保养喷墨打印机喷墨头?

1）不要将喷墨头放在容易产生静电的地方，以免导致喷墨头上的印刷电路板和喷墨头中热元件损坏。

2）拆下来的喷墨头不能长时间地单独放置 ，如果没有喷墨头保护盖的密闭保护 ，喷嘴中的油墨很容易干涸 ，从而导致喷嘴堵塞。

3） 不要向喷嘴吹气 ，以防唾液玷污 ，造成墨水飞溅或墨水表面张力减小。

4） 不能用面纸、镜片纸以及布等擦喷嘴表面 ，防止汗、油、酒精等沾污到喷嘴上 ，以免墨水成分变化而引起凝固阻塞。

5） 不能用水清洗喷墨头 ，以免水中的杂质阻塞喷墨头。

6）不要随意拆下喷墨头，不能将喷墨头放在高温、干燥的环境下，以免墨水中的水分被蒸发掉后使墨水干涸，导致喷嘴阻塞。

7）不要撞击喷墨头，以免造成喷嘴的物理损坏。

8）不能向墨盒灌注不符合要求的墨水。

9）不要将油泥、灰尘、化学药品等污染到喷嘴上。否则会改变墨水的化学成分，使墨水凝固，造成阻塞。

10）不得带电拆卸喷墨头，也不可以在打印过程中关闭电源，若非要关闭电源，也要将打印机转到 OFFLINE 状态；最好为打印机安置一电源稳压器，这一点十分重要，如果在工作过程中电源忽然中断，打印头就会停在滑动导轨的中间，保护盖不能及时盖上，喷嘴中的油墨随即干涸而堵塞喷嘴，而且重新开机时打印机要自动进行清洁，造成油墨的浪费。

11）如果需要拆下喷嘴，先用手摸一下自来水管道等金属物品，放静电，以免手上的静电损坏喷嘴上的逻辑部件。

12）建议经常观察打印效果，出现轻微堵塞时会产生白线、虚笔画等现象，应立即进行自动清洁。这是预防喷嘴堵塞的最佳方法。

2. 怎样维修喷墨打印机卡纸的故障？

卡纸故障，指的是打印机在打印工作时出现卡纸或无法打印。导致这种故障的原因与维修方法如下。

第 1 种原因，打印纸不合格。

主要是打印纸太薄，致使打印机送纸区的搓纸轮无法吸纸，即使勉强吸进打印机，也容易卡纸。

维修方法：更换合格的打印纸。

第 2 种原因，打印机送纸区的搓纸轮磨损、变形，无法吸纸。

维修方法：更换搓纸轮。

第 3 种原因，打印机的送纸路径有异物，吸入的纸张被异物卡住。

维修方法：清除异物。

第 4 种原因，送纸传感器有故障。

喷墨打印机的送纸传感器多数使用光敏遮断式传感器，往往在处理卡纸故障时会把该传感器的压杆拉断或使其脱位，导致传感器失效。

维修方法：修理或更换传感器。

第 5 种原因，走纸电机或走纸电机控制与驱动电路有故障。

维修方法：更换走纸电机，或维修主板上的走纸电机控制与驱动电路。

第 6 种原因，送纸机构中的机械部分故障。

主要是送纸台板、搓纸轮的离合齿轮机构故障。

维修方法：维修送纸台板、搓纸轮的离合齿轮机构。

3. 怎样维修喷墨打印机喷墨不畅的故障？

当发现打印机喷墨不畅时，应按照下列顺序检查和操作。

1）卸下墨盒，摇动检查盒中是否还有墨水。如果墨水已尽，应更换墨盒。

2）检查墨盒各墨水管的连接状况，有松脱时应插紧，尤其检查字车输墨单元的输墨管，如果有过度弯曲、阻塞现象时应予排除。

3）人工控制印字机执行 2-3 次喷嘴擦拭和抽吸操作，应达到的正常状态是：墨水供应管和墨水缓存器吸收管内充满墨水，喷嘴帽吸收管内有墨珠流动。否则墨泵可能出现故障，应检查或更换。

4）经上述操作仍不能正常工作时，卸下喷墨头重新安装，并检查喷嘴帽内是否沉积有脏物，然后人工控制打印机进行喷墨头清洗打印操作。

5）执行清洗打印后仍不能正常工作时，表明喷墨头出现故障，应卸下清洗或更换喷墨头。

4. 怎样维修愤墨头清洗系统故障?

正常情况下，喷墨打印机开机后喷墨头在字车的带动下，会移动到喷墨头清洗单元，然后执行自动清洗喷墨头程序，喷墨头清洗系统中的吸墨机构开始对喷墨头进行吸墨、清洗，待清洗结束后，喷墨头被喷墨头架上的密封橡胶件密封住，以保证喷墨头的清洁。当喷墨头清洗系统出现故障时，喷墨头在清洗过程中出错。

常见喷墨头清洗系统故障原因及维修方法如下：

第 1 种原因，喷墨头清洗系统中的某些部件损坏，如密封橡胶件老化等。

维修方法：更换损坏的元件。

第 2 种原因，主控电路板故障。

维修方法：根据具体情况确定更换或修理主控电路板。

第 3 种原因，走纸电机运转异常。由于喷墨头中的清洗单元的驱动是通过走纸电机来传递动力的，所以当该电机出现故障时，喷墨头清洗系统自然受到影响。

维修方法：修理或更换电机。

第 4 种原因，字车电机驱动部分有故障。由于字车返初始位置后，才能使走纸电机由驱动走纸机构转向驱动喷墨头清洗系统和自动送纸器等，当字车电机驱动出现故障时，字车就不能正常移动到喷墨头清洗单元处执行清洗程序。

维修方法：修理字车电机及其驱动电路。

5. 怎样维修喷墨打印机无法进纸的故障?

喷墨打印机无法进纸故障的原因与维修方法，分述如下。

第 1 种原因，纸盘缺纸。

维修方法：在纸盘中装入打印纸，尝试再次打印。

第 2 种原因，纸张宽度调节器或纸张长度调节器没有正确设置。

维修方法：确认纸张宽度调节器贴近纸堆的左侧，但是没有卡住纸堆。推动纸张长度调节器，确认纸张完全放置在打印机中，不要推动得太紧，以防导致纸张扭曲。

第 3 种原因，进纸盘装纸太满。

维修方法：在进纸盘中装入不超过 100–150 张的 20 磅打印纸（在辅助纸盘中装入的纸张数目应在 150–200 之间）。

第 4 种原因，纸张超出规格。

维修方法：确认介质满足打印机的规格，如果介质超出规格，应更换纸盘中的介质。

第 5 种原因，“辅助”纸盘没有在打印机中正确安装。

维修方法：按照打印机文档中的说明拆除并重新安装“辅助”纸盘。

第 6 种原因，同时装入了不同类型、不同大小或不同重量的纸张。

维修方法：应装入相同类型、相同大小或相同重量的纸张。

第 7 种原因，纸张没有在纸盘中正确安装。

维修方法：从纸盘中取出纸堆，确认纸堆均匀放置，没有包含褶皱、卷曲或损坏的纸张，然后重新安装打印纸，确保打印纸紧贴在打印机的右侧放置，而纸张宽度调节器紧贴在打印纸的左侧。

6．怎样维修愤墨打印机滑架无法推进的故障?

喷墨打印机是依靠马达移动打印纸和打印头。滑架无法正常推进的故障，一般是马达或控制电路发生故障。维修方法如下：

（1）检查机械部分是否损坏

仔细检查打印机是否存在机械损坏或机械阻塞故障。清除机械装置中的纸张碎片或其他杂物，更换所有损坏的机械部件或装置。

（2）检查马达连接状况

关闭打印机，拔下电源线，检查马达的电缆，看看是否存在故障。重新安装 ECU（马达驱动电路所在的位置）上的马达连线接头。

（3）检查马达电压

检查马达的电压。电源电压输出应为 +24V 。如果马达电压偏低或为 0，应修理或更换电源。

（4）更换 ECU

如果马达电压正常 ，那么故障很可能与 ECU 上的马达驱动电路有关 ，更换 ECU。

（5）更换马达

经过上述处理后 ，如果问题仍然存在 ，那么打印机的滑架或纸张推进马达可能损坏。更 换该马达。

7．怎样维修喷墨打印机滑架无法归位的故障?

喷墨打印机滑架无法归位的故障，常见的原因是墨盒安装没有到位、传感器开关有问题或 ECU 损坏。维修方法如下：

（1）重新安装墨盒

对于某些打印机型号，如果墨盒 / 滑架不能回到指定位置，可能需要重新安装墨盒，有时候接点也可能需要擦拭。

（2）检查和调整打印纸开关

如果“主传感器”是机械开关，应将万用表接在开关上，手工触发开关，应该可以看到读取的电压，随着开关的触发，在逻辑 1 和逻辑 0 间切换。如果电压存在，但是开关无法响应，应更换损坏的开关；如果开关响应，应检查关与滑架的接触，确认当滑架在主位置时开关触发。可能需要调整开关的位置，以获得更好的接触。

（3）检查打印纸开关

光学“主传感器”可以用类似的方法检查。将万用表接在传感器输出端，在发送装置和接收装置的间隙中放置纸张或纸板手工地触发开关。在触发感光装置时，应该看到感光输出在逻辑 1 和逻辑 0 间变化。如果没有响应，应查看是否有灰尘或污垢阻碍光路。如果触发电压正常，但是感光器没有响应，可能是感光器损坏，应更换感光器。

（4）ECU 损坏

如果问题仍然存在，主传感信号的打印机主逻辑电路很可能存在严重的错误。一般应更换电子控制器件 ECU。

8．怎样维修喷墨打印机字车机构的故障?

如同针式打印机一样，喷墨打印机的字车机构，是由步进电机直接带动主齿带轮和从带轮，使得同步齿形胶带移动，带动装在齿形胶带上的字车沿着字车导轨做横向间歇往复运动，以实现打印位置搜索。为了检测字车的初始位置，多数喷墨打印机在字车导轨的左边，装有一个初始位置检测传感器。在部分打印机中，如 HP 系列喷墨打印机，采用的是在其移动方向上安装一光栅条，通过脉冲计数的方法控制字车的移动速度并确定其初始位置。

字车初始位置异常，是指喷墨打印机开机后，字车在原来位置上抖动，不能顺利到达初始位置，有时伴随着字车的移动会发出异常的响声音，甚至撞墙。

对于这些故障，应根据具体故障现象，进行以下检查和维修：

第 1 种原因：字车机构故障 1。

在正常情况下，喷墨打印机的字车机构中的字车左右位移应平滑稳定，而无发涩或明显阻力现象，打印机开机后，无论字车原来在什么位置，都能返回左端或右端的初始位置。如果字车机构出现故障，时常会引起字车不能够顺利归位。

维修方法：用手捏住字车在其导轨上来回移动，观察有无卡住或发涩现象。此时只要将字车机构全部拆开清洗并适当润滑即可排除故障。

第 2 种原因：字车机构故障 2。

字车同步齿带断裂、主齿带轮损坏、字车导轨磨损变形等。

维修方法：更换损坏的部件。

第 3 种原因：字车初始位置传感器和字车连接错误。

字车初始位置传感器连接错误，会使得传感器检测电路检测不到字车的位置，使字车继续前进，导致出现字车撞墙：当字车电机线出现断线时，会使得字车电机缺相运行，发出异常响声。

维修方法：重新连接好传感器或更换损坏的传感器。

第 4 种原因：光栅条上玷污或损坏。

对于 HP 系列喷墨打印机来说，当用于控制字车移动速度的光栅条被油或灰尘站污，使得字车在移动到被玷污位置时，因检测计数脉冲发生故障而出现停顿，字车在该位置上抖动，并发出异常声音。

维修方法：拆下光栅条并擦去上面的污迹，或更换损坏的光栅条。

9．怎样维修喷墨打印机走纸异常的故障?

对于摩擦进纸传输系统，障碍物或滚筒损坏，是喷墨打印机常见的故障。常用的维修方法如下：

（1）检修进纸路径和进纸装置

首先应观察纸张推进驱动装置。检查所有的滑轮和齿轮，确认所有部件紧密地啮合，并可以自由移动。可以通过转动打印机外的滚筒旋钮，观察装置的运转。如果没有手工旋钮，可以运行“换页”功能。去除所有可能阻塞驱动路径的异物或妨碍物。重新对齐所有滑脱或没有正确对齐的装置。更换所有损坏的机械装置或部件。

（2）检修马达连接

关闭打印机电源，断开打印机与电脑的连接，然后检查纸张推进马达的电缆。尝试重新安装 ECU 上的纸张推进马达接头。

（3）检修马达电压

检查纸张推进马达的电压，查看电源供应系统的电压输出是否为 +24V。如果马达电压偏低或为 0，应修理或更换电源。

（4）更换 ECIJ

如果纸张推进马达电压正常，那么问题很可能与 ECU 上的马达驱动电路有关。尝试彻底更换 ECU 。

（5）排除阻塞或正确安装打印纸

如果是单页进纸打印机，常见的故障是由于阻塞或不正确安装的纸张引起。

打开打印机的电源，然后查看纸张是否能够装入。如果纸张已装入。应确认纸张没有卷曲或褶皱，应该使用新纸张，而且不应该装入过多的纸张。再检查打印纸是否阻塞在打印机中。如果“ 缺纸”指示灯闪亮，应重新安装纸张。如果打印机仍然没有进纸，应关闭打印机， 检查打印通路上是否有异物，并清除异物。

10．怎样维修喷墨打印机字车初始位置异常的故障?

对于喷墨打印机字车初始位置异常的故障，常用的维修方法如下 ：

（1）重新安装墨盒

在几乎所有这样的情况下，问题出在墨盒没有正确地安装到位，或者与电触点接触不良，应取出墨盒并重新安装。

（2）清洗电触点

如果问题仍然存在，有可能墨盒后面的电触点没有与滑架上的触点正确连接。应使用软干的抹布轻轻地擦拭电触点，然后重新安放墨盒。

11. 怎样更换喷墨打印机的墨盒？

（1）更换墨盒的方法

下面以 Epson Stylus Photo 870 喷墨打印机为例，介绍喷墨打印机更换墨盒的方法。

EPSOIl Stylus Photo 870 喷墨打印机所使用的墨盒带有 IC 芯片，芯片存储了有关墨盒的各种信息，因此打印机可以监测每个墨盒中墨水的使用量。如果打印机控制面板的黑色墨尽指示灯或彩色墨尽指示灯亮或闪烁时，这时，根据黑色墨尽指示灯和彩色墨尽指示灯的提示，确定所需更换的墨盒是黑色墨盒还是彩色墨盒，然后购买适用型号规格的原厂墨盒。更换墨盒的方法如下：

第 1 步，打开打印机电源，确认电源指示灯亮，而不是闪烁状态。放下打印机前面的出纸器，再掀开打印机盖，最后按下橘黄色的更换墨盒键。这时打印头就会向左移至墨盒更换位置，电源指示灯开始闪烁。注意：切不可用手移动打印头，否则可能会损坏打印机。

第 2 步，向上拉起要更换墨盒的护夹，这时，墨盒会从墨盒舱中升高出一定位置，然后取出墨盒并妥善处理。

第 3 步，从墨盒包装袋中取出新墨盒，然后将墨盒上的黄色胶条撕掉。不要揭去墨盒顶部胶带封条的蓝色部分和墨盒底部的胶带封条，同时也不要触摸墨盒边上的绿色 IC 芯片，否则造成打印机不能正常打印。

提示：如果不准备更换新墨盒， 应不要取出旧墨盒。否则，留在打印头喷嘴中的墨容易变干。

第 4 步，将墨盒上的两个突出部分对准打开的墨盒护夹底部的两个突起部位，然后轻轻地放下墨盒，不要对墨盒施加过大的压力。接着，按下墨盒护夹使其锁定到位，这时应该会听到“喀嗒”声响。

第 5 步，按下橘黄色的更换墨盒键，打印机移动打印头并且开始启动充墨系统。这个过程将持续大约 1min 。当打印机执行充墨时，切不可关闭打印机，否则会导致充墨不完全。当充墨过程完成后，打印机将返回打印头至其初始位置，电源灯停止闪烁。最后再关上打印机盖。

（2）更换墨盒注意事项

① 使用匹配的墨盒。每个墨盒上面，都标识有制造厂商、型号和适用机型，购买前必须了解清楚墨盒的种类，如果不敢肯定，可以带上原来的墨盒去对比选择。不匹配的墨盒绝对不能使用，强硬安装不仅会损坏墨盒，还会损坏打印机内部零件。

② 安装墨盒之前撕掉封条。安装墨盒之前必须把上面的黄色封条撕掉，才会看到透明的防漏薄膜，装到打印机上的时候会自动刺穿，如果有了黄色封条的保护，未能刺穿薄膜，打印机无法工作。墨盒顶部和底部都各有一个胶条，那是防止墨水漏出的保护装置，

不要撕下。

③ 更换时不能移动打印头。当打印机出现换墨提示时，按照软件的操作步骤，让打印头回复初始位置，再掀开打印机前面板盖，通常打印头会移动到最左边或最右边的换墨位置。不要用手来移动它，施加外力只会使打印头移动轨道损坏。如果打印头没有复位，就重新启动一次电脑，让打印头自动复位。拉起墨盒的保护夹，它会放松弹起，垂直拿起墨盒。假如感到很紧，小幅度左右摇摆即可。拆开旧墨盒时，必须轻轻地扶着打印头，不能凭空地拔出墨盒。墨盒其中一面有两个固定装置，正好对着保护夹的锁定机构，喷嘴那面对着打印头上方的入墨孔，放下墨盒后，按上保护夹会听到锁定的声音，若是没有声音，表示安装出错。

④不要空置打印头。如果长期不用打印机，最好用手工方法清洗打印头后再保存。仅仅取出旧墨盒是不够的，因为喷嘴上剩余的墨水，会慢慢干涸，倒不如留下旧墨盒，利用它的墨水来维持更久一些。特别是到了冬天，喷嘴很容易堵塞，到时更为麻烦。

⑤装新墨盒之后清洗喷嘴。装上新墨盒后，不要立即关上打印机前面板，以便掌握打印机的工作情况。先控制软件让打印机开始充墨过程，期间不能断电，否则充墨不完整会影响下次打印的操作准确性。充墨完毕后，最好清洗一次喷嘴，把以前残留的墨水洗掉，保持墨盒 100% 纯净，然后再打印一页文本，测试新墨盒的效果，确定没有问题再关上打印机前面板。

二、正确理解墨盒的几个问题

据中国计算机用户协会统计，2000 喷墨打印机的销量增长率达到 58.63%。随着喷打机的价格的大幅度下降（部分低端机已降到了数百元），越来越多的平常百姓家拥有了自己的彩色打印机，与此同时，直接关系到喷墨打印机使用成本的喷墨耗材也成为了用户普遍关注的问题。由于缺乏必要的了解，很多用户对于喷墨耗材、尤其是墨盒存在一些错误的理解，比如不同品牌间墨盒成本的对比依据、墨盒结构的优劣问题、产品保修的问题等。下面就这些问题做一些介绍。

有些人认为，墨盒对比的依据是墨盒的容量，这一点是不对的。因为从技术上来讲，在墨不用尽时墨盒中需要保留一定量的残墨，而由于不同的打印机设计原理、用户的不同使用状态，每盒墨墨尽时的残量都是不同的。所以，仅靠墨盒中有多少毫升的墨水作参数，无法让客户获得正确的评价标准。

由于打印机协会规定的行业标准尚未出台，目前各大打印机生产厂商通用的做法是打印页数标示法，即原装产品在卖出时都会在说明书上标明：每种墨盒在一定履盖率和精度的情况下保证能打印多少张。各公司对履盖率和精度的规定都是一样的。这样，就向消费者提供了一个明确的比较和选择的标准，充分的保护了消费者的利益。大多数厂家为了保证用户在各种情况下都能打出说明书上规定的页数，往往会留出一定的余量，以避免用户在频繁的开关打印机及清洗打印头的前提下出现打印页数不足的状况。一些用户在不了解这打印机及墨盒设计原理的情况下对墨盒中残留墨的问题产生了疑问，其实是出于对打印成本衡量方式的一种误解。为了增加产品的竞争力，厂家都愿意尽可能的展示产品的低运作成本，哪个厂家愿意把明明能打更多页数的墨往少里说呢？还不是为了保证用户的最终打印效果和打印质量吗！

实际上，专业的打印成本评测都是按实际打印张数计算的。比如不久前某权威杂志（PC Magazine）评测几个原装品牌喷墨打印机代表产品的单张打印成本，结果由低到高分别是CANON、EPSON、HP等等，其评测办法便是按上面的方式。另外，价格仅是用户考虑的一个方面，产品的质量和品牌的信任度仍然是用户购买的决定因素。

说到喷墨墨盒中的残墨是一种浪费，这就要看您怎么看待这一问题了。首先，为了保证用户最后一笔的完美效果，墨盒使用接近尾声时厂家都会保留一定残墨。因为单色墨尽时如继续打印会出现画面的缺失，造成纸张和时间的浪费；空白打印还会导致打印数据的丢失。从技术讲，对于采取打印头与墨盒分离方式设计的喷墨打印机来说（CANON和EPSON的通用型喷墨打印机大都采取这种方式），墨盒中的残墨更是必需的。因为打印头是可多次使用的，成本比较贵，且设计十分精细。大家知道，喷墨打印的喷嘴每次喷射之后都要靠虹吸作用补充墨水，一旦墨尽，喷嘴中混入空气，就极易与打印头中的残留墨发生化学反应，造成打印机堵头甚至损坏。墨盒中保留一定的残量，恰好能避免这一情况的发生，减少用户清洗打印头或维修的机率。

关于墨盒结构设计问题，各原装厂家都有自己不同的设计理念，不同的优势。HP采取墨盒与打印头一体的方式，降低了打印头的故障率，缺点是增加了耗材成本。CANON部分产品采取墨盒与打印头分离的方式，且是分体墨盒，避免了耗材成本中打印头部分的浪费；但这种方式打印头故障率会比HP的方式高，尤其当用户用的墨盒有问题时，对打印头更是个考验，且每取出一种单色墨都需耗费一页的用墨量进行打印头的较正。EPSON的方式与CANON基本类似，但其彩色墨盒是一体的（黑色墨盒是单独的），这样做无疑降低了一些成本，同时也简化了用户对墨盒的拆装过程，减少了对打印机人为损伤的机会。但显然有这样一种对一体墨盒不利的可能——当用户的彩色打印任务较极端，对三色墨的需求不平衡时，会出现对某一种或两种彩色墨水的较多浪费。不过这些极端情况并不说明厂家是不负责任的，因为通常情况下，每个用户每次打的图形基本上是不一样的，经过大量的调查与实验，厂家发现用户总体上对各种颜色用墨量是均匀的，不会象人们想象的那样造成很大的浪费。这同时也给各种评测部门提了个醒：那种仅靠单一图形进行评测的方法不能真实反映用户通常的使用情况，是不可取的。

打印机的保修问题，一直受到广大消费者的关注。为什么所有喷墨打印机厂商的产品保修条例上都要加上限制性条款呢？这是由打印机的技术要求决定的。随着喷墨打印技术进一步提高，打印精度越来越细密。而喷墨技术的实现、尤其是打印头的正常工作是与墨盒及墨水的质量密切相关的。为了达到高精度的打印效果，打印机厂家的墨盒设计都是为打印机量体裁衣的。墨水化学成分不匹配、墨盒结构不符合规格不仅使打印质量不能达到预期的效果，还往往会使打印头设备（如喷嘴）受到损害，严重的还会毁掉整个打印头。而在此种情况下，让原装厂商承担非自身产品所造成的机器损伤的保修责任，有些不妥。

正是由于原装厂家保修条例中的这些限制条款，构成了兼容耗材厂与原装厂商形式上的对立。其实从宏观来看，原装厂家与兼容厂家不仅是竞争关系，也是互为促进的合作关系。自94年彩色喷墨打印机投入市场以来，正是各原装生产厂家不断的研制与开发新产品与新技术，不断的降低打印机的成本，才使得彩色喷墨打印机进入了平常百姓家，才创造出了如今这样庞大的耗材市场，才使兼容耗材的产生和发展可能出现。同时，兼容耗材的出现丰富了用户对耗材的选择范围，增强了用户的消费信心，反过来又促进了彩色喷墨打印机整体市场的发展。在整个市场竞争格局中，原装耗材的质量优势必然促进兼容品的质量提高，同时兼容品的低价格又会推动原装厂家进一步改进技术、压低成本。对于消费者来说，这些无疑是有利的。

问题在于，当前情况下，用户因使用兼容耗材而造成的机器损坏，原装厂家不愿承担保修责任，并且根据上面的分析，这种做法也颇有些道理。目前我国的喷墨耗材市场还没有一个统一的行业规范，我们在期待有关部门尽早制定出符合厂家和消费者利益的行业规范的同时，希望广大的喷墨打印机用户也能用冷静的态度看待这一问题，根据自已对产品的要求，权衡利弊，做出正确的选择。

还必须严肃地意识到，耗材市场中还有30%以上的份额被假货所占据，这一份额甚至比正规的兼容产品还要大出一倍。许多用户不敢选择兼容品的原因就是无法区分兼容与假冒产品的区别。这些伪劣产品是严重损害消费者利益的，也是原装厂商与兼容厂商共同的敌人。假货带来的不仅是质量上的问题，它更是一种违背商业原则的违法的行为。消灭假货是我们当前最应该做的，最有据可循的，它需要执法部门的努力，更需要每个消费者的自觉意识。

三、喷墨打印机的保养秘诀

水平桌面放置打印机

由于喷墨打印机本身的工作方式，打印机放置的地方必须是水平面，倾斜工作不但会影响打印效果，减慢喷嘴工作速度，而且会损害内部的机械结构。打印机不要放在地上，特别是铺有地毯的地面，很容易有异物或灰尘飞入机器内部。

做好防尘措施

打印机工作时，不要打开前面板，一来打印没什么好看，就是喷嘴在移来移去而已，二来避免灰尘吹入机器内部。打印完毕，散热半小时后，立即盖上防尘罩，不要空置在房间中。

拔电源前关掉机器

不使用打印机或搬动之前，要做永久断电工作，先关掉打印机电源（如果有的话），让喷嘴复位和墨水盒盖上，再拔去电源线和信号线。防止墨水挥发，在搬动时也不容易损坏喷嘴。

小心安装墨盒

墨盒的支撑机构可受力度很小，安装新墨盒时千万小心，按照正常设计，墨盒用适当力度即可安装好，不要大力推动支架。

适时清洁

打印机外部和内部一样，都要定时进行清洁，不要等到积满厚厚一层灰尘，出了问题才去补救。打印机外部可以用湿水软布来擦，清洁液体必须是水之类的中性物质，绝对不能用酒精。内部尽量用干的布来抹，而且不能接触内部的电子元件、机械装置等。

喷嘴的清洗尽量不要手工去做，最佳途径是利用软件控制的打印头清洗程序来完成。尤其是在添加墨水之后，一定要清洗打印头，防止两种墨水混合而产生凝固。此外，如果打印时出现条状斑纹、颜色减退等打印质量下降的情况，同样需要清洗喷嘴。

如果软件清洗法失败，证明堵塞较为严重，通常是打印机很久没用或使用过程中断电，喷嘴没有复位造成。用注射器对着喷嘴，不停地拉动压力装置，让高速空气流清洗喷嘴，并吸出剩余的墨水，是一种节省墨水的清洗法。

第一种手动清洗法不行的话，现在要准备拆开打印机啦。先关掉电源，并拔下插头，彻底断开电源。拆开移动轴和转动皮带，再小心拿起打印头，用蒸馏水来冲干净。然后用注射器和软胶管组成一个喷射系统，插到入墨孔来进行清洗。两个步骤均要异常小心，绝对不能让水沾到电路板，如果不幸弄湿电路板，应该马上用电吹风吹干。最后装回打印机中，再次执行软件清洗程序，让墨水把喷嘴里面的蒸馏水冲走。

打印机上避免重压

有些人经常在打印机上面放置其它物体，这样可能会压坏打印机外壳，一些细小东西也会掉入打印机内。当然，饮料和茶杯都是禁放品。

装上了墨水就一定要用

由于彩色墨盒价格昂贵，用户们都舍不得用，但是文件也会为你带来很多麻烦。喷嘴每喷一次墨，总有剩余的墨水留在附近，经常用喷墨打印机，墨盒中的新墨水会冲洗掉上次剩余的墨水，否则它们会慢慢凝固，造成喷嘴堵塞。即使不用墨水，机器会定时自动清洗喷嘴，反而造成更大的浪费。

无论哪种墨水缺墨的时候，都要尽快换上新墨盒。有些人以为彩印时不需要黑墨，实际上彩墨混合而出的不是纯净黑色，打印机也会报告出现错误，不能进行打印。

不要使用多种墨水

由于各厂商使用的墨水化学成份不同，尽量选用同一牌子，不要频繁更换，以免对墨盒和打印头造成伤害。墨盒是有一定寿命的，加墨的次数也不是无限的，通常安全的方法是使用十次以内就更换。

四、堵塞不用慌！喷打"堵头"解决有方

每当进入夏季时，由于天气炎热干燥，使用一段时间后常常会出现打印头"堵头"现象，如不及时修复，会造成永久性"堵头"，造成打印头无法修复而报废，因为如果去换个喷头就快赶上新机器的价钱！笔者结合多年工作实际总结出一套较好地解决喷墨打印机"堵头"的办法，下面让我们简要回顾一下喷墨打印机的墨头结构：

（一）、喷墨打印机的墨头结构

喷墨打印机的常见墨头结构主要有喷墨头和墨水盒一体机和分离式两种方式，一体机墨头结构在墨水盒墨水用尽后，墨头和墨水盒要一起更换，这样的结构相对结合较为紧密，可靠性较高，但相对成本较高；分离式结构的墨头和墨水盒分离，墨水用尽后可单独更换墨水盒，一定程度上可以节省成本。目前市面上常用的大多数打印机（如EPSON、CANNON等）均采用双墨头结构：一个黑色（或Photo）墨头和一个彩色墨头。而在墨水盒中，大多数是黑色墨水独立，其他三色墨水盒一体，也有一些产品的每一种颜色的墨水盒都是独立，可以单独更换，进一步降低了打印成本。

（二）、喷墨打印机"堵头"的形成

因打印头正常打印归位后密封不严或长时间放置，水份过度蒸发，导致墨粒干结在精细的打印头尖部，使墨水无法正常喷出；或者不同墨水之间相互混用，产生化学反应，通常表现为常出现断线、颜色缺失、字迹模糊甚而无法正常打印等故障。

（三）、喷墨打印机"堵头"的分类

大致可分为软性堵头、硬性堵头两大类。

1、软性堵头的修复：

1）软性堵头堵塞指的是因种种原因造成墨水在喷头上粘度变大所致的断线故障。有时只附着在出墨口喷嘴表面，一般蘸取原装墨水经多次清洗即可恢复。其优点是操作简单、快捷，无任何物理损害；缺点是使用成本较高，较浪费墨水。

2）使用打印机驱动程序的应用工具中打印头清洗功能清洗。其优点是操作简便、快捷；缺点是清洗效果不太理想。

注意事项：

①以上两种清洗方法一般不宜超过三次。打印机"堵头"不严重时，三次以内即应冲开。若三次仍冲不开，说明堵头较严重，清洗次数再多也不一定管用，且无谓浪漫很多昂贵的墨水，此时就应视具体情况作进一步处理；

②因墨盒（如海绵体填充型）与打印头之间会产生"气阻"现象，会出现少量的不规则断线，此时不必反复清洗，放置一段时间后，重新开机即可正常使用；

③切忌墨水混用。新购墨水不可急于往墨盒中添加。先用一洁净的一次性注射器吸入一些墨水在光亮的地方仔细观察，看墨水中有没有悬浮物，如有悬浮物则不可混用。然后从使用的墨盒中吸入一点墨水和新购的墨水进行混合后静置24小时后再观察，看混合后的

墨水有无化学反应，若产生了变化（如结晶等）则说明两种墨水的兼容性不好，切忌混用！

2、硬性堵头的修理：

硬性堵头指的是喷头内有化学凝固物或有杂质造成的堵头，此故障的排除方法较为困难，此时可采用下面四种方法予以解决。

1）浸泡法

适用范围：受阻情况较轻

必备工具：浓度95%的酒精、一洁净的口杯和一个底面光平的金属容器

工作原理：用中等强度的有机溶剂将墨粒逐一溶解，注意必须使用95%浓度的有机溶剂酒精，否则会适得其反。

解决方法：先找一个底面光平的金属容器，在容器中加入少许95%浓度的有机溶剂酒精，酒精以刚好覆没打印头不锈钢包边为限（注意不要让PCB板接触到酒精）。浸泡时间一般以2小时至4天不等。其优点是清洗效果好、不易对打印头造成物理性损害坏；缺点是所需时间较长，难解用户燃眉之急。

2）压力清洗法

适用范围：受阻情况较重

必备工具：浓度95%的酒精、一洁净的口杯、一只一次性注射器、一次性输液器。

工作原理：利用注射器的虹吸作用产生的压力，将酒精这一有机溶剂注入打印头中，从而达到清洗干涸墨头的作用。

解决方法：用一只一次性输液器的塑料管或针头部分做成注射器与打印头供墨口之间的接口（结合部位一定要紧密），接口制作完毕后，将打印头头部置于浓度95%的有机溶剂酒精中，通过打印头将酒精吸入（注意只可吸入）注射器针管中，吸入数次。其优点是清洗效果好。一般阻塞较重的打印头可通过此方法进行清洗。值得注意的是，吸入酒精时要用力均匀，前后连贯，一般不会造成物理损伤。只是制作接口时需因实际情况自行手工制作，因此需要有专业的维修技术人员配合，有一定的动手能力方可动手修理，制作好的工具可保证长期使用。

3）蒸馏水清洗法

适用范围：受阻情况严重

必备工具：一个经解码的空墨盒、一只一次性的注射器和一瓶医用蒸馏水（也可用纯净水替代）。

工作原理：与压力清洗法工作原理类似，在此不必一一赘述。

解决方法：先准备好一个经解码的空墨盒、一只一次性注射器和一瓶医用的蒸馏水，利用注射器的虹吸作用产生的压力，将注射器吸入蒸馏水通过墨盒的通气孔注入墨盒内，过一会儿再将注入的蒸馏水用注射器吸出，这样反复多次将墨盒内的剩墨清洗干净即可。

4）超声仪器清洗法

适用范围：受阻情况最严重

工作原理：利用超声波清洗机产生强烈的超声波，使水分子剧烈震动，将细小的干墨粒震碎后溶解于水，从而达到清洗的目的。

解决方法：将喷墨打印头轻轻放入清洗机中，加入纯净水或专用打印头清洗液，纯净水或专用打印头清洗液以刚好覆没打印头不锈钢包边为限（注意不要让PCB板接触到纯净水或专用清洗液），开机10至15小时即可迅速清洗干净。其优点是清洗效果非常理想，阻塞多年的打印头都可清洗干净，操作也非常简便；缺点是维修成本较高，价格较为昂贵。一般情况下，超声波清洗机在医院、眼镜专卖店或手机特约维修点均可找到，并且有些地方是免费的，也可用超声波加湿器加以改装。值得注意的是，使用清洗液一定要用纯净水或专用打印头清洗液，不能用医院、眼镜专卖店或手机特约维修点的清洗液，因为眼镜专卖店的清洗液一般含杂质较多，医院、手机特约维修点的清洗液一般为强有机溶剂，频繁使用会对喷墨打印头造成难以修复的致命伤害。

（四）、注意事项：

1、当遇到突然断电、停电、墨盒不能正常归位时，需及供电电压稳定后再开机，待墨盒正常归位后方可正常使用。这是因为打印机使用的专用墨水具有快干的特性，为防止打印头喷嘴部分在打印空闲时一直暴露在空气中造成墨水浓度加大风干而造成“堵头”现象。注意：当打印机的红色电源指示灯仍在闪烁时，千万不能随意拔掉电源插头或切断打印机的电源。

2、因为喷墨打印机专用墨水具有挥发性和使用环境等因素影响，长期不使用也会造成喷头堵塞，所以即使你不长期使用也应隔月开机自检一次。这是因为每次正常开机后，打印机都会根据其内部的时钟计算出开关机的时间间隔，并根据其长短对打印头进行自动清洗，其目的也是为了防止长期不使用造成喷嘴堵塞而不能正常打印。

3、当墨水用完后，需及时更换新墨盒。因为若不及时更换，就易造成喷头干涸而报废。但对于HP、CANNON等打印机，因其墨盒与喷头为一体，更换墨盒也就更换喷头。对于这一类墨盒，可通过添加墨水的方法延长墨盒的使用寿命，即使造成墨盒堵头也不会整台机器报废。值得注意的是，此类墨盒内为负压，若添加墨水后，不抽出多余空气，打印时就不会有墨水喷出。

4、自定义不同的打印方式。通过选择使用不同的墨盒、介质类型、自行调整打印浓度、自定义打印模式，从而达到节约墨水的目的。

5、为有效避免墨盒长期暴露在空气中而产生干涸堵头现象，当打印机暂不使用时，应将喷头置于专用的喷头存储盒中。

6、定期清洗打印喷头。清洗时，应尽量使用优质的湿纸巾或无绵纸巾小心轻拭喷嘴边缘，注意切莫触及喷嘴。然后再利用其控制面板上的清洗键对喷头进行清洗，直至打印输出效果清晰为佳。

五、给喷打加墨的应知事项

喷墨式打印机正以其丰富的打印效果和低廉的价格越来越受到人们的青睐，目前它已经成为不少办公用户的首选打印机种，而墨盒作为喷墨打印机中最重要的耗材之一，其质量的好坏直接关系到最终文稿的输出质量！由于墨盒价格昂贵，许多打印用户为了节省打印费用，常常会给原装墨盒罐装其他墨水；不过由于给喷打加墨有时会给打印机带来伤害，因此在给喷打加墨之前，我们一定要牢记下面的事项：

1、如果墨盒与打印喷头是集成在一起的，那么在给墨盒加墨时，一定要注意保护墨盒上的喷嘴不受伤害，不然的话喷嘴一旦被堵塞或者损伤，墨盒就不能被反复利用了。另外由于墨盒在频繁的使用过程中，喷头可能会被溅回的纸张纤维堵塞，而导致喷头的输出效果变差，因此定期对喷头进行清洗也是非常有必要的；清洗喷头时，应尽量使用湿纸巾和无棉纸巾轻轻清洗喷嘴的边缘，而不要碰到喷嘴，接着再利用喷墨打印机控制面板上的清洗键来对喷头执行清洁动作，直到打印输出效果清晰为止。

2、由于有的墨盒有专门的注墨孔，给这些墨盒注墨之前，一般都必须将墨盒注墨孔中的塞子先移开，然后按照正确的步骤填充完墨盒后，还必须将注墨孔的塞子重新盖回，不然的话，喷墨打印机重新工作时会发生甩墨现象，从而玷污喷墨打印机的内部面板。

3、许多用户在给喷墨墨盒加墨时，一般都会选择在墨水指示灯提示墨水耗尽的情况下进行；但是对那些没有墨水指示灯的旧式喷墨打印机来说，就不能根据打印机提示来进行换墨了，不过这些没有墨水指示灯的喷墨墨盒大部分都是透明的，因此大家可以通过眼睛观察的方法来更换墨水，具体地说就是用眼睛观察墨水在墨盒中的剩余量来判断什么时候加墨，通常在墨水还有10%剩余量时对墨盒进行填充；要是连墨水的剩余量都无法观察到的话，只能观察最后的打印效果了，只要在打印页面中发现有断线现象就应该给墨盒加墨水了。

4、不少初次给喷打墨盒罐装墨水的用户，常常错误认为墨盒中的墨水应该罐满为止，这样可以延长墨盒的使用时间，其实我们在每次填充墨水时，最好将墨水罐装到整个墨盒容量的90%左右，如果超过这个容量的话，墨盒内部的海绵体可能无法吸收太多的墨水而产生墨水溢出的现象，从而污染喷墨打印机。

5、由于并不是所有类型的墨盒都允许用户自行罐装墨水，这样就要求用户在给用完的空墨盒填充墨水时，应首先确认一下当前使用的墨盒到底适不适合罐装其他墨水。在实际使用喷打的过程中，喷头的使用时间长短与墨盒使用的墨水质量有很大的关系，只有墨水质量稳定，喷墨墨盒以及喷头的使用时间就能被有效延长。

6、许多喷墨打印机的说明书常常提醒用户，要定期使用喷墨打印机，而不要让打印机长期处于闲置状态，不然的话，喷头很容易被风干的墨水堵塞，从而导致整个打印头报废甚至损坏整台打印机；其实对于这种被长期闲置的喷墨打印机墨盒，我们仍然可以给它继续罐装墨水，因为给墨盒罐装的墨水可以将已经被风干的墨块溶化掉；另外，为了能将喷头外边的干墨溶解掉，大家可以先将喷头放在温水里浸泡一段时间，直到粘在喷头外边的墨水融化掉为止。

7、原装墨盒生产厂商或者销售商一般都会很严肃地要求喷打用户必须一直使用其原装产品，并威吓用户说，不使用原装墨盒，日后一旦喷打出现问题的话就不给保修或者修理，那么罐装其他墨水到底对打印机有多大伤害呢？其实只要掌握正确的加墨方法和技巧，墨水就不会影响打印机的打印寿命，毕竟墨水不是直接接触打印机的，而是输出到打印纸张上的。

8、要是大家在给墨盒罐装墨水时，不小心将墨水弄到眼睛里时，大家必须立刻用大量清水将眼睛冲洗干净，同时上医院去寻求治疗；平时不要把墨盒墨水放在小孩容易接触到的位置，不然的话小孩子一旦误食，就可能引起不必要的麻烦；一旦发现小孩子吞喝墨水的话，必须强迫他喝下大量食盐水，同时将他送到医院检查。

9、不同的喷墨打印机可能对墨盒的使用要求不一样，此时就要求我们在罐装墨水时，必须确认当前使用的喷墨打印机到底支持使用什么类型的墨水，而不要随便地去选择墨水来加墨；因为有的罐装墨水可能会与原装墨水发生化学反应，产生墨水颗粒沉淀，从而堵塞喷头，甚至有的罐装墨水在与原装墨水发生化学反应后，还能腐蚀整个打印喷头，从而会损坏整个打印机。

10、在给墨盒罐装好墨水后，最好不要立即将墨盒放回到墨盒架中，因为许多墨盒中都包含有吸收墨水用的海绵垫，而海绵垫吸收墨水速度比较缓慢，这样墨水罐进墨盒后，无法均匀地被海绵垫所吸收，所以在将墨盒放回到墨盒架之前，最好让墨盒先静置几分钟时间，以便让墨水慢慢渗透到海绵垫的各个角落，从而确保最终的打印质量。相反，要是大家将罐装后的墨盒立即放回到墨盒架中的话，那么喷嘴和海绵垫之间肯定会有空气间隙，而这个间隙将会使墨盒中的墨水很难顺畅地从喷嘴中流出来，这样在打印的时候，就会经常出现打印断线或某种颜色缺色的故障现象。

1、关于墨盒使用的基本常识

（1）在使用过程中，墨尽显示灯开始闪烁时，则表示墨水将用尽，此时仍可连续打印数张，直至显示灯停止闪烁，打印机停止打印，这时应新更换墨盒。

（2） 更换新墨盒需在开机状态下操作，取出旧墨盒后应立即装入新墨盒，注意要撕去新墨盒的放气膜封条，而且要撕干净，空气能自然进入，否则会导致打印不出，切勿自行揭开或刺破墨盒底部供墨口处的封膜。

（3） 每次安装新的墨盒时，打印机都会自动充墨，一般情况下无需清洗，即可进行打印操作，有时因操作失误，会出现断线现象，这时需再另外清洗。

（4） 新墨盒上机未用完前，切勿取出重新再用，以免空气进入墨盒喷嘴，影响打印效果，造成断墨，甚至打印头的损坏。

（5） 在正常工作中，连续打印1小时后，应让打印机休息3-5分钟，以保护打印机的寿命，保证打印效果，在正常操作下应减少每日开关机次数，以免浪费墨水。

（6） 每日使用完毕，应让打印头复位后才断电，并定期对打印机进行保养。

（7） 打印机的电源灯在闪烁时，不能断开电源。

2、基本省墨技巧

如何做到打印省墨，是降低打印成本的关键之所在。

频繁使用打印机时，更换原装墨盒让人有买得起马配不起鞍的感觉。

1．集中打印。喷墨打印机每启动一次，打印机都要清洗打印头和初始化打印机，对墨水输送系统充墨，显而易见会造成墨水的浪费。另外，用Canon的打印机时，按住打印机上的“resume”按钮（重新设置）超过2秒钟，打印机也会清洗打印头。所以，如果出现打印机缺纸时，装好纸后按“resume”按钮时要快，不可超过2秒钟。

2．使用经济模式。新型的喷墨打印机考虑到老百姓的腰包都增加了“经济打印模式”功能，使用该模式可以节约差不多一半的墨水，并可大幅度提高打印速度。而佳能早在数年前就提出的“超经济模式”使省墨能力更加出众。有的机种在该模式下，能够节约75%的墨水。不过，值得一提的是，使用该模式打印质量却不尽如人意，所以推荐在打印样张或只是打印草稿时选用经济模式。

3．清洗打印头。大多数喷墨打印机开机即会自动清洗打印头，并设有按钮对打印头进行清洗，如佳能绝大部分喷墨打印机就设有快速清洗、常规清洗和彻底清洗三档清洗功能。

4．巧妙使用页面排版进行打印。现在的喷墨打印机都支持页面排版的方式来打印文件，使用该方式来打印，可以将几张信息的内容集中到一页上打印出来。在打印样张时把这个功能和经济模式结合起来就能够节省大量墨水。但是该功能并不仅仅是为了省墨才设置的。比如你想打印一本书的封面时，也会发现该功能是非常有用的。

七、假冒墨盒种类有哪些?

目前市场上的假墨盒种类繁多，主要有：

★假皮假心：包装是假的，墨盒也是假的，这是目前市场上最多的一类“李鬼”。炮制方法简单，即从国外或国内购买兼容墨盒，然后更换包装，冒充原装墨盒进行销售。一般说来，如法炮制的墨盒成本也比较高，质量较好，使用起来没大问题。买到这种墨盒的用户应该算是比较幸运的，当然少不了花冤枉钱。

★假皮真心：包装是假的，但墨盒是真的。由于喷墨打印机的销售利润已经非常微薄，因此一些打印机销售商家就用假墨盒替换掉打印机中的原装墨盒，然后把原装墨盒拿来出售，赚取高额利润。所替换的墨盒质量一般不会太差，勉强可用，用户很难察觉。

★真皮假芯：包装是将拆开的真包装重复利用，而里面的墨盒则用回收的旧墨盒填充从兼容墨水厂家购买的兼容墨水，然后重新包装出售。这种墨盒受厂家灌装质量的影响很大，原因在于填充旧墨盒虽然可以成功，但填充的方法一般要求比较严格，而且一般要求墨盒不能干涸，而这些厂家为提高工效和降低成本，往往做不到这些，结果这些墨盒的效果就要比使用兼容墨水自行填充的效果差上很多。

★仿冒制造：自行制造墨盒，然后加入从兼容墨水厂家购买的填充墨水。这是几种假墨盒中质量最差的一种，也是市面上最多见的一种。因为墨盒的质量实际上比墨水更重要，最简单的一点，墨水本身质量再好，在储运、填充的过程中，都不可避免地要有很多杂质混入，这时为保护喷头，墨盒中都应该有一道最后的防线--滤网，墨盒的滤网一般都使用高密度的过滤材料制作，而这些自行制造的墨盒一般使用市场上常见的尼龙布代替，结果不但起不到过滤效果，而且还会造成更多杂质，直接威胁喷头的安全。

八、喷墨打印机的摆放须知

购买了打印机之后，许多人总是马上跃跃欲试，随意找个地方来摆放，却不知道喷墨打印机也需要按“风水好”的位置摆放，才能用得更顺手。当然，说玄学只是开个玩笑，但从科学的角度考虑，如果打印机的摆放位置不合适，确实会影响打印机和使用者本身。

选择摆放位置时，我们必须注意以下因素：

★电源与主机不得相隔太远

打印机和主机的连接，有并行口和USB口两种方式，假若离得太远，信号线扭曲或拉伸严重，很容易使接头附件的内部线路断开。经常有朋友反映打印机时好时坏，多是由于购买了打印机之后，许多人总是马上跃跃欲试，随意找个地方来摆放，却不知道喷墨打印机也需要按“风水好”的位置摆放，才能用得更顺手。当然，说玄学只是开个玩笑，但从科学的角度考虑，如果打印机的摆放位置不合适，确实会影响打印机和使用者本身。

选择摆放位置时，我们必须注意以下因素：

★电源与主机不得相隔太远

打印机和主机的连接，有并行口和USB口两种方式，假若离得太远，信号线扭曲或拉伸严重，很容易使接头附件的内部线路断开。经常有朋友反映打印机时好时坏，多是由于上述原因而产生的接触不良。

★尽量找空旷的地方

随着生活水平的提高，人们购买的电脑外设多起来了，一旦设备增多，使用时难免出现冲突。外设与外设之间会相互抢占空间。打印机、扫描仪、外置刻录机、电视盒一起工作，干扰的几率会增加。打印机通常有两个入纸口，一个是自动，一个是手动，分别位于机身的上方和后方。出纸口也有两种方向，上方和前方，无论是哪种设计，都需要占用较大的空间，否则在出纸过程中会受到阻碍，很容易出现卡纸甚至是损坏机器的现象。喷墨打印机利用喷出墨水的方式来打印图片，如果打印机受到碰撞，可能导致墨头移位，打印时出错的几率会增加许多。

★打印机电源必须与主机分离

打印机并非常用的设备，许多机型往往没有开关，只有一个插座。如果和主机共享电源插板，打开主机的时候，打印机亦同时开启了电源。尽管打印机有节能保护模式，但经常开、关电源，不仅浪费电能，而且造成内部机械和电子元件的损耗。把打印机电源和主机分离，在使用时才打开，更符合环保思想。要注意的是，最好使用那些带开关的插板，插入电源接口后，再开启开关，如果在带电时直接插上，电流的瞬间冲击，可能会损坏打印机的电路。

★打印机不可离用户过近

打印机的墨水，对人体有潜在性损害，虽然没有直接接触，但在打印过程中会出现挥发现象，打印机离用户过近，使用过程中容易吸入挥发气体，长久以往，伤害不可忽视。现在有某些电脑桌，为了摆放更多外设，把打印机位置定于显示器上方。这类设计易于使用打印机，并且方便打印纸的输出，可惜却对人体不利，要健康还是要实用性，各位自己选择吧。

最后为喷墨打印机内部除尘时，应该注意以下几点：

（1）不要擦拭齿轮，不要擦拭打印头和墨盒附近的区域；

（2）一般情况不要移动打印头，特别是有些打印机的打印头处于机械锁定状态，用手无法移动打印头，如果强行用力移动打印头，将造成打印机机械部分损坏；

（3）不能用纸制品（如面巾纸）清洁打印机内部，以免机内残留纸屑；

（4）不能使用挥发性液体（如稀释剂、汽油、喷雾型化学清洁剂）清洁打印机，以免损坏打印机表面。

九、喷墨打印机的清洁与维护

经常使用打印机的用户一定发现，打印机在使用了一段时间后，打印机的速度会变慢，甚至时常出现卡纸的现象。其实这些除打印机本身性能及设备老化外，还有就是打印机来自外部环境因素的影响。如灰尘、污迹、碎纸屑等，这都是影响打印机性能稳定的因素。

因此打印机需经常进行日常维护，以使打印机保持良好的工作状态。喷墨打印机日常维护主要有以下工作。

1、内部除尘

打开喷墨打印机的盖板，即可进行除尘工作，需要完成的工作主要有：

1）用柔软的湿布清除打印机内部灰尘、污迹、墨水渍和碎纸屑。

2）如果灰尘太多会导致字车导轴润滑不好，使打印头的运动在打印过程中受阻，可用干脱脂棉签擦除导轴上的灰尘和油污，并补充流动性较好的润滑油，如缝纫机油。

注意：

① 不要擦拭齿轮，不要擦拭打印头和墨盒附近的区域。

②一般情况不要移动打印头，特别是有些打印机的打印头处于机械锁定状态（如MJ-1500K、STYLUS COLOR等打印机），用手无法移动打印头，如果强行用力移动打印头，将造成打印机机械部分损坏。

③不能用纸制品（如面巾纸）清洁打印机内部，以免机内残留纸屑。

④不能使用挥发性液体（如稀释剂、汽油、喷雾型化学清洁剂）清洁打印机，以免损坏打印机表面。

2、清洗打印头

大多数喷墨打印机开机即会自动清洗打印头，并设有按钮对打印头进行清洗，具体清洗操作请参照喷墨打印机操作手册中的步骤进行。如果打印机的自动清洗功能无效，可以对打印头进行手工清洗。手工清洗应按操作手册中的步骤拆卸打印头，手工清洗打印头可在医用注射器前端套一截细胶管，装入经严格过滤的清水冲洗，冲洗时用放大镜仔细观察喷孔，如喷孔旁有淤积的残留物，可用柔软的胶制品清除。 长期搁置不用的一体化打印头由于墨水干涸而堵塞喷孔，可用热水侵泡后再清洗。

注意：

①不要用尖利物品清扫喷头，不能撞击喷头，不要用手接触喷头。

②不能在带电状态下拆卸、安装喷头，不要用手或其他物品接触打印字车的电气触点。

③不能将喷头从打印机上卸下单独放置，不能将喷头放在多尘的场所。

十、喷墨打印机颜色故障解答

喷墨打印机现在已经成为最流行的打印机，它广泛的应用在家庭及小型办公等领域。而我们在平常使用时，经常会遇到一些与打印品颜色有关的故障，下面就这些故障原因及解决方法为大家作以介绍：

★故障现象一：一台喷墨打印机使用一年后打印资料时，开始打印的字体笔画清晰，后来出现了缺笔断画现象，最后打印纸上一片空白，一点墨迹都没有，但打印头仍正常地来回动作。

故障原因：墨盒里没有墨水了，换上一盒新的墨水进行打印，故障依旧。按使用手册上的自检方法进行自检打印，纸上仍然空白一片。虽然如此，但可以说明打印机的硬件没有问题，电路信号正常。自检或开机时，墨水能正常地被吸到打印头的小方盒处，说明墨水输送管畅通。最后按使用手册中介绍的自动清洗打印头的三种方法进行打印头的清洗，故障仍无法排除。

故障处理：由上述情况可初步判断是打印喷头被墨水杂质堵塞了，于是决定采用人工法清洗打印喷头，具体操作步骤如下：

①断开打印机电源，卸下打印机上面外壳盖，小心取下打印喷头。

②用一干净玻璃或陶瓷皿盛上无水酒精，把喷头垂直浸泡在酒精中半小时左右，注意不要浸着电路部分。然后水平拿起喷头，用一个尖嘴吸球吸入约2ml的干净酒精对准喷头上的墨水进口往里用力射入，重复几次直到喷头流出的酒精由黑色变为无色为止。然后把吸球里的空气压出，再套住喷头进墨口，松手让吸球吸出喷头内残留的墨水杂质和酒精，重复几次，喷头就清洗干净了。

③用干净的脱脂棉球吸干喷头上的酒精，注意，不要让喷头上残留有纤维丝， 以防吸入到喷头里。把喷头放置在干净的地方，让剩余的酒精挥发干净，然后把喷头按原样装入打印头中，注意喷头进墨口不要插入墨水管太深， 以免难于吸上墨水。把电路信号线接好，卡好打印头盖，盖上打印机外壳，接好打印机电源和打印电缆，装好打印纸，按住LF/FF键，打开电源进行自检，打印正常，故障排除。

★故障现象二：打印结果中的颜色发生错位。

应首先检查原始图形的正确设计和布置。如果颜色与该图像分离，那么也将与最终的打印输出分离。请使用特定软件程序的“缩放”或“打印预览”功能检查页面中图形的晴况。如果原始图像正确，那么颜色错位最可能的原因是打印墨盒没有对齐。在拆除墨盒进行清洗或更换时，可能需要对齐打印墨盒。大多数打印机提供用齐的实用程序。例如，可以在HPDeskJet600和800打印机中使用以下过程对齐墨盒：

先打开“HPDeskJet 实用工具“(HPDeskJetUtilities)文件夹或程序组。然后双击“llpDeskJet 工具箱”（HP DeskJet Toolbox）图标。单击“打印机服务”（PrinterServices）选项卡。最后单击“对齐打印墨盒”（Align the pdnt cartridges）按钮。按照屏幕提示完成清洗过程。

★故障现象三：打印的图像无法匹配显示器显示的首先确认是否正确的安装了墨盒，并检查打印机属性对话框（通常检查“图形”选项卡），查看是否用了颜色匹配功能。如果试图打印相片质量的图像那么可能需要在打印机中安装相片墨盒，并在打印机对话框中选择相片相关的模式（例如超级相片），或使用特殊涂层的相片质量的纸张。

★故障现象四：在打印输出中缺失一种或多种颜色。

在几乎所有这样的情况中，问题在于墨盒阻塞或墨水耗尽。请清洗墨盒，或使用打印机特定的命令通畅墨盒。对于CanonBJ系列打印机，请关闭打印机，按住电源按钮，直到打印机接通了电源并鸣叫两声为止，如果问题仍然存在，则请更换新墨盒。

★故障现象五：颜色之间相互扩散。

这类问题由于在页面上应用了过多的墨水造成的，通常是纸纸选择不正确的结果。请检查打印设置，尝试使用“经济”“草稿”质量设置，而不要选择“精美”或“正常”选项同时确认在打印机中使用的纸张与打印机属性中选择的纸张匹配。例如，透明胶片通常需要比普通纸张更墨水。如果纸张设置为“透明胶片”，但实际上在仍在使用普通纸张，那么很可能在页面中喷射了过多的墨水，从而导致了颜色的扩散。

★故障现象六：在喷墨打印机的打印效果中发现“条纹”。

条纹现象可能由不同的原因引起，需要仔细检查每一种可能的原因。

①检查纸张。不兼容或不合适的涂层纸由于墨水吸收的不同方式可能导致条纹现象。请使用印机生产商推荐的新喷墨打印纸(例如，Hp 豪华相纸)。

②检查纸张厚度杆／设置。如果使用打印纸,那么请确认纸张厚度杆处于喷墨打印纸正常的位置上，而不在信封位置上。请参阅打印机文档，获得关于纸张厚度设置的信息。

③检查显卡驱动程序。某些显卡驱动程序可导致显存和打印机驱动程序间的内存冲突。这通常将导致异常的打印问题，例如明显的条纹和缺失的字符。尝试使用Microsoft提供的默认的Windows显卡驱动程序，或查看显卡生产商是否提供了更新的显卡驱动程序。

④检查打印机驱动程序。确认对特定的喷墨打印机使用了正确的打印机驱动程序。同时确信在驱动程序设置中为所需的纸张类型和分辨率选择了正确的打印设置。尝试通过使用“草稿”或者“快速”打印模式减少墨水的使用量。

5.清洗／通畅墨盒。按下“通畅”（Purge）按钮（有时也称为“清洗”（Cleaning）按钮），执行一或两次清洗过程，清除墨盒中的阻塞。更换墨盒。如果清洗过程无法解决问题，那么请尝试使用其他墨盒.

★故障现象七：颜色显示条纹或污迹。

这种现象通常是残留的模块或纸张问题导致的。幸运地是，这是一个容易解决的简单问题。

1.清洗／通畅墨盒。请检查墨盒周围的墨嘴区域。墨嘴周围残留的墨块和污垢（灰尘、地毯纤维等等）可能像刷子一样在颜色干燥前将一种颜色涂抹到另一种颜色上。需要清洗打印墨嘴周围的区域。可以手工或自动（通过打印机软件）清洗墨盒。例如，要运行HPDeskJet 600或800系列打印机的清洗过程，可以执行以下步骤：

①打开“HPDeskJet实用工具“(HPDeskJetUtili—ties）文件夹或程序组。

②双击“HPDeskJet工具箱“(HPDeskJetToolbox）图标。

③单击“打印机服务”（PrinterServices）选项卡。

④单击“清洗打印墨盒”（Clean the Pnnt car? tridg~）按钮。

⑤按照屏幕提示完成清洗过程。

2.减少墨水消耗。请检查纸张的皱纹。这些皱纹通常意味着在页面上喷射了过多的墨水。尝试将打印模式设置为“快速”或“经济”选项，从而消耗更少的墨水。

3.使用特殊的喷墨打印机。也可以尝试使用其他更合适的打印纸(例如特殊涂层的喷墨打印纸)这些纸张可以更快地吸收和干燥墨水。

4.设置更长的干燥时间。某些类型的打印作业（例如透明胶片）需要额外的干燥时间。在墨水有足够时间干燥前，请不要触摸打印输出品。

★故障现象八：墨水没有完全填充文字或图形

此类问题通常意味着没有在页面上喷射足够的墨水。

1.检查纸张的选择。首先检查打印机属性中的纸张类型设置。某些纸张类型（例如，透明胶片）需要比其他纸张类型更多的墨水。如果没有提供足够的墨水，那么将在打印颜色中出现空白。同时查看纸张类型设置是否匹配打印机中安装的纸张。

2.检查墨盒是否为空，或墨盒是否阻塞。如果墨盒快要耗尽，那么可能会在某些颜色中出现空白。尝试清洗墨盒。如果清洗无法解决问题，那么墨盒很可能已经耗尽，应更换新墨盒。清洗电接触点。如果在墨盒中具有足够的墨水，那么请尝试清洗墨盒与滑架间的电接触点。随着时间的推移，沉积物可能在这些接触点间形成，并且导致打印信号出现问题，使得墨嘴无法发。可以使用棉签和丙醇轻轻地清洗接触点。

★故障现象九：页面上的颜色与所需的颜色完全不同

当颜色完全错误时（例如，绿色可能打印为蓝色或黄色），表明墨盒可能用尽了一种或多种墨水。检查该问题最好的方法是执行清洗过程。如果颜色恢复正常，则某些颜色的墨嘴曾被阻塞。如果问题仍然存在，则是某种颜色可能耗尽，应尝试使用新墨盒。如果颜色按灰度阴影打印，那么可能在打印机设置对话框中选择“按灰度打印”选项。对于彩色打印，请在打印机属性对话框的“设置”选项卡中清除“按灰度打印”选项。

★故障现象十：打印的颜色显示不正确

此故障存在很多影响打印图像的整体打印质量的因素。

1.首先开始打印机自测。颜色匹配过程的第一步是运行打印机自测。自测可以帮助您判断打印机是否正确地生成颜色。如果没有正确地生成颜色（例如，彩色墨盒耗尽），那么将不能获得正确的颜色匹配。如果必要，请检查并清洗/更换彩色墨盒。

2.检查打印机驱动程序。在很多情况下，打印机驱动程序（或打印机颜色程序）将提供颜色匹配选项。请打开打印机的属性对话框，查看是否启用了所有颜色匹配选项，例如：

①单击“开始”菜单，指向“设置”子菜单，然后单击“属性”命令。

②右键单击所需的打印机。

③单击“属性”命令。

③单击“图形”选项卡。

④单击选中“图像颜色匹配”选项(或相似的颜 色匹配功能)。

3.检查工作区域的光度。眩目的或其他环绕的灯光可以对感觉显示器中的颜色产生不良的影响。当比较打印输出和显示器图像时，可能无法正确观察差异。尝试调暗工作区或将监视器的亮度和对比度调整为更合适的程度。

4.检查显卡驱动程序。很多彩色打印机驱动程，直接从显卡获得颜色信息。这通常假定显卡驱动程序和彩色打印机驱动程序逐间存在良好的交互作用。当颜色匹配的确困难时，将显卡驱动程序更新为最新版本有时可能解决问题。

5.检查打印机驱动程序。如果问题仍然存在，应检查彩色打印机的驱动程序，查看是否存在为增强颜色匹配设计的补丁或升级程序。 确认当前的打印机和操作系统使用了最新的生产商指定的驱动程序。如果已经使用了最新的驱动程序，那么请尝试使 用通用的Microsoft驱动程序(即Windows98提供的驱动程序)。

6.检查纸张的安装。查看纸张的打印面(涂层面)是否向上，检查所用的纸张类型是否适合应用程序。例如，不能使用普通的纸张打印高分辨率的彩色相片。

7.检查“介质类型”。为了向页面喷射适量的墨水，请确认打印机驱动程序中的“介质类型”选项设置正确。例如，如果驱动程序设置为“透明胶片“，而实际上在打印机中装入普通纸张，那么打印机将喷射过多的墨水。

8.检查墨水设置。如果打印机驱动程序允许将打印模式设置为“经济”或“草稿”模式，那么当使用这些设置时，打印可能在某些纸张上显示浅淡。

十一、喷墨盒墨水灌装技巧

当打印成本居高不下的时候，你该怎样选择才省心省钱？也许你已经想到了：自己灌装墨水。因为这样的选择会为你节省近一半的费用。

当然，这也就牵扯到了另外一个问题：如何灌装墨水而又保证不损坏打印机呢？下面的内容能为您在自己动手灌装墨水时提供必要的帮助。

注墨之前，你要先检查一下自己的灌装工具是否齐备。这一套工具应包括：推珠工具、墨水筒、钢珠和保护夹。

正确的操作过程应该是这样的：

第一步：先将注墨孔上的封口贴片揭掉，再用推珠工具的细端将注墨孔中的钢珠压入盒内。

第二步：取下墨水筒上的橡胶帽，将墨水筒嘴部套入短针头并压紧。

第三步：先将螺母扣入墨水筒顶部，再把墨水筒插入注墨孔，并将螺杆旋入螺母孔。

第四步：旋转螺杆慢慢推动活塞，直至墨水全部注入墨盒（注意：一次必须添加两支墨水）。

第五步：取下墨水筒，将一个新钢珠放在注墨孔中，并用推珠工具的粗端轻压钢珠，至与孔口平齐。然后贴上圆形贴片。

第六步：将墨盒的出墨嘴贴紧橡胶键，用力压墨盒尾部，使之卡入保护夹内。

第七步：取下空墨水筒的短针，将墨水筒的嘴部插入橡胶键孔中，并压紧。反旋螺杆使活塞上弹，吸出2—3毫米高的墨水，然后轻轻取出墨水筒。

最后，将墨盒从保护夹中取出，用干净纸巾擦尽墨污即可装机待用。至此，墨水灌装的全部过程结束，你的打印机又可以开始新的工作了。

因为不少喷墨填充墨水比如天威都已经过了全面的物理、化学和打印模拟测试，并采用5微米、1微米、0.2微米全封闭无尘三层过滤体系灌装，绝不会堵塞打印头，而且易用、经济又环保，完全可以放心使用。

十二、使用喷墨打印机的“十二不”

今天，打印机技术的飞速进步，使打印机无论是在质量、速度以及扩展的多功能上，都不可同日而语，致使打印机市场非常活跃。打印机的高质高效及低成本的特性正在吸引更多新老用户的关注，目前喷墨打印机使用的频率比较高，因此如何维护喷墨打印机，来延长它的使用寿命就成为大家非常关心的话题。下面提供的一些注意事项，如果能正确地执行它，相信喷墨打印机一定会给大家带来“物有超值”的新感受。

1、不用质地坚硬的湿布清除打印机内部灰尘、污迹、墨水渍和碎纸屑；

2、不能将喷头从打印机上卸下单独放置，不能将喷头放在多尘的场所。

3、不要擦拭齿轮，不要擦拭打印头和墨盒附近的区域；

4、一般情况不要移动打印头，特别是有些打印机的打印头处于机械锁定状态（如MJ-1500K、STYLUS COLOR等打印机），用手无法移动打印头，如果强行用力移动打印头，将造成打印机机械部分损坏；

5、不能用纸制品（如面巾纸）清洁打印机内部，以免机内残留纸屑；

6、不能使用挥发性液体（如稀释剂、汽油、喷雾型化学清洁剂）清洁打印机，以免损坏打印机表面。

7、不能用手触摸墨水盒出口处，以防杂质混入墨水盒；

8、不要摔撞墨水盒，以防泄漏墨水。

9、墨水具有导电性，若漏洒在电路板上应使用无水乙醇擦净、凉干后再通电，否则有可能损坏电路元器件；

10、墨水盒应避光保存在无尘处，保存温度应在-10℃—+35℃之间。

11、不要用尖利物品清扫喷头，不能撞击喷头，不要用手接触喷头；

12、不能在带电状态下拆卸、安装喷头，不要用手或其他物品接触打印字车的电气触点。

第六章　激光打印机的实用指南

一、激光打印机硬件故障

激光打印机常见的硬件故障，主要表现如下：

①激光打印机卡纸或不能走纸。激光打印机最常见的故障是卡纸。出现这种故障时，操作面板上指示灯发亮，并向主机发出一个报警信号。

维修方法：排除这种故障方法十分简单，只需打开机盖，取下被卡的纸即可。但要注意，必须按进纸方向取纸，绝不可反方向转动任何旋钮。如果经常卡纸，就要检查进纸通道，纸的前部边缘要刚好在金属板的上面。取纸辊是激光打印机最易磨损的部件。当盛纸盘内纸张正常，而无法取纸时，往往是由于取纸辊磨损或弹簧松脱，压力不够，不能将纸送入机器。取纸辊磨损，一时无法更换时，可用缠绕橡皮筋的办法进行应急处理。缠绕橡皮筋后，增大了搓纸摩擦力，能使进纸恢复正常。此外，盛纸盘安装不正常 ， 纸张质量不好（过薄、过厚、受潮），也都可能造成卡纸或不能取纸的故障。

②打印机输出空白纸。引起打印机输出空白纸故障的原因如下：

a. 显影辊的直流偏压未加上，使显影辊未吸到碳粉。

维修方法：检修显影辊的直流偏压电路。

b. 硒鼓（感光鼓）未接地，由于负电荷无法向地泄放，激光束不能在晒鼓（感光鼓）上起作用，因而在纸上也就无法印出文字来。

维修方法：将晒鼓（感光鼓）良好接地。

c. 硒鼓（感光鼓）不旋转，不会有影像生成并传到纸上，必须确定晒鼓（感光鼓）能否正常转动。方法是断开打印机电源，取出碳粉盒（墨粉盒），打开盒盖上的槽口，在硒鼓（感光鼓）的非感光部位做个记号后重新装入机内。开机运行一会儿，再取出检查记号是否移动了，即可判断硒鼓（感光鼓）是否工作正常。

维修方法：修复硒鼓（感光鼓）转动装置。

d.碳粉不能正常供给或激光束被挡住。打印也会造成白纸。因此，应检查碳粉是否用完、碳粉盒（墨粉盒）是否正确装入机内、密封胶带是否已被取掉或激光照射通道上是否有遮挡物。

维修方法：灌注碳粉或正确安装碳粉盒（墨粉盒）或取下碳粉盒（墨粉盒）上的密封胶带或清除激光照射通道上的遮挡物。

③打印字迹偏淡。碳粉盒（墨粉盒）内的碳粉较少，显影辊的显影电压偏低和碳粉感光效果差 ，均会造成打印字迹偏淡现象。

维修方法：取出碳粉盒（墨粉盒）轻轻摇动，如打印效果没有改善，就应更换碳粉盒（墨粉盒）或请专业维修人进行处理。此外，有些打印机的碳粉盒（墨粉盒）下方有一组感光开关，用来调节激光的强度，使其与碳粉的感光灵敏度很好匹配。如果这些开关设置不正确，也会引起此类故障。

④打印输出竖白条纹。出现打印输出竖白条纹故障，主要有两个原因：

a．安装在晒鼓（感光鼓）上方的长反射镜上有脏污。激光遇到镜子上的脏污时被吸收掉，不能送到硒鼓（感光鼓）上，从而在打印纸上形成一窄条的白条纹。

维修方法：清洁晒鼓（感光鼓）上方的长反射镜。

b．次级电晕丝上有脏污。次级电晕丝装在打印纸通道下方，由于高静电的作用，会吸引灰尘和纸屑，电晕部件有的部分会变脏或被堵塞，从而阻止碳粉从硒鼓（感光鼓）转移到打印纸上，造成打印纸上形成一条白条纹。

维修方法：清洁次级电晕丝上的脏污。

⑤字迹大面积变淡。碳粉盒（墨粉盒）失效，通常会造成字迹大面积区域变淡。

维修方法：取下碳粉盒（墨粉盒）轻轻摇动，使盒内碳粉均匀分布，如果改进不大，则应更换碳粉盒（墨粉盒）。

⑥打印纸上单侧变黑。激光束扫描到正常范围以外，晒鼓（感光鼓）上方的反射镜位置改变，碳粉盒（墨粉盒）失效，碳粉集中在盒内某一边时，均可能产生打印机单侧变黑的故障。

维修方法：取下碳粉盒（墨粉盒），轻轻摇动，使盒内碳粉均匀分布，如不能改善，则更换碳粉盒（墨粉盒）。

激光打印机故障提示的意义如何?

激光打印机出现故障是有信息提示的，大多在操作面板上用二极管或液晶显示器提示故障部位，或以代码表示错误信息，用户留心观察并以此判断和处理故障，以 HP Laser Jet4 型激光打印机为例介绍如下。

1、OOREADY：表示打印机已经准备好，此时按 ON LINE 联机。

2、02WARMINGUP：表示打印机预热。

3、04SELFTEST：表示继续自检。

4、05SELFTEST：表示正在行进自检。

5、06DEMOPSGE：表示打印一个样板页。

6、07RESET：表示打印机复位。

7、08COLDRKSET：表示打印机冷复位。

8、12PR/NTOPEN：表示打印机顶盖被打开或未放好，此时检查顶盖，放好它。

9、13PAPERJAM：表示卡纸，应取出所卡纸张，按 Continue 键。

10、14NOEPCART：表示碳粉盒（墨粉盒）安装不正确，应确保该部分安装到位。

11、16TONE LOWE：表示碳粉即将用尽，应更换碳粉盒（墨粉盒）。

12、FECARTRIDGE：表示打印机在联机状态下碳粉盒（墨粉盒）被取走，应关掉打印机，再取走碳粉盒（墨粉盒）。

13、HINSERTCART：表示打印机不正常的状态下，取走了碳粉盒（墨粉盒），应插入碳粉盒（墨粉盒）。

14、MEFEED：表示打印机需要手动送纸，应放入相应的纸张，按 ON ILNE 键。

15、21PRINTOVERFIDW：表示传送给打印机的数据过于复杂，如果按“Continue”键虽能恢复打印，但会丢失某些数据及图像细节。此时，可将打印机联机断开，按下“Enter”键确定选择后，使其显示出 17MEMORYCONFIG（表示正在为页保护方式重新设置打印机内存，完成后执行内部自检并自动回到联机状态）。

16、22I/OCONFIGERROR：表示因错误信号协议而导致主机与打印机无法通信。此时，按“Contin ue”键清除错误信息，再用打印机所使用的 XON/XOFF 及 DTR 信号协议修改打印机配置。

17、4OERROR：表示波特率或检验位错误，此时请检查软件设置 I/O。。

18、41XERROR：表示打印页发生暂时性错误，此时检查纸盒及所用纸的质量，并按 CONTINUE 键恢复打印。

19、42 或 430PTINTERFACE：表示安装在附加接口槽的板卡发生故障，此时按 Continue 键清除错误信息，检查附加接口槽的安装和配置是否出错。

20、51、52、54、55ERROR：表示数据丢失出错，此时按 Continue 键恢复打印即可。

21、53-1（53-2）ERRORUNIT：表示附加内存板上下方槽出错，此时检查打印机安装的内存板。

22、57，OR 58SERVICE：表示打印机内部出错，此时关掉电源开关稍后再开，如不能解决问题，再进一步处理。

23、63SERVICE：表示打印机检查内存时发现故障。此时，关断打印机电源 5min 后重新开机，如果错误依旧，检查附加内存板安装是否正确或取下附加内存板，再重新开机。如果错误消失，则是问题出在附加内存板上：如果错误仍在，应检查及更换内存。

24、68ERROR：表示打印机附加接口出错，关机后 5min 再开机，如果故障仍在，应更换附加接口。

25、79SERVICE：表示内控制板有问题，此时重启，如仍有提示，须进一步处理。

26、SERVICEz 表示 I/O 板有问题，此时关机后再开机，如仍有提示，须进一步处理。

几种常见的一体式粉盒加粉方法

1. HP3906F、3977A、4092A、EP-A、FAX-3
2. HP92298A、EP-E
3. HP92274A、3903F、EP-P、EP-V
4. HP92295A、EP-S
5. HP4096A、4127A/X
6. HP7115A/X
7. HP4129X

鼓芯更换和碳粉添加应准备一些常用工具：

小一字头螺刀、十字头螺刀、清洁垫（RT001）、拔销钳（RT002）、

粉盒再生还应配备尖嘴钳、平口钳、专用钻床（RT003）（仅 7115A/X）、专用冲头（RT004）、

封条粘贴装具（RT005）、粉盒破裂器（RT006）。

假如您使用了HP系列激光打印机，那么您使用的硒鼓可能是HP3906F、HP3977A、4092A或92274A等，不管您采用的是哪种硒鼓，当原装硒鼓的墨粉用完时，我们都可以加粉、更换鼓芯使原装硒鼓"鼓尽其才"，节约费用。我们将为您提供质优价廉的"光导重工"牌墨粉、高品质国产OPC鼓芯。

下面我们就几种主要的硒鼓加粉更换鼓芯的方法做简单介绍：

1、3906F、3977A、4092A、FAX-3、EP-A硒鼓的灌粉方法

1）打开机器取出硒鼓，用斜口钳夹住一侧面金属销钉，向外用力拔出后可将硒鼓分成两部分，带有鼓芯一方是废粉收集组件，带有磁辊一方是供粉组件。

2）清理废粉：将废粉收集组件中感光鼓两侧的金属定位销拔出，取出感光鼓于阴暗平稳处（最好用纸包好，注意避光）放置，取出充电辊，再将刮板上的两个螺钉旋下。取下刮板，慢慢将废粉仓内废粉倒出，再把刮板、充电辊、感光鼓按原来位置复原。

3）鼓芯、刮板更换：按2的步骤反方向操作即可，并注意如下事项：

①买来的新OPC鼓芯一般均包裹了黑纸，取鼓时应揭开标贴，打开黑纸后再将鼓取出，请勿将鼓直接从黑纸中抽出，以免擦伤鼓面；

②取鼓、装鼓过程中，轻拿轻放，勿使异物碰触或勿用手直接触摸OPC鼓的表面；

③安装鼓芯、刮板时，在刮板上涂上适量的墨粉，按正确方向将鼓芯转动一周，有助于防止鼓面划伤。我公司出厂的鼓芯均涂有安装粉，装鼓后，将鼓沿正确方向转动一周以上，将安装粉刮光后再打印（注意：勿使安装粉粘附到充电辊上）。

4）灌装墨粉：将供粉组件上磁辊无齿轮一侧的螺钉旋下，拿下塑料壳后可看到一个圆形塑料盖，打开此盖，将粉仓内和磁辊上的墨粉全部清理干净后，将购买来的墨粉在瓶内摇匀，打开瓶口将墨粉缓缓倒入粉仓内，此时应用力盖好塑料盖，压好塑料壳（此时应注意：磁辊中轴末端上的半圆形与塑料壳上的半圆形小孔对好），轻轻转动磁辊侧面的齿轮数圈，使墨粉上匀。

5）将供粉组件和废粉收集组件按拆开时位置安装复原，插好两侧金属卡销。硒鼓装好后，应推开感光鼓挡板，向上轻转鼓芯侧面齿轮数圈，鼓面残留墨粉即被清除，装机即可使用。

2、92274A（C3903A）：

1）粉盒正面朝上，置于一张干净纸上，把右凹槽内的十字螺丝取下。

2）将粉盒翻过来，用一把小的尖嘴钳把正上面四个小孔撬开。

3）用一字螺丝刀启开粉盒端侧销钉斜下方的卡子。将鼓保护罩后翻固定在后面。用手拿住粉盒上半部分，将感光鼓部分取下，取的过程中应十分小心，不要碰伤感光鼓。

4）将残余粉倒掉，最好用吸尘器将各部件上附着的碳粉吸净。

5）把漏斗拧在碳粉瓶口上，小心挤捏瓶身，以使碳粉顺利流出而不致飞扬。粉倒完后，将粉仓搅拌器的手柄调到垂直位置。用手拿住感光鼓部分，扣在粉仓部位上，各个卡

位对准后，两边用力压，将各个卡子压紧回原位

6）将螺丝拧好，把外壳擦净，特别是电接触片，可以用棉签醮酒精擦一下，加粉完毕。

3、HP92295A 的加粉方法：

1）从机上取下墨粉盒，平放在清洁的工作台上，清理其表面灰尘，然后将其两侧（每侧两个）共计四个塑料定位卡销拔下，再夹住正面上方两个膨胀卡，使粉盒组件与罩（盖）板分离。

2）将组件上电机丝右侧一白色塑料膨胀卡拔下（或向内按住电极丝一侧，再向上提），取下电极丝，将电极丝擦洗干净，此时可将组件的供粉件和回收（废粉收集件）件分离开。

3）将回收件（废粉收集件）上绿色感光鼓两侧螺丝钉旋下，拆下两侧定位销，取出感光鼓（如感光鼓严重磨损，您应换上新购的 OPC 感光鼓）再将感光鼓下面废粉仓上方刮板两边的两个螺丝钉旋下，移去刮板，慢慢将废粉收集仓内废粉倒出。

4）将供粉件右侧白色塑料盖打开，把购买来的墨粉在瓶内用力摇匀，打开瓶口将墨粉缓缓倒入粉仓内，盖好擦净，然后按上述过程将墨粉盒还原。（注意：安装时将 OPC 感光鼓的斜齿与回收件的斜齿对上才是正确的）。

5）墨水粉盒装好后，将其翻转过来，推开粉盒感光鼓面挡板，轻旋侧面齿轮数圈，此时粉盒内鼓面墨粉即刻清洁，再用小皮老虎将墨粉盒狭缝中和其它部位的粉尘吹净，装机使用。

4、HP5000 硒鼓添加墨粉方法介绍：

1）分离硒鼓：打开激光打印机取出硒鼓放在平稳桌子上，将鼓芯两端的 4 个螺钉（每端两个）取下，把固定鼓芯的两个卡子向外拔出，推开鼓芯挡板将鼓芯取出，然后将放电辊取出，从硒鼓内部把连接粉仓与废粉的两个金属销钉向外插出，这时粉仓与废粉仓就被分成了两部分，即供粉部分（带磁辊）和废粉收集部分。

2）更换鼓芯和刮板、清理废粉；将废粉仓刮板上的两个螺钉拧下来，取出刮板，把废粉全部清理干净，再把刮板、放电辊、感光鼓按拆前的状态恢复好（注意鼓芯方向）。轻轻转动鼓芯数圈（若要更换鼓芯和刮板此步即可完成）

3）灌装墨粉：把粉仓磁辊不带齿轮这端侧面上的两个螺丝钉拧下，向外拉被螺钉固定的外壳并将其取下来（磁辊的这端插入其中），此时磁辊只有一端固定，将磁辊撤出，这时会发现粉仓上有一长条缝隙，将瓶装的 5000 墨粉摇匀后沿缝隙倒入粉仓内，墨粉灌完后依次把磁辊、取下的外壳及相对应的螺丝钉按拆前的位置装好，（安装磁辊时应注意带齿轮一侧要安装到位），轻轻转动数圈，磁辊应能均匀的吸附墨粉。

4）组装硒鼓：将两部分合在一起，两个销钉插入要到位，此时硒鼓更新工作应已完成。

★注意事项：

若要打印质量更好，更新时必须把粉仓（包括磁辊）和废粉仓里的墨粉清理，建成议

您选用正宗光导重工牌激光墨粉

5 、7115A 加粉方法

1）用小一字头螺丝刀从硒鼓内侧向外拨鼓芯销钉，然后，用拔销钳取下销钉，卸下鼓芯另一端转轴支撑板上的螺钉，取下支撑板，取出鼓芯。

2）取下鼓芯保护罩。

3）用钻床在硒鼓两个连接销钉处打孔，用小一字头螺刀从孔内向外拨销钉，用拔销钳取出销钉，将硒鼓分成粉仓与废粉仓两部分。

4）清理废粉，鼓芯、刮板更换，加粉等步骤，参看3906F 的加粉方法。

5）按相反步骤装配。

6、92298A 加粉方法

1）在桌面上铺上一张干净的纸，然后将粉盒平放其上，鼓保护罩朝下，卸下连接粉盒两部分的两个弹簧卡上的螺钉，取下弹簧卡，将粉盒分成粉仓和废粉仓两部分。

2）取下粉仓部分左右端盖的各 2 个螺钉，取下两侧盖，拆卸磁辊两端的小部件，记住先后顺序和相对位置，取下磁辊。

3）拆卸出粉刀，露出出粉口。

4）清洁粉仓和废粉仓。

5）更换损坏的另部件。

6）加粉。

7）按以上相反步骤装配。

7、HP4096A/4127A/X

1）4096A 用尖嘴钳拨出鼓销钉，4127A/X 用螺刀拧下鼓轴板两个螺钉，取下鼓轴板。

2）拆下鼓芯另一端转轴支撑板上的螺钉，拆下转轴支撑板，取下 OPC 鼓。

3）用尖嘴钳夹住充电辊一端金属轴，向上提起，再提起另一端，取下充电辊，不要用手直接握充电辊，不要用力挤压充电辊。

4）在安装充电辊的两个鞍型架侧下方可以看到连接硒鼓两部分的两个销钉，用L 型细金属棒向外顶销钉，取下销钉，将硒鼓分成两部分。

5）拆卸磁辊：拆下两侧端盖上的螺钉，取下两个端盖，拆下磁辊两端的齿轮和其 他小部件，注意先后顺序和相对位置，以便安装，取下磁辊。

6）取下出粉刀，露出出粉口，清洁粉仓，加粉。

7）清洁废粉仓。

8）更换破损的零部件。

9）按相反顺序装配。

硒鼓漏粉的解决方法：

硒鼓漏粉，除了外壳损伤以外，通常是运输过程中或者是由于某些客户在使用过程中，硒鼓内的磁棍积粉的原因。解决办法很简单，只要把鼓芯顺方向转几圈就可以了。

★打印文件和鼓芯上同时出现1厘米以上同样宽的纵向黑道，一般客户也认为是漏粉：这是刮板出了问题，造成棍芯上的粉刮不干净。

★打印文件上出现纵向得细黑道：通常是刮板和刮板边上的小刮片粘上了脏东西或者碎纸屑。

★打印文件中出现横向的黑道：通常是硒鼓内的磁棍积了粉，顺着转几圈就可以了。

★若打印文件上出现明显的底灰：通常是鼓芯或者碳粉出了问题。

★打印文件颜色不匀，有名显的白道：从外面看磁棍还能不能看见碳粉，如果看见磁棍上有些地方有粉，有些地方没有粉，表明此硒鼓碳粉以用尽。

★如果打印机打出白纸一张：先检查打印机有没有问题，若没有问题，那就说明硒鼓在装配时出了问题。

★除了以上几个问题，通常都可以认为打印机出了问题。

注意事项：

①当纸面上出现有规律的黑点，证明感光鼓已损坏，应及时更换。

②所加墨粉应为纯正激光机墨粉，否则会缩短硒鼓使用时间，同时污染机器。

硒鼓的保养与更换：

硒鼓是激光打印机最重要的打印部件，我们能否正确地使用硒鼓，关系到它能否最大限度地发挥其“潜能”，做到物尽其用。所以，对硒鼓的保养、更换等方面知识的了解和熟悉，直接关系到它的使用寿命。

保养延寿：

1、定期清洁：通常硒鼓在使用一段时间后就会或多或少地受到污染，输出的文字、图像便会模糊不清、底灰加重及字形变长等，因此就要定期地去清洁了。清洁前，先把硒鼓的各组件小心地拆下，然后用脱脂棉花或高级照相镜头纸将感光鼓表面的灰尘颗粒物等擦拭干净，但要注意不能太用力，以防将其表层划坏。接着同样用脱脂棉花或高级照相镜头纸，蘸上感光鼓专用清洁剂擦试其表面，擦拭时应采取顺一个方向螺旋划圈式的方法轻轻擦拭，擦亮后立即用脱脂棉花把清洁剂擦干净。最后，用装有滑石粉的纱布在鼓表面上轻轻地拍一层滑石粉，即可装回使用，整个清洁过程终告完成。

2、及时清除废粉：经过一段时间的用粉加粉，废粉收集仓中的废粉就会不断积累，从而会影响打印输出效果，严重的会导致漏粉现象的发生。（所谓漏粉，就是由于废粉堆积过满，使再产生的废粉无法进入废粉仓，而废粉仓中的废粉也会不断"挤"出来而产生的废粉溢出现象。）这种现象的发生会直接导致输出的稿件上出现不规则的黑点、黑块，如果不对废粉加以清除而继续使用的话，废粉越积越多，与感光鼓的摩擦压力也越来越紧，最终将会把感光鼓表层上的感光鼓镀膜磨掉，从而损坏整个硒鼓。清除的方法很简单，只要将收集仓打开，用棉签或纸巾把废粉直接掏出清除干净即可。

3、别让硒鼓超负荷工作：任何东西的工作负荷力都有一个限度，硒鼓是有机硅光导体，同样存在着工作疲劳的问题。如果长时间连续使用的话，轻则影响打印输出效果，重则宣告罢工，因此，用户就要记得适当地给硒鼓一个休息时段。一般，如果是连续进行输出量很大的工作，建议在8-12小时就要休息一次，而且长年累月使用的话，最好就在使用一段时间后闲置一个星期或更长时间后再使用。但这必定对用户的工作造成影响，所以笔者建议大家购买两个以上硒鼓互换使用，这样就可以避免硒鼓的疲劳同时不会影响工作。

硒鼓的更换：

硒鼓额定寿命一般在6000-10000张左右，在经过长期使用以后，当你发现输出的稿件出来（或直接把销钉钉进去，打开硒鼓后再取出来），一般情况下，这时我们可以发现硒鼓可以分成两部分，带有磁辊的是供粉部分，而有感光硒的是废粉的收集部分。

先来看供粉部分，先把磁辊无齿轮一侧的螺钉旋下，打开塑料盖，然后将碳粉仓内和磁辊上的碳粉全部用软毛刷等清理干净。接着再把磁辊重新装好，用力按好防止磁辊脱离原位。这时就可以装碳粉了，把碳粉摇匀后慢慢倒入供粉仓内，上好部件把磁辊固定好，最后应轻轻转动磁辊一端的齿轮数圈，以有利于碳粉的均匀贴附。

再来看看收集部分，在这部分我们要做的就是更换新的感光鼓。用同样方法将固定销钉拨出，取出感光鼓，然后将废粉收集部分的废粉清理干净（要尽可能干净，以免影响新鼓的打印质量），到此，我们就可以安装新的感光鼓了。安装时要注意，感光鼓通常都有左右之分的，把装有齿轮的一端对接装上后，用刚刚拨下的固定销钉上好感光鼓。全新的感光鼓一般都有一条墨色的防曝光封条，在安装前不要撕下以防止曝光，安装好检查无误后方可撕去。这样，供粉部分和收集部分都分别弄好了，最后只要把这两部分按拆开时的情况安装复原，插好固定卡销，整个更换工作便宣告完成。

在更换过程中，如果有碳粉落在打印机外面，最好用吸尘器吸除，再用纯酒精擦洗一遍。而且，整个更换过程最好在较暗的工作室里进行，防止感光鼓曝光。而对于一体式硒鼓的更换，可谓简单得很，只要把整个硒鼓拿下成套更换就可以了，省了不少麻烦，但在装入前记得最好把碳粉摇匀。另外笔者还要提醒各位的是，通常硒鼓在未拆封时有效期为两年半，但一旦拆封了有效期就只有6个月了，用户要注意在有效期内使用，以保证打印质量。

★注意事项：

在维护和更换硒鼓的同时，还有些地方是需要再次提醒注意的：

①清洁硒鼓不必太过频繁，在清洁过程中禁止用普通纸张擦洗。

②在上述保养和更换过程中，严禁用手触及感光鼓的表面，同时还要防止硬物碰撞。

③尽量不要让硒鼓直接暴露在阳光或强光源下，不要随便打开硒鼓上的挡光板，假如连续暴露在强光中的时间超过十分钟，严重的话感光鼓即宣告报废。

④避免在高湿、高温、高寒环境下使用和保存，硒鼓里的碳粉一旦受潮会结块，影响打印效果或造成打印色浅，另外在把硒鼓从低温拿到高温的环境下工作时，最好就搁置一段时间（一个小时以上）再使用。

⑤不要擅自用手转动OPC鼓芯，OPC鼓芯转动时一定要注意方向，假如旋转方向不对，

会损坏零件造成打印时漏粉或打印污迹。

⑥硒鼓带有一个显影装置，它是一条覆盖有磁性微粒的滚轴，因此就要确保硒鼓远离显示器、硬盘、音箱等磁性物质，避免磁化现象发生，从而影响打印质量。

二、从激光打印机工作流程中学会维护

激光打印机工作流程一般都包括了充电、曝光、感光、显像、转印、分离、定影、OPC清洁等，其中每一个环节都有相应的器件“值班”，各个部件紧密协作，最终把一张白纸变成用户所需要的有价值的文件。通常情况下，当发现机器出现了某些故障的时候，用户首先想到的就是找保修单，向商家技术人员求救。但这样的话，一来误时误工，二来还有可能增加办公费用（某些商家不提供免费保修或机器已过保修期）。其实，只要平时我们对打印机小心呵护的话，故障率是可以得到有效的降低的，如果真的出了故障，只要懂得少许维修技能的话，也是大不必如此劳师动众到处找维修人员的，自己动手十几分钟即可搞定。

激光扫描系统

激光扫描系统的主要作用是产生激光束，在OPC（感光鼓）表面曝光，形成映象。当激光扫描系统中的激光器及各种工作镜被粉尘等污染后，将造成打印件底灰增加，图象不清。可用脱脂棉花将它们擦拭干净，但应注意不要改变它们的原有位置或碰坏。

转印电极丝

转印电极丝是将吸附着墨粉的负电荷从感光鼓传到打印纸上的一种装置，它由一种精细的钢丝做成，紧靠着感光鼓。由于激光打印机用过一段时间后，打印机内多多少少留有残余的碳粉、灰尘和纸屑等杂物，这样在工作过程中，电极丝很容易被污染，对硒鼓的充电不足，从而它在硒鼓上产生潜影的电压就不足以吸附足够的墨粉，因此转印到纸张上的墨粉就会变少，造成输出的文稿墨色不深、灰阶过度不均匀等。所以要定期对它进行必要的清洁，清洁时应小心地取出电极丝组件（某些机型不用），先用软刷刷掉附着的异物，然后再用脱脂棉花将其轻擦干净即可。

定影加热辊

长期使用后，定影加热辊将会不可避免地粘上一层墨粉，当你发现打印出来的稿件出现黑块、条型斑时，这表示热辊表面有可能已被划伤。如果损坏情况较轻微，应用棉花蘸上少量纯酒精小心地擦洗（注意不能太用力，更不能用刀片等其它硬物去刮，以免损坏辊身），这样经过清洁后，加热辊仍可使用。但如果情况比较严重的，则只有进行更换了。

分离爪

分离爪是紧靠着加热辊的小爪，其作用是对输出纸张进行分页处理。分离爪的爪尖与加热辊长期轻微接触摩擦，背部则与输出的纸张摩擦，如此一来，分享爪外层的膜将会被磨掉，从而会粘上废粉结成块状物，最终轻则使纸张变形褶皱，影响质量，重则会导致卡

纸现象发生。因此，如果发现有类似情况时，就是时候对分离爪进行清洁了。方法是将分离爪取下，仔细擦掉墨粉结块，有必要的还可以把其背部磨光滑。擦拭干净后即可重新装回去，这时可以把各个分离爪调乱位置，以使磨损程度大致相同。

热敏电阻和热敏开关

热敏电阻是感应加热辊温度的元件，用来监控加热辊的温度变化，以作出相应的保护措施。热敏电阻和热敏开关都紧靠着加热辊，一般无需理会，但如果打印时间较长且打印量较大的话，热敏电阻外壳难免会粘上废粉及一些异物，从而使它对温度的敏感度减小，使加热辊的表面温度加大，影响其寿命，同时加速相邻各部件的磨损，加大了预热时间。另外，温度太高会造成或多或少的纸张变形现象的发生，影响输出甚至造成卡纸。如果用硫酸纸的话，更可能会使其起泡而不能使用，严重的会烧坏加热辊。维护的方法是取出热敏电阻和热敏开关，用上述同样的方法将其擦拭干净。然后小心地装回去，注意热敏电阻与加热辊之间的距离，防止由于感温太高而损坏部件。

光电传感器

光电传感器是一个用来检测纸张存在与否的部件。在正常的情况下，装纸后光电传感器感触到纸张的存在，产生一个电讯号返回，控制面板上就给出一个有纸的信号。那么，如果光电传感器长时间没有清洁，其表面就会附有纸屑、灰尘等，使传感器表面脏污，不能正确地感光，从而出现误报。因此，如果用户发现进纸盒中明明有纸，机器却告诉没纸的话，十有八九就是光电传感器到了该清洗的时候了。清洗时，应该用脱脂棉花把相关的各传感器表面擦拭干净，使它们保持洁净，始终具备传感灵敏度即可。

三、激光打印机常见故障维修及有关使用技巧

激光打印机在使用过程中是需要进行日常维护才能得到较好的打印效果的，之所以这么说是因为很多所谓的“故障”只是由于维护不当而造成的。下面就说一下激光打印机的维护和维修以及一些使用技巧，希望对大家有一些帮助。

（一）、正确及时地对激光打印机进行维护和保养工作可以杜绝很多故障的发生

1、首先我们要了解碳粉盒的基础知识及正确更换碳粉盒的方法。

激光打印机的碳粉盒又叫做“印盒”，它的消耗量是以页数为计算单位的——理论上一个全新的碳粉盒可打印3500页左右，至于在实际使用时到底能打印多少页就要取决于打印的内容和使用的浓度了，不过好在碳粉并没有像墨水那样的挥发性及清洗时所造成的浪费，所以其还是非常适合大量印制高品质文件的。

碳粉盒内包含一个感光鼓和一定数量的碳粉——感光鼓是用来接收激光束并产生电子以吸引碳粉粘着再印到纸张表面的，如果打印出来的作业页面上的碳粉偏淡的话，那么我们只要将碳粉盒轻轻地左右摇动几次使碳粉重新分布就可以延长碳粉盒的使用寿命了，如果打印不出字来了，就可能是碳粉的确已经用尽了，这时我们就需要更换整个碳粉盒了。

由于激光打印机对纸张和碳粉盒的质量要求均较高，所以如果使用了不符合要求的碳粉盒和打印纸的话，那么不仅会影响到打印效果，严重时还会损坏打印机（几率不是很高），为了保护打印机，千万不要使用有缺陷或假冒伪劣的碳粉盒，而且在更换碳粉盒时，绝对不能让碳粉盒在光线中暴露太久——通常以几分钟为限，否则就会损坏碳粉盒的感光鼓。

生产厂家为了防止碳粉盒内的碳粉受潮而结成硬块，通常都是用铝薄纸将碳粉盒密封起来的，这样做就可以保证其从出厂日期开始计算足以保存两到三年的时间，故在未使用时用户千万不要将其开封，因为一旦碳粉失去密封性的话，碳粉盒的保存年限便会大大地减少了，所以说您务必要等到使用时再进行拆封并在安装前用力上下摇一摇以使碳粉均匀地散开。

另外，如果您只是对没有碳粉的碳粉盒填加碳粉的话，其输出效果可能很难被您所接受——碳粉盒上的感光鼓由于因消耗、磨损等因素会使打印品质受到影响，故笔者建议您最好是更换整个碳粉盒而不要单独添加碳粉。

2、其次我们还要定期对打印机进行清洁工作。

与其它打印机一样，激光打印机在使用一段时间以后机内也会存有许多灰尘和纸张的碎屑，这些“污染物”如果过多的话是会影响打印机的正常使用，甚至造成故障，所以我们要对其进行定期地清洁。

在清洁过程中有一些注意事项：清洁打印机之前一定要切断电源以免造成人为故障及人身安全事故，打印机的外部要用尽可能干的湿布来进行清洁，而且是只能用纯净水或自来水，千万不能使用氨类清洁剂，另外由于打印机内部是比较怕潮的，所以在清洁打印机内部时一定要用光滑的干布擦去机内的灰尘和碎屑，当然，灰尘如果过多，您可先用小软毛刷清除一下再用布擦。

（二）、自己動手維修激光打印機在使用過程中的一些常見小“故障”。

有些所谓的“故障”其实只是使用上的问题，很多此类故障都是能轻松排除的，但如果送到维修部门的话，即使他们收费很少也终归是要花钱的，所以掌握一些常见故障的维修方法和思路是非常有必要的，笔者下面就简单说一下。

1、打印机在通电后根本就无法工作。

对于此类故障我们首先要确认打印机的电源开关是否已置于“ON”上了，如果已置于“ON”，那么您就要检查电源线和电源插头以及电源插座是否良好，如果均无异常但仍不通电的话您就要检查一下所插的电源插座是否有电且电压是否正常（用测电笔即可），以上这些方面如果全没有问题的话，您再查看一下打印机的保险丝是否已经熔断了（要先断电才能查看），如果未熔断或已熔断但换新后再次熔断的话，那么就是打印机的电路部分有短路性故障了，这时您如果不能发现有明显损坏的元件的话，那么就要找专业维修部门进行维修了。

2、打印机无法打印电脑中的联机内容。

对于此类故障我们首先要检查打印机是否已处于联机状态，然后再检查该激光打印机是否为系统默认的打印机——有些软件会虚拟一个默认打印机出来（比如某些传真软件），这时您只要在“打印机”文件夹内更改一下默认设置就行了，如果还不行的话您可检查一下打印机的驱动程序是否安装错误或已经损坏或已丢失，如果重装后无效您就再检查一下打印机的电缆接口和计算机的连接是否有误或连接数据电缆是否有故障——您可进行一次自检打印，如果不能打印出来就证明可能是打印机内部电路有损坏的部分了，这时您就最好是找专业维修部门进行维修，如果能打印出来就证明是数据电缆或接口出了问题，这时您可换一条新连接数据电缆试试看。当然，有时中了某些针对打印机设计的病毒也会导致该故障，所以您也要用杀毒软件进行一下查毒试试。

3、打印联机数据时不能完全地进行打印。

遇到此类故障时您可先看一下面板上的“Form Feed（出纸）”指示灯是否已亮，如果亮了的话，那么您要将打印机离线，然后再按“Form Feed”键打印剩余在打印机缓冲区中的文件；如果打印机没有显示任何信息而数据仍未打印完的话，那么您就应该检查一下用户软件是否存在错误。

4、打印机无法进行自检打印。

对于此类故障我们首先要检查打印机在选择自检菜单项时其是否处于离线状态，如果正常的话就检查一下纸盒是否已经安装好且纸盒内有没有装好纸张，如果以上均无问题的话您就再检查一下打印机顶盖是否关紧并检查机内有无夹纸现象，当然，如果打印机的控制面板上显示有信息的话，您可针对信息字样先解决相应问题。如果您实在找不到故障点那就找专业维修部门帮忙吧。

5、打印机出现夹纸现象。

夹纸现象是激光打印机最为常见的故障之一，而且产生打印机夹纸的原因也比较多，但多数情况下都不会是什么大故障，所以在打印机出现夹纸故障后您并不必手忙脚乱的，取出被夹纸张的方法也很简单：您可先打开打印机顶盖并取出碳粉盒，接着再拉出纸盒，然后再将被夹的纸清除出来就行了。

虽然被夹的纸张已经被取出来了，但在很多情况下还是会再次出现夹纸现象的，所以我们要将故障的根源找到以根治夹纸故障，通常导致打印机夹纸的原因可能是软件的设置有问题，比如在软件设置中设定的是A4尺寸的纸张，但纸盒里却装了其它尺寸的纸张，这样必然就会发生夹纸现象；另外，如果您忘记关闭打印机背部出纸槽盖板的话，打印机就会发出夹纸信息，但此时并不一定会有纸张被夹住；当然，由于纸盒通常一次只能装100张纸，所以如果纸盒中装的纸张太多的话就会阻碍打印机的自动取纸过程，从而就非常容易产生夹纸故障；还有就是如果纸张太粗糙或太光滑或未将纸角压在纸盒的金属夹片下的话，这些纸张就很难顺利通过打印机内的走纸通道而势必会造成夹纸故障。好了，知道了具体原因后，只要做相应的简单处理就OK了。

6、打印常见的输出质量问题（故障）及解决方法。

在用激光打印机进行打印时常常会出现一些打印输出质量上的问题，由于这些问题直接音响到了输出效果，所以这些问题是必须要解决的，但如果想找到解决问题的办法，那么就必须了解问题产生的原因，笔者下面就着重说一下问题产生的原因和解决方法。

①、有时打印出来的作业过淡或带有碳粉污点——打印过淡的作业呈块状或是一片垂直的白色条纹，带有碳粉污点的打印作业通常是出现一些圆形的小黑点，有时甚至会连成一片而出现宽大且不规则的污点，污点可能出现在纸张正面，也可能会出现在反面。

出现这种现象时您可先看看碳粉盒中的碳粉是否快用完了，如果是的话您可取出碳粉盒并轻轻摇动使剩余的碳粉均匀分布即可，如果碳粉实在太少了或碳粉盒有破损的话，您就必须更换新的碳粉盒，因为破损的碳粉盒可以说根本无法正确地使碳粉均匀上纸，所以是非常容易损坏打印机的，至于如何更换碳粉盒笔者在前面已经做过较详细的说明了，故不再复述；另外，如果打印纸不符合要求的话（比如纸张太潮湿），碳粉就不容易上纸或上得不均匀，这时同样会出现此类故障，所以说只要用符合规格要求的打印纸张就行了，当然，也有可能是把打印纸装反了——某些合格打印纸的背面不一定就能满足打印要求，这时只要取出纸盒并将打印纸张反过来即可搞定；也有可能是把省碳模式打开了，这时您只要通过软件包的Remote Control Panel（遥控面板）设置来关闭省碳模式就行了；另外如果打印机内部太脏的话也会出现该故障，所以您可清洁一下打印机试试，通常都能够“尘无病消”。

②、有时打印出来的作业会连续几页均出现垂直（或水平）的黑线或污点使字迹连成一片而无法辨认。

此故障的原因可能是由于碳粉盒没放好进而导致碳粉无法均匀上纸，所以您只要取出碳粉盒重新安装好即可，只是在安装碳粉盒时应将其推至稳固位置以免故障复发；当然，如果碳粉盒有破损而导致碳粉漏了出来的话，打印作业上同样会出现此故障，这时您应立刻更换新的碳粉盒以免损坏打印机，另外如果打印机内部太脏的话也会在打印纸上形成划痕，所以您可先清洁一下打印机；如果经过上面的处理后仍不能排除故障的话，那么就有可能是打印机内部出现了故障，这时您就要找专业维修部门进行维修了，以免将故障人为扩大化。

③、有时打印出来的作业会出现浅淡的字迹重影或者反复出现相同的斑痕而使字迹变得模糊不清。

产生此类故障的原因可能是打印机太脏而在作业上留下了划痕，这时您可清洁一下打印机试试；当然，如果采用的打印介质是投影胶片的话，就有可能是这种类型的胶片不符合要求，您应换用合格的投影胶片，也可能是采用的打印介质质地太粗糙，您可换用较轻、较光滑的纸张试试看；如果经过上面的处理后仍不见效的话，那么就可能是碳粉盒有破损或碳粉盒内的感光鼓在亮光下曝露过久进而导致了打印作业上出现了复杂的斑痕。

④、有时打印出来的作业上会出现空白的垂直条纹导致字迹缺漏。

产生此故障的原因可能是碳粉盒中所剩碳粉已经不多了，您可以将碳粉盒取下来并左右摇晃几下后再将碳粉盒装上试试，如果还是不行的话，您就换个新碳粉盒试试看，当然，此类故障也可能是打印机内部的镜片受到了污染，这时您可与打印机的代理商联系清洁或更换打印机，您最好不要自己随便处理，以免“后果自负”）。

⑤、有时打印出的字符会出现中空现象。

产生这种故障的原因可能是采用了省碳模式进行打印的结果，您可关闭省碳模式后再试试，如果您采用的打印介质是投影胶片，那么就有可能是这种类型的胶片不符合打印机的要求，您可换用合格的投影胶片试试，不过有一点要注意，那就是虽然合格的投影胶片在设计上把字符中空缺陷降至最低，但是由于投影介质成分的原因，所以还是会经常出现字符中空的现象；当然，如果打印介质被装反了的话，打印作业就会打印在纸张的背面上，这样也是会出现中空现象的，处理此类原因的方法很简单，只要取出纸盒并将纸张装正即可。

⑥、有时打印出来的作业上会出现零乱散布的碳粉，这种现象可能出现在打印页面的正面，也有可能会在背面，但其范围是局限在面上某一固定部位的。

产生该故障的原因可能是打印介质的型号、重量或光洁度等不符合打印机的要求所致，您可更换一下打印纸张试试；如果在打印信封时出现了背景碳粉扩散，则有可能是在接缝部位打印而导致的结果，您只要将打印文稿移到没有接缝的部位就行了，当然，如果是整个信封上都出现了背景碳粉扩散，那么就有可能是打印浓度选择得不合适而造成的，这时您可通过Explorer软件包的Remote Control Panel的Print Quality Category（打印质量分类）菜单来选择合适的打印浓度，通常情况下故障都能消失；如果这种故障出现在打印作业的背面，那么就有可能是由于打印机内部溢出的碳粉所引起的了。

⑦、有时打印出来的作业会出现整页纸张全部呈黑色的情况——根本就没有字迹输出。

产生该故障的原因可能是碳粉盒没有装好或碳粉盒有缺陷才会使得碳粉大量地漏出来从而附着在整个页面上，这时您只要取出碳粉盒并重新安装好即可。注：在安装碳粉盒时一定要将其推至稳固位置。

⑧、有时打印出来的作业会出现遗漏现象——即字符打印不完整或根本没有打印出来，这样整个作业就无法清晰地读出。

产生此类故障的原因可能是碰巧打印的这页纸有问题，您可以再打印一页试试看，如果仍是这样就有可能是打印浓度的选择不合适而造成的，您可通过Explorer软件包的Remote Control Panel的Print Quality Category（打印质量分类）菜单来选择合适的打印浓度；当然，也有可能是纸张的温度不均匀或因制作程序不一致而受损，所以您可先换用其它厂商生产的纸张试试看。

⑨、有时打印出来的作业会出现有半页空白或图形残缺不齐的现象。

产生此类故障的原因可能是这一页要打印的内容太复杂，以至于打印机无法迅速成象，跟不上打印机的机械作业速度，您可通过Explorer软件包的Remote Control Panel中的Printer Memory Category（打印机内存分类）菜单把Page protect（全页保护）项设置为On或Auto--即启动全页保护功能，这样的目的是让打印机先在其存储器中完成整页图形的成象，然后再送打印机输出，虽然故障可以排除了，但这时的打印速度将会大大降低，所以当您再打印简单内容时最好再将该功能关闭，当然，如果打印内容复杂得导致打印机内存无法存储下的话，您还可通过Explorer软件包的Remote Control Panel的Printer Memory Category菜单设定Image Adapt（图形适配）为On或Auto——即启动图形适配功能，它可以使打印机采用先进的数据压缩技术在有限的内存空间成像，这类似于按比例缩小图形的方式，只是这样做会使图形中的一些细节被遗漏掉。

⑩、有时打印机在打印过程中偶尔会出现几页完全空白的页。

产生该故障的原因可能是连接电缆出了问题（比如某条导线时断时连），您可打印一份自检页试试，如果自检打印没有问题的话，您可重新安装打印机电缆线或换一条新的试试；也有可能是页面设定长度不符合打印用纸的尺寸，这时您可通过用户软件或Explorer软件包的Remote Control Panel的Page Setup Category（页面设置分类）菜单来修改Page Size（页面尺寸）的大小，使其与纸盒中所装的纸张的尺寸一致即可；也有些网络公用设备可能会要求打印一张空白页作为间隔，这种情况是属于正常的；也有可能是因为纸张难以分开而导致了打印机一次送入两页或多页进行打印作业，这时您可将纸盒取出并取出纸张，然后翻动边缘，使其逐页散开再装好就行了；也有可能是用户软件发送了多余的分页指令，这时您可查阅该软件配置的相关资料，如果使用的是文字处理程序，您可查看一下自然分页与强制分页是否过于接近从而产生了空白页；当然，如果打印出来的每一页都是空白页的话，那么您就应检查一下在安装碳粉盒之前是否已经拉出整条密封胶带（这是一条约55CM长的胶带）或者是碳粉盒中已无碳粉，如果是的话请您立刻更换新的碳粉盒，如果仍不见效，那么打印机就要送到专业维修部门进行维修了。

（三）、掌握一些激光打印机的使用技巧是能够做到事半功倍的。

1、如何节省碳粉。

现在几乎所有的激光打印机都提供了“经济模式（Economy Mode）”——即使用一半的碳粉量来打印，尤其是打印图形时可以先确认是否理想后再以正常的模式输出，这在修改比较频繁的情况下可以节省大量的碳粉。

现有绝大多数的排版软件都提供了预览功能（PREVIEW），这样我们就可以在输出前从屏幕上看清楚输出格式、位置、字体等信息了，当我们确认一切无误后再进行打印就可以达到节省碳粉的目的了。

激光打印机和复印机一样，它们都是可以调整碳粉浓淡度的，浓淡度越浓效果自然也就越好，尤其在一大片黑色的地方不会出现白点而是非常扎实的黑色，但是碳粉的消耗也就会随之增加，所以如果无特殊情况的话，我们最好是将浓淡度调到中间，当然，如果您对作业质量有比较高的要求的话，我们可以适当地调整浓淡度——全新碳粉盒应由中间向淡的方向调整并试着打印直到其效果能让您接受为止，如果您发现黑色部分不够均匀的话就要将浓淡度调到中间，如果黑色部分还是不够均匀的话您就要将其调至中间偏浓的位置了。注：有些激光机自身带有调节碳粉浓度的旋钮，有些则要通过所附的软件在WINDOWS下进行设置。

当激光打印机印不出来东西的时候，我们可以将碳粉盒拿出来上下摇一摇，并将浓淡调到最浓，看看此时能不能再印几张，如果能印出来就先应急用着，只是在日后换上新碳粉盒时一定要将浓淡度再调到中间值以免浪费新碳粉盒的碳粉。

2、如何将不满一页的数据直接输出。

激光打印机又称为“页式”打印机，也就是说它无法像点阵、喷墨打印机那样立即打印出接收到的数据——激光打印机一旦开始打印就以一页为最小单位，哪怕内容只有一两行其也照样会用掉一张纸，制造商们为了用户能够节省纸张，所以从设计上进行了改进——激光打印机会先将数据保存于机内的存储器中，等足够一页时再打印出来，这样做就不会浪费纸张了。

不过有时我们希望无论数据是否已满一页都要立即打印出来以免掺杂别的内容，这时我们可以通过下面的方法来实现：我们可以通过面板进行跳页操作来达到目的，但是这一方法要相对于打印机的具体厂家和型号才能进行说明，所以说笔者在这里就无法详细说明了，只能告诉您是可以这样做的，具体方法您可参照说明书进行跳页操作；另外我们还可以给文件加上跳页字符来达到目的，这样做就免得每次打印还要操作面板进行跳页了，跳页字符不但可以用于激光打印机，而且点阵跳页字符可以位于任何的位置。

四、激光打印机常见卡纸故障原因分析和解决办法

激光打印机在日常使用中都会发生卡纸现象，这主要由于纸张不符合规格（一般激光打印机使用的纸张要求是70～100克的双面胶版纸，不可潮湿，边缘整齐）、纸张输送的通路中有异物堵塞等原因造成，这只要更换好的纸张，排除通路的异物等就可以解决了。而在此要介绍的是排除上述问题后的故障。

打印机卡纸检测，采用时序逻辑控制，不同机型的时序控制点会有所差别，一般采用光电元件在进纸口、通道中、定影组件这三个点检测控制打印纸的位置。当打印机接受打印命令后，打印纸由搓纸轮送入打印机，如果在设定的时间内，检测点检测不到打印纸到位的感应信号，主控制器便停止工作并显示故障信息。检修打印机卡纸故障，要确定打印纸卡在哪个a位置，即对卡纸部位的检测元件进行检查。

★检查程序

（1）打印纸不能进纸或刚进入打印机就卡纸了。其检查程序为：

①检查进纸感应器是否正常，若不正常，可清洁光电感应器；

②检查搓纸轮电磁离合器是否动作，若不动作，再测量电磁离合器线圈电压是否正常，若是，则修复更换离合器，若否，检查离合器驱动电路；

③检查搓纸轮是否粘有纸粉、废粉等或老化打滑，若是，可用酒精清洁搓纸轮，或用细砂纸沿搓纸轮轴向将其砂精糙，若不行，可更换搓纸轮；

④检查托纸板是否动作，若否，则修复托纸板凸轮。经过上述的检修，一般来说可以排除进纸口的卡纸故障。

（2）打印纸在通道内卡纸，其检查程序为：

①打印纸是否在通道内变形，若是，则更换打印纸；

②检查通道纸感应器是否正常，若否，则清洁光电感应器感应窗口；

③检查送纸轮是否打滑，若是，则检修方法同搓纸轮。

五、激光打印机的清洁维护与保养

激光打印机需定期清洁维护，特别是在打印纸张上沾有残余墨粉时，必须清洁打印机内部。

对如果长期不对打印机进行维护，使机内严重污染，如电晕电极吸附残留墨粉、光学部件脏污、输纸部件积存纸尘而运转不灵等等，这些严重污染不仅会影响打印质量，还会造成打印机故障。

虽然激光打印机的型号很多，但由于其工作原理和使用的材料都基本相同，只是有些规格不同而已，所以，对于激光打印机的一般维护，基本上都能适合各种激光打印机，只是一些特殊的有所差别而已。

1．电极丝的维护

由于打印机内有残余的墨粉、灰尘及纸屑等杂物，充电、转印、分离和消电电极丝将被污染，使电压下降，而影响正常工作性能。一般来说，若充电、转印电极丝沾污了废粉、纸灰等，会使打印出来的印件墨色不够，甚至很淡，这主要是由于电极丝脏污后对硒鼓上充电不足，因此它在硒鼓上产生的潜影的电压不够而吸墨粉不足，转印电极丝被污染而使电压不够，则当纸走过时使纸张与硒鼓的接触不够紧密，而使转印到纸上的墨粉不够，因此都会使输出的纸样墨色太淡。此外，转印电极丝（槽）污染严重时还会使输出的纸样背面脏污，因为纸样输出时要经过转印电极丝槽。而消电电极污染则会使纸张分离不畅而产生卡纸等故障，消电电极污染则会使硒鼓上的残余墨粉清扫不干净，使输出的纸样底灰严重。维护电极丝时应小心地取出电极丝组件（一些机型号的打印机不必取出电极丝，可直接在机子上清理），先用毛刷刷掉其上附着的异物，之后再用脱脂棉花将其轻轻地仔细擦拭干净。

2．激光扫描系统的维护

当激光扫描系统中的激光器及种种工作镜被粉尘等污染后，将造成打印件底灰增加，图象不清。可用脱脂棉花将它们擦拭干净，但应注意不要改变它们的原有位置或碰坏。

3．定影器部分的维护

定影器部分的维护主要有定影加热辊（包括橡皮辊）、分离爪、热敏电阻和热敏开关。

（1）定影加热辊的维护

定影加热辊在长期使用后将可能粘上一层墨粉，一般来说，加热辊表面应当是非常干净的，若有脏污则就会影响打印效果。如果打印出来的样稿出现黑块、黑条，以及将图文的墨粉粘带往别处，这表示热辊表面已被或伤，若较轻微，清洁后可使用（但不宜用于输硫酸纸），若严重，则只有更换加热辊了。与加热辊相配对的橡皮辊，长期使用后也会粘上废粉，一般较轻微时不会影响输出效果，但若严重时，会使输出的样稿背面变脏。清洁加热辊和橡皮辊时，可用脱脂棉花蘸无水酒精小心地将其擦拭干净。但不可太用力擦拭加热辊，更切忌用刀片及利物去刮，以免损坏定影加热辊。而橡皮辊的擦拭可简单一些，只需将其表面擦干净即可。

（2）分离爪的维护

分离爪是紧靠着加热辊的小爪，其尖爪平时与加热辊长期轻微接触摩擦，而背部与输出的纸样长期摩擦，时间一长，会把外层的膜层摩掉，从而会粘上废粉结块，这样一方面会使其与加热辊加大摩擦损坏加热辊，另一方面，背部粘粉结块后变得不够光滑，阻止纸张的输送，从而使纸张输出时变成弯曲褶皱状，影响质量，甚至会纸张无法输出而卡在此处。因此，如发现输出纸张有褶皱时应注意清洁分离爪。方法是小心地将分离爪取下，仔细擦掉粘在上面的废粉结块，并可细心地将背部磨光滑，尖爪处一般不要磨，若要磨时，一定要小心操作。擦拭干净后即可小心地重新装上（装上时可将各个分离爪调换使用，以使各处的磨损相近）。

（3）热敏电阻和热敏开关的维护

热敏电阻和热敏开关都是与加热辊靠近的部件，早期的激光打印机其装在热辊近中心部位，后来改进的都是装在加热辊的两头，这两个部件平常无须很大维护，但在使用较长时间（输出量较大）的打印机，由于热敏电阻外壳（外包装壳）上会粘上废粉及一些脏物，影响它对温度的感应，使其对热辊的感温发生变化，从而使加热辊的表面温度加大，这首先会影响热辊的寿命，加速橡皮辊的老化和分离爪等部件的磨损，加大预热等时间，从而使定影灯管的使用寿命减小。其次，温度太高会使纸张发生卷曲而影响输出，造成卡纸，有时甚至会使硫酸纸、铜版纸等起泡而不能使用。情况严重时甚至会使加热辊烧坏。

维护的方法是要小心地拆下定影器，取下热敏电阻和热敏开关，用棉花蘸些酒精将其外壳的脏物擦拭干净，操作时一定要小心，不要将其外壳损坏。然后小心地其装回，装上时一定要注意热敏电阻与热辊的距离，以免感温太高损坏部件等。一般来说，要将热敏电阻尽量地接触靠紧加热辊，热敏开关可适当空开一些距离。

4．光电传感器的维护

光电传感器被污染，会导致打印机检测失灵。如手动送纸传感器被污染后，打印机控制系统检测不到有、无纸张的信号，手动送纸功能便失效。因此应该用脱脂棉花把相关的各传感器表面擦拭干净，使它们保持洁净，始终具备传感灵敏度。

5．硒鼓的维护

激光打印机的硒鼓为有机硅光导体，存在着工作疲劳问题，因此，连续工作时间不可太长，若输出量很大，可在工作一段时间后停下来休一会儿再继续输出。有的用户用两个粉盒来交替工作，也是一种办法。至于硒鼓的保养维护，一般可这样进行：

（1）小心地拆下硒鼓组件，用脱脂棉花将表面擦拭干净，但不能用力，以防将硒鼓表层划坏。

（2）用脱脂棉花蘸硒鼓专用清洁剂擦试硒鼓表面。擦拭时应采取螺旋划圈式的方法，擦亮后立即用脱脂棉花把清洁剂擦干净。

（3）用装有滑石粉的纱布在鼓表面上轻轻地拍一层滑石粉，即可装回使用。

（4）平常在更换墨粉时要注意把废粉收集仓中的废粉清理干净，以免影响输出效果。因为废粉堆积太多时，首先会出现＂漏粉＂现象，即在输出的样稿上（一般是纵向上）

出现不规则的黑点、黑块，如若不加以排除而继续使用，过一段时间在＂漏粉＂处会出现严重底灰（并有纵向划痕）。产生这种故障的原因是起先废粉堆积过满，使再产生的废粉无法进入废粉创仓，而废粉仓中的废粉也会不断＂挤＂出来而产生＂漏粉＂现象，接着，由于废粉中包含着纸灰、纤维等脏物，较粗糙，与硒鼓长时间摩擦，而且越来越紧，压力越来越大，最终将硒鼓表面的感光膜磨掉了，硒鼓就损坏了。因此输出的纸样底灰严重，由于它们一直是纵向摩擦，因此在底灰中可见到纵向划痕。所以，在发现输出＂漏粉＂时就马上清理废粉仓。最后应注意，硒鼓清洁要尽量避光。

6．传感器条板及传输器锁盘的维护

用软布略蘸清水，将银白色长条板及传输器锁盘上积存的纸灰等异物擦拭干净，以确保传输无阻。

7．输纸导向板的维护

输纸导向板位于墨粉盒的下方，其作用是使纸张通过墨粉盒传输到定影组件。进行清洁时，用软布略蘸清水将输纸导板的表面擦拭干净，以确保打印件清楚洁净。

8．其他传输部件的维护

其他传输部件如搓纸轮、传动齿轮、输出传动轮等一些传动、输纸通道。这些部件不要特殊的维护，平常只要保持清洁就可以了。对于搓纸轮，如若发现搓纸效果不好（即搓不进纸张）时，可检查所用纸张是否纸粉或砂粉太多，尽量不要使用这种质量不好的纸，此外，可用棉花蘸些酒精擦拭搓纸轮，即可解决上述问题。如若搓纸老化严重，可用细砂纸横向砂磨搓纸轮，亦可解决一段时间，当然，老化的搓纸轮最终还是要更换的。其他传动橡皮轮的维护一般也同搓纸轮。在进行以上清洁工作之前，必须先关掉激光打印机的电源。

六、激光打印机实用技巧及维护

下面介绍一些有关激光打印机日常养护和简单问题的解决方法。帮助大家正确的使用激光打印机，做到事半功倍。

如何节省碳粉

现在几乎所有的激光打印机都提供了“经济模式”功能，能够让用户使用一半的碳粉量来打印文稿。尤其是打印图形时可以先确认时候达到了理想效果后再以正常的模式进行输出，这对于图象设计用户在修改比较频繁的情况下可以节省大量的碳粉。另外还有一种方法就是利用现有的大部分排版软件都提供了文件预览功能，这样用户就可以在打印输出前从屏幕上调整到理想效果后，就可以对其进行打印，因此也达到了节省碳粉的目的。**正确更换碳粉盒**

激光打印机使用的碳粉盒又可以被称为“印盒”，它的消耗量普遍以页数为技术单位，就目前各大激光打印机厂商提供的数据显示，一个全新的碳粉盒可打印35000页左右，这只是一个理论值，但在实际使用中，因打印每页文件内容的多少和浓度而有所不同。

在一个碳粉盒中包含有感光鼓和一种数量的碳粉，感光鼓是用来接受激光束并产生电子以吸引碳粉再转印到纸张表面上。这有点类似于喷墨打印机中的打印头部件，在打印过程中起到了关键作用。所以我们在更换碳粉盒要注意保护碳粉盒中的感光鼓，应尽量长时间暴露在光线中，通常以几分钟为限。同时应尽量不要使用不符合要求的碳粉盒和打印纸，严重时会对打印机造成损坏。厂家为了防止碳粉盒内的碳粉盒内的碳粉受潮而结成硬块，通常都是用铝薄纸将其密封，从而延长保质期达两三年之久。所以在使用时才能将包装拆封，以免缩短碳粉盒的保存年限。在使用时最好将其摇动一下使碳粉均匀地散开。

定期对激光打印机进行维护

激光打印机因其自身的成象原理对使用环境的要求非常高，激光打印机在使用一段时间以后机器内部会产生许多灰尘和打印纸的碎屑，这些“污垢”如果堆积过多会对打印机的正常使用产生影响，甚至造成故障而损坏打印机。用户需要给激光打印机进行定期的清洁。

在清洁的过程中需要注意几项事情：清洁打印机之前一定要切断电源以免造成人为故障及安全事件；打印机的机身需要用尽可能干的湿布来进行擦试，只能用纯水来润湿，不得用具有挥发性的化学溶液进行清洁。另外由于打印机内部是比较怕潮的，所以在清洁打印机内部时一定要用光滑的干布去擦试机内的灰尘和碎屑，当然，灰尘如果过多，用户可先用小软毛刷清除一下再用布擦。

故障修理技巧

用户在掌握一定的保养知识后应该学会对激光打印机常见的小故障进行简单的修理。这样可以减免因维修所产生的费用，提高使用效率。

★通电后无法工作解决方法

对于发生此类问题，我们首先要确认激光打印机的电源开关是否已置于“ON”上，如果置于“ON”上，那么用户就需要检查电源线和电源插头以及电源插座是否良好，经检查但仍不通电就需要测电笔检查电源插座是否有电压。以上这方面没有问题的话，用户可以检查以下激光打印机的保险丝是否已经熔断了（要先断电才能查看），如果未熔断或已熔断但换新后再次熔断的话，那么就是打印机的电路部分有短路性故障了，这时用户如果不能发现有明显损坏的元件的话，那么就要找专业维修部门进行维修了。

★无法打印电脑中文件解决方法

用户首先要检查激光打印机是否已处于联机状态，然后再检查激光打印机是否为系统默认的打印机设备，但有些软件回虚拟一个默认打印机设备，如大家都比较喜欢时候的腾讯相关软件，这时用户只要在“打印机”文件夹内进行属性的更改就可以了，如果还不行用户应该检查一下打印机的驱动程序是否安装错误或已经损坏或丢失，重装后无效用户就必须检查一下打印机的电缆借口和计算机的连接是否有误或连接数据电缆是否有故障，也可以通过自检打印，如果不能打印出来就证明可能是打印机内部电路有损坏的部分了。

★不能完全打印解决方法

遇到此类故障时拥用户可先看一下面板上的“Form Feed（出纸）”指示灯是否已亮，如果亮了的话，那么用户要将打印机离线，然后再按“Form Feed”键打印剩余在打印机缓冲区中的文件；如果打印机没有显示任何信息而数据仍未打印完的话，那么用户就应该检查一下用户软件是否存在错误。

★夹纸现象解决方法

夹纸现象都是激光打印机还是其他类型的打印机容易经常出现令人头疼的问题。产生的原因也比较多，但多数情况下都不会是大故障，所以在打印机出现夹纸故障后不要手忙脚乱，应先取出被夹纸张，在很多情况下还是会再次出现夹纸现象的，因此要将故障的根源找到并予以根治，通常导致打印机夹纸的原因可能是软件的设置有问题，比如在软件设置中设定的是A4尺寸的纸张，但纸盒里却装了其它尺寸的纸张，这样必然就会发生夹纸现象。另外，如果用户忘记关闭打印机背部出纸槽盖板的话，打印机就会发出夹纸信息，但此时并不一定会有纸张被夹住；当然，由于纸盒通常一次只能装100张纸，所以如果纸盒中装的纸张太多的话就会阻碍打印机的自动取纸过程，从而就非常容易产生夹纸故障；还有就是如果纸张太粗糙或太光滑或未将纸角压在纸盒的金属夹片下的话，这些纸张就很难顺利通过打印机内的走纸通道而势必会造成夹纸故障。此外，有些厂家也通过技术手段来避免这一问题的出现，如富士通激光打印机就设计得有放卡纸功能，能够有效的避免此类现象出现。

★常见的输出质量问题及解决方法

在使用激光打印机时常常会出现一些质量上的问题，有些甚至影响到了输出品质，所以这些问题是必须解决的，首先我们必须了解问题产生的原因，才能对症下药。

★有时打印出来的作业过淡或带有碳粉污点

打印过淡的作业呈块状或是一片垂直的白色条纹，带有碳粉污点的打印作业通常是出现一些圆形的小黑点，有时甚至会连成一片而出现宽大且不规则的污点，污点可能出现在纸张正面，也可能会出现在反面。

解决方法：出现这种现象时用户先看看碳粉盒时候快用完了，如果是可以取出碳粉盒并轻轻摇动使剩余的碳粉均匀分布即可。另外，如果纸张比较潮湿也容易出现此类问题。当然，也有可能是把打印纸装反了——某些合格打印纸的背面不一定就能满足打印要求，这时只要取出纸盒并将打印纸张反过来即可；也有可能是把省碳模式打开了，这时用户只要通过软件包的Remote Control Panel（遥控面板）设置来关闭省碳模式就行了；另外如果打印机内部太脏的话也会出现该故障，所以用户可清洁一下打印机试试，通常都能够“尘无病消”。

★打印出来的文本会出现空白的垂直条纹导致字迹缺漏。

解决方法：产生此故障的原因可能是碳粉盒中所剩碳粉已经不多了，用户可以将碳粉盒取下来并左右摇晃几下后再将碳粉盒装上试试，如果还是不行的话，用户就换个新碳粉盒试试看，当然，此类故障也可能是打印机内部的镜片受到了污染所致。

★有些打印出来的文本有半页空白或图形残缺不齐的现象出现。

解决方法：这有可能是打印的内容太复杂，以至于打印机无法迅速成象，跟不上打印机的机械作业速度，用户可通过Explorer软件包的Remote Control Panel中的Printer Memory Category（打印机内存分类）菜单把Page protect（全页保护）项设置为On或Auto--即启动全页保护功能，这样的目的是让打印机先在其存储器中完成整页图形的成象，然后再送打印机输出，虽然故障可以排除了，但这时的打印速度将会大大降低。

七、佳能：LBP-ST激光打印机故障维修两实例

单位使用的CononLBp-ST激光打印机已有十年的历史，但近段时间激光打印机出现了二例故障，这是以前工作中没有碰到的，故障的原因及维修的过程，现介绍给读者，供大家参考。

★故障一：打印机正常打印时，纸上无字

故障现象：激光打印机在正常打印时，进纸正常，但纸上没有排版信息，发排主机没有异常现象。

故障分析：

①因发排主机没有异常现象，打印机正常打印，应排除主机的故障，可初步判断是激光打印机有问题；

②查打印机粉盒，发现粉盒正常，安装到位，接触良好，没有异常；

③查打印机硒鼓，发现硒鼓表面上有排版信息的墨粉痕迹，确定打印机显影阶段没有故障，初步判定问题出在排版信息从感光鼓向纸转移阶段；

④查转印电极组件上的电极丝，发现电极丝并无断开，但在电极丝的前后左右，有大量的漏粉，判断了出现此故障的原因是大量的带电漏粉致使电极丝无法发生正常的电晕放电，或发生的电晕放电电压过低，无法把带负电的显影墨粉吸到纸上，造成纸上无排版信息。

故障排除：用棉花蘸少量甲基乙基酮，在关机状态下，轻轻擦除转印电极组件上电极丝周围的碳粉，再用棉花蘸少量酒精重新擦试一遍，等酒精挥发干净后，再开机使用，发现打印机正常使用，故障排除。

★故障二：激光打印机开机进入自检／预热状态时， Read／Wait指示灯出现时好时坏现象故障现象：激光打印机开机后，进入自检／预热状态，电源指示灯亮，而Read／Wait指示灯不亮，打印机不能工作，而有时Read／Wait指示灯又能正常，打印机正常工作。

故障分析：

①因纸盒，硒鼓都安装到位，因此应排除因它们引起的此类故障；

②因Read／Wait指示灯时好时坏，打印机有时工作有时不工作，应排除控制主板的

故障。

③初步判定打印机预热过程可能有问题；

④打印机的预热过程是在定影部位，只有达到一定的温度才能使打印机正常工作，因此故障可能出现在定影附件上，把定影器组件从打印机中取出，去掉两侧的塑料盖，打开前面的挡板，发现热敏电容和电阻上都有很多纸屑，灰尘和烤焦的废物，原来是这些东西妨碍了热敏部件的温控作用。

故障排除：用棉花蘸少许酒精，轻轻把测温元件上的废物擦掉，再用棉花擦干净，按原样装在定影附件上，然后，将定影附件安装在打印机上，试机，发现Rrad / Wait指示灯正常，打印机自检过程没有发现异常现象，打印机工作正常，故障已排除。

从以上两例故障的原因可以发现，搞好打印机使用环境的卫生，保持打印机的清洁，经常擦洗打印机的定影部件。传送部件和转印部件是保证打印机正常使用的先决条件。

八、使用EPSON LQ-1600 KⅢ HP6L打印机实际应用经验介绍

EPSON LQ-1600 KⅢ（以下简称KⅢ）、HP6L（以下简称6L）。

1．为何KⅢ在 PWIN 9X下打印速度特慢，且最后一行只打印上半部分？

这是因打印端口设置不匹配造成的。可重新设置BIOS，找到其中的Integrated Peripherals（有的主板上在Chipset Features Setup项中），在该项设置中有一Parallel Port Mode，共有4种方式：分别为SPP（有的为Normal）、EPP、ECP、 ECP+EPP，其默认方式是ECP+EPP。据打印机的具体性能设置，当在默认方式ECP+EPP下打印不正常时，就把并行口的每种输出方式都试一试，直到满意为止。

2．怎样用KⅢ实现大幅面打印？

在KⅢ打印机的打印幅面设置中，有A2（42cm × 59.4cm）幅面设置，但若在WPS2000中使用发现，怎么也不能实现，在WPS2000中它自动变成"自定义"的最大幅面（34.54cm × 55.88cm）（在最近下载的版本号为4.44K最新驱动程序亦有此问题），而在WORD2000中，虽会保持A2幅面设置，但WORD文档的页面设置的最长边也只能设成55.87cm。有时，要打印超长的幅面（如上墙制度或海报），最长边要超过55.88cm。为解决此问题，可以在系统中装上LQ1600K的驱动程序，它的最大幅面设置可以设成41.91cm × 231.19cm，不过在WPS2000中可不能把最长边设成2米多，最大可设成1米，这一般足够用。但KⅢ打印机毕竟不是LQ1600K打印机，可按说明书将KⅢ打印机设置成LQ1600K仿真模式即可打印长达1米的幅面（打完后注意改回原KⅢ模式）。

3．如何用6L打印机实现大幅面WORD文档的拆页打印？

有时用WORD排版的一些大幅面版面（如8开报纸）要用激打打印，但一般使用的激打为A4幅面，且WORD又不支持拆页打印。为实现拆页打印，有两种方法可供参考，一是先将版面排成单面文件，再在CorelDRAW中点击"编辑/插入新对象"，将此文件作为对象插入其中，再点击"文件/打印/版面"，在"版面"下选"平铺"，再按屏幕提示即可实

现拆页打印。此法较易实现，但如果原WORD文档幅面太大或版面太复杂，有时也打印不正常。则可考虑第二种方法。启动PageMaker，还是将WORD文档作为对象调入其中，再仿上法进行拆页打印。具体操作上机看菜单即可明白，若不明白，看相关帮助。此法一般都能成功。

4．如何实现WORD文档的镜像输出？

将文件打印成镜像（反字、反图）主要是为把文档打印在制版转印纸（又称硫酸纸）或激光机胶片上，以获得更好的印刷效果。但用6L打印机，WORD无此功能。可能你想到WPS97或WPS2000中都有打印反字的功能，但WPS对WORD文档并不能做到100%的兼容，特别是复杂文档，难保证版式不发生变化。可按下列方法达到目的。在你的PWIN9x中安装任一PS打印机（不必要有PS打印机，只需安装其驱动程序），如Linoronic530等，并在安装过程中或安装后，将打印端口设置成"FILE"，再将你的WORD文档用此PS打印机按正常方式打印，但注意在打印前要作如下设置，点击"文件/打印/属性/图形"，在"特殊效果"选框中选中"打印成镜象图像"，这样打印后即生成一个*.PRN文件。此文件即是符合POSTscript格式的文件，你可将其改名为*.PS。你再在你的PWIN9x中安装一个PS文件打印软件。较易得到的是GSview，它是一浏览打印PS、EPS、EPI、PDF的软件，此软件可在网上免费下载（可在http：//www.cs.wisc.edu/~ghost/aladdin/get510.html下载，在GSview中，你可打开此*.PS文件，当然屏幕上显示的已是镜像文件，用6L可按下列步骤设置，点击"File"在菜单中选"Print"，即出现下图对话框，在device（设备）中选Jet4，在Queue（队列）中选HP LaesrJet 6L，在Resolution（分辨率）中选600*600，在Pages（页）中选需要打印的某页号（物理页号）或选全部页（点击All Pages），再点击OK即可打印。

5．用6L打印机打印出的文字发花怎么办？

6L打印机内存仅1M，打印的文稿太复杂（特别是高分辨率太高的彩色图太多）时，常会出现文字发花现象，可考虑将打印机分辨率由600dpi降为300dpi，一般可消去发花现象，而文字质量的下降一般肉眼难以分辨出来。灰度图或彩色图的网点要粗一点。

6．使用6L驱动程序，为何不能实现打印到文件的功能？

没有打印机而装打印机驱动程序可将文件打印成一打印文件*.PRN，然后到有打印机的地方打印。如遇到不能打印到文件的情况。分析得知，原因是安装6L驱动程序时，有两种选择，一是基于主机的驱动程序（连打印机安装多为此选择），另一是PCL驱动程序（可脱离打印机安装）。为实现打印到文件功能，应选后一种安装（即选PCL驱动程序）。需要说明的一点是，不只是6L打印机才能打印此*.PRN文件，只要采用PCL打印控制语言的打印机如联想系列，方正文景（不是文杰系列）都可以。

7．怎样使6L的硒鼓超长寿命使用？

为降低成本，一般将炭粉用尽后再灌炭粉，这的确行之有效，而且一些兼容炭粉比原装炭粉并不逊色。但一个硒鼓一般灌第二次即有漏粉、底灰等毛病。此时硒鼓仍可用，只要将其鼓芯更换即可，鼓芯和炭粉合起来的售价可是比鼓要便宜得多。你若不愿讨这份麻烦，有专门这种服务，费用一般很合算。以上有些方法对其它打印机型号也适合。

第七章　针式打印机的实用指南

一、针式打印机常见故障及处理办法

针式打印机最主要的部件是打印头，最容易出现的故障是断针，不论是脏堵，还是损坏，都要拆下打印头进行清洗或修理。这里首先告诉你如何拆卸针式打印机的打印头和拆卸打印针。

（一）针式打印机的打印头拆卸

针式打印机上的打印头是打印机的关键器件，使用中打印头一般采用两颗螺钉固定、卡式安装。

用螺丝刀将两颗固定螺钉旋松，向前再向右取出打印头，沿导向搭扣向右将打印电缆滑出，拔下打印头电缆， 再取下打印头。此时，打印头还有一（ 或二根〉根扁平线缆与机芯相连，撬起插座上的线卡，扁平电缆即能正常取出。安装时则按相反的顺序进行安装。

拆卸打印头应注意：

①从打印机上取下打印头时应小心，切勿将固定打印头与机架的导向搭扣弄坏。

②拔取打印头电缆时应顺着导向搭扣并慢慢取下，切忌用力过大。

③打印针衔铁上有一小孔，小孔内穿有一钢杆，维修时切勿将其丢失。衔铁下有 24 根复位弹簧，其作用是在打印头弹出后，将打印针及时收回。

（二）拆卸针式打印机的打印针

拆下打印头后 ， 再拆卸打印针，方法如下：

1 ）分离打印针柄与散热片（四方形铁套）。用台虎钳夹往外壳，再用小于针柄的圆木或其他器具（必须平实 ， 否则会因铜盖凹凸不平而引起各打印针参差不齐伸出导针板）的一端顶住铜盖，一端用铁锤轻轻敲打，将打印头击出， 在打印头快脱离时，再用两手的拇指将其按出。

2 ）用螺丝刀将固定打印针柄与散热片的三脚钢套松开，取下后盖，即可看见 12 枚长针， 再将内层铜盖取下即可看见 12 枚短针。具体插针时可对照原来长短针的位置将长针依次倒插入打印头（ 注意长短相间 ）， 此时短针孔位则明显表现出来， 随意插入即可。短针插完后再将倒插的长针轻轻取出，这时，长针的孔位已很明显，随意插入即可。

3 ）打印头 24 枚打印针分为两层，每层 12 枚。其中上层为长针，下层为短针，穿下层短针时要将上层的 12 枚长针重穿，短针要由下层的外边穿出。下层的内边孔是穿上层针用的，切勿将上下两层针对应的孔位穿错。

4 ）打印针穿好后，应进行磨平处理，再盖上后盖，扣上三脚钢套，将针柄装入散热片即可完成装针。

5 ）插入新打印针时应小心插入原位，不能乱插，否则，新针很容易被折断。装好后，用手压住 12 枚长针的针尾。加电后，观察出针是否整齐，如不整齐，则说明还有断针。

6 ）当打印针断针不长时，可用细砂纸打磨衔铁的鞘子上下两层，使之变细，再装入打印头即可继续使用一段时间。

（三）怎样调整打印机初始位置？

打印机开始打印的第一个位置称为打印初始位置。

打印机的打印初始位置须定期调校 ，以 AR-3240 打印机为例 ， 介绍打印机打印初始位置的调校。

在正常情况下，打印机的第二个字符的第一个点的位置，距离压纸杆器的 “0”刻度应小于或等于1mm， 否则做如下调整：

1 ）左右调整

拧松初始位置检测器的固定螺钉。如果打印的位置偏向“0”的右边，就将初始位置检测器调整到左边。反之，就向右调整。然后稍微拧紧螺钉。

2 ）检测

开机打印，检查打印初始位置，如果正确，就将螺钉拧紧。

（四）打印头的保养

打印头是打印机的核心部件，它的价格是一台打印机的 1/4，也是打印机消耗磨损最严重的元件。由于其结构较复杂，不易维修。因此，维护保养好打印头就显得非常重要。保养方法如下：

1 ）不要拆掉打印头部安装的保护装置

打印头中的打印钢针是用很细的钢丝做成，因其脆性大，极易发生断裂，所以，制造商在打印头部安装了保护装置，以保证打印针按矩阵要求打印。平时使用时，不要将这个保护装置拆掉。

2 ）经常清洁打印头

当打印针的导向孔因灰尘或油污而堵塞时，打印针就容易折断。因此，要养成经常清洁打印头的习惯，延长打印头的使用寿命。

3 ）适时更换打印机色带

色带使用一定时间后就会出现磨损，表面会变得粗糙、发毛或破损，这种情况容易将打印针拉断，要注意观察色带的磨损情况，及时更换。

4 ）正确安装打印纸

打印时一定要把打印纸装正，否则打印较长的文件时，纸会走偏， 要特别注意的是，一旦纸走偏了，不要在打印中强行调整，因为这样做会把打印针拉断或拉弯，应该先关机，再进行调整。

（五）怎样清洗针式打印机的打印头？

针式打印机的打印头按其安装方法可分为两种：一种是易装卸式打印头，这种打印头可在插入柔性连接电缆后再装到字车架上；另一种是不易装卸式打印头，这种打印头可直接插到字车架的相应插座上。由于针式打印机打印头的安装方法不同，清洗方法也不同。

1 ）易装卸式打印头清洗方法

可装卸式打印头有两种清洗方法。

方法一：

①松动打印头上紧固螺钉，卸下打印头及电缆。

②将打印头前端出针处 1-2cm 浸在无水酒精中，视其污染程度浸泡 1-2h 左右。

③用毛笔轻轻刷洗打印头出针处，或用医用注射器针管吸入无水酒精，对出针口上端及下端注射多次，将污物洗净，然后晾干即可。

④将打印头电缆与打印机连接好，打印头不装在打印机的字车上而是拿在手中，执行自检打印约 2min 左右。在自检打印期间手握打印头要随着字车一起移动，以免将打印头电缆拉坏。打印头出针时，针头不能碰到其他物品上，以防断针。

⑤自检完毕后，用脱脂棉吸干打印头出针处的酒精及污物。

⑥重复第 4 、第 5 步多次，直至脱脂棉上无污物为止。

⑦将打印头装到字车上，拧紧螺钉。调整好打印头与打印辊的间隙。这种方法的优点是清洗彻底。

（六）打印头与打印棍的间隙的调整

针式打印机长期使用后，由于击打、振动等原因，打印头与打印辊之间的间隙会随之发生变化。如果间隙过小，打印针的冲击力过大，易造成打印头断针或打印字符太浓，甚至打印成墨团。如果间隙过大，打印针从针导板伸出的距离较长，也容易造成断针，并且可能使打印出的字迹太淡。因此，要定期检查并调整打印头与打印辊之间的间隙。

打印机打印头有的可以移动，有的不能移动。

1）移动打印头来调整打印间隙的方法

移动打印头来调整打印间隙的方法如下：

①将打印头调节标拨到第 1 挡的位置。

②松开打印头固定在字车车座上的两个螺钉。

③用双手轻轻地移动打印头，调整打印头前端与打印辊之间的间隙，使其达到所要求的间隙，调整好后再拧紧螺钉即可。

2）不移动打印头来调整打印间隙的方法

对于不能够移动打印头的打印机，打印间隙调整方法如下：

①将装在打印头上的色带取下。

②打开打印机机壳，拆下字车架的固定螺丝，将机架中装有打印头调节杆的一端抬起。

③松开打印头调节杆的固定螺帽（调节杆用螺帽安装在带偏心的字车滑杆螺栓上，有的打印机用的是螺丝），将打印头调节杆拨至第 2 挡（一般是薄纸位置），在打印头与打印辊之间插入 4 层打印纸（约 0.23-0.27mm），转动字车滑杆（注意保持调节杆始终在第 2 挡），使插入的 4 层纸能抽动，但略有一点摩擦力。这时，分别在打印辊的左、中、右位置进行调整，待均匀后，再将调节杆的固定螺帽上紧即可。

（七）怎样延长色带的使用寿命？

有的打印机使用的是小型色带盒，换几次色带芯后（一般二、三次），再换色带芯寿命明显缩短，打印时字迹很快变淡，色泽干枯，色带也容易破损。这多半是色带盒内给色带芯加油的海绵里的油墨干涸所致。

打开色带盒，可以看到在中间有一小块吸油墨的海绵，它与一小条毛毡相连，打印时，由毛毡不断地往色带上涂刷油墨，使色带保持湿润。经过反复使用，海绵上的油墨就会干涸，即使是新色带，因为没有油墨补充，寿命自然很短。现在市场很少有色带油墨卖，只好换新色带盒。

延长色带和色带盒寿命的办法，主要是要解决色带盒油墨干涸的问题。可采用的办法如下：

1）在色带盒内的海绵上滴几滴高级润滑油

通过油的浸润作用，使海绵上干涸的油墨重新润开，打印时就可以涂刷到色带芯上。将色带盒这样处理以后，更换上去的色带芯寿命明显增加，尽管用到最后色泽有些变淡，但墨色始终鲜润清晰。色带寿命可提高2－3 倍。色带盒也可继续使用，直到海绵上油墨用光为止。

2）将色带上、下两面对调使用

打印机打印时，通常并未打满色带的全部表面，仅用一半的宽度，另一半仍完好如新。如果将其卸下另换新色带则很不经济。如将色带上、下两面对调，再照安装要求将色带单方向从色带盒内引出，盖好盒盖后，色带装入即可继续正常使用，一年可省色带费用支出50%，打印质量仍能保证。

二、针打延长色带寿命三法

针式打印机在一些学校里使用较为普遍，色带是其主要耗材，如果保养得当，其性价比是喷墨和激打根本不能比的。我把平时使用针打的几点心得写下，也许对你有些帮助。

1、养成根据纸张厚薄调节打印头到纸张之间距离的习惯。原则是能大则大，只要打印效果合乎要求。对于新上色带，打印薄纸时也可适当调大距离，因为这时色较浓，可确保打印质量。

2、打印蜡纸时可卸去色带。这时切不可直接打印蜡纸，以防蜡熔化流入针孔。大部分蜡纸配有透明纸，把它蒙在蜡纸上打印即可。

3、有时打印色带盒卷带不灵，打印针重复打印色带某个部位，造成色带有“漏洞”，这时应先打开色带盒，检查齿轮及金属卡片是否出现串位（大部分是卡片卡色带过松所致）。对于所损色带，可剪去有洞部分再实施“焊接”。“焊接”方法简单：把接口对齐并稍有重合，在内侧用透明薄胶带粘紧（注：在内侧），如果怕断，还可在上、下接口处沿左右方向用细线各逢一针（一般色带只用中间一段）。

三、针式打印机常见故障及解决实例

针式打印机耗材更廉价，运行成本更低，并在一些特殊打印需求上，如打印蜡纸和多层压感纸时，都非使用针式打印机不可。针式打印机在使用过程中，因为各种原因，经常会出现一些故障，有些故障是由于使用过程中不注意而造成的，有些小故障自己动手即可解决。

★问题一：打开打印机电源开关，打印机“嘎、嘎”响，打印机“吱、吱”报警，无

法联机打印。

解决办法：这与使用环境和日常的维护有着很大的关系。如果使用的环境差，灰尘多，就会较易出现该故障。因为灰尘积在打印头移动的轴上，和润滑油混在一起，越积越多，形成较大阻力，当打开打印机电源开关时，拖动打印头移动的电机过载，打印机“嘎、嘎”响和报警，无法联机打印。所以一般情况下，打印机硬件损坏的可能性较小，你只要关掉电源，用软纸把轴擦干净，再滴上缝纫机油后，反复移动打印头把脏东西都洗出擦净，最后在干净的轴上滴上机油，手移动打印头使分布均匀，开机即可正常工作。

★问题二：打印出的字符缺点少横，或者机壳导电。

解决办法：这是由于打印机打印头扁平数据线磨损造成的。打印机打印头扁平数据线磨损较小时，可能打印出的字符缺点少横，会误以为打印头断针。当磨损较多时，就会在磨损部分遇机壳时“吱、吱”导电。引起该故障的原因，一般是色带框破旧，卡不牢下陷，或卡打印头扁平数据线的卡子丢失，扁平数据线浮高起来了，二相磨擦，日久磨损越来越多。解决办法很简单，更换扁平数据线即可。

★问题三：打印头断针。

解决办法：打印机断针是针式打印机最常见的故障之一，检测打印头是否断针，除了将打印头取下，查看有无断针（断针处有黑点，可较明显看出）之外，最简单的办法就是运行断针检测程序，如运行UC DOS下的断针检测免修程序PA TC H2 4.COM，对于只有少数的断针情况既可检测又可免修。对于断针的数目较多，就需要动手更换断针了。

★问题四：打印机不走纸。

解决办法：打印机不走纸，原因可能是走纸电机坏，也可能是驱动走纸电机的大功率三极管烧毁。引起故障的主要原因是：有些用户使用打印机，在需要调节打印纸时，带电转动卷轴旋钮，引起过载损坏打印机。

这就告诉我们尽量避免在带电情况下卷动旋钮，而用换行等按钮调节纸的位置。这其实在打印机使用说明书里已经有了很详细的极少，所以使用前要多看说明书。

★问题五：即使好的打印头，打出的字符也不很清爽，特别是打印在蜡纸上时。

解决办法：该故障主要是打印机用的年数多了，各部件位置有些偏移，也可能打印针虽没断但磨损有点稍短，也可能打印机电路元件老化。解决该故障，只要拆开打印机，适当调节控制打印针力度的电位器即可。

四、针式打印机色带的选购

目前，虽然针式打印机已渐渐退出市场，但仍然有不少办公室和家庭在使用针式打印机，而决定针式打印机打印效果和使用寿命的重要因素除了打印机本身外，打印色带的质量也是一个非常重要但往往被忽视的因素。优质色带一般能打印300万字符以上，而劣质色带往往打印10万~20万字符左右就无法继续使用，二者相差达数十倍。质量较高的进口原装色带在国内市场上并不多见，常见的大多是进口组装或国产色带，其中不乏模仿进口原装或假冒名牌的伪劣产品充斥其中。所以学会正确鉴别色带的质量并进行选择，是每个针式打印机用户必须掌握的技能。

鉴别针式打印机色带质量的高低主要从带基、接头焊缝和油墨等3个方面入手。

色带带基是以尼龙丝为原料织成，其质量的高低决定着色带的使用寿命和油墨的附着渗透能力。应选择使用高密度尼龙66织成、经纬密度在每厘米130线以上、纤维状态为无缠绕、不起毛、不变形的高密度带基。挑选色带时，可将色带对着灯光观看，不能透过光线的一般来说是高密度带基，质量较好。如能够透过光线，则表明其带基密度未达到标准要求，由这种低密度尼龙丝织成的色带，其打印质量自然就要大打折扣了。

对色带接头焊缝的基本要求是：焊接角度应大于30°、接缝处连接平滑、没有明显的接痕或凸出，能够保持带基的原纤维特性并正常均匀地吸收油墨。优质色带的焊缝都是使用超声波焊接机焊接而成，能够有效保证接头质量。而使用简单的热熔或热压方法焊接的

第八章　实用技巧汇编

一、OA行业术语诠释之激光打印机组件

激光打印机，由几十种类、100多个零部件组成，各部分名称、功能、产品标准，怎样，下面做一下介绍：

所谓激光耗材再制造，就是分析这些零部件哪些能用，哪些不能用，要使再制造确保品质与新品一样，这一行业才能有生命力。

鼓　Drum：是个圆筒形物。在激光打印机中专指圆筒形的光导体，以区别于光导板、光导带，最简单的鼓是在鼓筒两端安上齿轮Gear、导电片Electrical Contract做成一个完整的单鼓。

光导鼓/感光鼓　Photoreceptive Drum：它更强调是具有光导性能的鼓状物，把鼓定性了。光导材料种类很多，有硒（Se）鼓、硫化镉（CdS）鼓、硅（Si）鼓、有机光导鼓等。

有机光导鼓　Organic Photoconductor Drum / OPC Drum：有机光导材料来源广泛，价格便宜，性能优越，又无污染，已经取代了过去的其它光导材料，成了OPC鼓的一统天下。

成像组件/暗盒/鼓粉组件　Photorecepotor Cartridge / lmaging Unit：以光导鼓为核心，加上充电辊、显影辊、清洁刮板等零件，组成一个能把光电信号产生的静电潜像变成可见图像的装置。成像组件中消耗的只是色粉，其它零件只会疲劳或磨损，当色粉用完后，暗盒就得扔掉。

鼓组件　Drum Cartridge / Drum Unit / Drum Kit：有时成像组件就是鼓组件，如HP、Canon系列。有时把显影部分拿开，只保留鼓芯、充电辊、清洁刮板，这部分才是鼓组件，如Epson、Lexmark系列。更有的是连显影辊也保留，仅仅没有粉仓/粉筒，这也叫鼓组件。这种鼓组件不因色粉用完而扔掉，只需更换显影组件，甚至更换粉筒即可继续用，如：Brother系列的部分鼓组件。

显影组件　Developer Cartridge / TD Cartridge：显影组件中必须有显影辊，它能吸附色粉，并使它带电，进而将色粉转移到鼓表面。显影组件中绝不包含鼓芯、充电辊和清洁刮板，但粉筒有时是单置的。

粉组件 Toner Unit / Toner Kit / Toner Cartridge：相对某些鼓组件来说，它可能就是个显影组件。但严格讲它没有显影辊，不能使色粉带电。它可能有齿轮、拨杆、下粉槽，能参与机器工作，控制下粉，没有这个粉组件机器就不动作。它形状要求很严，差一点都装不进去，或者即使装进去机器也“不认”，它是机器不可缺少的一部分，是整机厂的知识产权。

粉瓶 / 粉盒 / 粉 Toner / Dry Ink / Dry Imager / Dry Toner：墨粉只是黑的色粉。把墨粉叫碳粉就有些牵强，因为很多墨粉并不是用碳黑做成的。若把彩色粉也叫碳粉就更不对，最好叫色粉或显影粉。墨粉的种类很多，有单组份的和双组份的，有正电性的和负电性的，单组份中又有磁性的和非磁性的，都因机型而异。通常标注T oner 就表示一个装有色粉的容器，其形状随意，可以是塑料盒、塑料袋，只要能将粉倒入鼓组件或显影组件中就行了。

充电辊 Primary Charging Roller / PCR：由金属芯轴，发泡导电橡胶，外包绝缘塑料套做成的胶辊。其轴两端嵌入导电座 Conduct Saddle 中，靠弹簧使充电辊紧紧地压在 OPC 鼓表面。在一定的电压下能使 OPC 鼓表面充电。充电辊表面如果被异物磨损划伤，就会使 OPC 鼓表面充电不均匀，甚至短路，打印质量下降，必须修复或更换。

显影辊 Developer Roller：显影辊的作用是吸附色粉，使其带电，并传送到 OPC 鼓表面，产生可见图象。由于单组份色粉也有磁性粉和非磁性粉之分，显影辊也就有磁辊和导电辊之分。

磁辊 Magnetic Roller / Mag Roller / MR：它是由里面固定不动的磁芯棒 Magnet 和外面可旋转的铝套筒 Mag Roller Sleeve 以及两端的塑料套、导电弹簧组成。在铝套筒表面喷涂上一层粗糙的石墨层。

显影刮板 / 磁辊刮板 / 磁刮板 / 粉仓刮板 / 小刮板 Doctor Blade：是注塑或粘接在金属板上的弹性塑胶片。

磁辊在刮板的挤压下可使磁性色粉摩擦带电。磁辊靠磁场力吸磁性色粉，而充电后的 OPC 鼓靠电场力吸磁性色粉，各显其能。磁辊两端套着耐磨绝缘轴套 Mag Roller Bushing，又称间隙套，使磁辊与 OPC 鼓保持一个严格的间隙（轴套壁厚）。铝套筒通电，与 OPC 鼓之间存在一个“偏压”，实现“跳步显影”。HP、Canon 系列使用单组份磁性粉，磁辊显影是其专利。

磁辊套筒上的石墨层在刮板及色粉的挤压下也会磨损，而使显影性能恶化，这时需要重涂石墨层，如果伤及铝套筒就必须更换，除非磁芯磁性减弱时才需更换整个磁辊。

但是单组份磁性粉不容易实现彩色化。而且磁性粉保存期不长，于是 Epson、Lexmark 这类打印机就采用单组份非磁性粉。它的显影辊就是一个充电辊，能使色粉带电又把色粉吸着送到 OPC 鼓表面上。其显影刮片是用金属薄带 Blade Bar 做成，又叫均匀刮片，它通上交变电压，使显影辊上的色粉产生跳动而分布均匀。

鼓清洁刮板 / 清洁刮板 / 鼓刮板 / 大刮板 Drun Cleaning Blade/ Wiper Blade / Cleaning Blae：它和磁刮板不同，它不是用胶条的侧面和磁辊的圆柱母线相摩擦带电，而是用胶条端面的锋利刃口和 OPC 鼓的圆柱母线相切，从而把鼓表面转印后剩下的残粉刮下，因此清洁刮板的金属板和塑胶条较厚、较硬，胶条刃口更容易磨损，常需要更换。

废粉仓刮板 Recovery Blade：就是鼓刮板。在成象组件中常常把鼓所在的部分（含OPC鼓、充电辊、刮板）叫“废粉仓”Wastc Bin，而把显影辊及墨粉所在部分叫“粉仓”T oner Hopper。

清洁毛刷／消电毛刷 Cleaning Brush / Electrical Brush：对于使用单组份非磁性粉的Epson系列鼓,常常不用清洁刮板而只用清洁毛刷即可。因为非磁性粉的转印率极高,鼓上的色粉图像几乎全部转印到纸上去了，鼓上剩下的残粉很少很少，只需消消电，掸掸粉，甚至鼓组件中连废粉仓都没有。

转印辊 Transfer Roller：和充电辊的结构形状相似 ，只是它的导电橡胶较硬，表面的绝缘层也不同。因为它只是对纸张充电，使OPC鼓表面上的色粉图像转移到纸上来。转印辊不属于成象组件，而是整机上的部件。

上定影辊／定影辊／加热辊／热辊／上辊 Upper Fuser Roller/ Upper Roller / Heater Roller：转移到纸上的色粉图像必须经过加热才能使粉中的树脂软化固定下来。定影辊是一支空心金属管，外面涂上“不粘锅”的塑料（泰普隆Teflon），管内装上1~2支卤钨灯（定影灯Heating Lamp）。由于定影辊总放在上面，所以又叫上辊。

下定影辊／定影压辊／压辊／下辊 Low Fuser Roller / Pressure Roller：与上定影辊相对应的是下定影辊。下定影辊绝大多数都是一个实心辊。（除非在高速打印机中下定影辊也做成空心的管状，管内也有一支定影灯），外面包着厚厚的一层硅橡胶（Silicon）使压力均匀，故又叫压辊。当纸张上的色粉通过上下定影辊时，连热带压，就很容易固定在纸上。对于双面打印，为了不弄脏背面，在硅橡胶外面又涂上一层氟套，使已定影的色粉不会粘在下辊上。随着打印速度越来越高，对下辊硅橡胶的软硬度、回弹性、导热性、与氟套之间的粘接性都有更高的要求。

定影轴承 Fuser Bearing For Heat Roller：为了防止上定影辊热膨涨后“抱轴”，除了在辊端加定影衬套Fuser Sleeve，外面再使用标准的特轻系列滚珠轴承。

定影轴套 Bushing For Pressure Roller：压力辊不发热，可以用滑动轴套减少体积。

定影膜 Fuser Film Sleeve：打印机都是全天通电的，尤其是多功能一体机24小时都处于工作状态。如果用定影辊，热惯性大，耗电多，机内热量不易散出。为了减少预热待机时间，实现零启动，采用极薄的（60~80μm）耐热塑料套替代定影辊。定影膜是多层的，表面不粘粉，导电，导热。

定影膜硅脂 Grease For Film Sleeve：涂在定影膜外起润滑作用。

陶瓷加热片Heating Element：在薄的耐热绝缘陶瓷基片上烧结上印制电阻，将其置于定影膜内，通电后能起到定影灯的加热作用。定影膜和陶瓷加热片热容量小，体积小，大大减小了激光打印机的体积。和能耗。

清洁毡 Cleaning Felt：清洁定影辊上的粉块，多用于速度慢，印量不大的PC机。每一个粉组件配一支清洁毡，用一支粉换一次清洁毡。

清洁辊／定影清洁辊 Cleaning Roller / Fuser Cleaning Roller：在中速打印机中，用耐热毛毡裹在铁芯或铝管外，用来清洁定影辊上的残粉。定期更换。

油（毛毡）辊 Oil Roller （Felt）：在高速打印机中，清洁辊毛毡必须浸硅油或在铝管中灌注硅油，使定影辊永不粘粉。长期使用后换。

清洁纸／定影清洁纸　Web Supply / Fuser Cleaning Web：在双面高速打印尤其是彩色打印机中，用成卷的含油耐热清洁纸能更好地起到清洁定影辊的效果。每一卷纸走完后更换。

热敏电阻／温度传感器　Thermistor　/ Thermal Senson：检查定影辊表面温度的半导体热敏元件，是机器的保护神。

计数器／记忆芯片　Chips：本来计数器是一个简单的记忆工具，帮助用户了解耗材的使用寿命。但是整机厂为了保护自己机器销售后更多的耗材利润，他们不厌其烦地在鼓组件和粉组件上带上记忆芯片 OPC Drum Chips / Toner Cartrldgr W/chips，使用了最新的加密技术，让再生厂或用户即使更换了新鼓芯，加进了新粉，也不能工作。这些芯片有的是不可复写的，提供芯片的原厂都和整机厂签订了封锁性的合同，同时又申请了专利保护。要制做兼容芯片，除了技术，成本是个很大的问题，这就给兼容耗材的生产造成了时间差。当然魔高一尺道高一丈，这场原装与兼容的战争正硝烟尘上。

搓纸轮／搓纸辊　Pickup Rolldr：从纸盘或纸盒中把每一张纸依次送进打印机中去，通常只是一个或一对小轮子。

搓纸轮套　Pickup Roller Tire：由于打印用量大，搓纸轮最容易磨损，只需更换塑料轮架外面的橡胶套即可继续使用。

防双张分离垫　Separation Pad：在高速打印时，为了防止搓纸轮把一张以上的纸带入打印机中，造成卡纸等故障，而设置的一种逆向摩擦片。

进纸辊　Paper Feed Roller：搓纸之后打印之前的一组橡胶辊轴，有时又叫对位辊，它保证打印纸的对位精度。

输纸辊　Transfer Roller：在转印之后输送纸张的各辊。

出纸辊　Exit Roller：出纸的最后一排辊，到此完成一张打印计数。

分离爪　Separation Claw：把转印后或定影后的纸从 OPC 鼓或定影辊／定影膜上刮离下来。

原装产品／原厂制造／纯正／正宗　Original Equipment Manufacture / OEM：原指该品牌厂家生产的产品，如 HP 的整机所使用的 HP 、Canon 品牌的耗材、备件。又如：美能达 Minelta 的有些打印机是 Epson 为他贴牌生产的，使用相应的 Epson 耗材时对于 Minoelta 也叫原装。现在把为别的品牌厂生产，让人家贴牌的产品和生产行为也叫 OEM。如“某厂为 H P 公司 OEM”。

兼容 Compatible：可以完全替代原装产品使用的东西。如：凯顿 KATUN 没有自己的整机，他为市场上所有的复印机、打印机都生产 KATU N 品牌的耗材叫兼容耗材。

通用　G eneral：和兼容的含意相同。

替代　Exchange：用不同型号或款式的产品去替代另一种产品，其性能相同，可能形状、体积、重量不同，不影响使用，它比兼容更放宽要求。焊缝均不同程度地破坏了带基的纤维特性，导致焊缝处呈现明显凸出的双层接头，且接口不平滑，这种色带常会使打印针不能及时退回，从而严重磨损、挂伤甚至折断打印针。因此选购色带时应仔细观察其接头焊缝情况。

二、打印机十大共性故障解决方法

1、打印机输出空白纸

对于针式打印机，引起打印纸空白的原因大多是由于色带油墨干涸、色带拉断、打印头损坏等，应及时更换色带或维修打印头；对于喷墨打印机，引起打印空白的故障大多是由于喷嘴堵塞、墨盒没有墨水等，应清洗喷头或更换墨盒；而对于激光打印机，引起该类故障的原因可能是显影辊未吸到墨粉（显影辊的直流偏压未加上），也可能是感光鼓未接地，使负电荷无法向地释放，激光束不能在感光鼓上起作用。

另外，激光打印机的感光鼓不旋转，则不会有影像生成并传到纸上。断开打印机电源，取出墨粉盒，打开盒盖上的槽口，在感光鼓的非感光部位做个记号后重新装入机内。开机运行一会儿，再取出检查记号是否移动了，即可判断感光鼓是否工作正常。如果墨粉不能正常供给或激光束被挡住，也会出现打印空白纸的现象。因此，应检查墨粉是否用完、墨盒是否正确装入机内、密封胶带是否已被取掉或激光照射通道上是否有遮挡物。需要注意的是，检查时一定要将电源关闭，因为激光束可能会损坏操作者的眼睛。

2、打印纸输出变黑

对于针式打印机，引起该故障的原因是色带脱毛、色带上油墨过多、打印头脏污、色带质量差和推杆位置调得太近等，检修时应首先调节推杆位置，如故障不能排除，再更换色带，清洗打印头，一般即可排除故障；对于喷墨打印机，应重点检查喷头是否损坏、墨水管是否破裂、墨水的型号是否正常等；对于激光打印机，则大多是由于电晕放电丝失效或控制电路出现故障，使得激光一直发射，造成打印输出内容全黑。因此，应检查电晕放电丝是否已断开或电晕高压是否存在、激光束通路中的光束探测器是否工作正常。

3、打印字符不全或字符不清晰

对于喷墨打印机，可能有两方面原因，墨盒墨尽、打印机长时间不用或受日光直射而导致喷嘴堵塞。解决方法是可以换新墨盒或注墨水，如果墨盒未用完，可以断定是喷嘴堵塞：取下墨盒（对于墨盒喷嘴不是一体的打印机，需要取下喷嘴），把喷嘴放在温水中浸泡一会儿，注意一定不要把电路板部分浸在水中，否则后果不堪设想。

对于针式打印机，可能有以下几方面原因：打印色带使用时间过长；打印头长时间没有清洗，脏物太多；打印头有断针；打印头驱动电路有故障。解决方法是先调节一下打印头与打印辊间的间距，故障不能排除，可以换新色带，如果还不行，就需要清洗打印头了。方法是：卸掉打印头上的两个固定螺钉，拿下打印头，用针或小钩清除打印头前、后夹杂的脏污，一般都是长时间积累的色带纤维等，再在打印头的后部看得见针的地方滴几滴仪表油，以清除一些脏污，不装色带空打几张纸，再装上色带，这样问题基本就可以解决，如果是打印头断针或是驱动电路问题，就只能更换打印针或驱动管了。

4、打印字迹偏淡

对于针式打印机，引起该类故障的原因大多是色带油墨干涸、打印头断针、推杆位置调得过远，可以用更换色带和调节推杆的方法来解决；对于喷墨打印机，喷嘴堵塞、墨水过干、墨水型号不正确、输墨管内进空气、打印机工作温度过高都会引起本故障，应对喷头、墨水盒等进行检测维修；对于激光打印机，当墨粉盒内的墨粉较少，显影辊的显影电压偏低和墨粉感光效果差时，也会造成打印字迹偏淡现象。此时，取出墨粉盒轻轻摇动，如果打印效果无改善，则应更换墨粉盒或调节打印机墨粉盒下方的一组感光开关，使之与墨粉的感光灵敏度匹配。

5、打印时字迹一边清晰而另一边不清晰

此现象一般出现在针式打印机上，喷墨打印机也可能出现，不过概率较小，主要是打印头导轨与打印辊不平行，导致两者距离有远有近所致。解决方法是可以调节打印头导轨与打印辊的间距，使其平行。具体做法是：分别拧松打印头导轨两边的调节片，逆时针转动调节片减小间隙，最后把打印头导轨与打印辊调节到平行就可解决问题。不过要注意调节时调对方向，可以逐渐调节，多打印几次。

6、打印纸上重复出现污迹

针式打印机重复出现脏污的故障大多是由于色带脱毛或油墨过多引起的，更换色带盒即可排除；喷墨打印机重复出现脏污是由于墨水盒或输墨管漏墨所致；当喷嘴性能不良时，喷出的墨水与剩余墨水不能很好断开而处于平衡状态，也会出现漏墨现象；而激光打印机出现此类现象有一定的规律性，由于一张纸通过打印机时，机内的12种轧辊转过不止一圈，最大的感光鼓转过2~3圈，送纸辊可能转过10圈，当纸上出现间隔相等的污迹时，可能是由脏污或损坏的轧辊引起的。

7、打印头移动受阻，停下长鸣或在原处震动

这主要是由于打印头导轨长时间滑动会变得干涩，打印头移动时就会受阻，到一定程度就会使打印停止，如不及时处理，严重时可以烧坏驱动电路。解决方法是在打印导轨上涂几滴仪表油，来回移动打印头，使其均匀分布。重新开机后，如果还有受阻现象，则有可能是驱动电路烧坏，需要拿到维修部了。

8、打印机不打印

引起打印机不打印的故障原因有很多种，有打印机方面的，也有计算机方面的。以下分别进行介绍：

1). 检查打印机是否处于联机状态。在大多数打印机上“OnLine”按钮旁边都有一个指示联机状态的灯，正常情况下该联机灯应处于常亮状态。如果该指示灯不亮或处于闪烁状态，则说明联机不正常，重点检查打印机电源是否接通、打印机电源开关是否打开、打印机电缆是否正确连接等。如果联机指示灯正常，关掉打印机，然后再打开，看打印测试页是否正常。

2）. 检查打印机是否已设置为默认打印机。点击“开始 / 设置 / 打印机”，检查当前使用的打印机图标上是否有一黑色的小钩，然后将打印机设置为默认打印机。如果“打印机”窗口中没有使用的打印机，则点击“添加打印机”图标，然后根据提示进行安装。

3）. 检查当前打印机是否已设置为暂停打印。方法是在“打印机”窗口中用右键单击打印机图标，在出现的下拉菜单中检查“暂停打印”选项上是否有一小钩，如果选中了“暂停打印”请取消该选项。

4）. 在“记事本”中随便键入一些文字，然后单击“文件”菜单上的“打印”。如果能够打印测试文档，则说明使用的打印程序有问题，重点检查 WPS、CCED、Word 或其他应用程序是否选择了正确的打印机，如果是应用程序生成的打印文件，请检查应用程序生成的打印输出是否正确。

5）. 检查计算机的硬盘剩余空间是否过小。如果硬盘的可用空间低于 10MB 则无法打印，检查方法是在“我的电脑”中用右键单击安装 Windows 的硬盘图标，选择“属性”，在“常规”选项卡中检查硬盘空间，如果硬盘剩余空间低于 10MB，则必须清空“回收站”，删除硬盘上的临时文件、过期或不再使用的文件，以释放更多的空间。

6）. 检查打印机驱动程序是否合适以及打印配置是否正确。在“打印机属性”窗口中“详细资料”选项中检查以下内容：在“打印到以下端口”选择框中，检查打印机端口设置是否正确，最常用的端口为“LPT1（打印机端口）”，但是有些打印机却要求使用其他端口；如果不能打印大型文件，则应重点检查“超时设置”栏目的各项“超时设置”值，此选项仅对直接与计算机相连的打印机有效，使用网络打印机时则无效。

7）. 检查计算机的 BIOS 设置中打印机端口是否打开。BIOS 中打印机使用端口应设置为“Enable”，有些打印机不支持 ECP 类型的打印端口信号，应将打印端口设置为“Normal、ECP+EPP”方式。

8）. 检查计算机中是否存在病毒，若有需要用杀毒软件进行杀毒。

9）. 检查打印机驱动程序是否已损坏。可用右键单击打印机图标，选择“删除”，然后双击“添加打印机”，重新安装打印机驱动程序。

10）. 打印机进纸盒无纸或卡纸，打印机墨粉盒、色带或碳粉盒是否有效，如无效，则不能打印。

9、打印机卡纸或不能走纸

打印机最常见的故障是卡纸。出现这种故障时，操作面板上指示灯会发亮，并向主机发出一个报警信号。出现这种故障的原因有很多，例如纸张输出路径内有杂物、输纸辊等部件转动失灵、纸盒不进纸、传感器故障等，排除这种故障的方法十分简单，只需打开机盖，取下被卡的纸即可，但要注意，必须按进纸方向取纸，绝不可反方向转动任何旋钮。

如果经常卡纸，就要检查进纸通道，清除输出路径的杂物，纸的前部边缘要刚好在金属板的上面。检查出纸辊是否磨损或弹簧松脱，压力不够，即不能将纸送入机器。出纸辊磨损，一时无法更换时，可用缠绕橡皮筋的办法进行应急处理。缠绕橡皮筋后，增大了搓纸摩擦力，能使进纸恢复正常。此外，装纸盘安装不正常，纸张质量不好（过薄、过厚、受潮），也会造成卡纸或不能取纸的故障。

10、打印出现乱字符

无论是针式打印机、喷墨打印机还是激光打印机出现打印乱码现象，大多是由于打印接口电路损坏或主控单片机损坏所致，而实际检修中发现，打印机接口电路损坏的故障较为常见，由于接口电路采用微电源供电，一旦接口带电拔插产生瞬间高压静电，就很容易击穿接口芯片，一般只要更换接口芯片，该类故障即可排除。另外，字库还没有正确载入打印机也会出现这种现象。

三、如何排除打印中的乱码故障

在与打印机长期接触的过程中，遇到打印乱码是不可避免的事情；不过面对同样的打印乱码故障，排除解决的办法则不一定完全相同，这是因为引起打印乱码现象的因素有很多，不同因素造成的乱码故障必须采用不同的排除方法，这正所谓乱码排除，各有各招。现在，让我们看看究竟有哪些招数，能够快速有效地将打印机的乱码故障解决掉！

驱动程序修改法

这种方法通常适用于由打印机驱动程序引起的乱码故障，考虑到打印机驱动程序常常会与某些应用程序共用相同的动态链接文件，因此在对应用程序频繁执行卸载和删除操作时，打印机驱动程序也很容易受到破坏，一旦打印机少了某个驱动文件，那么它工作起来出现打印乱码的故障也就不可避免了。既然这种乱码故障是由打印机的驱动程序引起的，因此我们就可以从打印驱动程序这个角度出发，来有针对性地排除由驱动出错而造成的乱码故障：

首先，检查一下当前打印机安装的驱动程序是否是原机附带的，如果不是的话，那迅速找来原装驱动程序，并将系统已有的驱动程序按照正确的方法卸载干净；之后，再按正确的方法，把原装驱动程序安装好，然后再进行打印测试，看看此时的打印乱码故障是否能排除。当然，要是身旁的确没有原装正版打印机驱动程序的话，不妨尝试到网上搜索一下，看看是否能找到适合于当前型号的打印机驱动程序，倘若能找到的话，也可以使用这个驱动程序来替代原装程序。

第二，看看当前计算机系统中是否同时安装了多个不同版本的打印机驱动程序，或者安装了多个不同类型的打印驱动程序，如果系统中的确安装了多个打印驱动程序的话，难保它们在工作时不发生冲突现象，从而导致打印机出现打印乱码故障。为保证万无一失，笔者建议大家先将系统中所有的打印机驱动程序全部删除干净，然后重新安装那台自己正在使用的打印机驱动程序，这样就能避免打印机在工作时受到驱动方面的冲突。

第三，检查一下当前使用的打印机驱动程序是否属于最新版本；由于打印机硬件性能的更新速度没有软件快，为了确保打印机各方面的性能都能保持稳定，及时将打印机驱动程序更新到最新版本是很有必要的。要想查看当前打印机驱动程序的版本时，只要先打开系统的属性窗口，然后单击其中的“设备管理器”按钮，从弹出的系统列表中，用鼠标右键单击目标打印机对应的图标选项，从弹出的右键菜单中执行“属性”命令，进入到打印机属性设置窗口；单击该窗口中的“驱动程序”标签，然后在对应的标签页面中，大家就能知道当前的打印驱动程序是什么版本了。一旦发现该版本比较旧时，可以直接从网上下载得到最新版本的打印机驱动程序，然后通过“驱动程序”标签页面中的“更新驱动程序”功能来完成打印机驱动程序的升级操作。此外，还有一点需要提示的是，那就是在安装打印机驱动程序之前，一定要检查手头的驱动程序是否能适用于打印机所在的Windows操作系统，例如你的打印机要是连接在Windows 98系统中，而你安装的却是适用于Windows 2000的打印驱动程序时，那么打印机也很容易出现乱码故障。

小提示：由于Windows操作系统自身就内置了许多型号的打印机驱动程序，因此一旦打印机连接到Windows系统中后，它就会自动识别到打印机并自动把系统内置的驱动程序安装好；然而系统的默认驱动程序一般都比较旧，无法让打印机工作在最稳定的状态，因此在安装打印驱动程序时，最好不要选择自动搜索打印程序，而应该通过打印机安装向导中的“从磁盘安装”功能，来将原装的打印驱动文件导入到系统中。

打印服务重启法

这种方法一般适用于打印机长时间工作之后继续打印时出现的乱码故障，由于长时间工作后打印机的缓存中保存了不少垃圾任务，这些任务如果超过一定的数值，就会导致打印机反应迟钝或者反应出错，从而有可能引发打印乱码故障。遇到由这种因素造成的乱码故障时，我们只要将打印机电源关闭一段时间，之后重新启动打印机，这样就能让将打印缓存中的内容全部清除了。但是，如果打印机安装在Windows 2000或2000以上版本的操作系统中时，单纯依靠切断打印电源的方法是无法将打印缓存中的内容彻底清除干净的，因为Windows 2000以上的系统会在打印机电源被切断的一刹那，自动将打印缓存中的内容全部转存到计算机硬盘缓存中，以后打印机重新启动时，存储在硬盘缓存中的垃圾内容又会自动恢复原位，这样的话打印乱码故障仍然还有可能出现。为此，在Windows 2000以上版本的计算机系统中，我们需要采取打印服务重启法，才能将由缓存引起的乱码故障彻底解决掉：

首先打开系统的运行对话框，在其中执行“Services.msc”字符串命令，进入到系统服务列表窗口中；从该列表中找到“print spooler”选项，并用鼠标右键单击之，从弹出的快捷菜单中单击“属性”选项，打开对应该服务的参数设置窗口；

单击一下该窗口中的“停止”按钮，然后单击“确定”按钮，再将打印机的电源切断，这样的话Windows系统就不会把当前打印缓存中的垃圾内容临时转存到硬盘缓存中了；

为了防止以前缓存在硬盘中的临时作业又恢复到打印缓存中，我们还需要打开系统的资源管理器窗口，依次双击其中的“system32”、“spool”、“printers”系统文件夹图标，然后在“printers”子文件夹窗口中将所有临时打印作业全部删除干净，这样一来打印机再次接通电源时就不会遇到垃圾缓存复位的问题了；

下面，为了确保打印机以后能够正常工作，我们还需要再次进入到系统服务列表窗口，并双击“print spooler”服务选项，打开它的属性设置窗口，再单击其中的“启动”按钮，将打印机的后台打印服务启动起来，以后打印机重新工作时，就不会受到垃圾缓存的干扰了。

小提示：为了避免产生太多的垃圾缓存，大家在向打印机发送打印文档时，要保持一定的时间间隔，不要在很短的时间内就向打印机发送很多个打印文档，否则的话缓存容量较小的打印机很容易出现乱码故障。

打印位置调整法

如果打印机摆放在不合适的位置，或者工作在不合适的环境中时，那么打印机在工作时传输的信号很容易受到周围环境的干扰，从而有可能产生打印乱码故障；例如，一旦打印机靠近配电柜放置，或者靠近磁性很强的东西时，那么打印机工作时产生的传输信号在信号线缆上传输时，就特别容易受到周围环境中的强磁场或强电场干扰，如果打印机使用的信号线缆没有较强信号屏蔽功能的话，那么最终打印出来的内容很有可能都变成了乱码。为了避免由外界干扰造成的打印乱码故障，我们一定要将打印机摆放在理想的位置，这个位置一定要远离高压线、配电柜，要与其他电子设备保持适当的距离；另外为了增强打印机自身的抗干扰能力，笔者建议大家不要使用自己定做的打印信号线，而应该使用原配打印线缆，毕竟原配线缆在抗外界干扰方面具有一定的优势。

小提示：要是怀疑打印机线缆连接有问题的话，不妨将系统切换到MS-DOS工作模式，然后在DOS命令行中执行“dir>prn”字符串命令，来测试一下打印机打印出来的内容是否出。另外，要是在打印机属性设置框中进行了不合理设置的话，不但会造成打印乱码故障，甚至还能导致打印机无法工作。为此，对打印参数进行合理设置是十分重要的：

首先在设置打印机的端口工作模式时，要注意将旧打印机的端口模式设置为“SPP”，对于一些主流的并口打印机来说，可以尝试着将打印端口模式设置为“ECP+EPP”，如果大家使用的是USB接口的打印机时，可以暂时禁用打印机并行端口。

其次确认一下打印机所在的计算机系统字库文件是否受到了意外删除，要是一些特殊字体已经被不小心删除或者还没有安装的话，大家不妨进入到系统的控制面板窗口，然后双击其中的字体图标，在其后出现的窗口中单击“文件”菜单项，并从弹出的下拉菜单中单击“安装新字体”命令，来将需要的字体重新安装好就可以了。

病毒木马清除法

如果认为自己的一切操作都很正常，但打印机仍然还会打印出乱码来的话，那就要检查一下当前计算机中是否有病毒存在了，毕竟病毒的出现能导致各种稀奇古怪的故障出现。所以，当大家在无法排除打印乱码故障时，不妨考虑对计算机系统查杀一下病毒，说不定能有意外收获。

四、打印机常见部件检修方法与技巧

打印机是一种常用的办公设备，它主要包括针式打印机、喷墨打印机、激光打印机等。同时打印机也是一种易出故障的办公设备，而维修打印机说到底就是对其损坏部件的维修，因此了解并精通打印机各种部件的检测与维修无疑会对我们的维修工作具有十分重要的意义。以下为大家介绍常见打印机部件的检测维修方法与技巧，希望能对大家的维修打印机工作有一定帮助。

1、针式打印头的检修

当针式打印机出现漏线故障时，大多是由于打印头断针。可用无水酒精擦净出针处，如有缺空针位则大多是由于断针所致，若无则是其他故障导致不出针，如信号线断路、打印针线圈烧毁或打印针导向孔堵塞等。出现断针后，可将断针换掉后继续使用。

★几种通用针式打印机的打印头换针方法

（1）LQ-1900K / LQ-1600K Ⅲ / LQ-1600K4 打印头

LQ-1900K / LQ-1600K Ⅲ / LQ-1600K4 打印头为双层针排列结构，打印针分长、短两种规格，各 12 根，长针的长度为 36mm，短针长度为 26mm。该打印头的 24 根针分奇、偶双列排列。从打印头前面的导向板端看，左面一列为奇数，右面一列为偶数。其中长针为：2、6、10、14、18、22、3、7、11、15、19、23；短针为：4、8、12、16、20、24、1、5、9、13、17、21。

首先用打印头断针测试程序检查出哪几号针出现故障，然后切断打印机电源，取下色带盒，用十字头螺丝刀卸下两个打印头固定螺丝，从两边捏住打印头的散热片（即外壳），轻轻地向上提起打印头就可以看到连着的两根柔性扁平电缆，拔去电缆便可拿出打印头。用酒精棉球擦洗打印头前面的墨污，查看一下是否有缺针情况。

若有断针，则需要进行换针。换针前应准备好工具，主要有镊子、刀片、金刚锉、钢尺、油石和打印头专用夹具（一种专门用于拆卸打印头散热片的工具）。先用十字头螺丝刀卸下固定打印针套和散热片的两颗螺丝，用专用工具退下散热片，可以看到该打印头有好几层结构，然后按以下顺序换针：

1）将打印头的头部朝下，挑开固定上、下两层打印针的三角爪，取下最上面的后铜盖，便可看到环行分布的 12 根长针，从测试结果区分出所断的针是长针还是短针，然后确定所断长针的位置，用镊子取出断针放在一边；如果还有短针断针，则要把长针全部取出，再用刀片沿着中间的黄色铜垫片下方分开，露出 12 根短针，用同样的方法取出断针。继而从打印头上取下一根好针（取长针还是短针要视所断针而定），然后用钢尺精确量出该针的长度，将新针按所量的尺寸用金刚锉磨好（注意将针的头部毛刺磨去）后，再从原来的位置上插入。换好后用手轻压这 12 根针的尾部，使针头从打印头前面的导向板探出，此时应看到 1 号针和 24 号针位置上有针露出，且各列的针与针之间应间隔一孔，若有位置插错，必须重新调整。同时，当手指放开后每根针都能立即收回，保证每根针的出针都畅通。再合上铜座，注意在合上铜座之前还必须让每根针的定位销落入其槽内。

2）在确认短针全部到位后，将上层线圈座（即长针线圈座）连同底座（铜座）一起压上，用一组 +10V 的直流电压分别施加到各组打印针的驱动线圈上（加电时间要短，一般应小于 1 秒，相当于在线圈上施加一个脉冲电压），以此测试每根打印针出针的灵活性和飞行距离的一致性。以免在装好上层打印针（长针组）后再返工。

3）按照原顺序安装上层针。将长针层定位孔连同线圈座一起装上，检查边上没有缝隙后就可以安装长针了。长针只须照着对应孔位置插下去即可。长针自尾部到探出头，要经过好几道导向槽，最上面的槽孔是很容易插下去的。第二道槽孔稍微难一些，只要穿过去，打印针就能顺势而下，很容易到达所在位置，同样用手指压住 12 根针的尾部，针头应从打印头前面的导向板探出 1mm，表示换上去的针是好的。全部插入后，检查一下每根长针的定位销必须落入其槽内后，再合上后铜盖，此时从侧面看应无缝隙。最后装好三角爪，套上散热片，按照短针组的测试方法用 +10V 电源检查长针组，确认正常后便可装到原打印机上进行测试。

测试之前，先不要安装色带，开机自检打印一张单页纸，以防新针挂色带。再用打印头断针测试程序进行测试，确定正常后就可以投入使用。

★ AR-3200 / AR-3200 Ⅱ / CR-3240 Ⅱ打印头

AR-3200 / AR-3200 Ⅱ / CR-3240 Ⅱ这三种针式打印机的打印头结构上基本相同，除三者打印针复位弹簧的弹力和打印针驱动线圈阻值不一样外，其他均一样，打印针都是单层排列结构，其打印针的长度为 35．2mm。

检查断针方法同上述的 EPSON LQ 系列打印头一样。换针按以下步骤进行：

1）将打印头的头部朝下，拆下打印头的黑色塑料外壳，取下一块活动的工字型垫板后再用手掰开两个金属固定卡子后，依次取下后盖板、打印针衔铁压簧片和白色塑料托架，这时就可以看到呈环行排列的 24 根打印针的衔铁。架，这时就可以看到呈环行排列的 24 根打印针的衔铁。

2）用镊子取出断针（用镊子取断针时，动作要轻，勿把打印针下面的尼龙销子和复位弹簧带出来），同样再从该打印头上取下一根好的打印针，用刚尺精确量出该针的长度，把新针按所量的尺寸，用金刚锉磨去针头部毛刺后，再从原来的位置上插入，用手指轻压 24 根针的衔铁，使针头从前面的导向板上露出，观察 24 根针是否全部出来。

3）按照原来的顺序依次装回白色塑料托架、打印针衔铁压簧片、后盖板及固定卡后，装上打印头外壳，用一组 +10V 的直流电压分别施加到各组打印针的驱动线圈上（方法同 LQ 系列打印头），依次测试每根打印针出针的灵活性和飞行距离的一致性。

4）把打印头装回到原打印机上，先不装色带，自检打印一张单页纸（以防止新装的打印针将色带挂断）后，再用打印头断针测试程序进行测试，检查正常后便可使用。

★打印针线圈故障检修

打印头另一个常见故障是驱动线圈损坏。判定驱动线圈是否损坏的方法是：将一根打印头电缆一端插入打印头，用万用表测量另一端对应的驱动线圈的直流电阻，一般驱动线圈的直流电阻应为 33 欧 ± 2 欧，如果测得的阻值偏差较大，可能是线圈开路或短路，会引起不出针或出针无力的现象。测试时可将万用表的一支表笔接公共端，另一支表笔接各个驱动线圈的对应点，更换单个线圈时可先用吸锡器将线圈上的焊锡去掉再用刀片将周围的胶割开，取下单个线圈，更换即可。引起打印驱动线圈开路故障的原因大多是主板上的打印针驱动管损坏。驱动管被击穿短路，会引起驱动电流过大，将驱动线圈烧坏。判断驱动管是否有故障，可用万用表测量打印头电缆：红表笔接公共端（公共端为驱动电源正极），黑表笔接驱动管的各个对应位置。正常时，测得的直流电阻应为18千欧左右，如偏差较大，则说明该驱动管已损坏。每个驱动管对应——根打印针，例如LQ1600K打印机主板上有24个驱动管Q1~Q24，分别对应1—24号打印针。

★打印头电缆故障

通用针式打印机中打印头的连接电缆一般都采用塑料柔性带状电缆（扁平电缆）。打印头电缆故障一般用万用表的电阻挡进行检查。方法是将万用表的两支表笔分别搭在所查电缆两端的对应线上，测量其电阻值是否为零，必要时还要在折痕处做弯曲试验，观察万用表上所测阻值有无变化。一旦确诊该电缆上有断线后，必须用相同的打印头电缆更换，不能用焊接的方法处理断裂部位，否则在使用过程中稍有不慎会引起信号短路，严重时将导致信号对地（机架）短路，致使针式打印机主控电路出现故障

当打印头电缆出现折痕，而未折断时，可截取一段约1．5cm的粘胶带，随后用一条长约0．5cm、宽度与粘胶带宽度相同的薄纸片粘贴到胶带的中部，以免胶带中部与电缆线粘在一起。然后使电缆在折痕处微微向外弯曲，让纸片对正折痕，将胶带粘到电缆线上。这样，胶带片产生的拉力就会始终迫使电缆线在折痕出微微向外弯曲，从而使电缆线在折痕处产生一个适当的向外张力，这样就可以可靠地避免打印头在打印过程中向右运动致使电缆线在折痕处产生折卷，防止打印头电缆中信号线的折断。

2、字车故障的检修

正常情况下，针式打印机字车机构中的字车左右位移应平滑稳定，这样在打印机开机后，无论字车在原来什么位置，都能返回左端初始位置，在打印机工作时字车盛载着打印头来回运动。如字车出现故障就会使打印头移动不到位或根本不移动，导致不能完成打印工作。

字车检查顺序一般为：打印机字车机构（机械故障）--- 字车电机（各相线圈阻值和力矩）--- 字车电机 驱动输出插座的电阻值（正、反相电阻）--- 字车电机驱动电源电压 --- 驱动电路输入、输出端的对地电阻 --- 字车电机相位控制电路。

字车故障主要有以下几种：

1、字车机构中污物太多，常常会引起字车不能顺利归位，这时可用清洗的办法排除故障。

2、就是字车机构机械故障，如字车皮带磨损、前后导轨平行度变位等等，也会使得字车不能顺利归位、移动。这种情况只能更换字车皮带或字车导轨。

3、字车电机故障

字节电机本身故障主要是步进电机的一组或多相绕组线圈烧坏（短路、开路），这种故障可用万用表直接测量电机线圈绕组的直流阻值再与正常阻值（一般来说，电机的四组线圈不会全部烧坏，总有一组或多组是好的）比较，进行判断。若电机线圈的一相或两相

烧坏，只要线圈骨架不变形（用手转动的转轴，无明显卡涩即可），此时可以按照该电机原来的线径和匝数（在拆已烧坏的线圈时，注意数一下匝数，再用分厘卡量一下线径）自行烧制；若电机的线圈骨架已严重变形，则应更换新电机。另外，打印机在长期使用中，由于振动等原因，可能会造成电机中磁钢部分退磁，致使电机转动力矩不足，导致打印机在打印过程中字车移动困难。遇到这种情况则应更换同型号的新电机。

4.切换电路故障

对于采用“高压驱动低压锁定”字车电机驱动系统的打印机来说，如A R－3240，A R -2463，AR-3200，LQ-1500，LQ-800/1000等打印机，经常会出现高/低压切换电路中供给高压的三极管c~e极极间击穿或开路的情况。若 c~e极极间击穿，驱动高压就一直加在步进电机的绕组上，这就有可能进一步引起电机绕组烧坏并烧坏用作驱动步进电机相位信号的三极管。若c~e极极间开路，高压不能供给字车电机，电机不运转，字车就不动。

另外，也有可能在高/低压切换的控制信号部分出现故障。此时，则应根据具体打印机机型的电路，予以检测和排除。

5.字车电机缺相故障

打印机在加电工作后，若字车步进电机的四相绕组上有一组或两组开路，就会出现字车在原来位置上抖动或字车乏力，甚至字车不动。这种现象有可能是字车电机的插头接触不良或断线，也有可能是字车电机控制与驱动电路中相位控制部分发生故障。由于各种打印机的电路有所不同，因此要针对具体电路进行分析测试，查出故障点，予以排除。

6.步进电机驱动器或其外围元件损坏

步进电机驱动器是一些打印机用于控制与驱动字车电机的三极管或专用集成电路。如AR-3240打印机和M-2724打印机中的字车步进电机分别采用三极管D1579和D1789作为各自的字车电机驱动器，而在DLQ-2000K，AR-4400和CR-3240打印机中则用SLA7026M作为字车电机驱动器，若这些器件损坏，字车就不能正常工作。只有更换损坏的元器件才能排除故障。

7.字车电机驱动电路的专用门阵列电路故障

由C P U通过专用门阵列电路（如LQ-1600K打印机中的E05A09BA）或I / O接口电路（如DLQ-2000 K打印机中的E05A24GA和AR-3200打印机中的XBL-2）对字车电机驱动电路进行控制的。若这部分电路损坏就会影响字车的正常运行，甚至于在打印机加电工作时字车不返回初始位置。

3、传感器故障的检修

打印机传感电路是打印机核心控制电路的重要组成部分。打印机传感器将所检测到的信号送入打印机的微处理器中，使微处理器发出相应的处理指令。

打印机的种类很多，传感器的种类也各不相同，打印机中的传感器按其结构和工作原理可分为：机械位置传感器（利用弹簧片的闭合和弹开两种状态作为打印机状态识别检测信号）、光电耦合式传感器（分为遮断式光敏传感器和反射式光敏传感器）、打印头温度检测传感器（采用负温度系数的热敏电阻）、压电式传感器（采用压电晶体检测墨水量，安装在墨盒内部）、薄膜式压力传感器（主要用在喷墨打印机中，用来检测墨盒中有无墨水，安装在墨盒内部）。

★字车初始位置传感器故障检修

（1）故障分析

字车初始位置传感器由HOME传感器和相应的电路组成字车初始位置检测电路。HOME传感器有光敏遮断器和簧片开关两种：

1）由光敏遮断器组成的字车初始位置检测电路。

当由光敏遮断器组成的字车初始位置传感器失效时，其故障现象主要有以下三种：

①打印机加电工作后，字车不是返回初始位置，而是一直向左移动直至撞到左墙上，其原因一般是光敏遮断器上积尘太多，影响了光敏三极管接收发光二极管的光束。还有一种情况是光敏遮断器的器件老化，导致光敏三极管的接收灵敏度下降。

②打印机的字车在返回初始位置的过程中，碰撞左边的墙板并报警。其原因为HOME传感器检测电路中有短路，造成CPU（或门阵列电路）的检测输入端口始终处于低电平。对于这种故障的检查可以采用以下方法进行：先准备一片小挡片（其大小以能够挡在光敏遮断器的发光二极管与光敏三极管之间为宜），然后把字车拉到打印机的右侧，再接通打印机电源，当字车往左移动时迅速将小挡片插在遮断器的发光二极管与光敏三极管之间并抽出，观察此时字车是否停止移动。若字车能够停止移动，说明该光敏遮断器工作正常；反之则为光敏遮断器故障。

③打印机加电工作以后，字车移动一小段距离后即停止移动，进入脱机状态且报警，这种现象一般是CPU（或门阵列电路）的检测输入端口一直处于高电平所致，这种故障有两种可能性：一是光敏遮断器与电路板之间开路（连接线断线）；另一种是光敏遮断器的光敏三极管c-e极开路，遇到这种情况时通过测量光敏遮断器的光敏三极管 c-e极正、反向电阻的方法进行鉴别。

2）由簧片开关构成的字车初始位置传感器。

在LQ-300K、KX—1121等打印机中，用簧片开关作为字车初始位置传感器。当字车返回到初始位置时，字车撞击簧片开关，簧片开关触点闭合和迅速断开，然后才能执行打印程序。随着打印机使用时间的增加，簧片开关的簧片会因疲劳而导致弹性减弱，即开关失灵。若簧片开关失灵，字车虽然能够返回初始位置，但却不能正常打印。这种故障一般用万用表可以直接检查出来。

★纸尽传感器的检修

一般来说，打印机上只装一只纸尽检测的传感器，而对于具有前后送纸槽的打印机如LQ-1600K Ⅲ、LQ-1600K4和LQ-1900K Ⅱ等来说，都装有两个以上的纸尽传感器，以满足打印机对不同位置的进纸处理需求。

（1）纸尽传感器及其检测电路故障的检查

打印机的纸尽传感器一般有三种：

1）由簧片开关构成的纸尽传感器

簧片开关是一种常闭（或常开）型触点的机械开关，各种打印机根据其检测电路接收信号电平（高或低）的不同，采用相应的常开或常闭触点的簧片开关。 随着打印机使用时间的增加，簧片开关会因疲劳而导致弹性减弱，即开关失灵。从而引起纸尽检测误操作，其表现为打印机上虽然有纸，但其操作面板上的纸尽指示灯亮，打印机不打印。这种故障的检查方法比较简单，只要把传感器的输出插头从主控电路板上拔下，用万用表（放在RX1挡上）接在其输出插头上，再在打印机的走纸路径上（此时走纸方式拨杆处于链轮走纸位置上）插入一张打印纸并抽出，这样反复进行几次，同时观察万用表上指针有无反应。若有反应，说明簧片开关正常，应进一步检查其检测电路；若无反应，则说明开关失灵，应将开关拆下修理或更换。

2）由光敏遮断器构成的纸尽传感器

用于检测打印机纸尽的光敏遮断器本身的结构和工作原理与字车初始位置HOME检测传感器一样。只是在纸尽光敏遮断器的发光二极管与光敏三极管之间装有一片杠杆式挡片： 与字车初始位置检测传感器一样，这种纸尽检测传感器出现故障的原因是光敏遮断器上的积尘太多，影响了光敏三极管接收发光二极管的光束的灵敏度，从而引起纸尽检测错误。检查这类检测电路故障时，可以先把万用表（用DC10V挡）接在光敏遮断器的输出插座上，打印机加电工作，再在打印机的走纸路径上（此时走纸方式拨杆处于链轮走纸位置上）插入一张打印纸并抽出，这样反复进行几次，同时观察万用表上的电压有无变化（0～+4．5V）。若电压在上述范围内变化，说明传感器正常，此时应进一步检查其检测电路；若电压无变化或输出电压很低（+3V以下），则说明传感器有故障，应把传感器拆下检查其灵敏度。采用这种传感器的打印机多数是由于杠杆式挡片卡住或脱落 （由于使用不当的方法处理打印机卡纸故障），造成打印机始终显示缺纸故障。

3）装有反射式光敏传感器构成的纸尽传感器

反射式光敏传感器被广泛用于打印机的纸尽检测传感器，如：AR-3200Ⅱ、CR-3240Ⅱ、NEC-P3300J+等。这种传感器的特点是：当打印机有纸时，传感器中的发光二极管发出的光束经由打印纸反射到光敏三极管上，光敏三极管由此而导通并输出低电平信号PE给CPU的某输入端口；当打印机无纸时，光敏三极管因接收不到二极管发出的光束而截止，输出高电平信号，CPU接收到这个高电平信号后根据打印机控制程序的要求，停止或终止打印机的当前打印。

这种纸尽检测传感器出现故障的原因多数是传感器上的积尘太多，影响了光敏三极管接收发光二极管的光束的灵敏度，光敏三极管不能导通，这样传感器在打印机加电工作时就发出高电平的PE信号，从而引起纸尽检测错误，其表现为打印机上虽然有纸，但其操作面板上的纸尽指示灯却亮着，打印机不打印。其检测方法与光敏遮断器故障的检测方法一样。另外有少数传感器是本身损坏或光敏三极管灵敏度下降。

★打印头温度传感器的检修

当打印头连续工作时间较长时，必然会出现过热现象，为了避免打印头闪过热而损坏，几乎所有的打印机生产厂家推出的针式打印机都设置了打印头温度检测电路；其温度传感器普遍采用了具有负温度系数的热敏电阻，即把这个阻值随打印头的温度升高而减小的热敏电阻装在打印头内，用于监控打印头的当前温度。当打印头的温度高于打印机所设定的上限温度时，打印机停止打印，且操作面板上联机灯闪烁， 待温度下降时，打印机自动以半速（正常打印速度的一半）打印，直到温度下降到所设定的下限温度以下后才恢复正常速度打印。打印机所设定的打印头温度监控范围因机器的型号不同而略有差别。

打印头温度检测电路发生故障时，往往会出现误报警，即打印头的温度并不高，但开机后打印机打印几行后就不打印，甚至一开机打印机就报警。其原因一般为热敏电阻损坏（电阻值变小、开路或短路）、检测电路中的元器件损坏（如检测电路芯片的输入端口、电容漏电等）、打印头连接电缆开路（主要是热敏电阻端口）或线路板上断线所致。

在检查这部分电路故障时，要根据具体打印机的型号采用不同的检查方法。对一些不安装打印头，打印机在自检打印时字车能够正常移动的如 NEC P-3300J+、KX-1121、NEWMAXP-2000 等打印机，可以先把打印头从打印机上拆下，再开机自检打印。若字车能够正常移动，则说明打印头内热敏电阻有故障，需继续检查打印头；若故障仍然存在，则应检查温度检测电路。对于那些必须装上打印头后打印机的字车才能正常移动的打印机如 AR-3200 Ⅱ、LQ-300K、CR-3240 Ⅱ、LQ—1600K Ⅲ等来说，应先检查打印头的热敏电阻后再检查其检测电路。

4、步进电机的检修

打印机步进电机的制造精度较高，其故障主要表现为不进纸。判断该类电机是否损坏，可采用以下方法。

1）根据步进电机上所标注的阻值测量其电阻。步进电机分为两个绕组，两个绕组的结构形式完全相同，每个绕组的中心端对另两端电阻对称相等，且与标注阻值相符，不同电机引线的排列顺序有所不同。

测量时可先用万用表将引线分为两组（各引线相通的为一组），再用测电阻的方法找出每一组的中心抽头端，中心端应对其他两端等电阻且与标注电阻值相符。若阻值不对称或与标注电阻值不同，则电机可能已损坏。

2）用步进电机上所标注的电源电压（或电路中电机的工作电压）进行试验。若电机上无标注，开始可用较低电压，然后逐渐升高电压来试验。电源的一端（正、负极均可）接某一绕组的中心端，电源的另一端交替碰触该绕组的其他两端（注意碰触时间不宜太长），此时步进电机应一步步转动，且每步应同样有力，否则说明电机已损坏。检测时应注意，若步进电机绕组有严重短路时切勿试验，否则会烧坏电源。

3）有的步进电机具有两个相同的绕组，但无中心抽头端。测量时可先测两绕组电阻值是否相等，并应与电机标注相符，然后再用电源试验。试验时将电源两极交替碰触每一绕组的两端，此时步进电机应步步转动，且步步同样有力，否则电机已损坏。应该指出的是，步进电机损坏时，应同时检查步进电机驱动电路是否损坏。

5、接口电路的快速检修方法

若打印机能打印，但打印不出指定内容，出现“@@@@@……”或其他字符，进行自检打印也出现类似故障时，则大多是由于接口电路损坏。打印机的接口电路属于数字电路，判断其是否损坏，可采用集成电路检测仪进行检测。由于接口芯片的型号大致相仿，也可采用代换法进行检修，如代换后能正常工作，则说明接口芯片已损坏。新型打印机的接口芯片大多不是采用直接焊接方式，而是采用集成电路插座进行安装，故代换起来不是太难。对于老式打印机安装集成电路时，可加焊一个集成电路插座，这样将方便维修。

6、喷墨头清洗系统故障

正常情况下，喷墨打印机开机后喷墨头在字车带动下，移动到喷头清洗单元执行自动清洗喷头程序，喷墨头清洗系统中的吸墨机构开始对喷头进行吸墨、清洗，清洗结束后，喷头被喷头架上的密封橡胶件密封住，以保证喷墨头的清洁。当喷墨头清洗系统出现故障时，喷头在清洗过程中出错。此时可进行以下处理：

1). 喷墨头清洗系统中的某些部件损坏，如密封橡胶件老化等。应更换损坏的元件。

2). 主控电路板故障。必须根据检查情况确定更换还是修理主控电路板。

3). 走纸电机运转异常。由于喷墨头中的清洗单元的驱动是通过走纸电机来传递动力的，当该电机出现故障时，喷墨头清洗系统自然受到影响。检查并修理走纸电机。必要时应更换该电机。

4). 字车电机驱动部分有故障。由于字车返回左端（有的打印机是在右端）初始位置后，才能使走纸电机由驱动走纸机构转向驱动喷墨头清洗系统和自动送纸器等，当字车电机驱动出现故障时，字车就不能正常移动到喷头清洗单元处执行清洗程序。检查并修理字车电机及其驱动电路。

7、打印头清洁密闭装置的检修

打印头清洁密闭装置是打印头的一个重要器件，特别是分离打印头的清洁密闭装置较为复杂。整个装置安装在打印头运动滑轨的最左端，即打印头的保护位置或初始位置，该装置由刮片、擦拭器、带抽吸器的护罩三部分组成。该装置主要完成“刮、擦、罩、吸”四个动作，从而对打印头进行维护，保证其正常工作。

在该装置中，“刮、擦”装置结构较简单，不易出现故障，最多也是橡胶制品损坏而已，可拆下不用，对打印效果并无太大影响。

“罩”即护罩；其功能是在打印机不使用时，对打印头进行良好的密闭，保证喷墨口具有一定的湿润度，防止喷嘴干涸堵塞。其常见故障是密闭不严，引起该故障的原因主要有两点：一是护罩变形。该护罩具有一定的弹性，轻微变形尚不致引起密闭不严，如变形严重或表面沾有大块杂质，则会造成密闭不严；二是护罩动作不到位。该护罩在工作过程中，在径向和轴向上都有一个活动范围，以便于与打印头的运动相协调，当护罩活动受到限制时，就无法对位于初始位置的打印头进行准确的密闭。以上两种故障都可直接观察到，只需进行调整或更换配件即可。

“吸”即抽吸器，其功能是在打印机开机、更换了墨盒或更换了打印头时，抽吸出打印头内半干涸的墨水和供墨系统中的气体，使打印头内充满新鲜墨水，以保证正常打印。抽吸器的常见故障有两个：一是吸墨管破损或脱落；二是吸墨口堵塞。两者都将使墨泵产生的负压不能作用到打印头，使打印头无法清洗。实际检修中发现，吸墨口堵塞的故障较为常见，该故障大多是由于吸墨口下端的海绵体堵塞，发现故障后，更换海绵体即可。

8、 墨水盒的检修

墨水盒的常见故障表现为不出墨水或字迹偏淡。其原因是由于墨水盒工作温度较高，墨水干涸，或者操作者向墨水盒中灌注了不同型号的墨水，不同型号的墨水产生了交互反应。对于墨水盒故障，必须清洗墨水盒，并更换新墨水。

另外，每安装一个新的墨水盒必须清洗一下打印头，新墨水盒不要放在日光直射及灰尘较多的地方，贮存温度应为10℃-35℃，以避免墨水冻结及发生变化。由于喷墨打印机喷嘴越小，分辨率越高，同时，喷嘴越小，对墨水质量的要求越高，因此应尽量使用厂家提供的墨水，切忌选择劣质墨水。

9、 硒鼓的检修

硒鼓是激光打印机里最重要的部件，直接影响到打印的质量。硒鼓的常见故障是划伤、疲劳和老化。表现出来的故障现象为图像暗淡、有黑线等。对于疲劳故障，则可将硒鼓放置一段时间，故障会自动消失。另外，当打印出现平行于纸张长边的白线时，则大多是硒鼓内部的墨粉欠缺或硒鼓损坏所致。打开激光打印机的上盖，将硒鼓取出并左右晃动，再将硒鼓放人机内，如打印正常，则说明是硒鼓内的墨粉欠缺。

若打印时还有上述故障现象，则大多是由于硒鼓疲劳或损坏。遇到这种情况时，可以采用如下方法进行修复：到化学试剂商店购买一些三氧化二铬，每次取3-5克，用脱脂棉花直接蘸些三氧化二铬，顺着感光鼓轴的方向，轻轻、均匀、无遗漏地擦拭一遍。擦拭时要特别小心，避免指甲和其他硬物将感光鼓膜划伤。也不能用力过重，防止将感光鼓膜磨破而使感光鼓报废。用这种方法，可将疲劳的感光鼓表面层去掉，露出尚未衰老的光敏表面，经上述修复的感光鼓，一般来说可重新输出一两千张纸以上，使感光鼓的寿命得以延续。如果感光鼓的光敏膜已脱落，则不可用此方法修复，只有更换新鼓了。

10、高压发生电路故障分析与检查方法

在激光打印机中，有一组6000V左右的高压电源，为感光鼓组件的初始充电和转印放电提供高压。高压电路发生的故障主要表现在以下两个方面：

1). 高压发生电路本身故障。高压电路本身故障是振荡电路模块（或集成电路）损坏、高压脉冲变压器的高压绕组开路（高压绕组的线径较细，容易断线）。遇到这种故障时，要打开机器用万用表直接测量高压脉冲变压器的高压绕组的直流电阻值，判断是否开路。

2). 触点接触不良。触点接触不良是指：由于长时间的使用，打印机内的墨粉使得高压发生器的高压输出触点与感光鼓组件上的显影用偏压接触点接触不良；高压发生器电路板上感光鼓地线接点与感光鼓上的接地点接触不良，导致打印页面全白或全黑的现象。这种故障的检查方法是打开机器，取出感光鼓组件，分别检查打印机内的几个相关触点上有无污垢或墨粉、感光鼓组件上的触点有无污垢或墨粉。

11、激光束发生器（激光头）故障

激光束发生器（激光头）故障是指激光二极管故障，主要是激光二极管损坏、聚焦透镜（为了拓宽激光束的调制频带，必须对激光束进行聚焦）上的镀膜老化等，从而导致打印机出现打印页面全白或分辨率下降的故障现象。这种故障的检查方法是打开机器，取出激光器，再将激光器的盖板打开，用万用表直接测量激光二极管的直流电阻值（有三个引脚）。检查聚焦透镜表面的镀膜是否老化、有无灰尘或斑点。

12、定影加热器故障检修方法

由激光束发射到感光鼓上生成的二次静电潜像，通过感光鼓组件内的磁辊又在感光鼓上转换成可见的负电荷墨粉像，然后在高压正电荷的作用下把这个可见的墨粉像转到打印纸上，最后由定影加热器加压并同时加热打印纸，使打印纸上的墨粉熔化，浸入纸中，在纸上形成永久的像。激光打印机中的定影加热器一般有灯管加热器和陶瓷片加热器两种。定影加热器出现故障时的主要表现在以下三个方面：

1). 加热器损坏。加热器损坏是指加热灯管或加热陶瓷片损坏，当出现这种现象日寸，会出现打印页面上的图像定影不牢，用手一摸墨粉就掉。严重时打印机不打印，出现故障信息（在HP 4L、HP 5P / 6P、HP 6L、HPl100、联想LJ6P等激光打印机中会出现面板指示灯全亮，而在HP 5000、HP 4VC、EPSON 5700等激光打印机中则出现诸如FUSERERROR等信息）。检查方法是打开机器，取出加热器，万用表直接测量加热灯管或加热陶瓷片的直流电阻值，如有断路等损坏现象将其更换即可。

2). 加热器温度传感器损坏。为了使定影加热器在打印机的打印等待阶段（STAND BY）、初始转动阶段、打印转动阶段保持恒温，在激光打印机的定影加热组件都装有由加热器温度检测传感器及其控制电路、安全保护电路（热熔断器）构成定影加热控制器。对加热陶瓷片来说，其温度检测传感器集成在陶瓷片上，而对加热灯管而言，其温度检测传感器紧贴在加热灯管外面的加热辊上。当加热器温度检测传感器损坏时，轻则使定影温度失控，导致定影温度过高或过低，打印页面定影过度或过浅（打印图像容易被擦掉）。检查方法是打开机器，取出加热器，对陶瓷加热片来说，用万用表直接测量热陶瓷片一侧的温度检测传感器的直流电阻值即可；而对加热灯管，则应在取出加热灯管和拆下加热辊后，测量加热辊下面的传感器电阻值。如与标值不符应将其更换。

3). 定影膜损坏。为了防止打印机的加热辊在定影加热的过程中打印纸上的墨粉发生二次转移，在激光打印机的上定影辊上用一种PTEE树脂覆盖（灯管加热器）或在陶瓷加热片外直接加装能够在加热器上自由转动的特富龙膜。由于某些原因如处理卡纸的方法不当，异物进入定影辊等，使定影膜的局部破损，以致出现打印图像上某一区域定影不牢或打印图像出现有规律的脱粉。检查方法是打开机器，取出加热器，检查定影膜有无破损。

13、取纸辊故障的检修

激光打印机的取纸辊是易损件之一。打印时，当盛纸盘内纸张正常，而无法取纸时，往往是取纸辊磨损或弹簧松脱，压力不够，不能将纸送人机器所致。检测时，可在取纸辊

上缠绕橡皮筋，如故障排除，说明取纸辊已磨损。否则，说明取纸辊正常，故障可能是由盛纸盘安装不当，纸张质量不好（过薄、过厚、受潮）引起。

14、显影辊故障的检修

当激光打印机输出空白纸张时，一般是显影辊未吸到墨粉，此时，可测量显影辊的直流偏压是否正常；如不正常，应检查维修直流偏压电路。若直流电压正常，而打印机输出空白纸，则说明显影辊损坏，或感光鼓未接地。当感光鼓的负电荷无法向地泄放时，激光束则不能在感光鼓上起作用，打印纸无法印出文字来。检查显影辊是否有齿轮损坏，显影部份是否安装到位。

15、 碳粉盒故障检修

当打印件出现无规律性的墨粉痕迹时，大多是由于粉盒漏粉所致。可拆开粉盒进行检查。粉盒漏粉故障又分为碳粉盒漏粉和废粉盒漏粉两类。拆机直观检测则能找到故障的具体部位。

16、 光学器件的快速检修方法

光学器件的常见故障主要有光学镜片移位或脏污。当光学镜片移位时，将会出现不能打印故障，即使能打印，也会出现打印不全面现象；当光学器件脏污时，打印件常出现有规律的斑点。反过来，当打印机出现上述现象时，则说明光学器件存在故障。清洁维修光学器件。

17、 电晕丝的快速检修方法

激光打印机的电晕丝加有高压电压，电晕丝故障主要表现为打不上字符而出现空白纸。

当出现该类故障时，应重点检查电晕丝是否开路，电晕丝的高压是否偏低或为0V。对于电晕丝开路故障，拆机可直观检查到，而对于高压不正常故障，只要测量电晕丝端子上的高电压是否正常即可进行判定。

五、打印服务器的分类

目前公司都存在共享打印机资源的问题。即把一台打印机放在固定的一个位置，通过不同的途径将其共享，这样常常就是需要使用打印服务器了。下面就是我们要说到的安装共享打印机的几个类型，现在网络技术和网络建设已经比较发达了，如果一份文件的地理位置在总公司的某台计算机上，分公司的人员想要获得这个文件的打印件，只需要一台装有打印服务器的网络打印机，就可以由总公司的人员通过网络将这个文件发送到分公司的网络打印机上打印出来，如此方便的打印服务就要依靠打印服务器来完成了。

1、主机打印服务器：网络上的共享打印机以本地安装方式直接安装在一台计算机上，这台计算机与其它计算机一样连接在大家共同使用的网络上面，其它计算机上的打印命令和打印任务传输到这台与打印机相连的计算机上，由该计算机处理打印命令和打印任务，然后通过连接的打印机将大家的打印任务打印出来.这样，这台计算机事实上就起到了打印服务器的作用了。

2、内置网卡打印服务器：在一些打印机上常常会直接安装一块网络接口卡，这块网络接口卡直接插在打印机的主板上，在网络接口卡上提供一个网络接口。通过一根普通的网线可以将打印机的网络接口与办公环境网络接口直接连接上，这样这台打印机就以一个单独的网络设备直接连接在网络环境上了。这台打印机的地位与该网络环境上的计算机是相同的。这块网络接口卡就是一个打印服务器。

3、外置打印服务器：还有一些打印机，打印机的主板上不直接连接网络接口卡。但是打印机的主板上提供并口或者USB接口，一些厂商会提供一种硬件，这种硬件的一端插在打印机提供的并口或者USB接口上，这个硬件的另一端上有一个网络接口。这样这台打印机同样也能够一个单独的网络设备直接连接在网络环境上了。这种硬件常常被称作为外置打印服务器。

4、无线打印服务器：目前无线网络的技术得到了长足的发展，在一些打印机的主板上提供了一个无线网卡，这个无线网卡可以与无线网络环境上的计算机设备通讯，将该打印机和该无线网络环境上的其它计算机连接在一起。这样的无线网卡常常被称作无线打印服务器。

六、提高打印速度的小巧门

喷墨打印机（特别是彩色打印时）经常打印的很慢。这是很正常的，文件中所含的图象越多，打印的速度就越慢，这是因为计算机需要对图象进行处理并传送。

提高打印速度的一个方法是关闭假脱机（spooling）打印方式。假脱机是一个独立的程序可在后台运行控制打印，这样你可以继续用计算机做其他的工作。许多人都喜欢这种方式，因为可使你在打印时继续做其它的事。如果你关闭假脱机，打印速度会提高，因为计算机会将全部的精力用于打印。

下面是如何关闭假脱机：

1、进入开始菜单，选择设置选项下的控制面板。

2、双击打印机图标

3、在你用的打印机上单击鼠标右键并选择属性

4、选择详细资料

5、点击后台打印设置

6、选择直接打印机输出

7、点击确定

如果你已经关闭了假脱机但和以前打印速度差不多，那么也许需要更多的打印机内存。打印机用内存存储要打印的数据，但如果内存不足，则每次传输到打印机的数据就很少。

另外，许多打印机使用独特的打印驱动，确认你用的打印驱动程序是最新的版本。通常随打印机附带的打印驱动程序都不是最新版本，可到打印机厂商的站点去下载最新的打印驱动程序。

你还可检查你是否使用了ECP标准。ECP（Extended Capabilities Port）标准是一种扩展的端口性能协议，与IEEE 1284端口标准同样著名。如果你的打印机和计算机并口都支持这个协议，那么你可以将通讯速率提高10倍。查看你的设备说明或与厂商联系以确认是否支持ECP标准。不要忘记让你的Windows 9.x系统正确识别ECP端口。

七、用巧招“支撑”一体机高效工作

每个人都希望自己使用一体机时，少遇到一些故障，少花费一些维修费用和耗材购买费用。其实我们只要在与一体机接触的过程中，善用一些巧妙招法，养成良好操作习惯，就能“支撑”多功能一体机高效为我们“服务”。下面总结出来的一些使用多功能一体机的巧招，相信会给用户带来一些收获。

多点应对扫描失败

在开机启动多功能一体机时，我们或许会遇到“Scanner Failure”这样的错误提示，这种提示其实告诉我们一体机在进行自检扫描操作时没有顺利通过，许多朋友遇到这种现象时往往会显得一筹莫展。的确，造成多功能一体机自检扫描操作不能正常通过的原因有很多，不同的原因需要我们使用不同的方法来解决。

首先我们应该先将一体机的上面盖掀开，并在一体机接通电源的情况下，仔细检查内部的扫描灯管能否象正常那样发光发亮，自检扫描部分的扫描车能否象正常那样自由移动；倘若发现扫描灯管发出来的光是红色的或者根本就不亮，那就表明一体机的扫描灯管已经处于老化状态或者已经被损坏了，此时唯一的办法就是重新更换新的扫描灯管才能消除扫描失败的错误提示。要是发现扫描车无法正常自由移动或者不能正常复位的话，那很有可能是扫描车的机械传动机构内部有异物堵塞，或者移动导轨比较干涩，阻碍扫描车的顺利移动，此时我们只有将机械传动机构内部的异物排除，或为移动导轨添加一点润滑油，确保扫描车能够顺畅移动。要是发现扫描灯管的亮度明显偏低，我们不妨尝试将一体机先开机预热20分钟，之后再将一体机关闭掉并重新开机启动，看看此时是否能够顺利完成自检扫描操作，要是这样操作一体机没有出现扫描失败的提示时，那就证明先前出现的扫描失败故障是因为一体机工作环境温度偏低，扫描灯管必须经过足够时间的预热才能正常工作。

一旦按照上面的操作还无法让一体机顺利通过自检扫描的话，我们就需要将一体机的扫描装置部分打开，然后小心谨慎地对内部的CCD感光头和CCD镜组进行清洁，看看这样是否能够消除故障提示，同时仔细检查一下连接扫描车的线缆是否有明显裂痕或断裂现象，要是有的话就表明连接线缆已经老化需要重新更换。到了这里要是还无法解决故障的话，那十有八九是一体机内部的工作电路受到了损坏，此时我们只有请专业的维修人员来修理，或者将一体机送到专业维修店去修理。

善于使用节省模式

与激光打印机相比，多功能一体机的工作量可能要大得多，那么它在工作过程中消耗的纸张数量以及墨粉盒数量也会大许多，这样它最终的消费开支也是非常高的。有鉴于此，不少多功能一体机为了节省开支费用，都新增了“节省模式”，善于使用这种工作模式可以帮助我们有效地将耗材开支费用降到最低限度；因此，笔者建议各位朋友在使用多功能一体机批量处理作业之前，一定要先对一体机的功能设置进行一下检查，看看其是否正处于节省模式下，倘若不是的话必须及时将它的节省工作模式启用。目前市场上销售的某些品牌一体机，为了方便用户启动节能模式，常常会在其控制面板中直接设置一个节省墨粉的开关，用户只需要简单地开关操作面板中的那个节能按钮，就能快速启用一体机的节省工作模式，当然也有的一体机需要大家按照操作说明书的提示，在控制面板中进行正确设置，不过设置操作并不是十分复杂。

开关电源也要注意

考虑到多功能一体机每次接通电源时，常常需要花费比较长的时间来预热启动，那么我们在不用多功能一体机时，究竟是应该将一体机的电源直接关闭掉，还是应该让一体机处于节能模式状态呢?一般来说，倘若在1个小时之内，没有打印或复印作业的话，那我们就应该将多功能一体机的电源直接关掉，毕竟这样操作能够节省不少电费。不过要是在1个小时之内，还有零碎分散的各种作业需要处理时，我们就应该启用多功能一体机的节能模式，毕竟一体机处于这种工作状态时，它重新预热启动时间将会大大缩短，而且可以避免一体机频繁启动现象，这样可以尽量保护好一体机内部的光学元器件，从而达到延长一体机使用寿命的目的。

八、正确的维护与保养针式打印机之十四招

1、打印机必须放在平稳、干净、防潮、无酸碱腐蚀的工作环境中，并且应远离热源、震源和避免日光直接照晒。针式打印机工作的正常温度范围是10℃~35℃（温度变化会引起电气参数的较大变动），正常湿度范围是30%~80%。

2、要保持清洁。定期用小刷子或吸尘器清扫机内的灰尘和纸屑，要经常用在稀释的中性洗涤剂（尽量不要使用酒精等有机溶剂）中浸泡过的软布擦拭打印机机壳，以保证良好的清洁度。

3、打印机上面请勿放置其他物品，尤其是金属物品如大头针，回行针等，以免将异物掉入针式打印机内，造成机内部件或电路板损坏。

4、针式打印机并行接口电缆线的长度不能超过2米。各种接口连接器插头都不能带电插拔，以免烧坏打印机与主机接口元件，插拔一定要关掉主机和打印机电源，不要让打印机长时间地连续工作。

5、定期检查打印机的机械装置，检查其有无螺钉松动或脱落现象，字车导轨轴套是否磨损。输纸机构、字车和色带传动机构的运转是否灵活，若有松动、旷动或不灵活，则应分别予以紧固、更换或调整。

6、正确使用操作面板上的进纸、退纸、跳行、跳页等按钮，尽量不要用手旋转手柄。若发现走纸或小车运行困难，不要强行工作，以免损坏电路及机械部分。

7、检查打印头前面的色带保护片是否破损？若有破损会在打印过程中出现打印针刮色带或刮纸现象，最终将打印针挂断。应及时更换。

8、打印头的位置要根据纸张的厚度及时进行调整。在打印中，一般情况不要抽纸。因为在抽纸的瞬间很可能刮断打印针，造成不必要的损失。

9、针式打印机工作时，其打印头表面温度较高，不要用手随意触摸打印头表面。不要将手伸进打印机内，以免妨碍字车移动，甚至弄坏某些部件。

10、为保证打印机及人身安全，电源线要有良好的接地装置，否则在机架和逻辑地上会有100多伏的交流电压。针式打印机的电源要用AC220 ± 10%、50Hz的双相三线制中性电，尤其要保证良好的接地，以防止静电积累和雷击烧坏打印通信口等。

11、要选择高质量的色带。色带是由带基和油墨制成的，高质量的色带带基没有明显的接痕，其连接处是用超声波焊接工艺处理过的，油墨均匀，而低质量的色带带基则有明显的双层接头，油墨质量很差。

12、定期检查色带及色带盒，若发现色带盒太紧或色带表面起毛就应及时更换（注意色带的质量），否则色带盒太紧会影响字车移动，色带破损则会挂断打印针。

13、应尽量减少打印机空转。许多用户在实际工作中，往往打开主机即开打印机，这既浪费了电力又减少了打印机的寿命，故用户最好在需要打印时再打开打印机。

14、要尽量避免打印蜡纸。因为蜡纸上的石蜡会与打印胶辊上的橡胶发生化学反应，使橡胶膨胀变形。另外石蜡也会进入打印针导孔，易造成断针。

九、打印机进纸打印故障解决方法

故障现象

1. 打印机不装纸；

2. 装纸后还出现缺纸报警声；

3. 装一张纸胶辊不拉纸，需要装两张以上的纸胶辊才可以拉纸。

原因分析一般针式或喷墨式打印机的字辊下都装有一个光电传感器，来检测是否缺纸。在正常的情况下，装纸后光电传感器感触到纸张的存在，产生一个电讯号返回，控制面板上就给出一个有纸的信号。如果光电传感器长时间没有清洁，光电传感器表面就会附有纸屑、灰尘等，使传感器表面脏污，不能正确地感光，就会出现误报。以上这几种现象基本是同一问题，光电传感器表面脏污所致。

解决方法 拔掉电源，打开机盖。对于大多数针式打印机（如EPSON LQ-1600K、STAR-3200等），拿掉上盖板后，要先把与打印头平行 * 在打印头下部的一块小盖板拿掉（大约有20多厘米长1厘米宽），把打印头推至这中间（喷墨式打印机一般没有此小盖板），这样可以拿掉上盖，否则是拿不下来的。卸掉打印机周边的螺丝（大多数在打印机底部），慢慢活动就可以将外壳拆开，然后卸下黑色的进纸胶辊，要注意进纸辊两边是由一个切槽通过两个铁片卡住，只要用力推它，使它绕纸辊旋转，就可以拿下纸辊。此时能看见纸辊下有一小光电传感器，清除周围灰尘，用酒精棉轻拭光头，擦掉脏污，重新安装好纸辊、机盖等，通电开机，问题解决。

故障现象：打印时字迹一边清晰，而另一边不清晰。

原因分析：此现象一般也是出现在针式打印机上，喷墨打印机也可能出现，不过几率较小，主要是打印头导轨与打印辊不平行，导致两者距离有远有近所致。

解决方法：可以调节打印头导轨与打印辊的间距，使其平行。具体做法是：分别拧松打印头导轨两边的螺母，在左右两边螺母下有一调节片，移动两边的调节片，逆时针转动调节片使间隙减小，顺时针可使间隙增大，最后把打印头导轨与打印辊调节平行就可解决问题。要注意调节时找准方向，可以逐渐调节，多试打几次。

故障现象：打印时感觉打印头受阻力，打印一会就停下发出长鸣或在原处震动。

原因分析：打印头导轨长时间滑动会变得干涩，打印头移动时就会受阻，到一定程度就可以使打印停止，严重时可以烧坏驱动电路。

解决方法：在打印导轨上涂几滴仪表油，来回移动打印头，使其均匀。重新开机，如果还有此现象，那有可能是驱动电路烧坏了.

故障现象：打印字符残缺不全，并且字符不清晰。

原因分析：对于喷墨打印机，可能有两方面原因：1. 墨盒墨尽；2. 打印机长时间不用或受日光直射，墨嘴堵塞。对于针式打印机，可能是以下几方面原因：

1.打印色带用得时间过长；

2.打印头长时间没有清洁，脏污太多；

3.打印头有断针；

4.打印头驱动电路有故障。

解决方法：对于喷墨打印机，可以换新墨盒或注墨水，如果墨盒未用完，可以断定是墨嘴堵塞：拿下墨盒（对于墨盒喷嘴非一体的打印机，需要拿下喷嘴，但需要仔细），把喷嘴放在温水中浸泡一会，注意，一定不要把电路板部分也浸在水中，否则后果不堪设想，用吸水纸吸走沾有的水滴，装上后再清洗几次喷嘴就可以了。对于针式打印机，可以调节一下打印头与打印辊间的间距（在打印头移动线的周围可以找到），如果不行，可以换新色带，如果还不行，就需要清洁打印头了，方法是：卸掉打印头上的两个固定螺钉，拿下打印头，用针或小钩清除打印头前、后夹杂的脏污，一般都是长时间积累的色带纤维等，再在打印头的后部看得见针的地方滴几滴仪表油，以清除一些顽污，不装色带空打几张纸，再装上色带，这样问题基本就可以解决，如果是打印头断针或是驱动电路的问题，那只好拿到维修部去了。

故障现象：打印机开机后没有任何反应，根本就不通电。

原因分析：打印机都有过电保护装置，当电流过大时就会引起过电保护，此现象出现基本是打印机保险管烧坏。

解决方法：打开机壳，在打印机内部电源部分找到保险管（内部电源部分在打印机的外接电源附近可以找到），看其是否发黑，或用万用表测量一下是否烧坏，如果烧坏，换一个与其基本相符的保险管就可以了（保险管上都标有额定电流）。

故障现象：打印时纸上出现一条条粗细不匀的黑线，严重时整张纸都是如此效果。

原因分析：此种现象一般出现在针式打印机上，原因是打印头过脏或者是打印头与打印辊的间距过小或打印纸张过厚引起。

解决方法：卸下打印头，清洗一下打印头，或是调节一下打印头与打印辊间的间距。

十、打印机三大部件维修维护的方法与技巧

由于各种原因打印机在使用一段时间后经常会出现这样或那样的故障，而这些故障又集中在这三类打印机的三个主要部件上即：激光打印机的感光鼓、喷墨打印机的墨盒、针式打印机的打印头上，了解了这三大部件的维护与维修方法就等于修复和预防的打印机60% 的故障，这无疑对打印机的用户和维修人员具有十分重要的意义。

以下为大家介绍这三大部件的维护与维修方法。

1 、激光打印机感光鼓维修维护的方法与技巧

感光鼓是决定激光打印质量好坏的重要因素。对感光鼓的维修与维护主要包括以下四点：

★感光鼓的保养

感光鼓的使用时间与曝光的次数都是有限的，特别在长时间连续曝光时对感光鼓的损坏比较厉害。因此用户平时使用时应多注意感光鼓的保养。

1）感光鼓的清洁

感光鼓在使用一定时间后应进行清洁保养，方法是：

（1）小心地拆下感光鼓组件，用脱脂棉花或高级照相镜头纸将表面擦拭干净，但不能用力，以防将感光鼓表层划坏。

（2）用脱脂棉花或高级照相镜头纸蘸感光鼓专用清洁剂擦试感光鼓表面。擦拭时应采取轻轻顺一个方向螺旋划圈式的方法擦拭，擦亮后立即用脱脂棉花把清洁剂擦干净。

（3）用装有滑石粉的纱布在鼓表面上轻轻地拍一层滑石粉，即可装回使用。

2）及时清除废粉收集仓

平常在更换墨粉时要注意把废粉收集仓中的废粉清理干净，以免影响输出效果。因为废粉堆积太多时，首先会出现“漏粉”现象，即在输出的样稿上（一般是纵向上）出现不规则的黑点、黑块，如若不加以排除而继续使用，过一段时间在“漏粉”处会出现严重底灰（并有纵向划痕）。产生这种故障的原因是起先废粉堆积过满，使再产生的废粉无法进入废粉仓，而废粉仓中的废粉也会不断“挤”出来而产生“漏粉”现象，接着，由于废粉中包含着纸灰、纤维等脏物，较粗糙，与感光鼓长时间摩擦，而且接触越来越紧，压力越来越大，最终将感光鼓表面的感光鼓镀膜磨掉，感光鼓就会被损坏。因此输出的纸样底灰严重，并且一直是纵向摩擦，即在底灰中可见到纵向划痕，就应马上清理废粉仓。

3）感光鼓不能连续使用

激光打印机的感光鼓为有机硅光导体，存在着工作疲劳问题。 因此，连续工作时间不可太长，若输出量很大，可在工作一段时间后停下来休息一会儿再继续输出。最好放置一星期左右或更长的时间后再使用效果就较好，一般建议用 2 只以上粉盒互换使用，可以避免感光鼓的疲劳。

★用化学试剂擦拭的方法修复感光鼓

激光打印机使用较长时间后，输出的文字、图像便会模糊不清、底灰加重及字形变长等，其原因一般是感光鼓表面膜光敏特性衰老，表面电位下降，残余电压升高所致。遇到这种情况时，一般认为只有更换感光鼓了。其实不然，维修的实践告诉我们，遇到这种情况，亦可采用如下方法进行修复：到化学试剂商店购买一些三氧化二铬，每次取3-5克，用脱脂棉花直接蘸些三氧化二铬，顺着感光鼓轴的方向，轻轻、均匀、无遗漏地擦拭一遍。擦拭时要特别小心，避免指甲和其他硬物将感光鼓膜划伤。也不能用力过重，防止将感光鼓膜磨破而使感光鼓报废。用这种方法，可将疲劳的感光鼓表面层去掉，露出尚未衰老的光敏表面，经上述修复的感光鼓，一般来说可重新输出一两千张纸以上，使感光鼓的寿命得以延续，不妨一试。但如果感光鼓的光敏膜已脱落，则不可用此方法修复，只有更换新鼓了。此外，为防止感光鼓的光敏材料疲劳，如有条件的用户，可用两只鼓轮流使用，将不在使用的感光鼓用黑纸包裹好，放在阴凉处，经一段时间的恢复后再让其工作，这样轮流使用感光鼓，不但可保证打印质量，而且可延长感光鼓的使用寿命。

★用阳光照射方法延长感光鼓的使用寿命

Epson（爱普生）系列激光打印机具有优越的打印性能和方便的操作性能。但是由于其耗材价格较贵且其使用的硒鼓是很容易疲劳，当其疲劳之后，硒鼓表面不能退电，在打印介质上还会留下很“重”的底色，直接影响着打印的效果。

虽然上文也提到过用三氧化二铬擦拭硒鼓，可消除硒鼓的疲劳现象，但这种方法不一定可行的。因为三氧化二铬为固体颗粒（也不能溶解），在用它擦拭硒鼓表面时，可能会损伤硒鼓表面。经过多次试验，我们发现一种很简单的方法可消除硒鼓表面的疲劳现象，用此方法处理后，一只硒鼓能打印一万五千张以上文稿。

具体方法如下：当硒鼓发生疲劳现象后，先小心拆下硒鼓外壳，为防止损伤硒鼓表面，可用一块软布包住硒鼓表面，拆下外壳后，小心抽出硒鼓，将其放在阳光下照射一到两个小时，（虽然打印机说明书上介绍严禁将硒鼓放在阳光下照射）。然后再倒出废粉盒内的墨粉，可用小螺丝刀在废粉盒口来回划动，墨粉很快就会出来，这样可以防止在倒粉时弄得粉尘乱飞，将倒出的墨粉收集起来倒人墨粉盒中，又可为你省下一笔开支。之后用于软布清理一下硒鼓表面和粉盒的一些部位，完成后安装好硒鼓，即大功告成。

★感光鼓的更换方法与注意事项

做为激光打印机中重要的部件，感光鼓额定寿命一般在6000一10000张左右。当发现印品图像淡浅、深浅不匀，且非转印电晕电极及墨粉等原因引起时，则是感光鼓寿命终止，应进行更换。

以下就以常用的HP 6L打印机硒鼓为例，为大家介绍感光鼓的更换方法：

首先，要切断打印机的电源，将硒鼓从打印机上取出来，然后用斜口钳夹住一侧的金属销钉，用力小心向外拔出来（或者用钉子把金属销钉进硒鼓里，打开硒鼓后可将金属销钉取出来），两侧银色金属销钉拔出后可以将硒鼓分成两部分，有淡蓝色感光硒的一方是废粉的收集部分，而带有磁辊一方是供粉的部分。

然后把供粉的部分磁辊无齿轮一侧的螺钉旋下，拿下塑料壳后可看到一个塑料盖，打开该塑料盖，将碳粉仓内和磁辊上的碳粉全部清理干净，一定要将残留碳粉全部清理干净，最好用吸尘器吸净。然后将磁辊按刚才的相反顺序装好，此时应用力按住磁辊，防止磁辊脱离原位。把碳粉摇匀后慢慢倒入供粉仓内，上好塑料盖和塑料壳要注意把磁辊中轴末端上的半圆形与塑料壳上的半圆形小孔对好。轻轻转动磁辊侧面的齿轮数圈，使碳粉上匀。

现在就到了最重要的一步——更换新的感光鼓。将废粉收集部分固定感光鼓的固定销钉用斜口钳拔出，注意：不能用钉子把固定销打进硒鼓里，拔出固定销后可把旧感光鼓取出，然后，将废粉收集部分的废粉清理干净。按拆卸反顺序换上新的感光鼓，安装感光鼓时要注意，是有左右之分的，将有齿轮的那一边对接凹沟装上。然后将固定销钉上好固定感光鼓。新买的感光鼓有一条黑色防曝光封条，在安装前切勿撕去，以防止曝光，待安装好后检查无误才可撕去。最后将供粉部分和废粉收集部分按拆开时位置安装复原，插好两侧金属卡销，便可以开始打印了。

更换时应注意以下几点：

（1）拆下感光鼓后，做好必要的清理工作。新感光鼓开封后应直接装入盒座内，并尽快装入机内。切勿将感光鼓放在阳光下直晒，更不能让其表面触及坚硬物体。

（2）不能用手或不干净的物品触及感光鼓表面。有尘土附着时，只能用软毛刷轻轻刷去，不能使用任何清洁剂擦洗，必要时，可用墨粉去清扫。

（3）对于感光鼓和墨粉是一体化机构的，要同时成套更换。装入前应摇匀墨粉。

（4）更换时落在打印机内外的墨粉可用吸尘器吸除，用无水酒精擦洗。

（5）更换工作宜在较暗的工作室进行。

另外，应注意感光鼓在末拆除时有效期为两年半，拆封后的有效期为 6 个月鼓盒上印有有效期，一定要在有效期内使用。

2、延长墨盒使用寿命的两种方法

（1）假换墨

一些打印机并不是通过探测墨盒中的墨水来计量墨水耗用量的，而是通过计算总的字符打印量来计量墨水用量的，而厂家为了保险起见，在墨盒中装的墨水比这个“计数器”额定的墨水耗用量要多得多。我们可以通过用“假换墨”的方法，将“计数器”置零，使原来的墨盒还能用来打印，只要其中确实还有墨水就行。

下面以 EPSON-- COLOR 系列喷墨打印机为例

具体操作方法是：当打印机上的“墨尽指示灯”闪亮时，按下打印机面板上的“换墨按钮”，墨盒架会自行滑动到换墨位置，将墨盒架盖子揭开，但是不要取出墨盒，然后再将墨盒架盖子关闭，再按下打印机面板上的换墨按钮，打印机开始执行充墨动作，待充墨完毕后，你会看到打印机操作界面中的墨量指示条又是满的了。现在你已经能够再次使用这个本该报废的墨盒了，“假换墨”后，墨盒中的墨水是可以全部消耗尽的，这样至少可以增加原来打印量的 50% 以上。

“假换墨”后出现的问题是：当墨盒中的墨水真正耗尽后，不能用通常的方法更换墨盒。但可以按动清洗键，待墨盒架走到换墨盒位置时，强行关闭打印机电源，就可以像正常换墨那样掀起墨盒架盖子，取下已无墨水的墨盒，这时先不要放新墨盒进去，再次接通打印机电源，这时打印机探测到没有墨水，“墨尽指示灯”会闪亮，接下来按照正常方法换墨就行了。

EPSON 的说明书上写到，墨盒取下后就不能再使用，其原因是由于墨盒的特殊结构所至，若中途取下墨盒，会导致喷头管道中进入空气，从而在打印时引起断线。而且此时的断线要经数次清洗才能把空气抽出，会浪费大量墨水，所以 EPSON 为了防止出现这种情况而用户又不会处理，才告诫用户墨盒取下后就不能再使用。当然这种方法在某些打印机上的效果并不理想。

（2）为墨盒注墨（分别以 EPSONT 和 CANON 为例）

① EPSON 打印机墨盒注墨

★黑白墨盒注墨方法：

当打印机的黑墨净灯亮时取出黑色墨盒，用一次性注射器吸取 7ml-8ml 的墨液。将墨盒下的出墨孔向上；并倾斜至 45 度以防止在注墨快满时墨液从墨盒上部的平衡孔中流出。将一次性注射器中的墨液注如出墨孔即可注意要前快，后慢。 用纸擦尽出墨孔附近的墨液，立即将其装入打印机不得，最后经过一至二次的清洗，你就可以用了。

★彩色墨盒注墨方法：

如果你想加彩色墨，其操作规程与上相似，只不过更加繁琐；因为你要用三付一次性注射器进行三次操作，并且注入的墨量可能都不一样。（彩色墨净灯亮时并不是其三色墨盒都以尽了；注墨量在 5ml 左右。）

② CANON 打印机墨盒注墨

佳能带喷头的墨盒常见的有两类，注墨孔（也即通气孔）在侧面的为一类：如黑色的 BC-01/02/03，彩色的 BC-05/06/09；注墨孔（也即通气孔）在上面的为另一类：如黑色的 BC-20/23，彩色的 BC-22/22e/29F。注墨孔是生产时加墨水用的，封口的塞子上有个很小的眼为通气孔，是用来保持内外压力平衡的。两类墨盒的结构和加墨方法基本相同，用随带的钻头插入通气孔的小眼略旋两圈，吃住力，轻轻拔出通气孔上的塞子，彩色墨盒需用牙签分别判断颜色，将注墨针头插入孔内注墨，注毕后将塞子压回。需注意的：一是加墨以不超过海棉的容纳能力为限，否则打印时易发生甩墨；二是加墨时不要过猛，要有控制，避免溢出来，尤其是彩色墨盒，几种颜色的注墨孔距离都较近，一旦溢出，渗入其它颜色的墨格，墨盒就会因混色而不能使用。另外，BC-03 的墨盒有两种样式，一种是前面说过的，另一种是侧面带一个透明的储墨室，室壁上的注墨孔用一个钢珠封住，它的加墨方法是，用随带的顶杆将钢珠压入储墨室，注毕墨水后用随带的新钢珠将注墨孔封住。

通过为墨盒注墨的确能延长墨盒的使用寿命，但喷头也十分容易因此而堵塞，这样做确实会损害打印机的寿命。

十一、教你省钱两招

基于许多办公室还在使用喷墨打印机的特点，本文将介绍彩喷的连喷系统和灌装墨盒等技术，为削减办公成本提供一些有益的建议。

办公最节约之方式——连续供墨系统

连续供墨系统是国人的一大发明。其降低喷墨打印机的成本 5 倍以上！这也是喷墨打印机这几年来蓬勃发展的重要原因。

连供系统的原理就是将一般墨盒改装成可连续供墨的墨盒。现在已经出现了专门针对连喷墨盒，而且有“集团化”倾向，这也使得连供系统的造价相当优惠。

事实上现在的连喷系统在改装打印机时对打印机的破坏性几乎趋于零。或者说对打印机没有破坏。如果你愿意，随时都可以改回原来格局。至于连喷系统的成本。一般保守估计可节约 70% 以上。

再生墨盒——便宜的替代方案

再生墨盒即对墨盒进行重新利用，其对墨盒进行简单的处理，灌注墨水后再进行销售。当然其与原装墨盒还有很大区别，其不良品大于原装墨盒，漏墨几率也大于原装墨盒。但相应的，再生墨盒的成本也大为降低。值得注意的是，再生墨盒并不是非法禁止的。而是国家提倡的节约方式。

再生墨盒通过将回收来的墨盒盖打开，将其中的海绵取出进行清洗风干，并对喷头进行超声波清洗，然后将海绵装进墨盒，用摩擦焊机将头盖焊好，抽真空进行灌装，工艺严格按新品进行。所以一般情况下，再生墨盒的打印效果仍然是比较令人满意的。而普通灌装仅仅只是将墨水注入墨盒内，存在很多问题。所以市场上存在不少黑心商，将灌装墨盒当作再生墨盒进行销售，消费者很难辨认，唯一选择信誉好的商家进行购买，或者选择有防伪查询的产品进行选购。 在成本上，再生墨盒约为原装墨盒成本的 60%，但其打印效率、墨水色彩都有一定差距。

十二、高速彩色激光打印机是 SoHo 族理想的选择

针对 SOHO 选打印机

对于 SOHO 办公用户而言，为了工作需要，打印机是最为常见的设备，按照打印设备的产品形态来看，目前市场上主要有黑白激光打印机、彩色喷墨打印机、彩色激光打印机以及多功能一体机。

SOHO 办公用户到底需要什么样的打印设备？最终需要根据实际应用方向而定，一般而言，黑白激光打印机由于不具备彩色打印能力，所以只适合需要专门输出黑白文稿的行业用户购买（如电子商务公司打印订单）。彩色喷墨打印机由于价格便宜，打印能力好，能够完成 SOHO 办公用户的打印需求，但 SOHO 办公用户打印量比较大，由于耗材昂贵，导致了后期打印成本高，同时打印速度也不够理想，因此，彩色喷墨打印机并不是 SOHO 用户的理想之选，它更加适合普通个人用户购买（如家庭用户打印数码照片）。

对于多功能一体机而言，由于产品体积大，SOHO 办公用户的空间不宽裕，摆放起来比较占用办公桌面，而且一体机价格也比较贵，尽管具备了多种功能，但对于以打印文件

为主的SOHO办公用户，一体机的辅助功能似乎并不实用。毫无疑问，SOHO办公用户在进行办公时，主要使用打印机来打印黑白文稿，并且打印量比较大，这就要求打印成本不能太高，同时为了提高效率，要求打印速度也尽可能快一些，更为重要的是，SOHO办公用户有时也需要打印一些彩色文件（比如照片、设计图案等）。此外，现在彩色激光打印机价格已经很便宜，3000元级别的产品具备了高速输出、照片打印等任务，可以更好地满足SOHO办公用户的购买需要。

赚钱利器：多快好省的彩激打印

★速度因素

虽然彩色喷墨打印机也能适合SOHO办公用户购买，但从普通文件的打印速度来看，彩色激光打印机无疑占有优势（一般为每分钟输出20页以上），尽管彩色激光打印机的彩色输出速度并不高（一般为每分钟8页输出能力），但SOHO用户在打印彩色照片的要求上并不高，平时也只是偶尔打印一些彩色照片，这样的速度基本能满足他们的需求。毫无疑问，SOHO办公用户的打印机主要以打印黑白文稿为主，并且要求打印速度尽可能快。当然，为了偶尔的需要，打印机必须具备彩色输出功能作为辅助条件。因此，由于打印速度上的优势，选择彩色激光打印机可以提高SOHO办公用户的打印效率。

★打印成本因素

除了打印速度外，打印成本是SOHO办公用户最关心的。从使用耗材上来讲，彩色喷墨打印机需要使用墨盒，如果打印任务大，就需要频繁更换墨盒，要知道，墨盒价格是非常贵的，这显然会提高用户的打印成本。据了解，彩色激光打印机的每页彩色打印成本约0.6元，不到同等效果喷墨打印的一半，如果打印量大、打印时间长，1年下来，选择彩色激光打印机节省下来的钱往往能买下一台新的打印机了。另外，彩色喷墨打印机要求使用特殊的纸，而彩色激光打印机对纸张没有特殊要求，在普通纸上就能得到非常好的打印效果。无疑，特殊的纸在价格上要远远贵于普通的纸，在要求不高的情况下，选择普通纸能进一步降低打印成本。

★后期维护因素

其实后期维护上的成本，也是SOHO办公用户比较关切的，有的SOHO办公用户为了节省购买资金，可能会选择彩色喷墨打印机，但由于喷墨打印机的喷嘴易损坏，并且不能进行大量打印，在打印时还要非常小心，容易搞脏环境，耗去大量的管理成本，而彩色激光打印机由于采用的是墨粉吸附式的打印方法，克服了彩色喷墨打印的这些问题，同时彩色激光打印机的文字打印也比喷墨方式更清晰，保存得更长久，因此更适合办公用户使用。从使用寿命来看，彩色激光打印机的寿命多在5年以上，而彩色喷墨打印机一般为3年。使用一台彩色激光打印机，就可以完成两台设备所要完成的任务，并且可以减少后期的维护成本。

多快打印才够用？

我们所说的打印速度，是指每分钟可输出的页数（一般指A4幅面），对于彩色激光打印机而言，由于很多产品都采用了四次成像技术，导致了其彩色打印速度只有黑白打印速度的1/4左右，比如一台彩色激光打印机的黑白打印速度为25ppm，其彩色打印速度可能只有5ppm，当然，这并不影响SOHO办公用户使用。从价格方面来看，现在市场上的彩色激光打印机虽然普遍偏贵，但是有便宜的，低价彩色激光打印机价格在3000元内。但要注意的是，不少低价产品的黑白打印速度只有12ppm甚至8ppm，这显然无法满足SOHO办公用户需求。对于SOHO办公而言，建议选择黑白打印速度在20ppm以上的产品，幸运的是，现在市场上很多3000多元的彩色激光打印机，其黑白打印速度都达到了20ppm。

在打印速度的选择上，高价产品自然打印速度快一些，一般而言，主流彩色激光打印机的价格在5000元左右，其黑白打印速度在25ppm以上，有的产品达到了30ppm，高端彩色激光打印机则需要8000元以上，不仅打印速度快，而且打印分辨率也更高，但价格贵，显然不适合SOHO办公用户选购，对于对彩色打印要求不高的SOHO办公用户，建议选择3000元级别的产品，但根据不同应用的定位，很多彩色激光打印机的打印速度往往又与价格并不成正比，比如专门针对中小企业用户推出的低价产品，其打印分辨率为600 × 600dpi，但打印速度可能达到了25ppm，而针对图像输出的高端产品，打印分辨率为2400 × 600dpi，但打印速度却慢得可怜。

首页输出，速度的关键指标

在选购时，还要注意首页输出时间。首页输出时间指的是在打印机接受执行打印命令后，多长时间可以打印输出第一页内容的时间。该时间越短，打印速度就越快，当然价格也贵一些，一般而言，彩色激光打印机的首页输出时间在5秒到25秒之间，3000元级别产品的首页输出时间一般为14秒到17秒之间，而5000元级别的产品一般为7.8秒至14秒不等。在一定意义上，首页输出时间比打印速度更有实际的价值，可以说是产品易用性的一个体现，尤其是对于经常打印文件的办公用户来说，建议SOHO用户选择首页输出时间在15秒内的产品，而那些10秒内的产品，更适合中小企业办公选购。

要高速先留神分辨率

分辨率（Resolution）是购买所有打印机都应关注的一项指标，分辨率的单位是dpi（中文含义是每英寸介质上可打印的点数）。网络激光打印机的分辨率概念与普通激光打印机并无不同之处，同样是dpi越高越好，但是由于网络激光打印机工作重点是强调输出速度，因而对输出精度无过高的要求，过高的分辨率反而会使输出速度变慢。就当前市场的网络激光打印机而言，其分辨率普遍为600dpi，高档产品可达到1200dpi（非模拟1200dpi）。作为中小企业，选择600dpi的网络激打就已足够，没有必要追求过高的分辨率。

十三、需求是网打发展的原动力

近年来，由于高端产品的价格门槛一再降低，新兴的“主角”网络打印机，正处于应用的主流之颠，近年来一直保持着稳定的增长。

持续发展 成长没有烦恼

网络打印是伴随着网络技术的发展，而兴起的一项技术，它利用网络连接代替了传统的打印机与计算机之间并口连接，利用网络数据传输实现打印机和计算机间的双向数据交换，严格地讲，网络打印机技术实际上是一种接口替代技术。

网络打印不但方便、快捷，还能轻松地处理海量信息、简化操作及维护程序，从而减少人力资源的浪费并降低管理成本。由于针对各细分市场，各厂商都有相对的产品线，因此目前网络打印机能够充分利用网络资源为包括SOHO办公环境、普通商务办公环境及专业级用户提供高效、高负荷、易管理、易操作的个性化办公打印解决方案。

目前，网络打印机的市场份额占到整个激光打印机市场份额的20%左右，今年这一数据将被继续刷新。

激发应用 需求是推动力

目前，随着应用的不断深入，原来被定位于高端的网络打印机开始面向更加细分的市场目标。具体对象包括专业级用户，如金融、保险机构等的财务部门；有生产型打印业务需求的大中型企业；以及普通商务办公环境。

★面向专业应用

对于高端用户如金融、保险、电信等机构，由于票据打印、CAD设计输出、印前设计打样输出等的业务量日益增加，因此需要专业级的网络打印机，如A3幅面激光打印机来满足日常打印需求。

以电信运营商账单查询打印需求为例，随着电信市场上移动电话、固定电话之间及各电信运营商之间的竞争日益激烈，自助式账单查询打印服务成了电信运营商争夺客户的重要阵地，考虑到自助式账单查询打印设备的用户自助使用、系统的安全性要求、容错性要求、用户界面要求以及便于操作等特点， A3幅面以上的专业级打印机成为这一市场的主角。网络打印机不但解决了高端应用需求，也在一定程度上增强了高端用户在市场中的竞争力。

★面向大中型企业

对于一些大中型企业及有半生产型打印业务需求的企业，也有相应的网络打印产品线与之相匹配。拿生产型的企业来说，尽管这样的企业可以选择大型高端的海量打印系统，但因为这些用户首先考虑的会是投入与产出比的最优化，也就是用最小的资金投入来达到最大的产出和回报，因此，可以有另外一种选择——选择中端激光网络打印机并进行并行处理。由于中端激光网络打印机在成本上相对经济，无需太多投入，在性能上也有保障，并能够在短时间内迅速采购并配置生产，同时能够保障在产品周期内，打印机的高速度、高负荷运作及高可靠性、稳定性，因此，十分适合这些企业用户的业务应用。CCID数据显示，2002年激光打印机在大型企业市场和中型企业市场的应用分别是总量的7.38%和19.5%，其中网络打印机是主流应用。

无论从短期的投资效果上看还是从企业长远的发展上看，选择网络打印都不失为理想的选择。除此之外，中端网络激光打印机一定程度上的“智能”，还能帮助企业建立处理大量个性化打印和预印介质的核心业务能力，从而使企业能够获得为更多客户处理类似任务的商业机会。因此，就目前的打印市场需求而言，中端网络激光打印机也是别有一方天地的。

★面向中小企业

当网络打印机的价格坚冰被打破，中小企业用户终于有机会品味网络时代的打印“品质”。目前绝大多数的厂商们都纷纷推出了各自入门级的低端网络打印机，以适合普通商务办公环境用户的打印需求。这一层次的网络打印产品线，无法在速度、分辨率、打印负荷量等性能上与中高端产品线相比，但其方便、个性化及一定的效率、网络功能及可管理性还是较一般针式打印机或喷墨打印机要优越许多。

在应用需求的基础上，价格成为一针催化剂，使低端网络打印产品受到了商务办公环境用户的青睐。目前的低端网络打印市场，由于市场需求量大，又相对容易进入，因此厂商云集，出现了百花齐放的壮观场面，产品也空前丰富。

★定位明确 网打发展趋势

随着科技的不断进步以及人们观念的不断更新，品质将渐渐成为消费人群在生活和工作上的主题。可以预测的是，未来网络打印机的高端产品线在功能上将更强大、更富有专业气质，而低端产品线，则会在倡导轻松、安逸的生活观念下，更加体现出功能人性化、价格平民化、应用生活化的特点。

目前，一些网络打印机的应用已经揭示了未来的发展发向，例如在一些酒店，房客可以通过房间里的网络打印机定制自己喜欢的报纸；而韩国的一些保险公司则在市内各酒店及大型餐饮场所放置网络打印机，以方便保险销售人员在交易成功后到最近的地点打印合同。人们常说，人在变，社会在变，生活在变，而网络打印机的不断更新变化，必将为我们带来不一般的工作享受、生活品质，我们期待网络打印市场的成长。

★网络打印四要素

作为最早推出激光打印机的厂商之一富士施乐认为，真正的网络打印机应该具备的基本要素有四点：

要素一：网卡是必需的

网络打印的网卡必须是标配的，而不应该是外置或选配的。打印机的主板是否进行了针对网络环境的设计，如果没有的话，那么它根本不能称为真正意义上的网络打印机；如果有这种设计的话，那么用户在把这台打印机当作个人打印机使用的时候，就要在所花费的资金中浪费一笔费用，去购买他所不需要的网络设计。可以看出，真正意义上的网络打印机非常重要的一点是，它的网卡必须是标配，这样才能确保它的主板是真正为了网络环境而进行过专门设计的。

要素二：“内存”足够大

越大的网络，要求打印机的内存就越大，而且要求内存可扩展性要强。以富士施乐网络打印机为例，它的内存条是EDO的，用户在市场上随处都可以买到，自己动手就可以进行打印机内存的升级。而且在网络打印机的存储单元上，还有许多选配件，如硬盘、闪存等，这些都可以不断地加强打印机的网络处理能力，网络打印机在存储容量上具有超出个人打印机的优势，是其应该具备的基本要素之一。

要素三：适合各种网络

虽然没有一台打印机可以做到无所不能，但是对网络打印机的最基本的要求是，应该适合目前流行的所有主流网络，并且应该让这台打印机尽可能地完成不同环境下的打印任务。作为网络打印机，它应该可以在多种网络协议下同时工作，只要基于以太网结构的协议，它应该都能够支持，而且在几个作业同时进行打印的时候，它们彼此之间也不会有相互的影响，没有需要手动切换或者需要软件设置之类的麻烦。

要素四：具备冗余“能力”

以前很多人在评价网络打印机的时候，都会考虑到打印机的处理器速度，但是在比较处理器主频的同时，其冗余处理功能也非常重要。

在网络上进行打印的时候，发送过来的打印作业要进行排队，在处理前一个作业的时候，还要将随后收到的作业进行队列管理，而不能 “拒之门外”。冗余处理功能的存在，完善了网络打印机的队列管理功能，它在前端处理文件的过程中，后端进行简单的队列管理，防止了通常所说的“丢包”现象的发生。甚至有些打印机上还使用了一个协处理器，这也是为了更快、更好地处理冗余作业的需要。

十四、识别真假 HP 原装墨盒的五招

触摸鉴别：HP 打印机墨盒有其独特的防伪技术，在 HP 任何型号墨盒产品的外包装背面右下角上会有生产地点及安装日期的字样（竖行字体）。原装 HP 产品的字样用手轻轻触摸会有凹凸感，而假冒产品触摸手感平滑。这是鉴别 HP 墨盒的一个最基本的方法。

变色防伪标签：为了方便广大 HP 用户使用和判别 HP 墨盒真伪，HP 公司近年对各种墨盒的包装进行了更新。在新版墨盒的外包装右侧增加一个印有 HP 公司注册商标的“防伪标签”。用户能通过防伪标签上的颜色来判断 HP 原装墨盒的真伪，从正面看的时候，“hp”的标志呈现的是绿色，但从侧面看的时候，这个图案会变成蓝黑色。

有无注墨孔：有注墨孔一定是假货。由于绝大部分的假冒墨盒是用使用过的原装墨盒经过灌装或翻新而成的，所以，在墨盒的顶部会有注墨孔，而原装 HP 墨盒是没有任何注墨孔的。

测轻重：真货重，假货轻。同型号的真假墨盒的墨水含量是不一样的。假货的含量少，重量轻，用手掂一掂感觉很明显。

记号识别：售假者一般会把真假墨盒放在一起销售，为以示区别，通常会在墨盒上做个记号，如打勾或盖个小圆章。有的记号是在真货上，而有的是在假货上做。因此，在遇到有记号的墨盒时，还要仔细辨别清楚。

富士施乐A3彩色激光打印机DocuPrint C4350

DocuPrint C4350配备600MHz PowerPC高性能处理器，采用了独立开发的快速Micro Tandem激光打印引擎，大幅度缩短纸张传送路径，实现了黑白每分钟45页、彩色每分钟35页的高速打印。DocuPrint C4350拥有超短预热时间，彩色首页输出时间小于9.7秒，黑白首页输出时间小于6.9秒；标配256M打印内存，最大可扩展到768M，有效提高打印处理速度。

DocuPrint C4350应用了富士施乐先进的彩色激光打印技术，采用全新EA-HG墨粉，使用全彩色、直径仅为5.8微米的微粒子EA墨粉，进一步提高打印质量，最高可达1200×1200dpi打印分辨率，输出色彩也更加亮丽。

DocuPrint C4350内置硬盘，标配10/100Base-TX网卡，双面打印单元以及PS卡，还可配装大容量纸盒，纸张容量高达3120页。丰富的配置能够充分满足用户需要，有效保证打印输出的稳定性。

除此之外，DocuPrint C4350还拥有多种附加功能，能够为用户提供更多便利。DocuPrint C4350可接受多种介质类型，支持305mm*1200mm的横幅打印、机密打印等。值得一提的是，DocuPrint C4350除具有标准装订和打孔功能外，还可以选配骑马订和双折页等高级装订功能，可以完成文档制作的一条龙工作。

DocuPrint C4350大容量耗材设计不仅易于维护、更换，同时实现了更低的单张打印成本。同时它还符合国家能源之星计划，节约功耗，为用户提供了全方位的低运行成本。

DocuPrint C4350性能出色，功能强大，使用经济，充分满足工作组级办公用户，数码快印店，以及专业图像输出部门的彩色输出需求。

北京交通大学经管学院 张新

富士通DPK300窄行通用汉字打印机

中文超高速打印240字/秒；
IEEE-1284双向并行接口、串口、USB口；
打印头寿命4亿次/针；
长寿命色带600万字符；
新一代断针检测补偿功能；
智能参数设置功能；
智能压缩打印功能，宽行报表照样打印；
智能软件在线升级功能；

富士通打印机

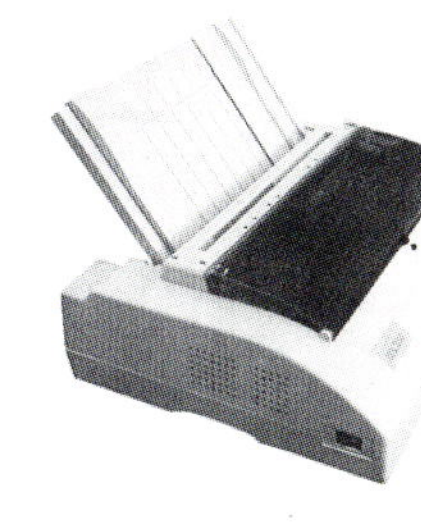

富士通打印机

富士通DPK700窄行平推票据打印机

超高速打印300字符/秒；
日本富士通长寿命打印头4亿次/针；
长寿命色带550万字符；
多种进纸方式，操作更加人性化；
智能压缩打印功能，宽行报表照样打印；
软件智能在线升级功能；

富士通DPK800平推票据打印机

中文超高速打印201字/秒；
最大打印纸厚度0.65mm；
IEEE-1284双向并行接口；
拷贝能力1+6P；
长寿命色带800万字符；
平均无故障间隔时间：10000小时；

富士通打印机

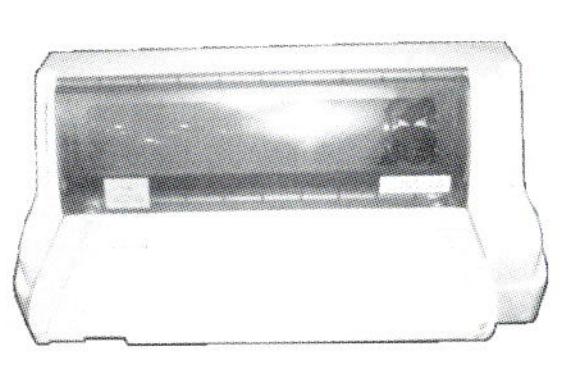

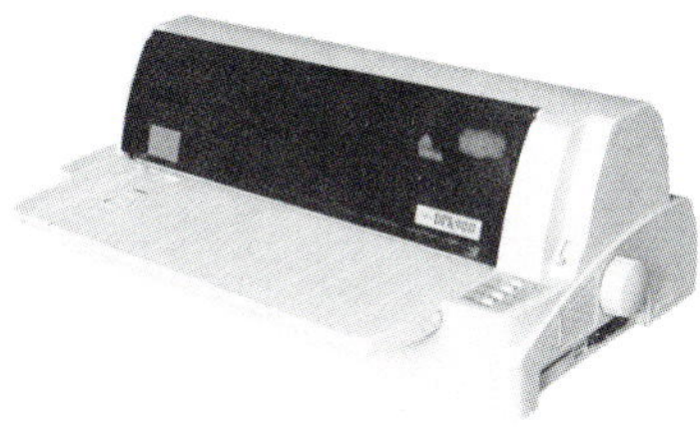

富士通打印机

富士通DPK900宽行平推票据打印机

超高速汉字打印200汉字/秒；
长寿命打印头4亿次/针；
长寿命色带1000万字符；
多种进纸方式，操作更加人性化；
软件智能在线升级功能，软件更新更加方便；
智能远程设置打印参数；
Windows环境下仿真自动匹配

富士通DPK500通用汉字打印机

超高速打印360字符/秒；
打印头寿命：4亿次/针；
35m长寿命色带：1000万字以上；
平均无故障间隔时间：10000小时；
软件版本更新：FLASHROM在线升级；
汉字大字库GB18030

富士通打印机

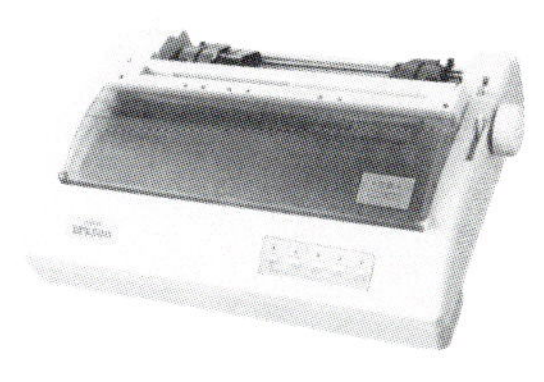

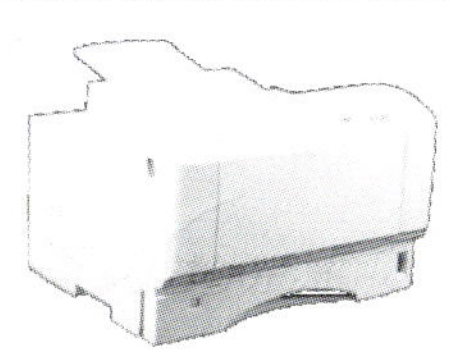

富士通打印机

富士通FL2100高速激光打印机

打印速度：21.6PPM；
首页出纸时间：9.5秒；
分辨率：1200*1200dpi；
硒鼓寿命：10000页；
最大纸容量：280张；

富士通MPK1210/1230微型打印机

移动警务系统；
烟草配送系统；
公用事业抄表系统；
移动办公/移动物流系统；
便携式仪器仪表/检测设备配套设备；

富士通打印机

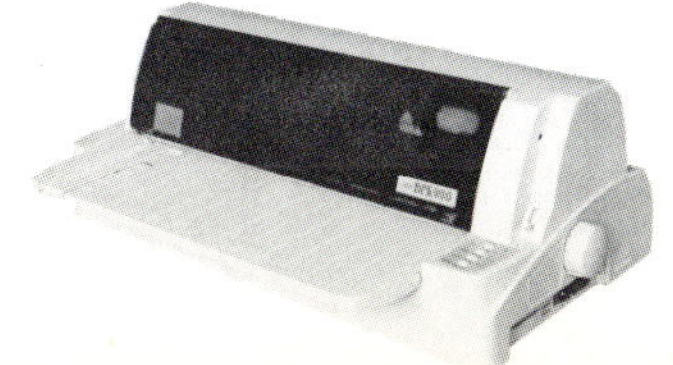

富士通打印机

富士通DPK880票据证件打印机

最大用纸厚度1.5mm；
自动调节纸厚；
IEEE-1284双向并行接口、USB接口；
打印头寿命4亿次/针
长寿命色带800万字符

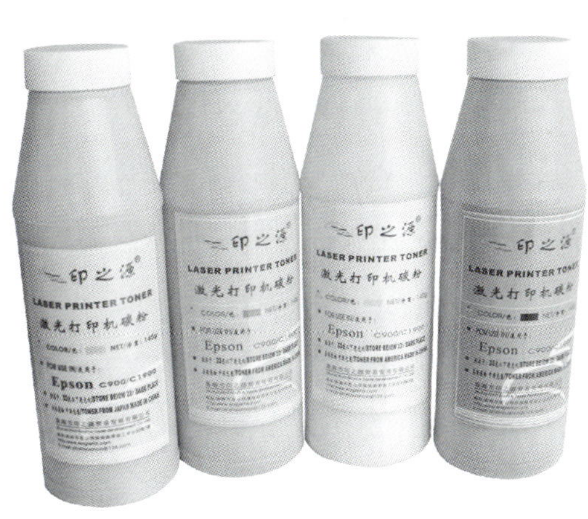
印之源
LASER PRINTER TONER
激光打印机碳粉
Epson

鹰旗 EAGLE FLAG
鹰旗办公设备有限公司
EAGLE FLAG SUPPLY LTD

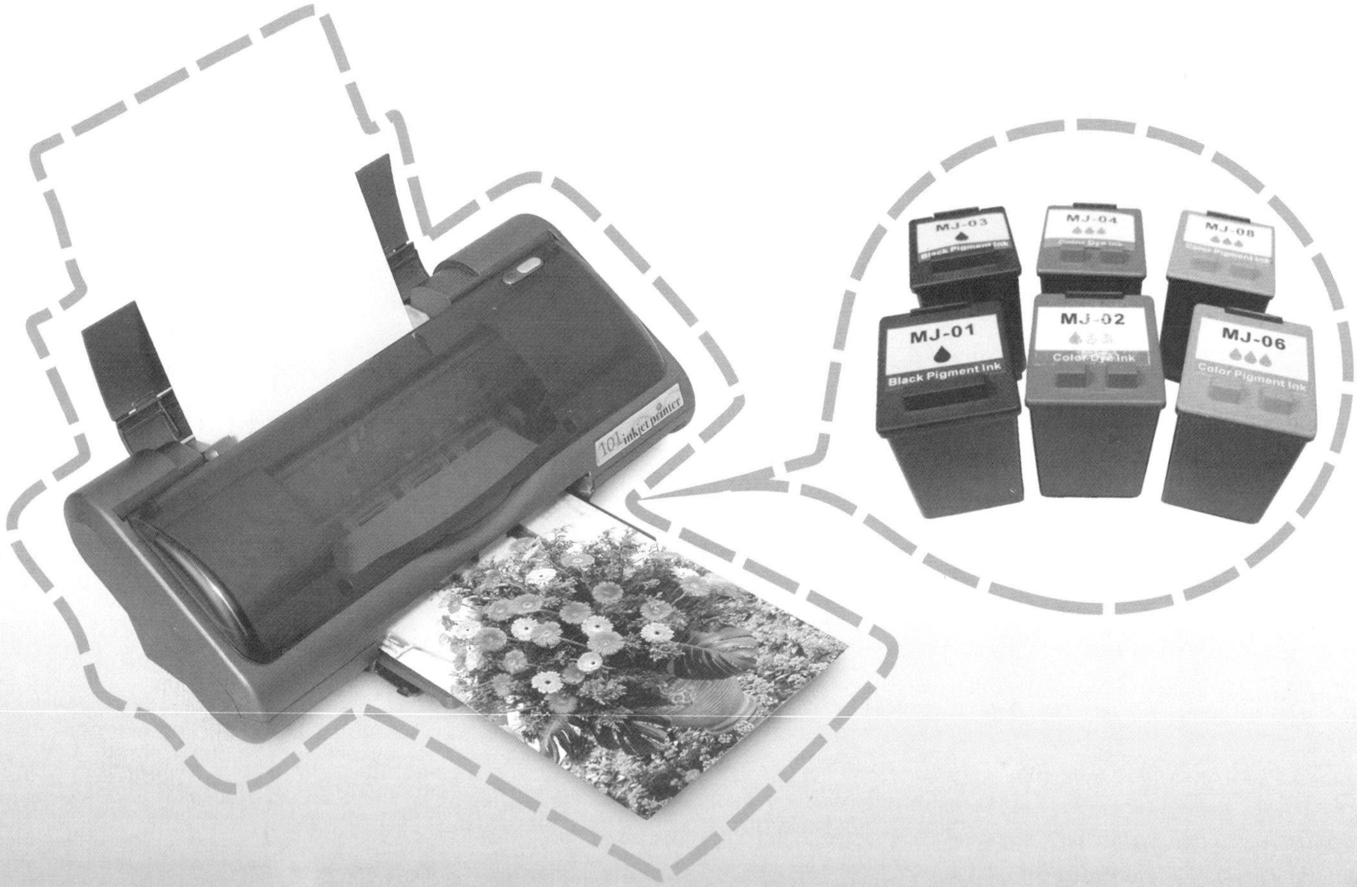

CHINA ETERNAL COPIERS TECHNOLOGY CO., LTD

北京中恒复印材料技术有限公司

品牌	型号	品名	产地	CET号码
理光	AFICIO 1015/1018	感光鼓	JAPAN	CET1813
理光	AFICIO 1035/1045	感光鼓	JAPAN	CET6000
理光	AFICIO-200/250	感光鼓	JAPAN	CET1816
理光	AFICIO-550/650/850	感光鼓	JAPAN	CET1891
理光	FT-6645/6655/6665	感光鼓	JAPAN	CET1847
理光	FT-4027/5035/5840	感光鼓	JAPAN	CET1817
理光	FT-4418/4422/4215	感光鼓	JAPAN	CET1818
理光	FT-4015/4615	感光鼓	JAPAN	CET1894
理光	FT-4015/4615	鼓+刮板	JAPAN	CET5376
理光	AFICIO 1013/1515	鼓+刮板	JAPAN	CET5377
理光	AFICIO 1015/1018	鼓+刮板+充电辊	JAPAN	CET5378
理光	AFICIO 2015/2018	鼓+刮板+充电辊	JAPAN	CET5381
理光	AFICIO 1022/1027	鼓+刮板+充电辊	JAPAN	CET5382
理光	AFICIO 1035/1045	鼓+刮板+充电辊	JAPAN	CET4199
理光	AFICIO 2035/2045	鼓+刮板+充电辊	JAPAN	CET4200
理光	AFICIO 3035/4035	鼓+刮板+充电辊	JAPAN	CET4201
美能达	Di152/183	感光鼓	JAPAN	CET1821
美能达	Di250/350	感光鼓	JAPAN	CET1822
美能达	Di251/351	感光鼓	JAPAN	CET1822
美能达	Di1611/1811/2011	感光鼓	JAPAN	CET1821
美能达	Di2510/3510	感光鼓	JAPAN	CET1822
美能达	Di450/470/550	感光鼓	AEG	CET1824
美能达	Di450/470/550	感光鼓	JAPAN	CET3504
美能达	Di520/620	感光鼓	AEG	CET1877
美能达	Di551/650	感光鼓	JAPAN	CET2757
美能达	Di750/850	感光鼓	AEG	CET1890
美能达	EP-1050/1052/1054	感光鼓	AEG	CET1825
美能达	EP-2050	感光鼓	AEG	CET1826
美能达	EP-2080	感光鼓	AEG	CET1827

产品热卖中……

更多产品、更多优惠、敬请垂询！

国内分公司

北京世纪中恒办公设备有限公司
地址：[illegible]
电话：[illegible]

上海卓恒智能办公设备有限公司
地址：[illegible]
电话：021 [illegible]

成都中恒办公设备有限公司
地址：[illegible]
电话：028-85214583
028-85214795

西安中恒现代办公经销部
地址：西安市雁塔路中段78号地勘招待所033号
电话：029-85535961 13572905184

广州恒市办公设备有限公司
地址：广州市天河区五山路135号天立大厦K238座
电话：020-87532147 85515878 85513753

CHINA ETERNAL COPIERS TECHNOLOGY CO., LTD

北京中恒复印材料技术有限公司

品牌	型号	品名	产地	CET号码
美能达	EP-3050	感光鼓	AEG	CET1828
美能达	EP-4050	感光鼓	AEG	CET1829
美能达	EP-4000	感光鼓	AEG	CET1830
美能达	EP-5000	感光鼓	AEG	CET1814
美能达	EP-6000/6001/6002	感光鼓	JAPAN	CET1831
美能达	EP-6001/6002	感光鼓	AEG	CET1864
美能达	Di152/183/1611/1811/2011	鼓+刮板	JAPAN	CET5383
美能达	Di250/350/251/351/2510/3510	鼓+刮板	JAPAN	CET5390
夏普	AR152	感光鼓	JAPAN	CET1832
夏普	AR150/158	感光鼓	JAPAN	CET1834
夏普	AR160/161/201	感光鼓	JAPAN	CET1833
夏普	AR270DR/275DR	感光鼓	JAPAN	CET1873
夏普	AR350DR/450DR	感光鼓	JAPAN	CET1876
夏普	AR250/280/281/336	感光鼓	JAPAN	CET1858
夏普	AR501/505	感光鼓	AEG	CET2887
夏普	AL1000/1240	感光鼓	JAPAN	CET1834
夏普	SF-2022/2027	感光鼓	JAPAN	CET1837
夏普	SF-2116/2118	感光鼓	JAPAN	CET1838
夏普	SF-1016/1116/226	感光鼓	JAPAN	CET1872
夏普	AR160/161/201	鼓+刮板	JAPAN	CET5398
夏普	AR235/AR275	鼓+刮板	JAPAN	CET5400
夏普	AR350/450	感光鼓	JAPAN	CET5409
东芝	E-studio168/208 DT1600/2500	感光鼓	JAPAN	CET1841
东芝	E-studio 230/280s	感光鼓	JAPAN	CET1841
东芝	E-studio358/458 DT2800/3500/4500	感光鼓	AEG	CET1842
东芝	E-studio550/650/810	感光鼓	AEG	CET1892
东芝	OD-1710/2310		JAPAN	CET1844

产品热卖中……

更多产品、更多优惠、敬请垂询！

国内分公司

北京世纪中恒办公设备有限公司
地址：北京市海淀区中关村大街18号科贸电子商城5特09室
电话：010-82537825 82538856

上海卓恒智能办公设备有限公司
地址：上海市徐汇区漕溪路2楼169号218~221室
电话：021-64862141 64870535 64870523

成都中恒办公设备有限公司
地址：成都市一环路南二段1号数码同人港409室
电话：028-85214583
028-85214795

西安中恒现代办公经销部
地址：西安市雁塔路中段78号地勘招待所033号
电话：029-85535961 13572905184

广州恒帝办公设备有限公司
地址：广州市天河区五山路135号天立大厦K238座
电话：020-87532147 85616878 85613753

SHEC® 山东华菱电子有限公司

Shandong Hualing Electronics Co.Ltd.

山东华菱电子有限公司(以下简称山东华菱)是一家集研发、制造、营销、服务于一体的中日合资企业,引进日本三菱电机的规模生产技术、品质管理技术和开发技术，为全球用户提供质量上乘的热敏打印头（TPH）和接触式图像传感器（CIS），现已达到年产TPH 400万台，CIS 400万台的生产能力。

我司是目前国内唯一一家具有独立开发、研制、生产、服务能力的TPH/CIS的企业,拥有自己的知识产权,可为客户提供不同打印密度、打印速度和幅宽的TPH，高速、高密度的单色、彩色及各种不同组合光源的CIS。产品广泛应用于传真机、多功能打印机、孔板印刷机、特种打印机,各种扫描仪、支票阅读机,验钞机、清分机等设备仪器。产品除满足国内市场需求外,绝大部分出口到日本、欧洲、北美,东南亚、台湾、香港等国家和地区，在全世界销售的众多名牌传真机,打印机,扫描仪等产品中均有山东华菱的产品。

到2006年为止,公司已获得52项新型专利，并在2006年获得中国优秀专利奖。1999年被认定为省级高新技术企业，2006年被认定为国家火炬重点高新技术企业。公司于2002年分别通过ISO9001和ISO14001体系认证。作为专业厂商,我们将洞悉客户的需求,可在最短时间内为国内外客户提供优质产品和高效的技术、品质和售后服务。

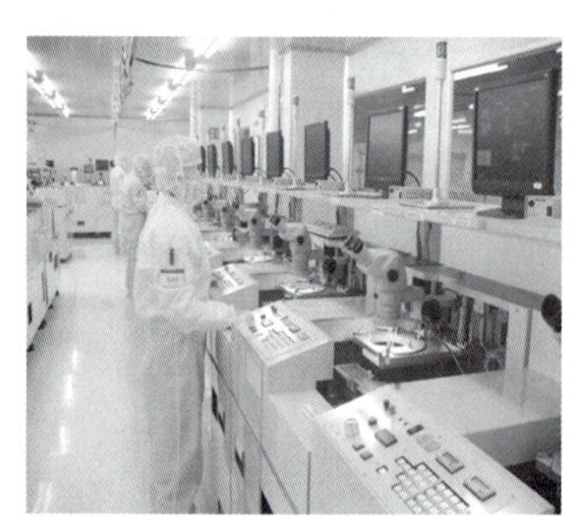

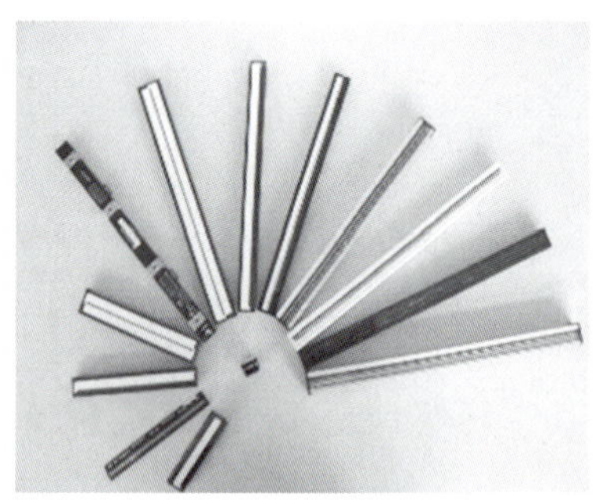

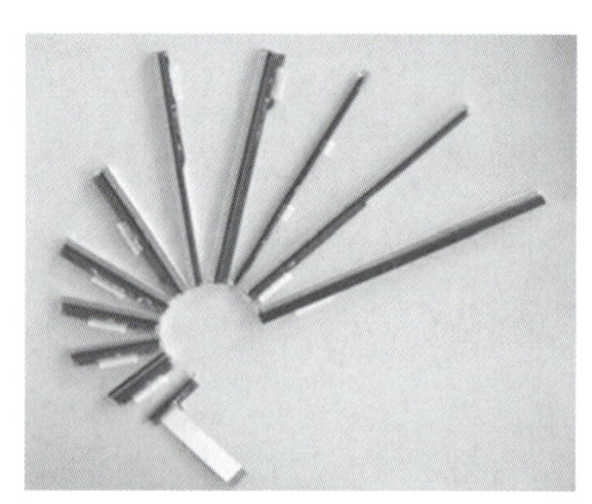

重点高新技术企业证书

经认定，山东华菱电子有限公司

为国家火炬计划重点高新技术企业

批准文号：国科火字[2006]67号

科学技术部火炬高技术产业开发中心

二〇〇六年

No: Q20060210　　有效期二年

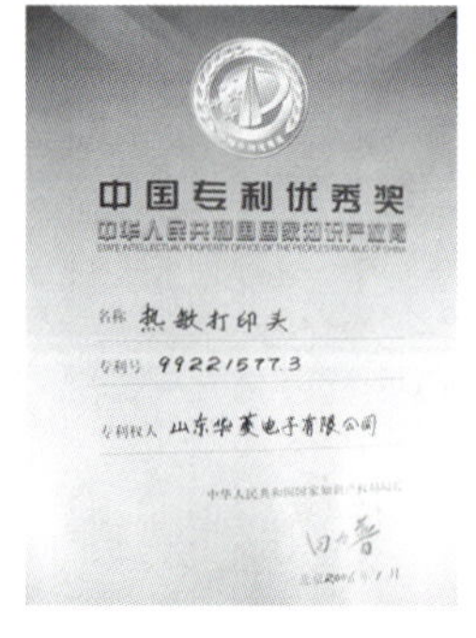

中国专利优秀奖

中华人民共和国国家知识产权局

名称 热敏打印头

专利号 99221577.3

专利权人 山东华菱电子有限公司

地址:中国山东省威海市高新科技开发区火炬路159号

邮编:264209

电话:(86)-631-5684114,5698013,

传真(86)-631-5685493

网址:http://www.shecl.cn

邮件:sales@shecl.cn

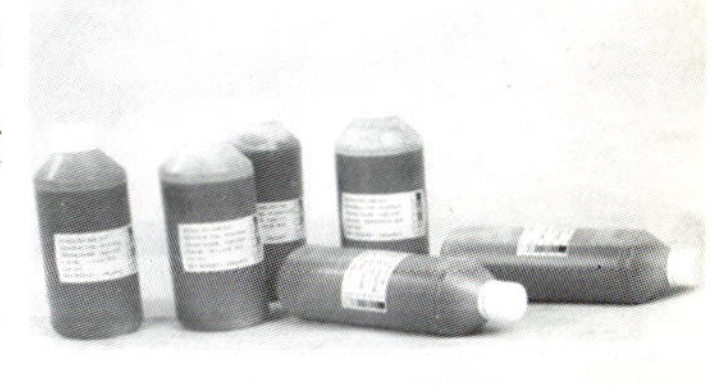

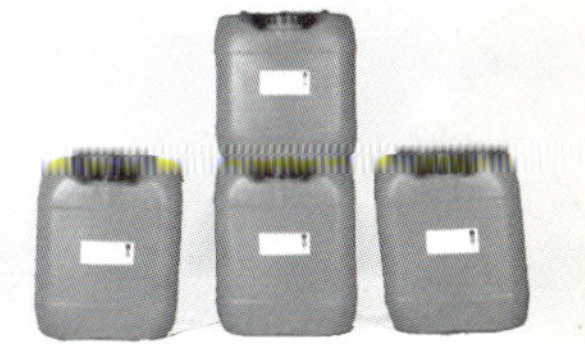

A688
惠州大亚湾博源墨水厂
DAYAWAN HUIZHOU BOYUAN INK FACTORY
高稳定性墨水

佛山市埃申特办公配件有限公司

业简介

佛山市埃申特办公配件有限公司（佛山市民营科技企业）成立于2005年,下属工厂从2000年始一直致力于印机、复印机配件的研发、设计、制造及销售。并企业拥有10000平方米的厂房、200多名的员工、完善的器设备、优秀的研发人员、专业的销售队伍。依靠ISO9001—2000质量管理体系进行运作,制定严格的检验程以保证我们产品质量的稳定。

企业主要产品有打印机定影膜、充电辊、转写辊、供粉辊、刮板、复印机清洁刮板、定影膜、清洁纸、充电、挡粉片、搓纸轮、空瓶、上辊、灯管以及装粉机、离心机等多种产品，产品已经通过ROHS认证。企业立于中国，进行全球性经营。企业以“高质量新产品、优秀的服务、合理的价格、提供称心满意的产品以满足客的要求”为宗旨，广纳四方贤才，凭借强大的设计开发能力，完善的配套设备，以及优良的品质，严格的管，在激烈的市场竞争中不断发展壮大。产品远销世界各地，受到客户的一致好评。

企业推出的打印机/复印机、定影膜、充电辊一经推出市场就已经赢得众多客户的青睐，出口至亚、欧、、非、大洋洲等十几国家和地区。

在中国成为未来10-20年世界的焦点中，埃申特人将会以更自信的姿态走向世界，开发出更多的优质产品，力成为优秀的OA零件供应商。

ntroduction

Foshan Ascend Office Accessories Ltd(Foshan High Technology Enterprise) establish on 2005, ith its sub-factory found on 2000-- “YiBang Precision Products Factory”, a leading manufacurer specializing in developing, design and producing Copier and Printer parts & accessories. We ave a factory workshop of 6,000 square meters, more than 200 experienced workers, precise mahines & equipments, excellent technicians, and a professional sales team. Having passed by ISO 001-2000 standard and follow it’s strictly quality control system, we stipulate for a fitly quality ontrol system to assure quality & stable products, best performance.

We now handle a wide range of products for most popular models in the market including Cleanng Blade for Copiers, Wiper and Doctor Blade for printers, Web Roller, PCR/charge sleeve, Fuser ilm Sleeve, Pick-Up Roller/Tire, Upper Fuser roller, Lamp/heater, Empty Bottle/cartridge, Enrance seal, Toner Filling Machine, Centrifugal equipments, etc which have been passed the OHS certification. Stick to the policy of “Precise quality, Favorable prices and Offer good products & services to meet customer’s satisfaction”, we never stop improving our products day by ay. With our strong developing ability, experienced & professional staff and technicians and trictly management, we got good reputation all over the world and now strongly stand well in the narket by our fine quality products.

New products like Fuser film sleeve, Primary charge roller that put into market this year achieve ood satisfaction by customers all around. We exports all products to Asia, Europe, American, Aiddle East…and spread to more countries in future.

We believe with our fine products and strong developing ability, our products can be of your ocus in ten years. We will try our utmost to meet the demanding market to be one of the leading nanufacturers and suppliers in this OA field.

地址：广东省佛山市桂城叠　大道杂基新区116号二楼
Add: 2/F, #116, QiujiNewVillage, Diejiao, Guicheng, Foshan, Guangdong, China
邮编（P.O）：528200　　http://www.fsascend.com
电话（Tel）：+86-757-86366750/51/52　　传真（Fax）：+86-757-86366753

HYSON® 凯晟 打印机耗材

	产品型号	适用机型
兼容墨盒	HL1970	Lexmark Z11/Z31/Z42/Z43/Z45/Z51/Z52/Z53/Z54/3200/5000/5700/7000/7200/7200V Color Jetprinter;Lesmark 5770 Photo Jetprinter; Optra Color 40 Series/45 Series; KODAK PM100; Lexmark X4270
	HL1980	Lexmark Z11/Z31/3200/5000/5700/7000/7200/7200V Color Jetprinter；Lexmark 5770 Photo Jetprinter；Optra Color 40 Series/45 Series；KODAK Pm100
	HL0050	Lexmark P707 Photo Jetprinter；Lexmark Z12/Z22/Z32/Z705 Color Jetprinter/联想Z32
	HL0060	Lexmark Z12/Z22/Z32 Color Jetprinter/联想Z32
	HL0120	Lexmark P122/P707 Photo Jetprinter；Lexmark Z42/Z43/Z45/Z51/Z52/Z53/Z54/Z705 Color Jetprinter；Lexmark X4270
	HN6001	120i/240i/3110/m710
	HN6002	120i/240i/3110/m710
	HN-11	联想 3310/3300/3210/3200/2210/2200/M720/M620E
	HN-13	联想 3310/3300/3210/3200/2210/2200/M720/M620E
	HS-M40	SF-330/331P/335T传真机
	HS-M45	SF-360/361P传真机
	HH8816	HP DeskJet 3748/3538/3558/3848/3658/3668/5168
	HH8817	HP DeskJet 3748/3538/3558/3848/3658/3668/5168
	HH852	Deskjet5748/8158/8458/6548/6848/9808/9868 Photosmart8158/8458/7838/8038/pro B8338 一体机Officejet6208/Officejet7208/PSC1608/2358/1508
	HH855	Deskjet5748/8158/8458/6548/6848/9808/9868/D4168 Photosmart8158/8458/7838/8038/325/375/335/385/475/pro B8338 Officejet6208/Officejet7208 / PSC1608/2358/1508 Photosmart2578/2608/C3188/C4188/Officejet 6318
硒鼓	惠普HH3906F	LaserJet5L/6L
	惠普HH7115A（EP-25）	LaserJet1000/1200/1220/M1005 3300/3330
	惠普HH2612A (EP-303)	LaserJet1010/1012/1015 一体机3015/3020/3030/3050/3052/3055
	三星1710D3	ML-1510/1710/1750/SF-560/SCX-4016/4116/4216F
	佳能E-16	FC200/220/230/300/500S/270/288/290/298/PC-700/800/900S/920/950
	联想2000 (LD2020)	LJ2000/2050N/M7020/7030/7120/3020/3120/3220/7130
	爱普生5700 (SO51055)	EPL-5700/5800/L/5900/L/6100/L
	方正A200	文杰A200/A280/E/P
	松下78A	KX-FI501/502/503/523/KX-FLM551/552/553/558KX-FLB751/752/753/755/756/758
	兄弟2880	FAX2880/6800激光一体机
	施乐3110	3110/3210
	利盟E210 (10S0063)	E210
粉盒/碳粉		HP/Canon/Samsung/Lenovo/Xerox/Brother/Panasonic/Epson/方正各型号复印机、打印机及传真机
色带		Apple/Nec/Epson/Fujitsu/Star/Oki/Citizen/Ncr/Olivetti各型号针式打印机
墨水		Epson/HP/Canon/Lexmark/Brother各型号喷墨打印机

打印机磁芯介绍

磁芯是激光打印机、复印机等相关设备上的关键部件之一。我公司生产的磁芯磁角度、直度、同心度、磁极分布及各极之间磁场强度设计科学合理，制作工艺精湛，彻底克服了因性能不稳定而与其它部件匹配产生的不良现象。经客户严格测试、使用后认为，CANYON磁芯外观光洁无瑕疵、尺寸精确、功能性好、兼容性强、质量稳定，打印效果完全可与OEM相媲美。

适用硒鼓	适用打印机型号
C3906F、C7115A、Q2613A	HP5L、HP6L、Canon EP-A、HP1000、HP1200、HP1220、HP1300
E-16	FC200/300/500S/298/PC700/800/900S
Q2612A	HP1010、HP1012、HP1015
Q5949A	HP1320、HP1160
C4127X	HP4000、HP4050、Canon LBp32X
Q6511A	HP2400、HP2420
Q1338A	HP4200
C4129X	HP5000、Canon LBp62X
UG3350	Panasonic UF-A8585/A8595/590、DX-600
Q7516	HP5200

公司介绍

中美合资的芜湖凯元电子有限公司是家专业从事粘结塑性磁体生产的高新技术企业。主要产品有磁芯、磁辊、塑磁环、塑磁转子、汇聚片及各种高档、复杂的异形磁器件，产品广泛应用于激光打印机，复印机、办公设备、电脑周边及工业自动化控制等诸多领域。以注射铁氧体和注射钕铁硼生产的塑磁转子、磁环以多极分布均匀，磁性能的稳定深受国内外微电机、仪器仪表电机生产厂家的一致好评。公司现拥有国内外一流的生产和检验设备，并已全国通过ISO9001质量体系认证。完美的品质、真诚的服务是我们与业界朋友共同发展的友谊桥梁，倾力打造CANYON品牌，创建企业，客户、社会的“三赢”局面，构建和谐市场是公司的服务宗旨。

北京合瑞祥科技有限公司

北京合瑞祥科技有限公司作为一家一直致力于高品质定影膜国产化生产的本土企业。2006年底，公司作为在全国范围内首次运用具有自主知识产权的SSR（特种硅脂研磨）膜处理工艺进行规模化生产的专业定影膜工厂，同时也是国内较大的定影膜工业化生产和各种品牌定影膜OEM代工基地之一，我们提供的产品卖点主要有以下几个方面：

在工艺方面：

独有的SSR膜处理工艺使产品内外表面更加光滑、柔韧、富有弹性，与此对应的防脱层、抗起皱、耐撕裂性等物理特性方面都有极大提高。

在产品型号方面：

我们的膜产品涵盖几乎所有的打印机和复印机用膜的每一个角落，包括各种打印机、彩色打印机、便携式复印机和大型数码复印机专用定影膜。

在包装方面：

每一个定影膜产品均采用进口双面牛皮独立纸筒包装、原生塑料防静电密封包装、标准中英文互译定影膜使用说明书、铝箔装美国埃科（Ecoo）专用氟硅润滑脂、OEM编码专用条形码。

在质量定位方面：

立足于国内中高端市场和出口市场，努力将产品质量做到最好，目前提供的定影膜A4幅面在机器理想状态下可以优质打印40000张，A3幅面在理想状态下可以优质打印80000张。

销售政策方面：

我们有针对性的根据不同用户的需求制订各种灵活的销售价格体系、返利政策和季节性促销计划，最大限度的保证经销商在当地市场利益最大化。

北京合瑞祥科技有限公司

地址：北京市海淀区银丝沟1号209室

电话：010—82617219　82675265　62620194　62621926　13910739701

网址：http://www.dingyingmo.com

该公司是一家专门致力于打印机耗材发展的专业公司，专业生产环保型通用激光打印机硒鼓，已通过ISO9001：2000国际质量体系认证。公司从1995年成立至今，经过10多年发展，产品质量不断提高，产品系列型号不断增加，我们凭着“质量”、“价格”、“大批量供应”几大优势，在国内外的环保激光打印机耗材市场占有一席之地并处于领先地位，已为国内外众多知名企业成功建立OEM品牌。

公司拥有成套的先进生产流水线，汇聚了丰富 经验的研发生产技术人员，直接从国外进口上乘的生产原材料，是专家级品质的供应商。公司本着“质量是企业的生命”的方针，以丰富的国内外OEM定单生产经验，给客户全方位的服务，以专业的生产技术使客户享受经济价位的头等品质。过去数年，公司致力于海外市场的开拓，并取得优异成绩，我们所推出的茗佳[MEGAS]品牌硒鼓成功在欧洲、北美、南非以及东南亚地区建立起良好的销售网络。

随着公司整体营销战略的调整，茗佳[MEGAS]品牌硒鼓欲进军国内环保激光打印机耗材市场，致力成为国内环保激光打印机及传真机耗材领域的领先品牌。我们将以高质量的产品赢得用户的信赖，以最优的价格取得市场的认同，以完善的售后服务为用户提供最大的方便，以孜孜不倦的追求紧跟打印技术的发展。我们深信茗佳[MEGAS]品牌硒鼓一定是您的最佳选择，愿与您携手共创无限商机！

公司地址：北京市朝阳区安立路56号九台2000大厦20层

TEL：010-84803968　　84803871/2/3

Fax：010-84803873-808

Web：Http//www.rela.cn

第七篇　企业信息

Part 7 Enterprise

邯郸汉光办公自动化耗材有限公司

该公司通过自有核心技术从事复印机、打印机墨粉的研发、生产、销售以及服务。从1980年开始同日本SANYO公司、KONICA公司及德国ALPINE公司合作，引进世界先进水平的全自动墨粉和硒鼓生产线及检测设备，积累了丰富的OEM配套经验，成为中国著名的专业墨粉制造厂商。

主要产品：

★ 激光打印机墨粉、惠普、佳能、三星、爱普生、施乐、立盟　系列和复印机墨粉。

★ 理光、东芝、夏普、美能达、柯尼卡、佳能系列。

地　址：河北省邯郸市中华北大街105号

联系人：赵素平　杨书静

电　话：0310-7035339/7036339/7039927（销售部）

～～～～～～～～～～～～～～～～～～～～～～～～～～～～～～

惠州大亚湾博源墨水厂

该公司为一家中德技术合作企业,专门致力于研发和生产打印机喷墨墨水,其生产的GQSH-吉士牌墨水的材料和工艺技术均源自德国,色彩及性能以原装为设计标准,保质期长,高性价比.主营产品有:(规格:100g,500g,1000g,25Kg)

1.桌面打印机专用墨水:水性染料墨水,水性颜料墨水.

2.连供墨水:水性染料墨水.

3.喷绘写真机墨水:水性染料墨水,水性颜料墨水.

4.热转印墨水

5.喷头清洗液:适用发泡式和压电式的清洗液.

地址:广东省珠海市吉大水湾路279号海怡大厦1221号

电话:0756-8115139　　传真:0756-8115239

http:www.by-ink@com　www.gqsi88.cn.alibaba.com

E-mail:gqsi88@163.com

～～～～～～～～～～～～～～～～～～～～～～～～～～～～～～

深圳普瑞科打印技术有限公司

Shenzhen Prinker Printing Technology Co.,Ltd

深圳普瑞科打印技术有限公司系专业生产、销售打印耗材的厂家，成立于1999年，主要有墨盒、墨水、硒鼓、碳粉、相片纸五大类产品，已通过ISO9001-2000国际质量体系标准认证。产品品质优良，经济环保,畅销海内外。

地　址：深圳市坂田岗头兴富达工业园A栋4F

法人：赵求真

电　话：0755-83203506 89584649 89584650

传　真：0755-83222127 89584645

http://www.prinker.com

E-mail:david_wen@prinker.com

中山鸿志打印机耗材设备有限公司

该公司是一家专门研发、制造、销售打印机耗材生产设备的专业企业。拥有雄厚的技术力量及先进的生产加工设备。

特别是在色带产品的生产设备、工装及检测设备方面，在国内同行中具备独一无二的技术优势，为国内、外多家色带生产企业配置了该设备。

并为多家国内知名耗材企业配套生产带芯产品。

地址:广东省中山市坦洲镇振兴中路一巷4号

邮编:528467

电话:0760-6633358 6634853

传真:0760-6634853

电子邮件: Hongzhi-zs@163.com

网址:www.zshongzhi.com

联系人:杨平山

～～～～～～～～～～～～～～～～～～～～～～～～～～～～～～

西安三豪科技有限公司

COL卡欧乐高精度打印墨水是用户的理想选择

自主创新　　　　中国创造

该公司是集研发、生产、经营为一体的高新技术企业。公司生产的专利产品：COL卡欧乐高精度喷墨、喷绘墨水、适用于爱普生、惠普、利盟、佳能等喷墨打印机、传真机，喷绘机。卡欧乐牌绿色环保墨水，由国家计算机用户协会打印显像应用分会现场取样，经国家印刷装潢制品监督检验中心、北京理化分析测试中心和中科院理化技术研究所等权威机构做了理化指标、有害物质含量和图像质量测试。主要性能达到甚至超过国家先进水平。

地址：西安高新技术产业开发区二路15号
瑞吉大厦807

邮编：710075

电话：029-88320682　　传真：029-88318283

邮箱：sanho6@126.com

网址：www.china-col.cn　www.china-col.cc

中文域名：卡欧乐；西安三豪

～～～～～～～～～～～～～～～～～～～～～～～～～～～～～～

北京世纪清熙科技有限公司

该公司是一家专业从事喷墨打印机墨水研究和生产的高科技公司，其产品填补了国内的空白；在Epson、Canon、Hp等系列喷墨打印机兼容耗材生产和研究方面积累了丰富的经验，产品质量稳定可靠，同时提供OEM加工生产和服务，愿与国内外的厂商进行各种形式的合作。

地 址：河北省廊坊经济开发区清华科技园1号楼

邮 编：100101

电 话：010-64893617　010-64892537

传 真：010-64893617

http：//www.tsingxi.com　　E-mail：marketing@tsingxi.com

珠海鹰旗办公设备有限公司

该公司产品主要为墨盒、墨水、灯管，2004年产品获得“CE”认证。2005年成为PANASONIC公司的OEM工厂其制造管理水平达到该行业的最高目标。1999年10月，投资150万美元，公司拥有引进10条德国产的墨盒生产设备和检测设备。并自主研发专利多项，提供高质量产品和服务是我们的宗旨。

地 址：珠海市前山镇明珠南路翠珠工业区32栋7楼
邮 编：519070　　法 人：刘佳瑾
电 话：0756-8623500　0756-8623642
传 真：0756-8623533

珠海翔龙办公设备有限公司

该公司是一家集生产、销售、研发于一体专业的耗材生产企业，拥有多套大型的专业化全自动进口设备，采用国外进口的优质原料，科学的生产管理机制，配合精确的质量检测仪器和严格的质量监控体系精心打造一流的“飞龙”品牌。“飞龙”品牌系列：复印耗材、数码，模拟复印机专用碳粉、墨盒、墨水、激光专用碳粉、晒鼓等。

地 址：珠海市湾仔南路6015号五楼
电 话：0756-8821288　8821821
传 真：0756-8821333
http：//www.zhfeilong.com　E-mail：feilong@zhfeilong.com

浙江省湖州市四通打印色带厂

该公司创建于1989年，是国内较早专业从事生产各种规格PA66高密度打字白带、色带，真丝打字白带、色带，真丝、尼龙双色带和专业分切各种规格的PA66打字纺和真丝打字绸的现代化打印机耗材制造厂家。该厂以科学管理为基础，建立了完善、有效的质量体系；以诚实、守信为根本，真诚服务广大客户。

地 址：浙江省湖州市城东八里店镇乌山路18号
邮 编：313000
厂 长：姜金土　　常务副厂长：姜勤勇
手 机：13819230867
电话/传真：0572-2261437

珠海市易达打印耗材设备有限公司

该厂是国内规模最大，品种最齐全，专业化精度最高的打印耗材生产设备制造商。主要产品有：硒鼓生产设备系列，墨盒生产设备系列，色带生产设备系列及配套的工装夹具，耗材产品检测仪器，中央除尘系统等。易达凭借一流的技术人才，和九年的行业经验，先后开发了具有世界先进水平的（YDX-04A/B）再生硒鼓除尘机，（YDX-06A/B/C/D）硒鼓灌粉机，第三代真空（YDX-013/5/6）注墨机及色带入带机等系列产品。

地 址：珠海市南屏科技工业园屏西八路2号
电 话：0756-8895283　　传 真：0756-8895280
http：//www.veedar.com　　E-mail：sales@veedar.com

芜湖凯元电子有限公司 （磁辊磁芯专业制造商）

中美合资的芜湖凯元电子有限公司是国内首家专业生产激光打印机、复印机用磁芯、磁辊的高新技术企业。产品主要有C7115A、Q2612A、Q5949A、Q1338A、Q1339A、C4127X、C4129X、Q6511A、E-16等系列。公司引进了国内、外顶尖的专业设计专家和制造工程师，拥有一流的生产设备和检测设备，可为国内、外硒鼓生产厂商提供匹配性好，适应性强的理想产品。

地 址：芜湖市高新技术开发区新潮工业园
法 人：臧国元
电 话：0553-2246655　2246699
传 真：0553-2245522
http：//www.china-canyon.com
E-mail：canyon6699@sina.com

邯郸光导重工高技术有限公司

该公司拥有自主知识产权的光导材料合成技术和OPC制造技术，专业从事激光打印机，数字复印机，普通纸传真机等用OPC鼓制造及关联产品研制，年产量达500万支。公司拥有先进的产品分析检测设备和严格的品质控制系统。

主要产品：

★ 各品牌打印机鼓，复印机鼓，碳粉等。

地 址：河北省邯郸市开发区世纪大街12号
销售部电话：0310-8068181/82/83/84/85/86/87
传 真：0310-8068180
http://www.photoc-print.com
E-mail: sales@photoc-print.com　photoc@heinfo.net

湖州富丽华色带有限公司

该公司主要产品：色带带基，打印机色带、传真机碳带、条码碳带等打印机耗材，通过ISO9000质量体系认证，确保每一款产品的品质。

地 址：中国浙江湖州市经济开发区腊山路185号
电 话：0752-2228335　2228337　2821333
传 真：0752-2228339
http：//www.flower-pr.com
E-mail：info@flower-pr.com

厦门文华科学器材有限公司

该公司创立于1996年，是一家专业从事研发和生产各类耗材厂商，旗下拥有三大品牌——文仪、佳文和华铭，产品畅销海内外。公司通过ISO9001：2000认证。主要产品一体机耗材。

地 址：福建省厦门市湖里大道46号兴湖商务大厦10层C
邮 编：361006
电 话：0592-3852061（外销）　0952-3852085（内销）
传 真：0592-3852061（外销）　0952-3852086（内销）
http：[illegible]

珠海格力磁电有限公司

ZHUHAI GREE MAGNETO-ELECTRIC CO.,LTD.

珠海格力磁电有限公司成立于1986年，是格力集团控股的中外合资企业,产品丰富，质量稳定。格力磁电为最早进入打印机兼容耗材行业的生产企业之一，到现在拥有包括各种型号彩色碳粉在内的多种产品上千种型号的产品，且质量稳定。

公司产品:

喷墨打印机墨盒、填充墨水、清洗墨盒,激光打印碳粉盒、碳粉,色带,MP3播放器，U盘,3.5英寸电脑软磁盘

地 址：广东珠海市石花西路205号

邮 编：519020

电 话：0756-8861233　　传 真：0756-8861235

Http:www.mmcinkjet.com　E-mail:mmc@mmcinkjet.com

山西省科学器材公司信息事业部

本部是专业从事办公自动化设备的销售、维修及服务，下设四个独立运作品牌。

★ 办公设备：佳能、理想、松下系列产品项目部

★ 办公耗材：A："高端"复印机、打印机、传真机、一体机、

彩色激光机全系列碳粉及硒鼓、墨盒总代理

B："安妮"纸业山西代理

★ 办公配件：佳能、理想金牌维修站。复印机、打印机、传真机、一体机各品牌全系列配件供应中心。

★ 办公无忧：服务天下

地 址：太原市南内环街217号（引黄工程管理局东侧）

邮 编：030012　　传 真：0351-4122033

办公设备：0351-4198008　　办公无忧：0351-2680112

http：//www.bgwy.com　　E-mail：sxkq@shou.com

苏州工业园区斯达打印材料有限公司
——专业的喷墨、激光打印胶片生产商

★ 先进的原创工艺技术和宽幅生产线，拥有自主专利知识产权，　产品部分外销

★ 可提供A4到1.62米宽的全系列规格胶片

★ 专业喷墨及激光制版胶片、彩色打印胶片

★ 独创的100%防水高透明喷墨胶片

★ 玻璃用宽幅彩喷转印胶片、水晶转印膜

地 址：苏州吴东路郭巷民营开发区

电 话：0512-65968602/67791040

http：//www.std-printing.com

艾温盟特耗材技术研究所

服务项目：耗材技术研发、鉴定、咨询。

耗材生产线与生产设备的设计。

地 址：北京海淀西苑操场甲2号南楼三层

电 话：010-82782308

http：//www.hpdrum.com

江门市天祥电子科技有限公司

该公司长期从事微型打印机、专用打印机的开发、生产及技术服务，专业专一，尤其擅长各类针式打印机、热敏打印机的开发，可按用户要求定制生产。

地 址：广东省江门市建设二路151号

邮 编：529000

电 话：0750-3231981，3221226

传 真：0750-3232012

http：//www.jmtensun.cn　　E-mail：jmtensun@jmtensun.cn

杭州天杭打印科技有限公司 （中外合资）

该公司是专业从事研发、生产和销售针式打印机色带白带坯、大盘墨带、色带成品及销售日本、天威油墨，并且代理销售日本制无接缝环形带。

地 址：杭州市西湖区西湖科技经济园西园四路2号

电 话：0571-8990-8990/8990-8980

传 真：0571-8990-5218

E-mail：info@tenka.com.cn

珠海佳科新科技有限公司

该公司是一家专业生产喷墨打印机耗材的高科技生产型企业。拥有10000平方米的生产基地，2000平方米的超净无尘车间，现有产品300多款，月产达150万只，全部产品为自行开发、设计、制造，拥有自主的知识产权。公司采用欧美先进的生产和检测设备，产品通过SGS授予的ISO9001国际品质认证。是清华同方等国内著名品牌生产基地和指定制造商。产品外销美国、澳大利亚、欧洲、亚洲和拉美几十个国家和地区，享有良好的信誉。

地 址：珠海前山心华路236号上冲工业区2栋

电 话：（86-756）8650590　8650591　8650556

传 真：（86-756）8627730

http：//www.ink.hk.com

厦门安妮纸业有限公司

该公司成立于1993年，位于厦门市，是一家以生产、销售特种纸产品，办公用纸及办公耗材为核心业务，集进出口、生产制造、特种印刷、网络销售、耗材、科研、开发为一体的高新技术企业。主要产品"王子"、"安妮"、"小战神"、"热带鱼"等品种2005年，"王子传真纸"连续三年全国销量第一名，并荣获"福建省名牌产品"称号。

地 址：福建厦门市集美区杏林锦园南路99号安妮高科技工业园

电 话：0592-5392691　　传 真：0592-5392696

http：//www.anne.com.cn　　E-mail：anne@com.cn

上海埃特威迅办公设备有限公司

SHANGHAI ELITE OFFICE SUPPLIES CO.,LTD

"埃特""耐力"全系列打印机耗材

"ELITE""NIKO" PRINTER SUPPLIES

墨盒/墨水/硒鼓/碳粉/色带

INKJET CARTRIDGE/INK/LASERJET PRINT CARTRIDGE/TONER/PRINTER RIBBONS

地 址：上海市斜土路716号5号楼

NO.5 HOUSE,NO.716 XIETU ROAD SHANGHAI,P.R.CHINA

邮 编：200023

电 话：0086-21-63034033

传 真：0086-21-63034082

E-mail：james-xjw@msn.com

中山市源盛打印耗材有限公司

该公司是一家专业生产打印机耗材厂家，以高科技为依托，专业生产墨盒、墨水等系列产品，公司拥有先进的生产检测设备，领先的生产技术，从原材料的精选到生产工序的控制，从整个过程的检测到产品的最后验收，都有专业人员严格把关。该公司本着"以人为本"的企业精神，秉承品质第一，价格合理，服务取胜的经营理念，业绩稳步增长，社会信誉良好。

主导产品:

★ EPSON、CANON、HP、LEXMARK等系列产品。

地 址：广东省中山市坦州镇坦路57号

邮 编：528400

联系人：李先生

电 话：13532242610

北京映科杰特数码科技有限公司

该公司是集科研、生产、销售为一体的高科技企业，专业从事彩色打印墨水的研究和生产。公司研制生产的"映彩"系列墨水耐候性强、稳定性好、干燥快、流畅性好，适用于多种打印机、写真机等彩喷设备。

该公司以坚持优良的产品质量、完善的售后服务，以诚信、高效为原则，为您提供优质的打印效果和优质服务感受。

地 址：北京昌平宏福创业园B座

电 话：010-81788542/43　　传 真：010-81788802

http://www.incolorink.com

浙江省慈溪市时代电子厂

1 连供加墨机，能在一分钟内一次性完成连续供墨系统的墨盒加墨，是批量生产连续供墨系统的必备工具。

2 恒压式连续供墨系统，气密性好、安装方便、打印流畅、运行稳定，节约打印成本90%。供应各种连续供墨系统配件。

3 各种打印墨水。

4 喷头清洗液,对打印机喷头堵塞有良好的清洗复通效果。

地 址：浙江省慈溪市坎墩镇三灶庵路8号

联系人：闻鹤年

电 话：0574-63289625 传 真：0574-63280150

贸易通：[illegible]

http://www.ink8.com　　E-mail：[illegible]

德固赛（中国）投资有限公司上海分公司

该公司是全球最大特殊化学品公司之一德固赛集团在中国的全资分支机构。其气相法产品业务在打印行业也有独特的应用。

主要产品：

★ 适合于RC高光快干喷墨打印相纸的气相法二氧化硅AEROSIL　系列和气相法氧化铝产品AEROXIDE系列粉末产品。

★ 一系列专用表面疏水的气相法二氧化硅AEROSIL,气相法氧化　铝产品和气相法二氧化钛AEROXIDE，作为墨粉的添加剂，

用来改善墨粉的流动性能，调节墨粉的静电。

地 址：上海莘庄工业园区春东路55号

邮 编：201108

电 话：021－61191061（喷墨打印纸）

021－61191063（墨粉）

传 真：021－61191075

江苏欧爱办公用品有限公司

该公司成立于2002年，是一家专业从事打印机耗材生产和研发厂商，产品包括:

★欧爱品牌的连续供墨系统、激光硒鼓、碳粉、墨盒等。

产品畅销各地，尤其在江苏、安徽两省具有较高的知名度和一定的品牌影响力。公司同时致力于其他通用品牌的推行。

营销总部：江苏省南京市珠江路648号数码港10楼C座

邮 编：210007

电 话：025-83676079　025-83683283

传 真：025-83676182

http://www.oait.net　　E-mail:jsxd99@126.com

邯郸市丛台区金石科技经销部

该公司主要经营激光/彩喷/针式打印机的全系列耗材及维修业务。已跟国内众多知名牌精诚合作。业务范围以邯郸地区为中心，辐射周边200公里的市、县。有10位专业的资深维修工程师为所有的经销商和终端客户提供及时贴心的服务。

本公司以诚信经营为原则，以服务客户为宗旨，实现双赢为目标。真诚希望与国内外厂商共同合作。

地 址：邯郸市乐颐电脑大厦三楼C08室

邮 编：056001

联系人：刘玉磊

电 话：0310—3029001　5514108　3219231　5907708

上海磁电英雄喷墨科技有限公司

该公司是一家具有丰富经验的全系列兼容耗材制造商，"英雄"品牌墨水具有七十余年历史，采用进口原料，依照国际质量标准生产，产品有：

★ HP、Epson、Canon、Lexmark、Samsun、Novajet等兼容墨盒、

喷绘墨盒；

★ Dye及Pigment优质写真墨水系列，色彩鲜艳纯正，质量稳定可靠；

地 址：上海嘉定区嘉好路799号（生产基地）

广元西路45号交大慧谷电脑城209室（销售部）

电 话：021—69172850（生产）　021—62820594（销售）

传 真：021—69172839（生产）　021—62824104（销售）

E-mail:20012@126.com

沧田科技

沧田集团立于1993年，在全国已有17家分公司、2家办事处，技术力量雄厚。

沧田集团青岛分公司成立于1997年，主营办公设备、耗材及数码产品，现为爱普生、惠普、OKI、Star胶东地区总代理，也是佳能、映美、柯达、卡西欧等品牌指定经销商。

公司业务范围踏盖整个山东地区。

地 址：青岛市市北区辽宁路10号

电 话：0532—83806020 83803713 83901320 83818821

传 真：0532—83818812

北京彩映通数码科技有限公司

Bei Jing Cai Ying Tong Digital Technology Co.,Ltd

该公司于2005年成立，是北京市高技术企业，主要业务是彩色激光碳粉的研发与推广，可承接热升华彩色激光碳粉T恤/文化衫图案设计、陶瓷用彩色激光碳粉的陶瓷花纸技术、打印与制作。

主要经营三类300多种产品。

★ 彩色激光碳粉，主要用户是广告公司、学校、企事业单位。

★ 热升华激光碳粉，主要用户是服装、旅游商业制作企业。

★ 陶瓷用彩色激光碳粉，主要用户是陶瓷花纸生产型企业。

地 址：北京朝阳区西坝河南里甲1号新天第大厦B座503室

电 话：010-64465536 64465537

http://www.caiyt.com E-mail:sybzjx@163.com

厦门宝龙办公耗材制造有限公司

该公司(原深圳市同友实业有限公司,TTR),通过了ISO9001国际质量管理体系认证,是宝龙集团公司下属企业,生产和销售传真机色带、条码打印色带、热敏传真纸、墨粉等耗材产品，热转印色带年生产达8000万米，是全球最大的传真机和条码热转印色带生产供应商之一。

地 址：福建省厦门市集美北部工业区宝龙工业园

邮 编：361021

电 话：0592-6153399

传 真：0592-6061462

E-mail:linhw@powerlong.com

上海华太数控技术有限公司

该公司成立于2000年11月，是一家从事打印机耗材的研发、制造、销售和服务为一体的制造型企业。并于2002年获得外贸经营权。为专业的大渠道商提供专业的服务。

主要产品：

★ HP/LEMARK/LENOVO/SAMSUNG/NOVJET/BROTHER

为了更好的服务大众，与更多的合作伙伴共同开发市场，长期提供大批量高品质、低价格的耗材产品。

地 址：上海市嘉定区永盛路2229号B栋

邮 编：201821

电 话：021-69524062

传 真：021-69524069

杭州格格数码科技有限公司

主营产品：

★ 格之格硒鼓、墨盒、碳粉、色带、磁盘、光盘、打印纸等全系列打印耗材浙江省总代理

★ 格力硒鼓、墨盒、碳粉、色带、磁盘、全系列打印耗材浙江省总代理。

地 址：杭州市西湖区文三路235号

邮 编：310012

电 话：0571-56775378

北京宝兰达数码图像技术有限公司

产品品种：

★ 灯箱胶片类：透明，正喷、背喷；金箔、银箔胶片。

★ 纸类：高光、亚光，海报纸，涂料纸等。

★ 背胶类：背胶高光、亚光相纸，背胶高光、亚光、珠光、PP合成纸。

★ 印刷类：丝网印刷制版胶片；书、报刊印刷制版胶片；CTP印刷版材；数码打样纸；

★ 证卡类：高强度防水型PVC、PET喷墨打印数字证卡基材。

★ 其他：多用途喷墨打印转印膜。

地 址：北京市丰台区郭公庄啤酒原料厂后院

邮 编：100070

电 话：010-83614079

上海申基信息技术有限公司

该公司依托华东理工大学和浙江大学等高校的技术支持与合作，专业从事图像记录材料接受层的开发、生产、销售，拥有国内领先的宽幅挤压涂布和刮刀铸涂涂布生产线六条，年产量2000万M2。

主要开发与生产：

★ 特级、高级、经济型光面防水相纸，特级绒面防水相纸、高级光面相纸，双面防水彩喷纸，高级PET水晶透明片及转印片系列。

地 址：上海市徐汇区梅陇路1号5号楼101-105室

邮 编：200237

电 话：021-51083970

广东新高端实业有限公司

该公司(前身为广州墨兰办公耗材有限公司)是一家集研发、设计、生产、销售于一体,专业生产硒鼓、碳粉等全系列打印耗材的大型民营企业，是日本、韩国等多国知名碳粉厂家的战略合作伙伴。其产品全部采用进口原材料，严格按ISO9001标准生产，产品质量达到了国际水平。该公司一惯的宗旨是:优质始终如一!

主要产品：

★ 自主品牌”高端“硒鼓、碳粉系列；

地 址：广州市天河北路908号高科大厦B座2305室

邮 编：510630

电 话：020-38258816

日照开发区恒基科技有限公司

经营产品及项目：

★ 打印机、传真机、复印机、销售维修中心。

★ 专业硒鼓加粉、墨盒注墨。

★ 传真机色带、墨盒、自动供墨改装。

★ 专业耗材：HP、Epson、三星、联想、佳能、利盟全系列。

★ 专业维修：传真机、打印机、复印机、一体机等全系列。

地 址：山东省日照市黄海一路东兴商贸城 B2-17

邮 编：276826

联系人：许先生

电 话：0633—8325606 13013595585 15906331789

E-mail:xulifeng1974@163.com

深圳市锐彩科技有限公司

该公司是一家打印耗材的专业制造厂商，拥有杰出的管理人才和经验丰富的技术人员。长期致力于各种打印耗材的开发、研究、生产和销售。产品有墨盒、墨水、硒鼓、碳粉、打印纸、连续供墨系统等。公司以自有品牌“Realcolor锐彩”进行销售，同时工厂承接国内外OEM加工订单，与国内外知名耗材品牌厂商有着长期稳定的合作关系，在打印耗材业界有良好的口碑。

地 址：深圳市布吉镇坂田工业区吉华路525号二楼

邮 编：518129

总经理：黄 山

电 话：0755-89509000（总机） 0755-89509600

手 机：13902939549 传 真：0755-89509111

http://www.ink.com.cn

E-mail：inkjet008@hotmail.com

大连太空纸业有限公司

大连太空纸业系日本独资企业。座落在美丽的海滨城市大连。主要从日本进口原纸加工制作成传真纸、收银纸、票据打印纸、电脑打印纸、彩色喷墨打印纸、名片打印纸、高光像纸、亚光像纸及其它打印纸。质量可靠，信誉第一，欢迎国内客户来电、来函洽谈业务。

地 址：大连市中山区民意街40号

联系人：尹经理

电 话：0411-82561317 传 真：0411-82561793

北京兴达信特种材料有限责任公司

该公司系前北京航空材料研究院下属集体所有制企业。2004年改制为股份企业，北京航空材料研究院是该企业股东之一。该公司奉行诚信原则，致力于建设创新体系和质量保证体系，以高质量产品和卓越的服务回馈新老客户。产品已远销国内外市场。

主要产品：

★ 工业用清洗剂、中温模料、密封材料、建筑材料、硅溶胶、复印（打印）机定影辊、脱漆剂、切削液等十多个系列，数十种型号的产品。

地 址：北京市海淀区温泉镇环山村

邮 编：100095

电 话：010-62460984 传 真：010-62458136

武汉万千电脑有限责任公司

该公司是湖北省最大的外设及耗材供应商之一，是惠普在湖北耗材及打印机放心店（全国首批二十五家之一），是佳能、爱普生在湖北的外设及耗材专卖店，同时也是英国盖特威授权的专卖店。是省 “消费者满意单位”。

“万千”以十八年的诚信经营，倍受社会各界瞩目。

主要经营及代理产品：

★ 惠普、佳能、及各种兼容品牌硒鼓、墨盒、碳粉等

★ 省内顶级（五星级）维修中心，维修行业全省“百佳名店”。

地 址：湖北省武汉市珞瑜路3号：

邮 编：430070

电 话：027-87876636 传 真：027-87878636

上海普天邮通科技服务有限公司

该公司依托邮通金加工五十余年的精密机械制造、模具制造能力，成为国内唯一一家有自主设计生产打印头、针式打印机的生产商，依托上海邮通和中国普天的品牌优势，在全国建立销售渠道和售后服务渠道，具有良好的服务和价格优势。

主要产品：

CP—800九针二十四针打印机

M—445微型打印机芯

M—976税控微型打印机芯

地址：上海市宜山路700号

电话：021-64757094

传真：021-64752198

Http://www.shsyjx.com www.shpte.com

北京中复复印材料有限公司

该公司为中国最大复印机、激光打印机配件生产企业，技术力量雄厚，产品质量稳定，产品畅销国内外。并是日本硒鼓、德国硒鼓的代理商。

主要产品：硒鼓、鼓芯、配件。

地址：北京市通州区中学西侧

电话：8610-60521428/81515555

传真：8610-60521178/81512020

Http://www.chinaeternal.com

E-mail:sales@chinaeternal.com

北京分公司

地址：北京市海淀区西苑草场1号硅谷电脑城5层507号

电话：010-[illegible]

传真：010-82833298

第八篇　综合篇

Part 8　Synthesis

中国计算机用户协会打印显象应用分会

工 作 条 例

一、宗旨和任务

1．打印显象应用分会是中国计算机用户协会下属的一个分会，它的宗旨和任务是：在中国计算机用户协会的领导下，面向全国打印机、复印机、传真机、扫描仪、多功能一体机、喷绘机、速印机、印像机、绘图机、雕刻机、显示器、投影仪、数码相机、手机等各类打印与显象设备（采用数字技术产生可识别信息的设备）的用户，维护用户的合法权益；通过组织技术交流、人员培训、成果评议、成果转让、质量反馈、信息交流等活动，积极向社会推广应用成果，不断扩大国内打印与显象设备的应用范围，密切沟通用户之间、生产厂商与用户之间、上级协会与会员之间的关系，发挥桥梁和纽带作用；认真贯彻执行国家有关的方针政策，做好政府的参谋和助手，为提高我国的打印与显象技术与应用水平而努力。

2． 本协会将贯彻执行中国计算机用户协会的章程，不另订章程。

二、组织

1．本协会的领导机构是理事会，其任务是：

（1） 制定和修改协会的工作条例；

（2） 通过协会工作计划，检查计划落实情况和经费使用情况，并负责总结协会工作；

（3） 经过民主协商，推选协会理事会；

（4） 讨论协会其它重大事宜。

2．协会理事会由名誉理事长、顾问、理事长、副理事长、常务理事、理事、秘书长、副秘书长若干组成。

协会理事会推选产生后，上报中国计算机用户协会批准，由中国计算机用户协会聘任，每届任期4年。

3． 协会设秘书处为协会日常办事机构，在理事会领导下，由秘书长主持开展工作和处理协会有关事务。秘书处的工作是：

（1） 依据中国计算机用户协会章程和本协会工作条例，贯彻执行理事会通过的工作计划，在本协会业务范围内开展日常工作；

（2） 负责会员会籍管理，接待和处理会员和会外单位及人士的来访、来电、来信等事宜；

（3） 密切与总会、上级领导部门及兄弟协会的联系，将上级精神及时通报给协会领导和会员单位，将用户和社会意见及时反映给协会领导和上级主管部门；

（4） 合理使用协会办公经费，负责制定财务预算和财务结算；

（5） 根据工作需要，聘请技术专家。

4．本协会的业务范围是：

（1） 组织开展打印与显象设备技术交流、技术讲座和展示展览；

（2） 组织开展打印与显象设备技术咨询、技术协作、技术培训和维修服务；

（3） 组织研究打印与显象设备应用的发展战略，向政府部门和业界单位提出咨询建议；

（4） 组织打印与显象设备应用成果的评议和推广应用；

（5） 组织编辑、出版会刊、会报及相关图书、资料；

（6） 举办用户对国内外打印与显象设备厂商及其产品的信誉调查、评议和评测；

（7） 反映广大用户在打印与显象设备应用中的意见和建议，努力为会员排忧解难；

（8） 积极参加国家或有关部门组织的打印与显象设备应用项目的科学论证、评标工作，并提出建议；

（9） 接受委托，承担打印与显象设备应用项目评估、成果鉴定和专业技术职务、职称资格的评审；

（10） 举办为会员服务的其他活动；

（11） 促进港、澳、台民间打印与显象设备应用的合作和交流；

（12） 促进国际民间打印与显象设备应用的交流；参与有关的国际打印设备应用交流活动，积极参加相关的国际组织；

（13） 承办政府部门及其他部门委托的事项。

三、会员

1．凡承认中国计算机用户协会章程，遵守本协会工作条例，履行会员义务，并已使用打印与显象设备的用户单位和个人，均可自愿申请入会，填写会员申请表，经协会秘书处审查批准后，即可成为本协会会员，同时成为中国计算机用户协会会员，享受相应的会员待遇。

2． 会员的权利：

（1） 优先参加本协会举办的各种技术交流会、研讨会、培训班、技术市场等活动；

（2） 优先得到本协会会刊《打印与显象通讯》和出版的《论文集》等技术刊物和资料；

（3） 优惠价格享受本协会推广的打印与显象产品和应用成果；

（4） 有权参加中国计算机用户协会所组织的活动；

（5） 有权对本协会领导机关及成员提出批评和建议；

（6） 有权向本协会要求、反映、协助解决在购买和使用打印与显象设备中的技术、质量等问题；

（7） 对协会发展及协会工作做出贡献的单位和个人，有权享受给予的各种奖励；

（8）本协会不能及时有效地维护会员权益时，有权越级向总会或有关部门反映。

3. 会员义务：

（1）遵守中国计算机用户协会章程和本协会的工作条例，积极支持并参加协会组织的各项活动；

（2）积极总结打印与显象设备的应用经验，主动向会刊投稿，向协会会议提供资料，向生产厂商反馈质量信息；

（3） 尊重他人劳动成果，不泄露他人的技术机密。未经所有权单位同意，不得复制、转让他人技术成果；

（4）认真填写本协会要求回复的调查表及信函；

（5）会员长期不遵守会员义务，连续三次不回复协会信函或不按期注册登记时，按自动退会处理，不再保留会籍；

（6） 对违反总会章程和协会工作条例，造成协会工作损失或损坏其他会员权益的行为，给予批评或通报处分，对情节严重者给予开除会籍处分。

四、经费

1. 本协会的日常办公经费主要由北京公达数码科技有限公司提供。

2. 本协会欢迎会员单位、生产厂商和社会人士的各种资助。

3. 本协会暂不收会费，待条件成熟时，再由协会理事会讨论决定。

4. 本协会财务委托北京公达数码科技有限公司财务部协助管理，要求做到专款专用，结算及时。

五、秘书处

本协会秘书处设在北京公达数码科技有限公司

通讯地址：北京市朝阳区平乐园100号 北京工业大学

邮 编：100022

电 话：010-67391487 67392850

传 真：010-67392850

E-mail：scop@vip. 163. com 协会网址：print. 163. com

中国计算机用户协会打印显象应用分会
理事会名单

分会职务	姓名	单位	职务
名誉理事长	陈冲	中国软件行业协会	理事长
顾问	刘彦明	中国计算机用户协会	资深副理事长
顾问	华平澜	北京市软件行业协会	会长
顾问	刘雅英	《电脑爱好者》杂志社	原总编辑
顾问	邱学信	公安部第一研究所证件技术部	研究员
理事长	盛智龙	中国航天生产力促进中心	主任
副理事长	张云卿	中国计算机用户协会	副理事长
副理事长	张克明	国家质量技术监督检疫局信息中心	原总工
副理事长	梁眉	北京市信息化工作办公室	原副局级巡视员
副理事长	蔡魁元	中国交通建设集团有限公司信息中心	主任
副理事长	杨平	铁道部信息技术中心	处长
副理事长	周正飞	中国民航信息网络股份有限公司	处长
副理事长	王浩	国家税务总局信息中心	副处长
副理事长	戴凯歌	中国工商银行科技部	处长
副理事长	王伟雄	国家电子计算机外部设备质量监督检测中心	主任
副理事长	何伟起	中国软件评测中心	总监
副理事长	侯建仁	信息产业部电子信息产品管理司	处长
副理事长	胡红升	国家电力监管委员会信息中心	处长
副理事长	孙宝华	中央国家机关政府采购中心	副处长
副理事长	晏磊	中国感光学会数字成像技术专业委员会	副主任
副理事长	郭淳学	北京公达数码科技有限公司	兼秘书长
常务事长	张广沛	建筑材料工业信息中心	副主任
常务事长	栗演兵	民政部信息中心	副主任
常务事长	樊小英	中国农业银行科技部	处长

常务理事	杨志国	中国银行信息中心	助理总监
常务理事	韦　晶	国家统计局统计资料管理中心	副主任
常务理事	黄文化	中国建设银行信息技术管理阅技术管理处	商级经理
常务理事	郑西振	全国复印机械标准化技术委员会	主任委员
常务理事	刘　洪	联想集团有限公司	助理总裁
常务理事	张　志	方正科技外设事业部	总经理
常务理事	汤晓宇	南京紫金电子信息设备有限公司	副总工
常务理事	欧国伦	江裕映美信息科技有限公司	总裁
常务理事	丛强滋	山东新北洋信息技术有限公司	总经理
常务理事	林钦泉	广东江门天翔打印机设备公司	副总经理
常务理事	刘　勇	北京四通投资有限公司	副总裁
常务理事	李志刚	上海湘计算机信息设备有限公司	总经理
常务理事	周庚申	中国长城计算机深圳股份有限公司	总经理
常务理事	李孝庆	南京富士通计算机设备有限公司	副总经理
常务理事	陈丽华	中国电子器件工业总公司	总经理
常务理事	黄志祥	北京智凯办公自动化设备有限公司	执行董事
常务理事	张大荣	福建实达电脑设备有限公司	总工
常务理事	陈宇峰	南天信息股份公司专业打印机部	总经理
常务理事	王　凯	爱普生（中国）有限公司品牌战略部	部门经理
常务理事	钱　越	中国惠普公司打印成像集团	副总裁
常务理事	苏　雷	富士施乐（中国）有限公司	副总裁
常务理事	黄英华	佳能（中国）有限公司	主任
常务理事	丛志红	利盟打印机深圳有限公司北京分公司	经理
常务理事	远藤治彦	日冲商业（北京）有限公司	董事长
常务理事	贾冬青	江门市得实计算机外部设备有限公司	总经理
常务理事	高　岑	IBM公司打印系统大中华区	总经理
常务理事	呼晓风	日本柯尼卡美能达商用科技株式会社中国区	销售经理
常务理事	李　冬	三星（中国）投资有限公司	产品经理

常务理事	孙　定	《计算机世界》	执行总编
常务理事	卢　山	《中国计算机报》	总　编
常务理事	吴勤敏	《中国计算机用户》	副社长
常务理事	陈　勇	北京赛迪信息技术评测有限公司	副总经理
常务理事	刘　峰	北京全诚联科技有限公司	总经理
常务理事	孔德珠	珠海纳思达数码科技有限公司	总经理
常务理事	石　磊	北京莱盛高新技术有限公司	总经理
常务理事	田京辉	河北福达科技发展有限公司	总经理
常务理事	陈文伟	北京实创科技产业发展公司	副总经理
常务理事	鲍立民	保定乐凯数码影象有限公司	总经理
常务理事	曾志雄	珠海格力磁电有限公司	总经理
理　事	沈　阳	国家工商总局经济信息中心	处　长
理　事	汤保卫	国家机械局经济信息中心	处　长
理　事	周云峰	财政部信息网络中心	处　长
理　事	李晓群	中国化工信息中心网络管理中心	主　任
理　事	杨　威	冶金工业信息中心	副主任
理　事	祁　伟	教育部教育管理信息中心	副处长
理　事	吴飞鹏	中国科学院理化技术研究所	研究员
理　事	辜体仁	国家电力信息中心	处　长
理　事	孔东升	中国物流信息中心	处　长
理　事	晏国英	中华全国商业信息中心	处　长
理　事	黄东祖	卫生部统计信息中心	高　工
理　事	门小兵	国家海关总署信息中心	副处长
理　事	刘燕新	中国专利信息中心信息管理处	处　长
理　事	刘　勇	新闻出版总署信息中心	处　长
理　事	杨　涛	清华紫光股份有限公司耗材产品事业部	总　监
理　事	艾英海	沈阳东软软件股份有限公司	设备主管
理　事	许诗军	信息产业部电子15所（太极公司）	部门经理
理　事	田海波	大唐软件技术有限责任公司技术管理部	部门经理

理	事	李剑平	靖江耐斯不干胶制品有限公司	总经理
理	事	朱 军	北京合瑞祥科技有限公司	经 理
理	事	邓华平	江门市天祥电子科技有限公司	经 理
理	事	白玉成	北京瑞福特科贸有限公司	总经理
理	事	赵国建	山东华菱电子有限公司	部 长
理	事	李菁京	中山创富打印机耗材有限公司	销售总监
理	事	孙荣华	浙江嘉兴天马打印机耗材有限公司	董事长
理	事	陈智河	西安三豪科技有限公司	总 工
理	事	孙希斌	北京东方千禧科技发展有限公司	董事长
理	事	娄 刚	杭州欧赛普办公科技有限公司	总经理
理	事	续守民	邯郸汉光办公自动化耗材有限公司	总经理
理	事	汪学文	邯郸光导重工高技术有限公司	总经理
理	事	王学春	山东力美彩喷墨水有限公司	总经理
理	事	曹 波	东港精化有限公司	总经理
理	事	何 武	贵州博士文化体育用品有限公司	营销部经理
理	事	高有行	西安电子科技大学计算机外设研究所	所 长
理	事	凡 伟	珠海奥贝卡乐（ABC）数码科技有限公司	总 工
理	事	刘义波	广州刘氏橡塑制品有限公司	总经理
理	事	安 妮	厦门安妮纸业有限公司	总经理
理	事	卢良伟	厦门顶尖电子有限公司	经 理
理	事	张保平	北京宝兰达数码图象技术有限公司	总经理
理	事	毛根强	上海汇德利文化用品有限公司	总经理
理	事	陆建峰	上海普天邮通科技股份有限公司	副总工
理	事	罗云华	广州博施电子有限公司	总经理
理	事	金大光	沈阳长达计算机外部设备有限公司	董事长
理	事	洪登玉	上海弘胜电子有限公司	总经理
理	事	王 曦	山东华菱电子有限公司	副总经理
理	事	王 忠	北京思普瑞特科技发展有限公司	总经理
理	事	王 杰	上海典彩数码喷墨科技有限公司	总 裁

理　事	刘金德	北京联创佳艺影像新材料技术有限公司	总经理
理　事	梁　群	北京凤凰天成文化传媒有限公司	董事长
理　事	崔慕丽	《消费电子世界》	副总编
理　事	李旻雪	《消费电子商讯》	副总编
理　事	王　暄	《电脑时空》	编辑部主任
理　事	石文江	《电脑报》	发展部主任
理　事	季元宏	中国青年报信息编辑部	主　任
理　事	孙希智	Rechargeasia Magazine（《亚洲再生业》杂志）	主　编
理　事	陈拥军	网易（科技频道）	主　编
理　事	綦尚文	《喷绘与打印业》杂志社	经　理
理　事	史锦文	上海邦达展鉴服务有限公司	总经理
理　事	贾瑞新	北京工业大学网络信息中心	主　任

打印机与耗材主要卖场

地 区	电子卖场名称	地 址
北京	北京海龙电子城	北京市海淀区中关村大街 1 号
	北京硅谷电子城	北京市海淀区西草厂 1 号
	北京中海电子市场	北京市海淀区海淀路 27 号
	北京多脑河电子配件市场	北京市南三环东路分钟寺 519 号
	北京中发电子配套市场	北京市海淀区黄庄路口东 100 米
	北京太平洋数码电脑城	北京市海淀区海淀路 52 号
	北京西部电子市场	北京市石景山区老山南里 19 号（石景山华联超市旁）
	北京百脑汇电脑商城	北京市朝外大街 12 号
	北京鼎好数码商城	北京市海淀区中关村大街 3 号
	北京 E 世界数码商城	北京市中关村大街 5 号
黑龙江	哈尔滨 49 所科技创业中心	黑龙江省哈尔滨市南岗区一曼街 3 号
	哈尔滨计算机配套市场 a 座	黑龙江省哈尔滨市南岗区一曼街 11 号
	哈尔滨计算机配套市场	黑龙江省哈尔滨市南岗区一曼街 11 号
	哈尔滨锦绣教化电子大世界	黑龙江省哈尔滨市南岗区松花江街 139 号
	哈尔滨龙威大厦电子市场	黑龙江省哈尔滨市南岗区一曼街 18 号
辽宁	沈阳百脑汇电脑广场	辽宁省沈阳市和平区三好街 90 号
	大连站前电子城有限公司	辽宁省大连市中山区长江路 261 号
	大连星海电子商场	辽宁省大连市连山街 123 号
	大连裕景商城	辽宁省大连市中山区友好路 5 号
吉林	吉林市长春科技城	吉林省长春市人民大街 8 号
	长春欧亚科技城	吉林省长春市工农大路 14 号
	延吉新亚科技大厦	吉林省延吉市河南街 29 号

湖南	长沙国储电脑城	湖南省长沙市车站路103号
	长沙都市e站	湖南省长沙市朝阳路69号
	长沙合峰电脑城	湖南省长沙市解放东路复35号7号楼718室
	长沙合一电脑城	湖南省长沙市朝阳路269号
	长沙天心电脑城	湖南省长沙市朝阳路68号
	长沙国际it城电脑市场	湖南省长沙市人民路400号
	长沙通发电脑城	湖南省长沙市人民路438号
	湘潭市星河电脑城	湖南省湘潭市车站路22号
四川	成都数码广场	四川省成都市人民南路四段1号
	成都道洋电脑超市	四川省成都市一环路南二段6号
	成都世纪电脑城	四川省成都市一环路南三段22号
	成都新世纪电脑商城	四川省成都市一环路南二段2号
	成都百脑汇电子广场	四川省成都市磨子桥新南路118号
	宜昌市新天地电脑城	四川省宜昌市中心街55号
	内江电脑城	四川省内江市天津街34号
福建	福州大利嘉电子城	福建省福州市五一中路169号（长途汽车站斜对面）
	福州市天丰电子城	福建省福州市国货西路303号
	福州万城数码电子城	福建省福州市黎明街15号b座4楼
	福州黎明电脑城	福建省福州市黎明街1号
江苏	南京东方电子商城	江苏省南京市珠江路521号
	南京新华海电子有限公司	江苏省南京市龙蟠中路75号
	南京玄武电子商城	江苏省南京市珠江路455号
	南京脑海网络电子商城	江苏省南京市珠江路517号
	南京数码港电子市场	江苏省南京市珠江路648号
	南京宏图三胞电子城	江苏省南京市中山东路18号国货中心

	南京百脑汇资迅广场	江苏省南京市珠江路 333 号
	南京雄狮电子商城	江苏省南京市珠江路 511 号
	淮安青宗电子商城	江苏省淮安市中心广场
	南通电脑市场	江苏省南通市人民东路 3 号（宝隆大厦）
广东	华强电子世界	广东省深圳市华强北路 1015 号
	深圳宝安电子城	广东省深圳市宝安 40 区翻身路 63 号
	深圳远望数码商城	广东省深圳市华强北路 2006 号
	深圳佳和电子市场	广东省深圳市福田区深南中路 34 号佳和大厦
	广州天河电脑城	广东广州市天河路 502 号天河电脑城有限公司
	湛江铁马电子市场	广东省湛江市人民大道南 30 号
	惠州市赛格电子广场	广东省惠州市惠城区环城西二路 68 号
	韶关风度电脑城	广东省韶关市风度中路 92 号中创大厦 5 楼
	韶关科茂数码城	广东省韶关市科茂电脑城
	顺德德昌电脑城	广东省顺德市大良区凤山东路 14 号
	佛山鸿运电脑城	广东省佛山市汾江中路 5 号
	中山永胜电脑城	广东省中山市石歧安栏路 92 号
	中山西苑广场电脑城	广东省中山市富华道 6 号
	厦门电子城	厦门市湖滨南路 69 号
	珠海湾仔沙电脑城	珠海香洲区凤凰南路 1026 号
	珠海凌高数码广场	广东省珠海市香洲区凤凰南路 1113 号
贵州	贵阳市西南电脑城	贵州省贵阳市公园西路 2 号
山东	济南科技市场	山东省济南市山大路 143/160 号
	齐鲁科技市场	山东省济南市山大路 149 号
	济南数码港	山东省济南市山大路 57 号（销售展示中心）
	济南大舜科技市场	山东省济南市山大路 197 号
	济南高科技市场	山东省济南市山大路 146 号

	南京玄武科贸商城	江苏省南京市珠江路548号
	山东大东科技城	山东省济南山大路242–2号
	齐鲁软件大厦	山东省济南市山大路228号齐鲁软件大厦
河南	郑州金博大购物中心	河南省郑州市北二七路200号
	洛阳开拓电脑城	河南省洛阳市涧西区七里河
甘肃	兰州大裕电脑城	甘肃省兰州市科技街83号
	兰州科技街电脑商厦	甘肃省兰州市科技街86号
	兰州市兰州大学科技广场	甘肃省兰州市天水路318号
广西	南宁联道电脑商场	广西省南宁市星湖路37号
	南宁电子科技广场	广西省南宁市星湖路14号
陕西	西安市交大电脑城	陕西省西安市咸宁西路28号
	西安市赛博数码广场	陕西省西安市雁塔路中段26号
	西安市赛格电脑大厦	陕西省西安市雁塔路中段2号
	西安电子市场	陕西省西安市劳动南路94号
	西安东新科技贸易中心	陕西省西安市雁塔路中段甲字16号
	西安中国西部电子商城	陕西省西安市电子一路西段18号
	西安红楼科技电脑城	陕西省西安市雁塔路中段96号
	汉中市陕南电子城	陕西省汉中市石马路
内蒙古	呼和浩特电子配套市场	内蒙古呼和浩特市新城西街81号
河北	秦皇岛劝业场	河北省秦皇岛市文化南路128号
	唐山中关村电子市场	建设北路15号
	唐山瑞德数码城	建设北路17号
	唐山硅谷电脑城	建设北路19号
	唐山市建国路电子市场	唐山市建国路5号
上海	上海清华数码广场	上海市淮海东路99号3楼3014室
	上海新世界数码广场	上海市淮海中路222号力宝广场27楼

	上海正大广场	上海市浦东新区陆家嘴西路168号
	上海百脑汇电子资讯广场	上海市淮海中路1号
	上海芙蓉江电脑城	上海市天山路209号
云南	昆明数字百家电脑城	云南省昆明市五华区一二一大街164号
	昆明金太阳电脑城	云南省昆明市龙泉路7号
	昆明明光明	电脑城云南省昆明市五华区黄土坡
	昆明大观商业城电脑部	云南省昆明市小西门
	昆明园西路电子市场	云南省昆明市圆西路5号
天津	天津讯怡电脑资讯广场	天津市南开区三潭路112号
	天大天材电子市场	天津市鞍山西道25号天大天才大厦
	名利达电脑商城	天津市鞍山西道38号
	天津中环电脑广场	天津市南开区红旗路
新疆	乌鲁木齐宇科园专业电脑、电子商城	新疆乌鲁木齐市黄河路57号
	乌鲁木齐中银电子广场	新疆乌鲁木齐市黄河路65号
	乌鲁木齐汇博电脑商城	新疆乌鲁木齐市黄河路83号
	乌鲁木齐红旗路电脑商城	新疆乌鲁木齐市红旗路66号
	百花村信息产品展示中心电脑商城	新疆乌鲁木齐市中山路141号
	乌鲁木齐红旗路财苑电脑城	新疆乌鲁木齐市红旗路66号
	奎屯市飞龙商业大厦五楼电脑城	新疆奎屯市北京路5号
重庆	重庆泰兴通信电脑大市场	重庆市石桥铺区渝州路8号109车站旁边
	重庆赛博特尔数码广场	重庆市渝中区明江路19号都市广场
江西	南昌文化宫电脑城	江西省南昌市文化宫一层
	南昌新大地电脑电器广场	江西省南昌市八一大道46号
安徽	合肥百脑汇资讯广场	安徽省合肥市黄山路258号
	合肥宏图三胞	电脑城安徽省合肥市金寨路25号

相关媒体

打印机	《喷绘与打印业》杂志（双月刊） 《数码打印世界》 《打印与显象》(双月刊)
计算机	《中国计算机报》 《中国计算机用户》 《 电子计算机与外部设备》 《CHIP 新电脑》杂志 《工业控制计算机》杂志 《中国计算机学会会刊》 《电子技术应用》月刊 M&CT《测控技术》杂志 《计算机世界》 《消费电子世界》 《消费电子商讯》 《电脑时空》 《视窗世界》 《电脑报》 《电脑爱好者》杂志 《办公自动化》学会会刊
耗　材	《亚洲再生业》杂志（《Rechargeasia Magazine》） 《中国耗材完全手册》

精典“Logo”展示版

精典"Logo"展示版

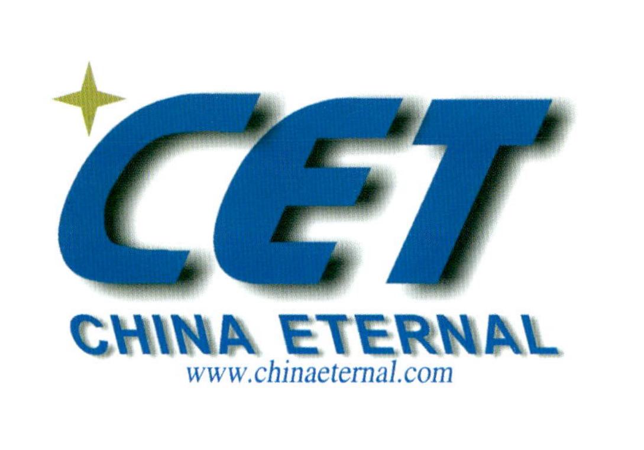

保定乐凯数码影像有限公司
BAODING LUCKY DIGITAL IMAGING CO.,LTD

喷墨打印系列耗材

网 址：http://www.lucky-di.com
电 话：0312—3101188　　传 真：0312—3159600

专业生产：墨盒 墨水 硒鼓 碳粉 色带芯/架
中外合资保定欧普电子科技有限公司
Http://www.b8848.com
Tel:+86-312-8630555 7509103

茗佳 MEGAS ™
quality

北京瑞福特科贸有限公司
BEIJING REFA SEISNCE & TEHNICAL TRADE CO;LTD

地 址：北京市朝阳区安立路 56 号九台 2000 大厦 20 层
电 话：010-84803968　　010-84803871/2/3
传 真：010-84803873-808
网 址：http//www.refa.cn

Potevio
中国普天